ENCUENTROS

A_tope.com

MÉTODO
DE ESPAÑOL

A_tope.com
Spanischlehrwerk für Spätbeginner

Im Auftrag des Verlages erarbeitet von
Gloria Bürsgens, Martin Drüeke, María Dolores Vidal und Katja Zerck

und der Redaktion Fremdsprachen in der Schule:
Projektleitung: Heike Malinowski
Redaktion: Matthias Nusser und
Nadine Stephan (verantwortliche Redakteurin)
Bildredaktion: Sabrina Battaglini
Redaktionelle Assistenz: Sabine Arnold und Yvonne Miller

Beratende Mitwirkung:
Carmen Buesa Serrano, Luis Escárate López, Brigitte Hertlein-Puchta
und Gertrud Wahidi

Gesamtgestaltung: Regelindis Westphal, Berlin
Technische Umsetzung: Rotraud Biem, Berlin
Illustration: Joaquín González Dorao, Madrid
Karten: Dr. Volkhard Binder, Berlin

Umschlagfoto: © shutterstock

Begleitmaterialien zu A_tope.com:
ISBN 978-3-464-20544-0 Vokabeltaschenbuch
ISBN 978-3-464-20541-9 Audio-CD
ISBN 978-3-464-20546-4 Cuaderno de ejercicios (BBS)
ISBN 978-3-464-20540-2 Cuaderno de ejercicios (Gymnasium)
ISBN 978-3-464-20542-6 Handreichungen für den Unterricht

www.cornelsen.de

1. Auflage, 9. Druck 2015

Alle Drucke dieser Auflage sind inhaltlich unverändert und können nebeneinander verwendet werden.

Druck: Mohn Media Mohndruck, Gütersloh

ISBN 978-3-464-20530-3

Symbole und Verweise

- Hörverstehen
- Sprachmittlung
- DELE Diploma de Español como Lengua Extranjera
- Grammatik
- Hinweis
- Landeskunde
- G 13 Verweis auf die Grammatik im Anhang
- Verweis auf das Methodentraining im Anhang
- * Neues Wort; Bedeutung siehe *Lista cronológica*

Inhaltsverzeichnis

¡HOLA Y BIENVENIDOS!

In dieser Lektion lernst du:

- sich begrüßen/verabschieden
- nach dem Befinden fragen
- sich vorstellen
- die Herkunft erfragen und angeben
- angeben, welche Sprachen du sprichst

¡Vamos!

¿Estudias aquí en Madrid?
Sí, estudio en el instituto «Lope de Vega».
Oye, Ana, hablas alemán, ¿no?
Pues no ... pero hablo un poco de inglés.
¡Adiós!
¡Hasta luego!

PRACTICAR

1 **Fragt euch gegenseitig und stellt euch vor.**

In vielen Situationen, in denen im Deutschen gesiezt wird, verwendet man im Spanischen das Du.

A	B			
¿Cómo te llamas?	Me llamo ___ . Soy ___ .			
¿De dónde eres?	Soy de ___ .			
¿Hablas ___? ¿Estudias ___?	Sí, No, pero	hablo estudio	___	y un poco de ___.

alemán inglés español* turco* ruso*
polaco* italiano* francés* ___

ESCUCHAR

2 **3 Escucha y repite. Después busca los lugares en el mapa de España y de América Latina.**

ñ ___	ll ___	ch ___
Cataluña	Sevilla	Chile
La Coruña	Mallorca	Chiclana
Logroño	Medellín	Marchena

3 **4 Escucha: ¿de dónde son Javier, Teresa y Andrés?**

→ Selektives Hörverstehen, S. 184

ACTIVIDADES

4 **a) Apunta. | Mache eine Liste mit allen spanischen Wörtern, die dir einfallen.**

la playa
la fiesta
___

b) Nenne ...

1. ... die Hauptstadt Spaniens.
2. ... die Länder, die an Spanien grenzen.
3. ... eine Stadt, einen Fluss und eine Insel in Spanien.
4. ... eine berühmte Persönlichkeit aus Spanien oder Lateinamerika.
5. ... einen spanischen Vornamen.
6. ... ein spanisches Lied.
7. ... ein spanisches Gericht.
8. ... fünf lateinamerikanische Länder, in denen man Spanisch spricht.

LOS AMIGOS

PASO 1

5

Pablo y Miguel charlan con Laura en una plaza de Madrid.

Pablo: Hola, chica, ¿qué tal?
Laura: Pues, muy bien, ¿y tú? (5)
Pablo: Bien, bien ... Mira, él es Miguel, un amigo.
Laura: Hola, Miguel, mucho gusto, ¿qué tal? ¿También estudias o ya trabajas? (10)
Miguel: No, no trabajo, estudio.
Laura: ¿Y dónde?
Miguel: En el instituto «Lope de Vega». Pablo y yo estudiamos juntos. (15)
Laura: Pero no eres de aquí, ¿verdad?
Miguel: No, soy de México, de Ciudad de México. (20)

PRACTICAR

1 **Presenta a tu compañero/-a.**

A			B		C
Mira,	él ella	es ___ .	Hola, ___ , mucho gusto,	¿qué tal? ¿cómo estás?* ¿cómo te va?*	Muy bien. Bien. Regular.* Tirando.* Mal.*

G 1

2 **Practica la conjugación de los verbos *charlar, hablar, estudiar* y *trabajar*. | Manchmal gibt es mehrere Möglichkeiten.**

	trabajar
(yo)	trabaj**o**
(tú)	trabaj**as**
(él/ella)	trabaj**a**
(nosotros/-as)	trabaj**amos**
(vosotros/-as)	trabaj**áis**
(ellos/-as)	trabaj**an**

1. Pablo y Miguel ___ en Madrid.
2. (___ / yo) alemán y un poco de inglés.
3. Y vosotros, ¿dónde ___?
4. No, no (___ / nosotros) turco, pero español.
5. Fernando ___ en Barcelona.
6. Y tú, ¿___ inglés?
7. No (___ / yo) aquí.
8. (___ / nosotros) en Madrid.
9. Los amigos ___ en la plaza.
10. ¿(___ / vosotros) alemán?

G/2 **3** **Pregunta a tu compañero/-a. Él/Ella contesta. Utiliza una forma del verbo *ser*.**

	ser
(yo)	soy
(tú)	eres
(él/ella)	es
(nosotros/-as)	somos
(vosotros/-as)	sois
(ellos/-as)	son

¿De dónde (ser)	(tú)? Miguel? (vosotros)? Ana? Laura y Pablo? ___ ?	(ser) de	Madrid. México. Sevilla. ___ .

G/3 **4** **Ordena las frases.**

1. España / no / Miguel / de / es
2. alemán / habla / Ana / no
3. en / y / Miguel / estudian / no / Málaga / Pablo
4. charlan / Ana / no / en / la / Miguel / plaza / y
5. Barcelona / no / en / trabajamos
6. no / Teresa / yo / soy

G/1 G/2 **5** **Forma frases.**

1. Pablo y Miguel	charlar	de México.
2. Miguel	hablar	juntos.
3. Ella	ser	inglés y un poco de español.
4. Yo no	trabajar	en Valencia.
5. Tú	estudiar	el piano.
6. Vosotros	escuchar	en la plaza.
7. Nosotros no	tocar	música hip hop.
8. Ellos	bailar	flamenco.

G/1 G/2 **6** **a) Presenta al chico de la foto.**

Soy Jaime.

ser de ___
ser amigo/-a de ___
estudiar en ___
trabajar en ___
hablar alemán/español/inglés
*escuchar** música* pop* / rock* / hip hop*
*tocar** la flauta* / la guitarra* / el piano*
*bailar** salsa*/merengue*/flamenco*

b) ¿Y tú? | Erzähle etwas über dich.

6 PASO 2

Miguel: ¿Quién es la chica allí?
Pablo: Es la hermana de Ana.
Miguel: ¿Cómo se llama?
Pablo: Se llama Teresa. Es de Sevilla, pero ahora vive aquí. Trabaja en un hotel.
Laura: Chicos, ¿coméis con nosotras?
Pablo: No sé, ¿dónde?
Laura: Pues, en la cafetería.

VOCABULARIO

DELE **7** **a) Busca el intruso. | Suche das Wort, das nicht in die Reihe gehört.**

1. la chica – el amigo – la plaza – la hermana – la amiga
2. el restaurante* – la discoteca* – la cafetería – el texto – el bar*
3. la flauta – el piano – la guitarra – el violín* – el aeropuerto*

→ Wörter erschließen, S. 180

b) Explica.

Comprendo* la palabra* ___ . En alemán/inglés/francés/___ es ___ .

DESCUBRIR Y PRACTICAR

G 4 / G 6 **8** **a) Übertrage die Tabelle in dein Heft und ergänze sie.**

	♂	♀
singular	___	la amiga
plural	___	___

	♂	♀
singular	___	___
plural	los hoteles	las ciudades

b) Ergänze die Regeln.

1. Die Nomen auf -o sind meistens ___.
2. Die Nomen auf -a sind meistens ___.
3. Der Plural wird gebildet
– bei den Nomen, die auf einem Vokal enden: ___ .
– bei den Nomen, die auf einem Konsonanten enden: ___ .

c) Bilde den Singular oder den Plural der Nomen.

los pianos la chica las actividades* los bares
las guitarras la ciudad el instituto el texto el restaurante
las amigas el aeropuerto la cafetería el hotel

9 **Haz preguntas y contesta como en el ejemplo.**

Ejemplo:
- Vive en Madrid. ¿Quién es?
- Es Miguel.

Vive	de Sevilla.
Es	con Pablo.
Trabaja	en Madrid.
Estudia	una amiga de Pablo.
No es	un amigo de Pablo.
Escribe	en un hotel.
Aprende	la hermana de Ana.
	de Madrid.
	alemán.
	un texto para la clase de alemán.
	___

G 1 **10** **a) Relaciona. | Suche passende Ergänzungen zu den Verben.**

aprender escribir
vivir en comer beber* leer*
comprender

un libro*

un bocadillo*

árabe*

el periódico*

Cuba*

una coca-cola*

un zumo de naranja*

una carta*

una pizza*

chino*

un e-mail*

Argentina*

b) Haz diálogos con tu compañero/-a.

Ejemplo:

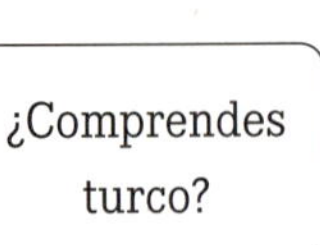

No, pero comprendo un poco de español.

1. comprender turco / un poco de español
2. beber un zumo de naranja / una coca-cola
3. aprender francés / español
4. leer el periódico / un libro
5. escribir un texto / una carta
6. vivir en Barcelona / en Madrid
7. comer un bocadillo / una pizza

c) Completa las frases.

1. (leer / nosotros) un libro.
2. ¿(aprender / vosotros) también inglés?
3. Miguel (beber) una coca-cola.
4. (comprender / yo) el texto.
5. - ¿Qué (escribir / tú)? - Una carta.
6. Los chicos (vivir) en Madrid.

	comer	escribir
(yo)	como	escribo
(tú)	comes	escribes
(él/ella)	come	escribe
(nosotros/-as)	comemos	escribimos
(vosotros/-as)	coméis	escribís
(ellos/-as)	comen	escriben

PASO 3

Pablo: Bueno, chicos, entonces tomamos algo, ¿no?
Laura: Muy bien, ¿qué tomáis?
Ana: Yo, un bocadillo de jamón y queso y un café con leche.
Teresa: Y yo un zumo de naranja.
Laura: ¿Y para comer?
Teresa: Pues no sé ... no, nada, gracias.
Laura: ¿Y tú, Miguel?
Miguel: Pues, yo también tomo un zumo de naranja.

DESCUBRIR Y PRACTICAR

G 7 11 **a) Lies die Sätze. Warum wird hier das Subjektpronomen verwendet?**

b) Für welche Subjektpronomen gibt es im Spanischen zwei Formen?

ich du er sie wir ihr sie

G 7 12 **Completa con el pronombre sujeto adecuado.**

yo
tú
él, ella / usted
nosotros, nosotras
vosotros, vosotras
ellos, ellas / ustedes

- Oye, Ana, ___ hablas alemán, ¿verdad?
- Pues, ___ no, pero ___ sí.

- ¿Quién es Carlos?
- Es ___.

- Oye, Pedro, ___ son Nadine y Marit. Con ___ hablo alemán.

- Y ___, ¿de dónde sois?
- ¿___? Pues, ___ soy de Barcelona y ___ es de Alicante.

PRACTICAR

G 8 **13** **a) Busca la respuesta correspondiente.**

1. ¿Quién es?
2. ¿De dónde eres?
3. ¿Dónde vivís?
4. ¿Cómo te llamas?
5. ¿Quiénes son?
6. ¿Qué tal?
7. Tú eres Paco, ¿no?

Muy bien.
Me llamo Miguel.
Son los amigos de Ana.
Es Laura, una amiga.
¿Yo? Soy de Barcelona.
En Sevilla.
No, yo no, yo soy Pedro.

b) 8 Escucha y comprueba. | Höre zu und überprüfe deine Antworten von a).

c) Haz preguntas a tu compañero/-a. Él/Ella contesta. | Finde auch eigene Antworten auf die Fragen.

ESCUCHAR

14 **a) 9 Escucha el texto y contesta las preguntas.**

b) 9 Escucha otra vez. | Was hast du noch verstanden?

1. ¿Dónde viven Fernando y Simón?
2. ¿Dónde trabaja Fernando?
3. ¿Cómo se llama el bar?
4. ¿Quién es Marcela?
5. ¿Qué come Marcela?
6. ¿De dónde es Fernando?
7. ¿Cómo se llama la amiga de Marcela?
8. ¿Qué bebe Simón?

→ Selektives Hörverstehen, S. 184

VOCABULARIO

15 **a) Busca parejas y apúntalas en tu cuaderno.**

Ejemplo: beber - comer

→ Wortschatz lernen, S. 181

beber el zumo de naranja nosotros
leer el español el amigo trabajar
el bocadillo hola aquí

escribir el hermano* ellos
el turco comer la pizza el café allí
estudiar hasta luego

b) Escribe un texto con cinco parejas del ejercicio a).

ESCUCHAR Y REPETIR

16 10 **Escucha y repite. Después busca los lugares en el mapa de España.**

[ ] ___	[β] ___	[ɾ] ___	[r] ___
Huelva	Barcelona	Gran Canaria	Sierra Nevada
El Hierro	Valencia	Formentera	Ciudad Real
Huesca	Vigo	Mérida	Navarra

17 **a)** 11 **Escucha y repite.**

[g] ___	[x] ___	[k] ___	[θ] ___
Granada	Gerona	Córdoba	Murcia
Málaga	Gijón	Salamanca	Albacete
La Gomera	Badajoz	Cádiz	Zaragoza

b) Completa las reglas.

Wenn auf das g ein ___ oder ___ folgt, wird es wie das spanische j ausgesprochen.
Wenn auf das c ein ___ oder ___ folgt, wird es wie das spanische z ausgesprochen.

c) Lee en voz alta.

Argentina — el gaucho* — el centro*
la región* — la ciudad — la zona*

ACTIVIDADES

18 **Presenta a dos de los chicos en la foto.**

¿Cómo se llaman?
¿De dónde son?
¿Dónde viven?
¿Dónde estudian/trabajan?
¿Qué ___?

YA SÉ

19 **Überprüfe, ob du die Lernziele der Lektion erreicht hast.**

1. Begrüßt euch und fragt einander, wie es geht. Verabschiedet euch.
2. Sage, wie du heißt und woher du kommst.
3. Sage, welche Sprachen du sprichst.

B

EL ESPAÑOL EN EL MUNDO

12 Más de 400 millones de personas en el mundo hablan español. Después del chino y del inglés es la lengua más hablada. El español se habla en España, en muchos países de América Latina y también en África: en zonas del norte y en Guinea Ecuatorial. En los Estados Unidos más de 45 millones 5 de personas hablan español, sobre todo en la frontera con México, como por ejemplo en California, pero también en Florida y en Nueva York. En España hay tres regiones con dos lenguas oficiales: en el País Vasco se habla español y vasco, en Cataluña se habla español y catalán y en Galicia se habla español y gallego. En América Latina se hablan además muchas lenguas 10 indígenas. Algunas, como el quechua en Bolivia y el guaraní en Paraguay, también son lenguas oficiales.

1 **más de** mehr als 1 **el mundo** Welt 2 **la lengua más hablada** die meistgesprochene Sprache 3 **en muchos países** in vielen Ländern 5 **sobre todo** vor allem 5 **la frontera** Grenze 7 **la lengua oficial** die offizielle Sprache 9 **la lengua indígena** die Indianersprache

1 **a) Welche der folgenden Informationen stehen nicht im Text?**

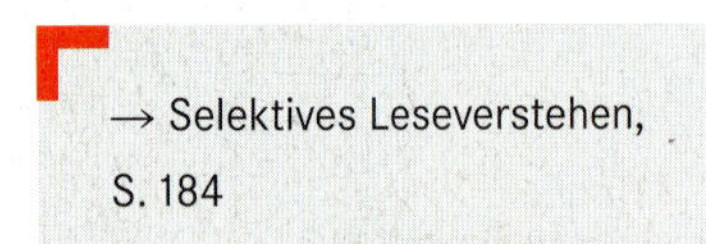

→ Selektives Leseverstehen, S. 184

1. Mehr als 400 Millionen Menschen auf der Welt sprechen Spanisch.
2. 400 Millionen Menschen auf der Welt sprechen Spanisch, Chinesisch und Englisch.
3. Spanisch ist nach Chinesisch und Englisch die meistgesprochene Sprache weltweit.
4. In Kalifornien sprechen 45 Millionen Menschen Spanisch.
5. In den USA sprechen mehr als 45 Millionen Menschen Spanisch.

b) Lies den Text noch einmal.

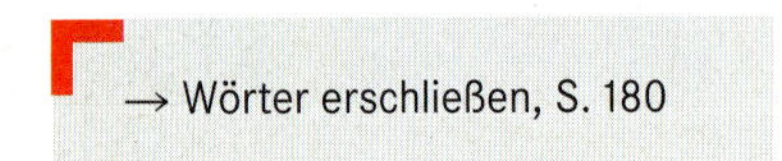

→ Wörter erschließen, S. 180

Welche Wörter kannst du verstehen, weil du
- ein ähnliches Wort in einer anderen Sprache kennst?
- schon ein ähnliches spanisches Wort kennst?
- sie aus dem Textzusammenhang erschließen kannst?

2 **a) Wie heißen die spanischen Bezeichnungen für**

1. Katalanisch?
2. Galicisch?
3. Baskisch?

b) Bildet drei Gruppen: Jede sucht Informationen über die im Text genannten spanischen Regionalsprachen.

1. Wo liegen die Regionen, in denen sie gesprochen werden?
2. Welche Wurzeln haben sie?

EN VIVO Y EN DIRECTO

1 Mira los textos. | Welche Wörter verstehst du?

2 Explica. | Erkläre, warum du die Wörter verstehst.

→ Wörter erschließen, S. 180

LA FAMILIA Y LOS AMIGOS

In dieser Lektion lernst du:

- jemanden vorstellen
- das Alter angeben
- die Adresse, E-Mail-Adresse und Telefonnummer angeben
- Hobbys benennen
- Familienmitglieder benennen

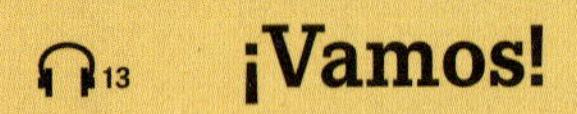

¡Hola! Me llamo Pablo. Soy de Madrid. Tengo 17 años. Vivo en Madrid con mis padres y mis hermanas Cristina y Raquel. Soy alumno de bachillerato en el instituto «Lope de Vega». Mis aficiones son tocar la batería y cantar.

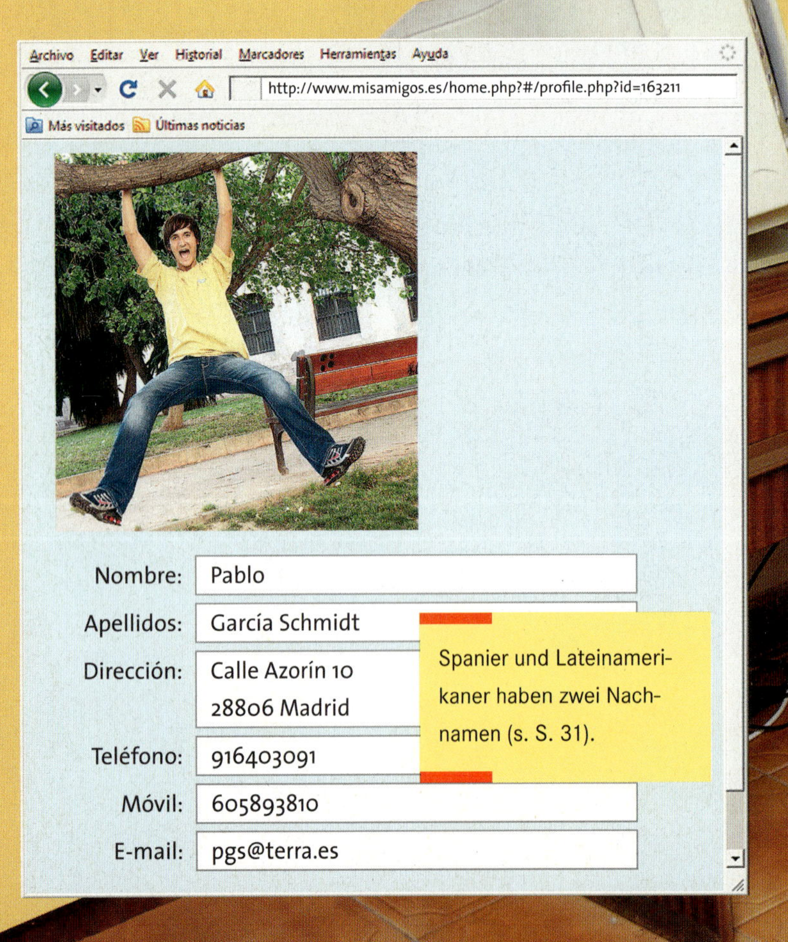

Spanier und Lateinamerikaner haben zwei Nachnamen (s. S. 31).

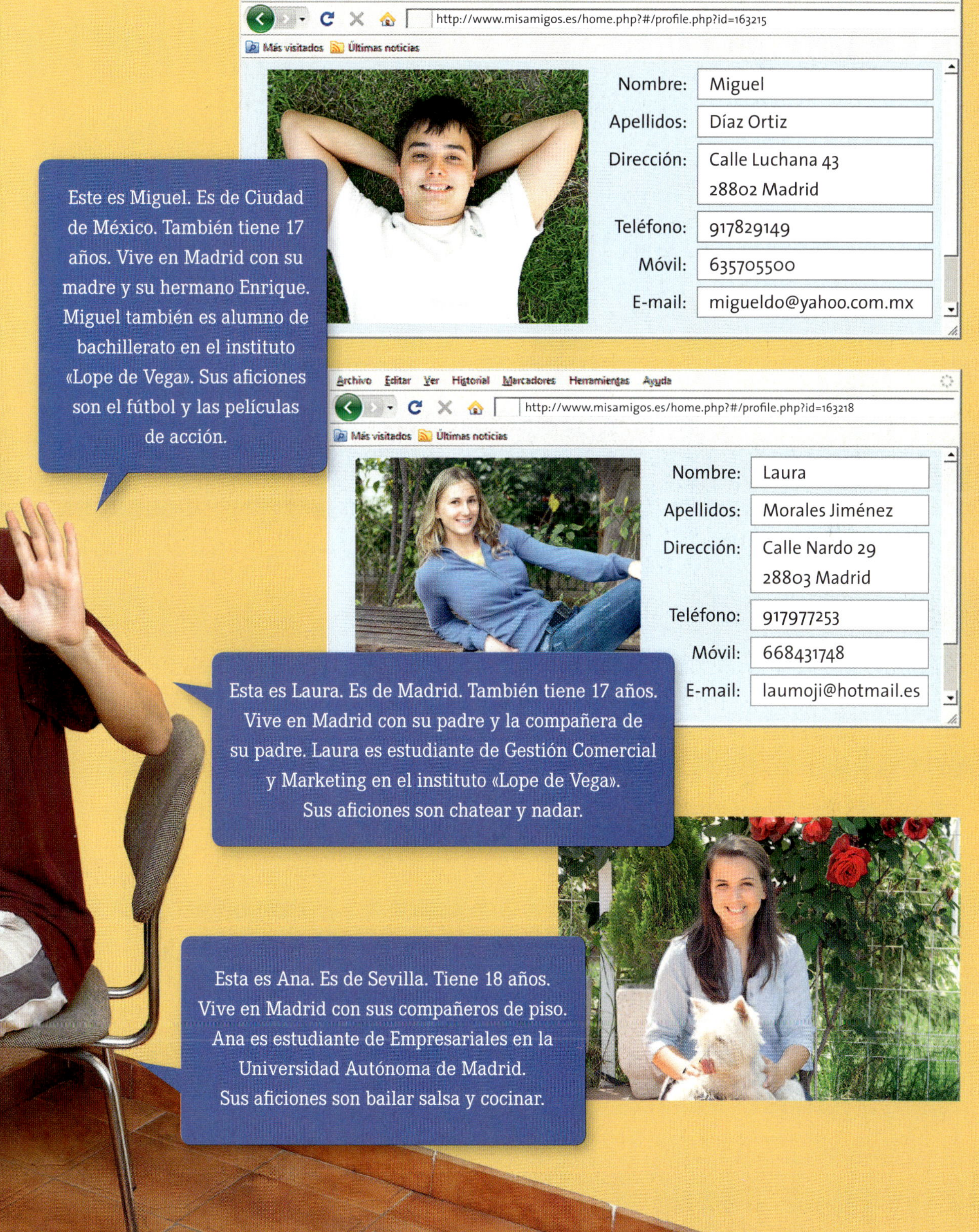

Este es Miguel. Es de Ciudad de México. También tiene 17 años. Vive en Madrid con su madre y su hermano Enrique. Miguel también es alumno de bachillerato en el instituto «Lope de Vega». Sus aficiones son el fútbol y las películas de acción.

Esta es Laura. Es de Madrid. También tiene 17 años. Vive en Madrid con su padre y la compañera de su padre. Laura es estudiante de Gestión Comercial y Marketing en el instituto «Lope de Vega». Sus aficiones son chatear y nadar.

Esta es Ana. Es de Sevilla. Tiene 18 años. Vive en Madrid con sus compañeros de piso. Ana es estudiante de Empresariales en la Universidad Autónoma de Madrid. Sus aficiones son bailar salsa y cocinar.

ESCUCHAR

1 14 **Escucha y apunta los números de teléfono en tu cuaderno.**

Die Zahlen findest du im Anhang auf S. 177.

→ Selektives Hörverstehen, S. 184

2 a) 15 **Escucha y apunta el nombre, la dirección, el número de teléfono y el e-mail.**

@ = arroba*
. = punto*
- = guión*
_ = guión bajo*

b) **Deletrea tu nombre, tu dirección, tu e-mail, etc. como en el ejemplo.**

Ejemplo:

Das Alphabet findest du im Anhang auf S. 176.

PRACTICAR

3 16 **Mira las fichas (pp. 20–21), escucha y haz la ficha de Ana.**

4 a) **Mira las fichas (pp. 20–21) y haz tu propia ficha.**

b) **Preséntate.**

me llamo ___ soy de ___ tengo ___ años
vivo en ___ con mi/s ___
soy alumno/-a / estudiante de ___ en el/la ___
mis aficiones son ___

c) **Presenta a tu compañero/-a.**

este/esta es ___ es de ___ tiene ___ años
vive en ___ con su/s ___
es alumno/-a / estudiante de ___ en el/la ___
sus aficiones son ___

A

MOMENTOS DE LA VIDA

2

PASO 1

17

Laura está en el instituto y escribe un e-mail a sus primos Mariela y Adrián de Barcelona.

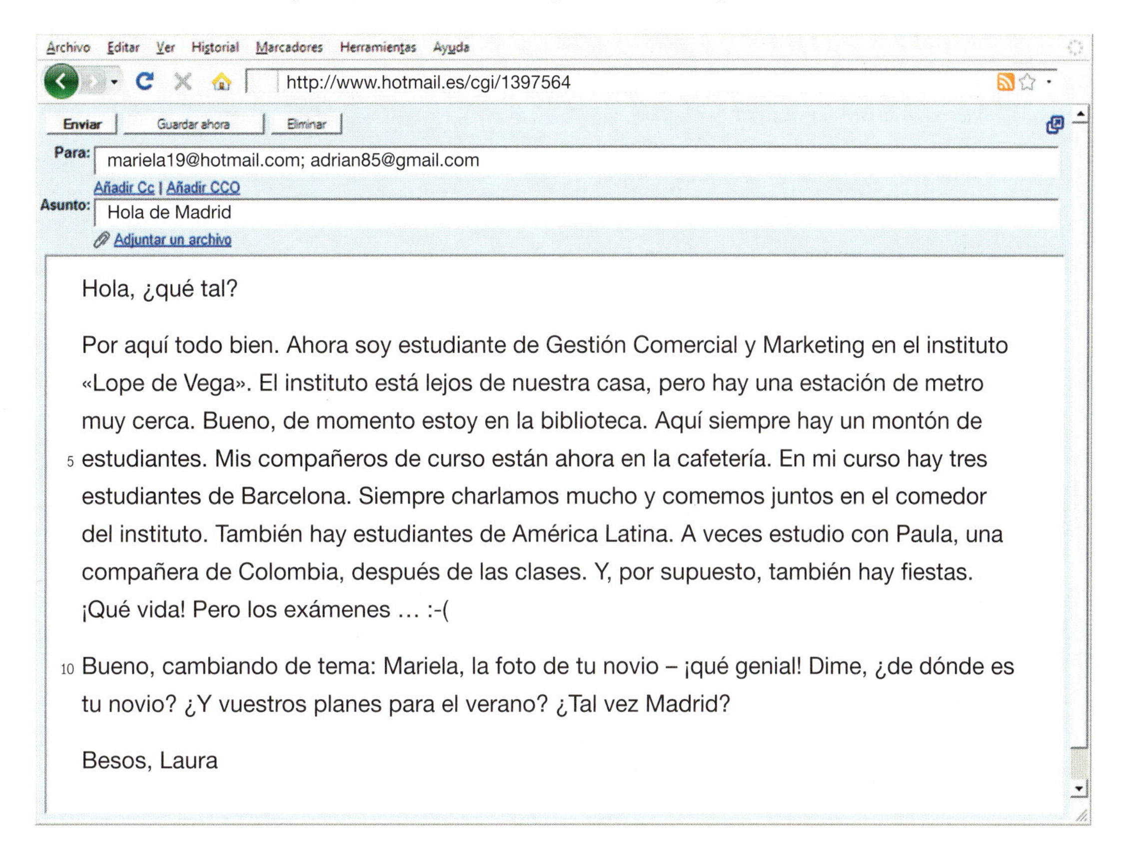
Archivo Editar Ver Historial Marcadores Herramientas Ayuda

http://www.hotmail.es/cgi/1397564

Enviar | Guardar ahora | Eliminar

Para: mariela19@hotmail.com; adrian85@gmail.com

Añadir Cc | Añadir CCO

Asunto: Hola de Madrid

Adjuntar un archivo

Hola, ¿qué tal?

Por aquí todo bien. Ahora soy estudiante de Gestión Comercial y Marketing en el instituto «Lope de Vega». El instituto está lejos de nuestra casa, pero hay una estación de metro muy cerca. Bueno, de momento estoy en la biblioteca. Aquí siempre hay un montón de 5 estudiantes. Mis compañeros de curso están ahora en la cafetería. En mi curso hay tres estudiantes de Barcelona. Siempre charlamos mucho y comemos juntos en el comedor del instituto. También hay estudiantes de América Latina. A veces estudio con Paula, una compañera de Colombia, después de las clases. Y, por supuesto, también hay fiestas. ¡Qué vida! Pero los exámenes … :-(

10 Bueno, cambiando de tema: Mariela, la foto de tu novio – ¡qué genial! Dime, ¿de dónde es tu novio? ¿Y vuestros planes para el verano? ¿Tal vez Madrid?

Besos, Laura

COMPRENDER

1 **a) Lee el texto otra vez y haz un mapa mental de Laura y de su instituto.**

→ Textinhalte visuell darstellen, S. 185

b) Ahora tú: escribe un e-mail a tus primos. Utiliza:

soy estudiante ___
el instituto **está** lejos de/no **está** lejos de ___
de momento, **estoy** en ___
en mi instituto/mi curso **hay** estudiantes de ___

G/9 **2** **Im Spanischen gibt es zwei Verben für das deutsche Verb „sein“: *ser* und *estar*. Finde anhand der Beispiele heraus, wann *ser* und wann *estar* verwendet wird.**

Esta **es** Laura. **Es** de Madrid. **Es** estudiante. Laura **está** en la cafetería. La cafetería **está** en la calle Cervantes.

Verwechsle *está* (3. P. Sg. von *estar*) nicht mit *esta* (Pronomen).

G/9 **3** **Practica la conjugación del verbo *estar*.**

	estar
(yo)	estoy
(tú)	estás
(él/ella)	está
(nosotros/-as)	estamos
(vosotros/-as)	estáis
(ellos/-as)	están

1. Los primos de Miguel	estar	en México.
2. Laura		en la biblioteca.
3. Yo		en el instituto.
4. Miguel y yo		en Madrid.
5. Madrid		en España.
6. Pero, ¿dónde		vosotros?
7. Las hermanas de Pablo		en la plaza.
8. Y tú, ¿		en Santiago?

G/2 G/9 **4** **¿Quiénes son y dónde están? Forma frases y utiliza *ser* y *estar*.**

Ejemplo: Teresa es la hermana de Ana. Está en un hotel.

1. Teresa / hermana de Ana / hotel

2. Miguel / alumno de bachillerato / México

3. Pablo y Miguel / amigos / biblioteca

4. Laura y Mariela / primas / piso de Laura

G 12 **5** **a) Schreibe die Tabelle ab und vervollständige sie mithilfe der Seiten 20–23.**

___	___
___	tus
___	___
nuestro/___	nuestros/nuestras
vuestro/vuestra	___/vuestras
su	sus

Mit den Possessivbegleitern werden Besitz- und Zugehörigkeitsverhältnisse angegeben.

b) Kombiniere jeden Possessivbegleiter mit einem passenden Nomen und tausche deine Ergebnisse mit deinem/-r Mitschüler/in aus.

G 12 **6** **Practica los determinantes posesivos.**

1. Miguel, ¿esta es una foto de ___ curso en México?
2. Chicos, aquí están ___ zumos de naranja.
3. ¿Dónde están Ana y Miguel? Aquí están ___ cafés.
4. ¿Laura ya está en el instituto? Aquí está ___ texto para la clase de inglés.
5. ¿Hablas inglés? – Yo no, pero ___ hermanos hablan un poco.
6. Vivimos con ___ padres. ¿Y vosotros?

7 **Haz preguntas a tu compañero/-a y apunta las respuestas. | Versuche, möglichst viel herauszufinden.**

¿Cómo se llama/se llaman* ...?
¿De dónde es/son ...?
¿Dónde vive/n ...?
¿Qué estudia/n ...?

padre madre padres hermano/-a hermanos/-as novio/-a amigo/-a

Ejemplo:
- ¿Cómo se llama tu padre?
- Mi padre se llama Michael.

b) Presenta a tu compañero/-a. *Ejemplo:* Esta es Sophie. Su padre se llama Michael.

G 12 **8** **Presenta a estas personas. | Hier siehst du Familienangehörige und Freunde. Schreibe einen kurzen Text, in dem du sie mit ihren Hobbys vorstellst. Verwende möglichst häufig *su* und *sus*.**

PASO 2

Suena el móvil de Ana.

Ana: ¡Hola, Laura! ¿Dónde estás?

Laura: Estoy en la Puerta del Sol, cerca del bar «Pepe».

Ana: ¿Y qué tal?

5 **Laura:** Fatal. Tengo otra vez problemas con Raúl. Siempre quiere estar con sus amigos y siempre juega al fútbol. ¡Jolines, Raúl sólo piensa en sus cosas! Ya no aguanto más.

Ana: Puedo hablar con él ...

Laura: ¡No!

10 **Ana:** Vale, vale. Pero es siempre lo mismo. Al final vuelves otra vez con él.

Laura: No, seguro que no.

Ana: Ya, ya... Bueno, hoy por la noche tengo tiempo y podemos quedar con Andrés en la discoteca «Luna».

15 **Laura:** ¿Andrés? ¿De quién hablas?

Ana: Del chico del bar «Limón».

Laura: ¿Pero no es muy mayor? ¿Cuántos años tiene?

Ana: ¡Qué va! Tiene veinte años.

Laura: ¡Estupendo! Primero tengo que volver a casa para 20 cenar y después quedamos en la discoteca, ¿vale?

Ana: ¡Vale! Entonces, ¡hasta luego!

Laura: ¡Hasta luego!

COMPRENDER

DELE  **9** **Corrige las frases falsas en tu cuaderno.**

1. Laura está en el bar «Pepe».
2. Laura tiene problemas con sus padres.
3. Raúl no piensa en Laura: sólo piensa en sus amigos y en el fútbol.
4. Ana quiere hablar con Raúl.
5. Laura quiere volver con Raúl.
6. Ana quiere quedar con Laura y Andrés en el bar «Limón».
7. Andrés es el novio de Ana.
8. Andrés tiene diecisiete años.

DESCUBRIR Y PRACTICAR

G 13, G 14 **10** **a) Übersetze die beiden Sätze und gib die verschiedenen Bedeutungen des Verbs *tener* an.**

Laura **tiene** una amiga.
Laura **tiene** 17 años.

b) Lege eine Karteikarte mit dem Verb *tener* an. Notiere die Beispielsätze aus a) und ergänze die Ausdrücke mit *tener*, die du in dieser Unidad kennen lernst.

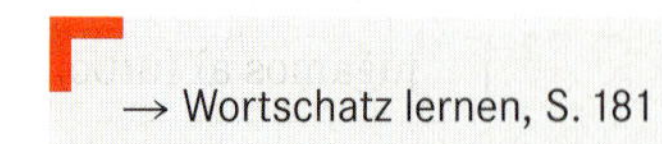
→ Wortschatz lernen, S. 181

c) Sieh dir im Text von Paso 2 die Sätze mit dem Verb *volver* an und nenne die verschiedenen Bedeutungen des Verbs. Lege ebenso eine Karteikarte mit Beispielsätzen für das Verb *volver* an.

G 13 G 14 **11** **Practica la conjugación de los nuevos verbos. | Schaue dir vorher die Konjugationen an und präge dir das Konjugationsmuster ein.**

	querer (e → ie)
(yo)	qui**e**ro
(tú)	qui**e**res
(él/ella)	qui**e**re
(nosotros/-as)	queremos
(vosotros/-as)	queréis
(ellos/-as)	qui**e**ren
	→ pensar, tener (tengo)

Laura y Raúl están en la calle. Suena el móvil de Raúl. Es Miguel.

Miguel: Hola, Raúl, ¿qué tal? Estoy con Ana. ¿(querer / vosotros) quedar con nosotros?

Raúl: (tener que / yo) hablar primero con Laura, ¿vale?

Miguel: Muy bien, ¡entonces hasta luego!

Raúl: ¡Laura! Miguel y Ana (querer) quedar con nosotros. ¿Qué (pensar) tú?

Laura: Raúl, hoy (tener que / yo) estudiar y después (querer) leer un poco. No (tener / yo) tiempo.

Raúl: Es siempre lo mismo: no (querer / tú) quedar con los amigos. Sólo (pensar) en tus cosas: estudiar y leer.

Laura: Y tú siempre (querer) estar con los amigos. Pues, (tener / nosotros) un problema.

2

G 13 **12** **Practica la conjugación de los nuevos verbos. | Schaue dir vorher die Konjugationen an und präge dir das Konjugationsmuster ein.**

	poder (o → ue)
(yo)	p**ue**do
(tú)	p**ue**des
(él/ella)	p**ue**de
(nosotros/-as)	podemos
(vosotros/-as)	podéis
(ellos/-as)	p**ue**den
	→ volver, sonar

(Sonar) el móvil de Miguel. Es Pablo.

Pablo: Hola, Miguel, ¿qué tal? ¿Tienes tiempo? (poder / nosotros) quedar hoy por la noche.

Miguel: No, no (poder / yo). Hoy por la noche mi madre y mi hermano (volver) de Gran Canaria. Tengo que estar aquí. Pero tú (poder) cenar con nosotros.

Pablo: No sé, estoy con Ana y Laura ...

Miguel: (poder / vosotros) cenar los tres aquí.

Pablo: Laura no (poder), pero Ana y yo cenamos en tu casa, ¿vale?

Miguel: ¡Muy bien! Entonces, ¡hasta luego!

G 13 G 14 **13** **Trabajad en parejas. A dice un número. B forma una frase.**

Ejemplo:

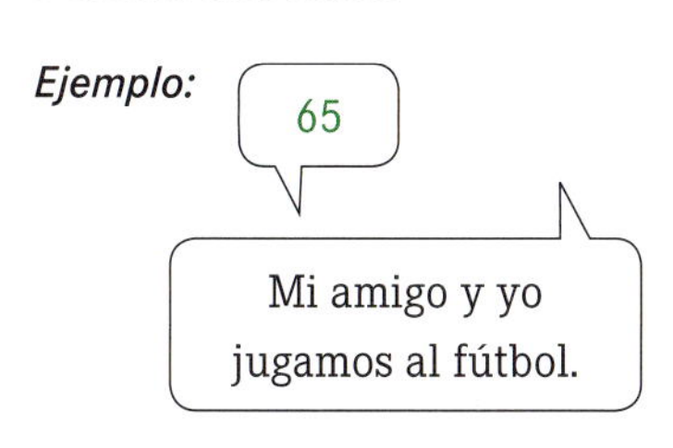

yo	10		1	volver de la discoteca
tú	20		2	querer escuchar música
Laura	30		3	volver a casa
¿quién?	40		4	poder hablar con Raúl
nosotros	50	+	5	jugar al fútbol
mi amigo y yo	60		6	pensar en España
vosotros	70		7	tener tiempo para charlar un poco
ellos	80		8	poder cenar aquí
Pablo y Miguel	90		9	tener que trabajar en el hotel

VOCABULARIO

G 15 **14** **a) 🎧19 Escucha y apunta las cantidades. Después haz preguntas a tu compañero/-a.**

¿Cuántos / ¿Cuántas

- amigos tiene Laura?
- hermanas tiene Ana?
- apellidos tienen los españoles?
- alumnos hay en el curso de Pablo y Miguel?
- universidades hay en Madrid?
- años tiene Ana?
- casas hay en la calle Rosas?

Ejemplo:

¿Cuántos amigos tiene Laura?

3

b) Ahora tú: haz siete preguntas a tu compañero/-a. | Versuche, möglichst viel über ihn/sie herauszufinden.

aficiones hermanos/-as amigos/-as primos/-as nombres libros teléfonos/móviles

Ejemplo: – ¿Cuántas primas tienes? – Tengo 3.

PARA HABLAR

15 **Pablo spricht mit dir über die Probleme mit seiner Schwester Raquel. | Preparad en parejas el diálogo y presentadlo en clase.**

Pablo	tú
Pablo sagt, dass er schon wieder Probleme mit seiner Schwester hat. →	Du fragst Pablo, was für Probleme er hat.
↙ Er sagt, dass es immer dasselbe ist: Er muss lernen, sie möchte Musik hören. Er möchte lesen, sie möchte Gitarre spielen. Er kann nicht lernen, er kann nicht lesen, er kann nicht chatten ... →	Du fragst Pablo, wie alt seine Schwester ist.
↙ Er sagt, dass sie 14 Jahre alt ist. →	Du fragst Pablo, ob er nicht mit ihr reden kann.
↙ Er sagt: „Mit Raquel reden? Auf keinen Fall!“. →	Du fragst Pablo, ob ihr euch für heute Abend in der Bar „Limón“ verabreden wollt, um zu sprechen.
↙ Er sagt: „Ja, wunderbar!“.	

PASO 3

20

Hoy Pablo está con sus padres y hermanas en la boda de Juan. Juan es su primo, el hijo de sus tíos Pepe y Fernanda. La boda tiene lugar en un hotel. En la fiesta hay mucha gente: están los abuelos, muchos tíos y primos y, sobre todo, un montón de amigos de los dos. Y, como siempre en las bodas, hay mucha comida (¡en total siete platos!), un grupo de música genial y una novia muy guapa. La gente come, charla y baila hasta muy tarde. Pablo tiene pocas ganas de volver a casa. Pero, por suerte, pronto hay otra boda, la boda de su amigo Pedro.

El hotel dispone de un ambiente elegante ▮ habitaciones confortables y tranquilas ▮ un restaurante moderno ▮ una terraza grande con una vista fantástica ▮ una piscina grande y una piscina pequeña para niños con tobogán

VOCABULARIO

16 **a) Suche aus dem Text von Paso 3 alle Verwandtschaftsbezeichnungen heraus und notiere sie mit ihrer Übersetzung (→ chronologische Liste, S. 232). Ergänze dann die Verwandtschaftsbezeichnungen, die du schon kennst.**

b) Welche Verwandtschaftsbezeichnungen möchtest du noch wissen? Schlage die Begriffe in einem Wörterbuch nach.

→ Das zweisprachige Wörterbuch benutzen, S. 197

17 **a) Esta es la familia de Ana. Mira el árbol genealógico y completa las frases.**

Alberto Sánchez García ∞ Bertina Rivera Jara

Macarena López Galarce ∞ Mauricio Sánchez Rivera   Laura Sánchez Rivera ∞ José Prudencio Novoa

Ana Sánchez López

Teresa Sánchez López

Emilio Prudencio Sánchez

1. Laura Sánchez es la ___ de Ana.
2. Teresa y Ana son ___.
3. José Prudencio es el ___ de Emilio.
4. La ___ de Ana se llama Bertina Rivera.
5. Laura Sánchez y José Prudencio son los ___ de Emilio.
6. Emilio es el ___ de Laura Sánchez y José Prudencio.
7. Teresa y Ana son las ___ de Emilio.
8. Alberto Sánchez y Bertina Rivera son los ___ de Ana, Teresa y Emilio.

b) Haz preguntas sobre la familia de Ana. Tu compañero/-a contesta.

Ejemplo:

¿Qué es Bertina Rivera de Laura Sánchez?

Es la madre.

DESCUBRIR Y PRACTICAR

G/16 **18** **a) Betrachtet diese Beispiele zu zweit und erläutert euch gegenseitig die Regel für die Angleichung der Adjektive.**

una habitación elegante y tranquila	habitaciones elegantes y tranquilas
un restaurante elegante y tranquilo	restaurantes elegantes y tranquilos

b) Practica. | Kombiniere die Nomen mit passenden Adjektiven und gleiche die Adjektive entsprechend an. Es gibt mehrere Möglichkeiten.

pisos   una casa   una calle
un restaurante   una ciudad   una novia
habitaciones   películas

grande   genial   tranquilo   confortable
fantástico   pequeño   moderno   elegante

PARA HABLAR

19 **Describe tu ciudad, tu barrio y tu calle.**

Mi ciudad Mi pueblo* Mi barrio* Mi calle	es	bastante* muy demasiado*	pequeño/-a ≠ grande. antiguo/-a* ≠ moderno/-a. bonito/-a* ≠ feo/-a*. interesante* ≠ aburrido/-a*. tranquilo/-a ≠ ruidoso/-a*.

En mi Cerca de mi	ciudad pueblo barrio calle	(no) hay	un / una muchos / muchas pocos / pocas	___

bar   cafetería   hotel   restaurante   biblioteca   casa   piso   instituto   plaza
universidad   estación de metro   discoteca   piscina

YA SÉ

20 **Überprüfe, ob du die Lernziele der Lektion erreicht hast.**

Stelle eine/n Mitschüler/in auf Spanisch vor. Sage ...

1. ... wie er/sie heißt.
2. ... woher er/sie kommt.
3. ... wie alt er/sie ist.
4. ... mit wem er/sie lebt.
5. ... was seine/ihre Hobbys sind.
6. ... wie seine/ihre Telefonnummer lautet.
7. ... wie seine/ihre E-Mail-Adresse lautet.

B

LOS APELLIDOS EN ESPAÑA Y EN AMÉRICA LATINA

2

21

Algo especial en España y en América Latina son los apellidos. Cada persona tiene dos apellidos. Y cada persona lleva sus apellidos para toda la vida. Además, los hijos no tienen 5 los mismos apellidos que sus padres. ¿Cómo es posible? Muy fácil ...
Por ejemplo, Javier Sánchez Rodríguez se casa con Cristina Villar Morales. Entonces los dos se quedan con sus apellidos. Su hijo Santiago tam- 10 bién tiene dos apellidos: el primero es el primer apellido del padre y el segundo es el primer apellido de la madre. Los apellidos de Santiago son entonces:

a) Morales Rodríguez
b) Sánchez Villar
c) Rodríguez Villar

2 **cada** jede/r 3 **llevar** tragen 7 **se casa** er/sie heiratet
8 **se quedan con** sie behalten

1 **Explica en alemán. | Erkläre deinem/-r Mitschüler/in, wie sich der Familienname in Spanien und Lateinamerika zusammensetzt.**

→ Wiedergeben bzw. Zusammenfassen von Textinhalten: Spanisch → Deutsch, S. 197

2 **Busca a los padres de estas personas.**

1. María Vela González
2. Jorge Tosal Baeza
3. Ramón Nadal García

José Vela Fernández   Ana García Lorca   Soraya González Tosal
Mario Tosal Iglesias   Iván Baeza Naranjo   Paula Baeza Fernández   Rosa Nadal Naranjo
Antonia Sánchez Vela   Luis Nadal Cortez   Hernán González Fernández

UNIDAD 3

EL DÍA A DÍA

In dieser Lektion lernst du:
- Uhrzeit, Datum, Wochentage, Zeitdauer angeben
- einen Tagesablauf schildern
- einen Grund erfragen und angeben
- Pläne machen und sich verabreden

¡Vamos!

22

Horario
de lunes a viernes
de 9.00 a 20.30 horas

sábados, domingos (y festivos)
de 10.00 a 18.00 horas

¿Cuándo es la entrevista para las prácticas?
El martes.
¿Y a qué hora?
A la una en punto.
Luna Joven
24ABRIL AUDITORIO MUNICIPAL
FESTIVAL DE LA PRIMAVERA
LOS DELINQÜENTES
09JULIO AUDITORIO MUNICIPAL
MIGUEL BOSÉ
24JULIO AUDITORIO MUNICIPAL
AMARAL
7AGOSTO AUDITORIO MUNICIPAL
ELCANTO DEL LOCO
13AGOSTO AUDITORIO MUNICIPAL
CHAMBAO
¿Cuándo es el concierto de Chambao?
El 13 de agosto.
¿A qué hora cierra la biblioteca?
No sé.
Yo tampoco.
A las nueve, como siempre.

PRACTICAR

1 **a) ¿Qué hora es?**

Es la una Son las ___	en punto. y cinco / ___. menos cinco / ___. y cuarto. menos cuarto. y media.

b) Mira las fotos y pregunta a tu compañero/a. Él/Ella contesta.

A				B
¿A qué hora	abre cierra	la biblioteca la cafetería la piscina el banco* Correos*	los lunes? los martes? los miércoles? los jueves? ___?	Abre a ___. Cierra a ___. Abre de ___ a ___. / desde la/s ___ hasta la/s ___.

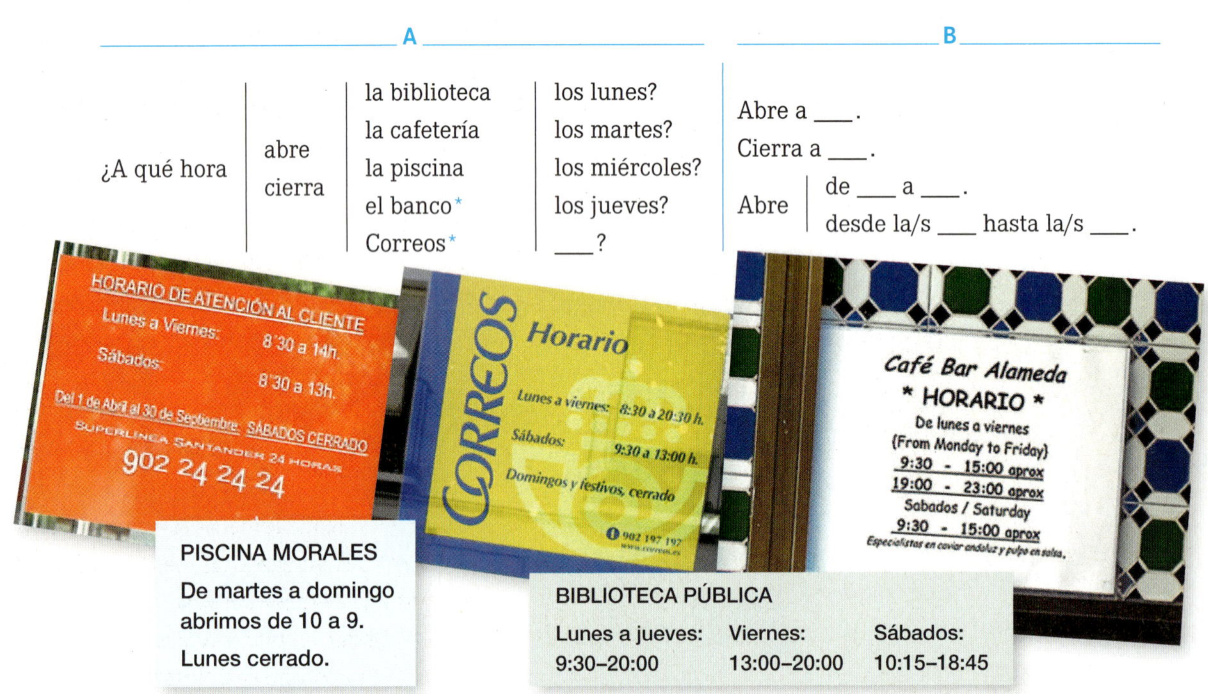

PISCINA MORALES
De martes a domingo abrimos de 10 a 9.
Lunes cerrado.

BIBLIOTECA PÚBLICA

Lunes a jueves:	Viernes:	Sábados:
9:30–20:00	13:00–20:00	10:15–18:45

2 **Ana hat diese Woche viele Termine. Pablo fragt sie nach dem Wochentag und der Uhrzeit.**

lunes	martes	miércoles	jueves	viernes	sábado	domingo
19.45 h clase	13 h entrevista	11.15 h examen	16.30 h boda	22 h concierto	21 h ¡fiesta!	15 h comida

Pablo		Ana	Pablo	Ana
¿Cuándo es	la entrevista para las prácticas? la boda de tu primo? la fiesta del instituto? el concierto de Juanes? el examen de informática? la comida con Laura? la clase de salsa?	El martes. El ___.	¿Y a qué hora?	___.

A

LA VIDA COTIDIANA

3

PASO 1

23

Laura trabaja los próximos seis meses en la empresa «Arroba». Es una empresa de informática. Laura se levanta muy temprano, a las siete y media de la mañana. Se ducha y desayuna – en cinco minutos – un café con leche y galletas. Laura siempre tiene mucha prisa y casi siempre tiene que correr para coger el autobús de las ocho y media. A las nueve en punto tiene que estar en la empresa. A veces el autobús llega tarde. Entonces Laura llega tarde a la oficina y la jefa se enfada. Pero el trabajo es interesante y Laura no se queja: tiene que contestar las llamadas telefónicas, escribir cartas comerciales y mandar facturas a los clientes. Laura no gana mucho dinero, pero los compañeros de trabajo son simpáticos y se lleva muy bien con ellos. Al mediodía siempre come con ellos un bocadillo o una ensalada en el restaurante de la esquina. Por la tarde Laura trabaja desde las tres hasta las siete y después a veces pasa por casa de su amiga Ana para charlar un rato con ella.

Por la noche casi siempre se queda en casa, cena con su padre, prepara sus cosas para el día siguiente, ve un poco la tele y se acuesta bastante temprano. Menos mal que Laura no tiene que trabajar los fines de semana.

In Spanien liegen die Essenszeiten deutlich später als in den meisten anderen europäischen Ländern. Daher reicht der Nachmittag *(la tarde)* von ca. 14 Uhr bis 20 Uhr. *La noche* wird vor allem für die Zeit nach Anbruch der Dunkelheit verwendet.

COMPRENDER

1 **¿Qué hace Laura? Apunta:**

→ Textinhalte visuell darstellen, S. 185

G 19 **2** **a) Übersetze die beiden Sätze und vergleiche: Wo steht das Reflexivpronomen im Spanischen? Und im Deutschen?**

1. Me ducho siempre por la mañana.
2. Laura no se queja de su trabajo.

b) Completa las frases con los pronombres reflexivos.

	levantarse
me	levanto
te	levantas
se	levanta
nos	levantamos
os	levantáis
se	levantan

1. – ¡Ya son las siete! ¿Por qué no ___ levantas?
   – Vale, vale, ya ___ levanto.
2. – ¡Los compañeros de Laura siempre ___ quejan de su trabajo!
   – Pues, Laura no ___ queja.
3. – ¿A qué hora ___ acostáis?
   – ___ acostamos a las once y media.
4. – ¿___ llevas bien con tus padres?
   – Sí, pero no ___ llevo bien con mi hermana.

G 19 **3** **Practica los verbos reflexivos.**

1. La amiga de Ana (llamarse) Laura, ¿verdad?

2. Oye, ¿(ducharse / tú) o no?

3. Hoy (quedarse / nosotros) en casa, ¿o no?

4. Felipe (llevarse) bien con sus hermanos, ¿o no?

5. Yo no (quejarse) de mi trabajo.

6. ¿Por qué (levantarse / tú) ya? ¡Son las seis!

7. Chicos, ¿(acostarse / vosotros), por favor?

8. Laura a veces (quedarse) hasta las ocho.

ESCUCHAR

DELE **4**  **Escucha a Pablo y a su madre. Después contesta las preguntas.**

¿A qué hora ...
1. ... se levanta Pablo?
2. ... tiene que coger el autobús?
3. ... tiene clase hoy?
4. ... tiene clase de batería?
5. ... empieza la película?

→ Selektives Hörverstehen, S. 184

3

PARA HABLAR

5 **Cuenta tu día: ¿qué haces? ¿Cuándo? ¿A qué hora?**

por la mañana/tarde/noche
al mediodía
desde ___ hasta ___
primero / después / al final
a veces / (casi) siempre
a la una / a las ___
los lunes / ___

levantarse coger el autobús desayunar
ducharse estudiar escuchar música
preparar las cosas para el día siguiente
ver la tele ver una película leer tener clase
volver a casa comer cenar acostarse ___

6 **Preparad una encuesta: entrevistad a los compañeros. Después presentad los resultados en clase.**

¿A qué hora te levantas los lunes? ¿Y los fines de semana?
¿A qué hora / Dónde desayunas?
¿A qué hora / Dónde comes al mediodía?
¿A qué hora vuelves a casa?
___

Ejemplo: 15 alumnos se levantan a las seis y media. ___.

PASO 2

Es viernes. Pablo, Miguel y Ana están en sus habitaciones y chatean para quedar para el fin de semana. Laura todavía está en la oficina porque tiene que preparar una presentación para el lunes.

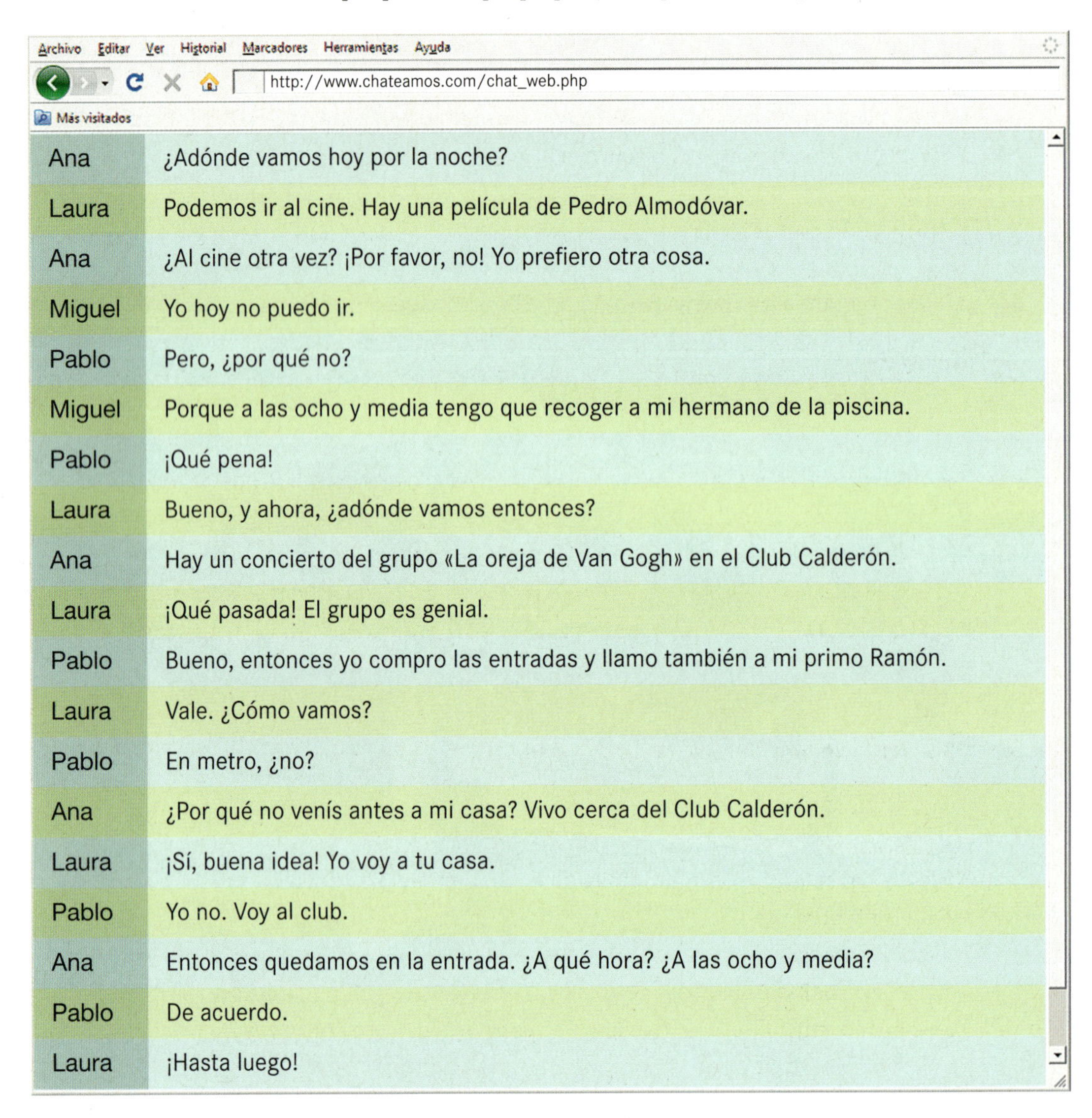

COMPRENDER

7 **Lies den Text genau und suche Beispiele.**

Wie kann man ...
... etwas vorschlagen?
... Zustimmung/Ablehnung ausdrücken?
... sich verabreden?

PRACTICAR

8 **Practica la conjugación del verbo *ir*.**

1. Yo			cine.
2. Paula		a	instituto.
3. Nosotros		al	discoteca.
4. Las chicas	*ir*	a los	Madrid.
5. Vosotras		a la	conciertos de ___.
6. Tú		a las	Islas Baleares*.
7. Carlos			___.

ir
voy
vas
va
vamos
vais
van

3

b) Haz preguntas a tu compañero/-a. Él/Ella contesta como en el ejemplo.

Ejemplo:

¿Adónde vas?

Voy a la piscina, tengo que recoger a mi hermano pequeño.

la empresa de informática
el instituto la biblioteca
la estación de metro
la cafetería el comedor
la plaza el centro la piscina

tener que recoger los libros *querer* ver a ___
querer comprar ___ *tener* clase de ___
tener que hablar con ___ *tener que* coger el metro a ___
querer comer algo *tener* una entrevista para las prácticas
tener que recoger a mi hermano pequeño

G 20 **9** **Practica la conjugación y el uso de *ir* y *venir*.**

Juan: Hola, Miguel, ¿qué tal? ¿de dónde ___?
Miguel: ___ de la biblioteca. Y tú, ¿adónde ___?
Juan: ___ al cine, ¿ ___ con nosotros?
Miguel: No, no puedo, hoy ___ mis primos.
Juan: ¿Y mañana?
Miguel: No, mañana tampoco puedo. Mis padres y yo ___ a un concierto.
Juan: Bueno, entonces, ¿por qué no ___ (vosotros) a mi casa el domingo?

venir
vengo
vienes
viene
venimos
venís
vienen

10 **a) Suche die passende Begründung für die Fragen.**

Ejemplo:

¿Por qué Pablo, Miguel y Ana chatean?

Porque quieren quedar para el fin de semana.

1. ¿Por qué Miguel no puede ir al cine hoy?
2. ¿Por qué los chicos van al Club Calderón?
3. ¿Por qué Ana no quiere ir al cine?
4. ¿Por qué Laura va a casa de Ana?

Porque vive cerca del Club Calderón.
Porque prefiere otra cosa.
Porque tiene que recoger a su hermano de la piscina.
Porque hay un concierto de «La oreja de Van Gogh».

b) Haz una pregunta con *¿por qué?*. Tu compañero/-a contesta.

Ejemplo:

¿Por qué no quieres ir al cine hoy?

Porque tengo que estudiar.

tener problemas con ___
no *venir* a mi casa hoy
no *coger* el autobús a ___
tener prisa *quedarse* en casa
no *llamar* a ___ ___

no *querer* llegar tarde a ___
sólo *pensar* en sus cosas
venir mis primos de ___ no *estar* lejos
no *tener* ganas no *tener* tiempo
tener que preparar mis cosas para mañana ___

G 22 **11** **¿En qué frases tienes que utilizar la preposición *a*?**

¿No ves **a Ana**? Está allí.
¿No ves **el libro**? Está allí.

1. Miguel recoge ___ su hermano de la piscina.
2. Ana y Laura ven ___ una película.
3. Laura no aguanta ___ Virtudes, una amiga de Ana.
4. Ana necesita ___ su amiga para hablar con ella.
5. Pablo llama ___ su primo Ramón.
6. Ana no aguanta ___ las películas de Almodóvar.
7. Laura recoge ___ las cartas comerciales.
8. Oye, yo no veo ___ Ana, ¿dónde está?
9. ¿Necesitas ___ tus libros hoy?

PARA HABLAR

12 **a) Mira la programación actual de Madrid en la página web www.guiadelocio.com/madrid. ¿Qué quieres hacer? ¿Adónde quieres ir? Apunta tus ideas.**

b) Estáis en Madrid y queréis hacer algo con amigos españoles. Utilizad vuestros apuntes de a) para quedar con ellos. Preparad un diálogo y presentadlo en clase.

¿Adónde vamos ___ ?
Yo quiero ir al / a la ___
Hay un/a ___ en ___
Podemos ir al / a la ___
¿Tenéis ganas?
¿Por qué no vamos al / a la ___?

Muy bien.
Vale.
Buena idea.
De acuerdo.
¡Qué pasada!
¡ ___ es genial!

¿ ___ otra vez?
¡Por favor, no!
Prefiero ___.
___ es muy aburrido/-a.
No puedo porque ___.

¿Y cómo vamos?	En metro. En coche*. En autobús. A pie*, no está lejos.
Entonces quedamos	en ___. a las ___.

25 PASO 3

Ana sale de casa y coge un taxi. Tiene una entrevista para unas prácticas. De repente hay un atasco.

Ana: «¡Qué mala pata! Salgo temprano
5 para llegar a tiempo y ahora estoy en un atasco. ¿Qué hago ahora? En quince minutos tengo la entrevista».

El taxista contesta: «Tranquila, no es para tanto. Puedes ir a pie para ganar tiempo».
10 Ana sale del taxi y empieza a correr, pero no llega puntual. Entra en una oficina vacía. De repente entra la señora Romero: «Perdona el retraso. Vengo de una reunión muy importante. Un minuto, por favor, pongo todo en mi escritorio y ya vamos a empezar».
15 Ana piensa: «¡Qué suerte!»
Sra. Romero: «Bueno, la entrevista va a ser corta. Mira, tienes que organizar una reunión para el viernes. ¿Qué vas a hacer?»
Ana piensa un momento: «Primero voy a reservar una sala».
20 «¿Y qué haces después?», pregunta la señora Romero. Ana contesta: «Voy a hacer carteles con los nombres de los participantes y voy a fotocopiar los documentos. También voy a poner un ordenador portátil porque seguro que los participantes van a hacer presentaciones. Y voy a poner vasos y
25 bebidas en la mesa».
Sra. Romero: «Muy bien, Ana. Puedes empezar la próxima semana.»

COMPRENDER

13 **Ordena las frases.**

Viene de una reunión.
Coge un taxi.
Empieza a correr.
Entra en una oficina vacía.
De repente entra la jefa.
No llega puntual.
Ana contesta las preguntas.
Ana sale temprano de casa.

PRACTICAR

G 24 **14** **Practica la conjugación de los nuevos verbos.**

Por la mañana, Ana prepara la reunión: «¿Cuándo (hacer / yo) la llamada? ¿Ahora? No, primero (poner / yo) las fotocopias y las bebidas en la sala, y después (tener / yo) tiempo para hacer la llamada.»
Uno de los participantes de la reunión (salir) a las nueve del hotel. Toma un taxi porque (tener) prisa, pero de repente hay un atasco. «Y ahora, ¿qué (hacer / yo)? (Tener que / yo) llamar a la empresa, pero ... ¡no (tener / yo) el número! ¡Qué mala pata!» Con media hora de retraso llega a la empresa, pero la sala está vacía. De repente entra Ana: «Pero ... ¿por qué (venir / usted) tan temprano?» «Pues, (venir) a la reunión.» Ana contesta: «Pero la reunión es a las cuatro de la tarde. ¡Y la jefa (venir) a las tres!»

Achte auf die 1. Person Singular dieser Verben:

hacer	hago
poner	pongo
salir	salgo
tener	tengo
venir	vengo

G 23 **15** a) 26 **Escucha las frases y apunta las formas del futuro próximo en tu cuaderno.**

el futuro próximo: *ir a* + infinitivo

b) Practica el futuro próximo. Utiliza: *primero, después, al final.*

Ejemplo: 1. Primero, Ana va a reservar una sala, después ___.

1. Ana / reservar una sala / hacer carteles / poner un ordenador portátil
2. ir (nosotros) al hotel / tomar un café
3. Miguel / preparar el café / desayunar / leer el periódico
4. ir (yo) al centro / comprar un cedé para ___ / ir al cine con ___
5. preparar (ellos) sus cosas / leer un poco / charlar con ___
6. recoger (tú) los libros en la biblioteca / llamar (tú) a tu padre / comprar (tú) las entradas para el cine

ESCUCHAR

16 27 **Escucha las preguntas de la entrevista de trabajo y formula las respuestas.**

PARA HABLAR

17 **Laura y Ana hablan sobre el trabajo y las prácticas. Preparad un diálogo y representadlo en clase.**

Laura will wissen ...
- was Ana an einem Tag in der Firma tun muss.
- wie ihre Chefin so ist.
- von wann bis wann Ana arbeitet.
- wo und mit wem sie mittags isst.

Ana will wissen ...
- von wann bis wann Laura arbeitet.
- wie die Arbeitskollegen von Laura sind.
- was Laura in der Firma tut.
- was sie mittags macht.

- preparar una reunión de trabajo
- poner un ordenador portátil
- reservar una sala
- escribir cartas (comerciales)
- mandar facturas
- abrir el correo*
- contestar llamadas telefónicas
- fotocopiar documentos
- hacer café para los compañeros de trabajo / el jefe / la jefa
- preparar una presentación

por la mañana / tarde
a veces / muchas veces* / siempre

YA SÉ

18 **Überprüfe, ob du die Lernziele der Lektion erreicht hast.**

1. Sag, von wann bis wann du heute in der Schule bist.
2. Erzähle, an welchen Wochentagen du abends zuhause bleibst.
3. Erzähle, was du an einem Samstag normalerweise tust.
4. Sag, warum du Spanisch lernst.
5. Verabrede dich mit spanischen Freunden für heute Abend.

B

UN DÍA EN ESPAÑA

3

28/29 Un día en España empieza con un desayuno ligero: un café o un vaso de leche y unas galletas o unas tostadas con mantequilla y mermelada – eso es todo.
5 Normalmente las tiendas abren a las diez de la mañana y cierran tres horas al mediodía, entre las dos y las cinco de la tarde. En las empresas y oficinas también hacen jornada partida: la gente trabaja desde las nueve hasta las dos y desde
10 las cuatro o las cinco hasta las ocho de la tarde. La comida es tarde, entre la una y media y las tres y media. Por eso, al mediodía, las calles están llenas de gente porque todos van a los bares para tomar un aperitivo o para comer algo lige-
15 ro, una ensalada o un bocadillo. En las ciudades, ya poca gente vuelve a casa a comer porque la vida moderna cambia también el ritmo tradicional de los españoles. En vez de hacer jornada partida, muchas empresas organizan el día labo-
20 ral como en el resto de Europa y hacen jornada continua, es decir, que acortan la pausa. Entonces la gente empieza a trabajar a las ocho o las nueve y termina a las cinco o las seis, con una pausa de media hora para comer. Eso tiene ven-
25 tajas y desventajas. Por un lado, el trabajo termina a las seis de la tarde y no a las ocho o a las nueve como antes. Por otro lado, hay poco tiempo para comer y descansar.
La cena también es tarde, entre las nueve y las
30 diez: tortilla de patatas, pescado, carne y verdura. Los españoles se acuestan tarde, nunca antes de las once. Sobre todo en los meses de verano las calles están llenas por la noche porque la gente sale mucho.
35 ¿Y qué pasa con la siesta? Ya sólo existe en los pueblos y en el campo. Para la gente que vive en las ciudades, la siesta queda para el fin de semana y para las vacaciones de verano.

2 **ligero/-a** leicht 5 **la tienda** Geschäft 8 **la jornada partida** Arbeitstag mit langer Mittagspause 13 **lleno/-a** voll 17 **cambiar** verändern 18 **en vez de** anstatt 19 **el día laboral** Arbeitstag 20 **la jornada continua** durchgehender Arbeitstag 24 **las ventajas y desventajas** Vor- und Nachteile 25 **por un lado** einerseits 28 **descansar** ausruhen 30 **la carne** Fleisch 31 **nunca** nie

1 **Busca en el texto información sobre:**

la jornada partida

la jornada continua

2 **Erkläre einem/-r spanischen Freund/in,**

- wie die Arbeitszeiten in Deutschland sind.
- wie dein Tag aussieht.

REPASO 1 (UNIDADES 1–3)

APRENDER MEJOR

Wörter erschließen

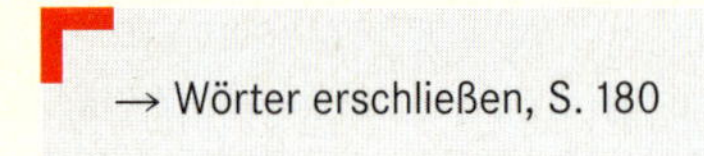
→ Wörter erschließen, S. 180

1 **a) Welche Sprache hilft dir, diese Wörter zu verstehen?**

alemán	inglés	francés
	potato	

la patata   invitar   el aeropuerto   el bebé   visitar   el chocolate
el monstruo   responder   el actor   el avión   continuar   posible   el ritmo
la pausa   el resto   el elefante   existir   las vacaciones

b) Was bedeuten diese „falschen Freunde"? Schlage im Wörterbuch nach.

el regalo   el compás   la infusión
la firma   el gimnasio

→ Das zweisprachige Wörterbuch benutzen, S. 197

2 **Was bedeuten diese Wörter? Du kennst schon Wörter aus derselben Wortfamilie.**

1. el desayuno
2. presentar
3. la ducha
4. participar
5. reunirse
6. la llegada

3 **a) Finde das Wort, das aus der Reihe fällt.**

1. el nombre / el teléfono / el apellido / la dirección / el e-mail / el problema
2. la empresa / la entrevista / las prácticas / la reunión / la esquina / la presentación
3. jugar / nadar / necesitar / leer / chatear / cocinar
4. la semana / el día / la noche / el bachillerato / el mediodía / la tarde

b) Suche dir eines der Wortfelder aus a) aus und notiere weitere Wörter, die zu dem Wortfeld gehören.

4 **Un día en la vida de Cristina. Completa el texto con los verbos.**

Cristina ___ (levantarse) a las 8.00, ___ (ducharse), ___ (tomar) un café y ___ (ir) a la oficina, a pie. Muchas veces ___ (quedar) con un compañero de trabajo porque ___ (vivir) cerca y ___ (ir) juntos. La oficina ___ (estar) cerca de la Puerta del Sol. Cristina y su compañero ___ (llevarse) muy bien y ___ (charlar) mucho. A veces ___ (quejarse) del trabajo. En la oficina Cristina ___ (tener que) escribir muchos e-mails. Por la tarde, ___ (salir) de la oficina a las 7.00 y ___ (volver) a casa en autobús. ___ (coger) el autobús a las 7.05 y ___ (llegar) a casa a las 7.20. A veces el novio ___ (recoger) a Cristina de la oficina. Su novio, Carlos, ___ (ser) de Chile. Entonces ___ (ir) juntos al cine o a tomar algo. Después ___ (escuchar) música o ___ (ver) una película en la tele.

5 **¿Qué van a hacer los chicos el fin de semana? Completa las frases con las palabras que faltan.**

en de a para con hasta del al

1. Los chicos chatean ___ quedar el fin ___ semana.
2. Hay un concierto ___ grupo «La oreja de Van Gogh».
3. También hay una película muy buena ___ el cine: «Las cartas de Alou».
4. Miguel quiere ir ___ cine.
5. Pero primero tiene que recoger ___ su hermano ___ la clase ___ guitarra.
6. Laura y Ana también tienen ganas ___ ir ___ cine.
7. Laura quiere llamar ___ Raúl. Pero Ana no quiere ir ___ el novio ___ Laura ___ cine.
8. ___ final, los chicos quedan ___ las 7.00 ___ el cine. Raúl se queda ___ casa.
9. Los chicos ven la película y después van ___ un bar y charlan ___ tarde.

6 **Mira la foto y haz preguntas a tu compañero/-a. Él/Ella inventa respuestas.**

DELE **7** 🎧30 **Escucha las frases y elige la reacción adecuada.**

1. ¡Qué pasada! — ¡Perdona! — ¡Qué pena!
2. ¡Qué suerte! — ¡De acuerdo! — ¡Qué mala pata!
3. ¡Por supuesto! — ¡Qué genial! — ¡No es para tanto!

COMPRENSIÓN AUDITIVA

DELE **8** 🎧31 **Escucha y elige la respuesta correcta.**

→ Selektives Hörverstehen, S. 184

		a	b
1	Son las ...	17.04.	17.15.
2	A las ...	7.40.	8.20.
3	Tiene ...	16 años.	17 años.
4	Es el ...	706893810.	605893810.

EXPRESIÓN ORAL

9 **Estás en el bar «Limón» y esperas a tu amigo/-a. Haz un diálogo con tu compañero/-a y presentadlo en clase. Utilizad también las expresiones.**

du	dein/e Freund/in
Du bist in der Bar «Limón» und wartest auf deine/n Freund/in. Plötzlich klingelt dein Handy. Es ist dein/e Freund/in. Du begrüßt ihn/sie. →	Du begrüßt deine/n Freund/in. Du sagst, dass du nicht kommen kannst und entschuldigst dich. ↙
Du fragst nach dem Grund. →	Du sagst, dass du in zehn Minuten deine Schwester vom Kino abholen mußt. ↙
Du ärgerst dich und sagst, dass seine/ihre Eltern auch die Schwester abholen können. →	Du sagst, dass deine Eltern nicht zu Hause sind. ↙
Du fragst deine/n Freund, ob er heute Abend Zeit hat. →	Du sagst, dass Du keine Zeit hast, weil du mit Sara ins Kino gehst.
Du bedauerst es und schlägst vor, euch für morgen zu verabreden. →	Du bist mit dem Vorschlag einverstanden und fragst wo und um wieviel Uhr. ↙
Du schlägst die Bar «Limón» vor. →	Du fragst ihn/sie, warum er/sie nicht bis morgen in der Bar bleibt. ↙
Du lachst über den Witz und verabschiedest dich. →	Du verabschiedest dich.

sich entschuldigen
¡Perdona!

Ärger ausdrücken
¡Jolines!
¡Otra vez!

Begeisterung zeigen
¡Qué genial!
¡Qué pasada!

etwas bedauern
¡Qué pena!
¡Qué mala pata!

Einverständnis erklären
¡De acuerdo!
¡Vale!

COMPRENSIÓN DE LECTURA

10 **Dein/e Freund/in möchte einen Sprachkurs bei der Escuela Internacional de Lenguas Rías Bajas belegen. Beantworte seine/ihre Fragen.**

1. Wann finden die Sprachkurse statt (Jahreszeit)?
2. Welche Sprachen bietet die Sprachschule an?
3. Wie lange dauern sie?
4. Wie viele Personen sind in einem Kurs?
5. Wie teuer sind sie?
6. Wo erhält man weitere Informationen?

→ Wiedergeben bzw. Zusammenfassen von Textinhalten: Spanisch → Deutsch, S. 197

EXPRESIÓN ESCRITA

DELE **11** **Participas en un programa de intercambio. Escribe una carta a tu futuro/-a «hermano/-a» en Barcelona.**

→ Einen Brief schreiben, S. 193

Name

Herkunft/Wohnort

Alter

Familie

Hobbys

Schule

Ankunft (Datum/Uhrzeit)

COMPETENCIA INTERCULTURAL

12 **Welche Leute begrüßt du wie? Welche Begrüßungsformen kennst du aus deinem Umfeld? Weißt du, wie sich Menschen in Spanien oder Lateinamerika begrüßen?**

Spanier und Lateinamerikaner bewahren gewöhnlich weniger Abstand, fassen sich öfters an und gestikulieren mehr als Mittel- und Nordeuropäer.

UNIDAD 4

¿TE GUSTA?

In dieser Lektion lernst du:
- sagen, was dir gefällt oder nicht gefällt
- über Kleidung und Farben sprechen
- Charakter und Aussehen von Personen beschreiben

32 ¡Vamos!

A mí me gusta ir al cine. Me gustan mucho las películas de acción y las comedias románticas. También me gusta mucho escuchar música, sobre todo música pop.

A mí me gusta hacer deporte. Soy una persona muy activa. Me gustan el fútbol, el baloncesto y muchos otros deportes. También me gusta bastante ir al instituto, pero los deberes y los exámenes no me gustan.

COMPRENDER

1 **Describe a uno de los chicos. Tu compañero/-a dice quién es.**

Le gusta	bailar. escuchar música pop. leer. ir al instituto. la música. ir al cine. ir de compras.

Le gustan	los deportes. las películas de acción. las novelas de Ruiz Zafón.

Ejemplo:
– Le gusta la música. ¿Quién es?
– Es Pablo.

PARA HABLAR

2 **a) ¿Qué te gusta hacer en tu tiempo libre? | Verwende die Aktivitäten aus der Statistik und führe eine Umfrage in der Klasse durch.**

- me gusta mucho
- me gusta
- me gusta bastante
- no me gusta mucho
- no me gusta
- no me gusta nada

Las actividades de tiempo libre* de los jóvenes* en España

96 %	escuchar cedés*
95 %	estar con amigos
94 %	ver la televisión
88 %	escuchar la radio*
85 %	hacer cosas con el ordenador
84 %	ir a bares o cafeterías
80 %	ir al cine
77 %	viajar*
72 %	ir a discotecas
71 %	hacer deporte
63 %	ir a conciertos
61 %	leer libros
35 %	hacer un trabajo eventual*
25 %	ir a museos

© Informe jóvenes españoles, 2005

b) Presentad los resultados en clase.

Ejemplo: A Daniela le gusta mucho ___. A Thomas también.
A Marc no le gusta nada ___. A Sonja tampoco.

VOCABULARIO

3 **a) ¿Qué música, películas, deportes y actividades te gustan? Haz listas como en el ejemplo. Puedes utilizar un diccionario.**

→ Das zweisprachige Wörterbuch benutzen, S. 197

Ejemplo:

<u>música</u>
el hip hop
la música clásica*
la música electrónica*
___

<u>cine</u>
las películas de acción
las comedias
los documentales*
___

<u>deportes</u>
el voleibol
el tenis
el ciclismo*
___

<u>actividades</u>
las fiestas
los conciertos
las excursiones*
___

b) Schreibe drei Dinge oder Tätigkeiten, die dir gefallen und drei, die dir nicht gefallen, auf einen Zettel. Sammelt die Zettel ein, mischt sie und teilt sie wieder aus. Suche nun nach dem Autor deines Zettels, indem du deinen Mitschülern/-innen Fragen stellst.

Ejemplo:

Sarah, a ti te gustan las discotecas, ¿no?

No, no me gustan. ¿Y a ti, te gusta nadar?

me gusta + el/la + Nomen Singular

me gustan + los/-as + Nomen Plural

me gusta + Verb

A

OPINIONES Y DISCUSIONES

33/34 PASO 1

Son las nueve de la noche. Pablo está escuchando música y navegando en internet en su habitación. Sus hermanas Cristina y Raquel están haciendo sus deberes. La madre está preparando la cena. Las chicas entran en la cocina:
«¿Qué hay para cenar, mamá?»
«Chuletas de cerdo, patatas con ajo y ensalada. Os gusta, ¿no?»
«Mmmh, ¡qué rico! Me encanta», dice Cristina.
Pero Raquel no está de acuerdo:
«Otra vez chuletas. ¿No me puedes hacer una hamburguesa?»

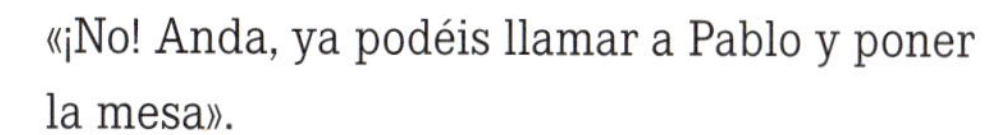

«¡No! Anda, ya podéis llamar a Pablo y poner la mesa».
Poco después llega el padre y les da un beso a sus hijas. «¿Podemos cenar? Tengo mucha hambre. ¡Pablo, a cenaaar!» Pero Pablo no le contesta ... El padre entra en la habitación de su hijo.

El padre: Oye, ¿por qué no vienes?
Pablo: Estoy leyendo un texto para el insti.
El padre: ¡Ya veo! ¡Estás jugando y escribiendo e-mails!
Pablo: ¿Y qué? ¿Te importa?
El padre: Pues sí, a tu madre y a mí nos molesta mucho. Somos una familia y queremos cenar juntos, ¿no?
Pablo: ¡Ah! ¿Y por eso siempre vuelves tan tarde?
El padre: ¿Crees que a mí me gusta? ¡Es que tengo mucho trabajo! Mira, mañana podemos hacer algo juntos.
Pablo: ¡Tú siempre dices mañana y después no tienes tiempo!
El padre: Bueno, el próximo fin de semana, ¿vale?
Pablo: Ojalá.

COMPRENDER

1 **¿Qué información aparece en el texto? ¿En qué líneas? ¿Y qué información no aparece en el texto?**

1. El padre tiene mucho trabajo.
2. A Cristina le gustan mucho las chuletas.
3. Pablo no tiene hambre.
4. La madre está en la cocina.
5. El padre siempre vuelve tarde a casa.
6. Raquel prefiere una hamburguesa.
7. El próximo fin de semana, Pablo y su padre quieren ir al cine.

G/25 **2** **a) Sieh dir die Beispiele an und nenne zu jedem Verb, das im *gerundio* steht, den Infinitiv. Vervollständige dann die Regel:**

estáis trabajando | estamos abriendo | está saliendo | estoy bebiendo | están comiendo | estás cocinando

Verben, die im Infinitiv auf -ar enden, enden im *gerundio* mit ___ .
Verben, die im Infinitiv auf -er oder -ir enden, enden im *gerundio* mit ___ .

b) Bilde das *gerundio* der Verben *pensar, vivir, correr, recoger, hablar* und *poner*.

c) Übersetze die Sätze: Was drückt *estar* + *gerundio* aus?

1. Pablo lee mucho. Ahora está leyendo un libro.
2. Miguel juega casi siempre al fútbol los sábados. Hoy es sábado y Miguel está jugando al fútbol.

G/25 **3** **a) Practica *estar* + *gerundio* ¿Qué están haciendo?**

b) Pantomima: Representa una actividad, por ejemplo, «estar bebiendo». Tus compañeros tienen que adivinar qué estás haciendo.

c) Habláis por móvil. Usad *estar* + *gerundio*.

- Hola, Michael, ¿qué tal? ¿Qué estás haciendo?
- Estoy ___. ¿Y tú?
- ___.

tomar cocinar estudiar escuchar comer leer ___

PRACTICAR

G 26 **4** **Practica los pronombres de complemento indirecto.**

Ana	me te le nos os les	da el libro.

Pablo: ¿___ pongo más patatas, chicas?
Hermanas: No, ¿pero ___ das un poco de ensalada?
Padre: Y a mí, ¿___ pones más zumo?
Pablo: Claro, ¿y ___ doy otra chuleta, papá?
Padre: No, gracias. Tengo que volver a la oficina. ¿___ das el móvil?
Raquel: Pero a mamá ___ molesta el móvil en la mesa.
Padre: Es que voy a llegar tarde. Sólo ___ voy a mandar un sms a mis clientes.

4

G 27 **5** **a) Practica los pronombres de complemento indirecto y los verbos *gustar, molestar, encantar* e *importar*.**

me	gusta/n
te	encanta/n
le	molesta/n
___	importa/n

1. – ¿___ (molestar) la música, papá? – A mí, no, pero tu madre está trabajando y ___ (molestar).
2. – ¿A vosotros ___ (gustar) el ajo? – ¡No! El ajo no ___ (gustar) nada.
3. – A mis hermanas no ___ (gustar) mucho los documentales, pero a mí ___ (encantar).
4. – A mi padre no ___ (importar) trabajar mucho.

b) Busca a compañeros/-as que piensen como tú.

encantar
Niemals verneint!
Nie in einer Frage!

(No) Me	gusta molesta	cenar con la familia. estudiar con música. hablar por móvil en la mesa. desayunar temprano. hacer mis deberes los domingos. leer el periódico por la mañana. ___ .
Me encanta		

Ejemplo: – (No) Me gusta desayunar temprano. – A mí también/tampoco.

PARA HABLAR

6 **Elegid una situación y preparad un diálogo. Después presentadlo en clase.**

Tu hermano/-a tiene que poner la mesa para la cena, pero no quiere. Tú tampoco tienes ganas.

Estás en la entrada del cine porque quieres ver una película con tu amigo/-a, pero como siempre él/ella llega tarde.

¡Ojalá! ¡Otra vez ___! Seguro que ___. ¿Y qué? ¿Te importa? Pues sí ___. Es que ___. ¿Crees que ___? ¿Vale? ¡Me molesta mucho! ¿Por eso siempre ___? ¿Y por qué ___?

Laura está en la habitación de Ana.

Ana: Ay, Laura, mañana empiezan las prácticas. Me estoy poniendo un poco nerviosa. ¿Qué me voy a poner? ¿Vaqueros con una camiseta? No
5 tengo ni idea.

Laura: Vamos a ver ... Pues mira, tienes un montón de ropa en tu armario. ¿Qué te parece este vestido verde?

Ana: No, ese color ya no me gusta.

10 **Laura:** ¿Y estos pantalones grises? Tienen un corte muy bonito.

Ana: Pero me quedan muy ajustados.

Laura: ¿Y esta falda blanca con esa blusa de ahí?

Ana: ¿Cuál?

15 **Laura:** Esa que está encima de tu cama.

Ana: Me parece una idea genial. A ver cómo me queda ...

Laura: ¡Vaya! ¡Qué guapa! El color lila de la blusa te queda muy bien.

20 Ana se mira en el espejo. «Sí, a mí también me gusta. No voy demasiado elegante ni demasiado deportiva. ¿Pero la falda no es un poco corta?»

Laura: ¡Qué va! Está bien. ¿Pero qué zapatos te pones?

25 **Ana:** ¿Qué te parecen esos?

Laura: ¿Cuáles? ¿Los rojos?

Ana: No, esos marrones. Están bien, ¿no?

Laura: Sí, además van muy bien con la falda. ¿Qué más falta? ¿Tal vez una chaqueta?

30 **Ana:** Pues, sólo tengo estas dos y este abrigo negro, pero ya no me gustan.

Laura: A mí tampoco. Oye, ¿por qué no te pruebas la chaqueta que llevo yo? Es casi nueva y está muy de moda.

35 **Ana:** ¿Qué talla es?

Laura: 38.

Ana: ¡Pues perfecto! ¡Gracias!

VOCABULARIO

7 **a) Suche im Text nach Bezeichnungen für Kleidungsstücke und erstelle eine Liste.**

b) Erweitere deine Liste: Suche im Wörterbuch nach Kleidung für Freizeit, Sport, Schule und offizielle Anlässe.

→ Das zweisprachige Wörterbuch benutzen, S. 197

c) Pregunta a tu compañero/-a. Él/Ella contesta.

¿Qué te pones para
- ir al instituto?
- hacer deporte?
- ir a la discoteca?
- cenar con tu familia?
- trabajar?
- ir a una boda?
- ___

Para ir al insti me pongo una camiseta verde, vaqueros azules y zapatos marrones.

Para ir a la discoteca me pongo la chaqueta que llevo ahora.

ESCUCHAR

DELE **8** **a)** 37 **Escucha y encuentra a la persona.**

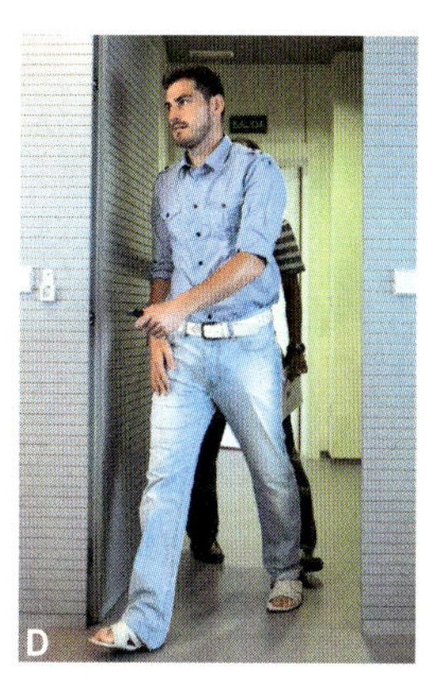

A Rafael Nadal
B Shakira
C Paz Vega
D Iker Casillas
E María del Mar de Chambao
F Pedro Almodóvar y Penélope Cruz
G Javier Bardem

b) Ahora describe a un/a compañero/-a de clase. Tus compañeros tienen que adivinar quién es.

Ejemplo: – Lleva vaqueros azules, una camiseta roja y zapatos negros. ¿Quién es?
– Es Thomas.

PRACTICAR

G/30 **9** **Completa el diálogo con *cuál*, *cuáles* y *qué*.**

> Das Fragepronomen *welche/r/-s* im Spanischen:
> *¿Qué* + Nomen?
> *¿Cuál/es* + Verb?

Laura y Ana entran en una tienda de ropa.*
Laura: Mira, esos pantalones son bonitos, ¿no?
Ana: ¿___? ¿Estos?
Laura: No, esos, ¿___ precio* tienen?
Ana: 29 euros. ¿___ talla necesitas?
Laura: La 36 o la 38.
Ana: Aquí tienes las dos. ... ¿___ te queda bien?
Laura: La 38. Y las camisetas, ¿dónde están?
Ana: Ahí ... ¿___ color quieres?
Laura: No sé. Me gusta la camiseta amarilla, pero también la verde. ¿___ prefieres tú?
Ana: ¡La amarilla!

10 *¿Este* o *ese*? Laura quiere comprar ropa. Miguel hace propuestas.

G 31

Miguel

¿Qué te parece/n	este esta estos estas	blusa? pantalones? zapatos? chaqueta? vaqueros? vestido? abrigo? camisetas?

Laura

No sé. No me gusta/n (mucho/nada). El color no me gusta. El corte ya no es moderno. No me va/n bien.	Prefiero	ese esa esos esas	de ahí.

PARA HABLAR

11 Vais de compras. Trabajad en parejas y preparad el diálogo.

A

Du suchst in einem Geschäft nach etwas zum Anziehen (z.B. einer Jeans, einem Pullover, ...). Dein/e Freund/in begleitet und berät dich.

1. Du findest ein Teil, das dir gefällt. Du fragst deine/n Freund/in, wie er/sie es findet.
2. Du entscheidest dich für eine Farbe und sagst, dass du das Teil anprobierst (Me pruebo ...). Dann fragst du deine/n Freund/in, wie dir das Teil steht.
3. Du sagst, welche Größe das Teil ist (z.B. 38) und bittest deine/n Freund/in, dir eine andere Größe zu geben (z.B. 36, 40).
4. Du probierst die andere Größe an und fragst deine/n Freund/in, ob es dir jetzt steht.
5. Du entscheidest dich, das Teil zu kaufen.

B

Dein/e Freund/in möchte sich in einem Geschäft etwas zum Anziehen kaufen. Du berätst ihn/sie.

1. Das Teil gefällt dir, aber die Farbe nicht. Du schlägst eine andere Farbe vor.
2. Du findest, dass das Teil zu groß/klein/eng ist. Du fragst, welche Größe das Teil ist.
3. Du bringst deinem/-er Freund/in die andere Größe.
4. Du findest, dass das Teil deinem/-er Freund/in gut steht. Es passt sehr gut zu einem anderen Kleidungsstück, das er/sie trägt.

38/39 **PASO 3**

En el instituto «Lope de Vega», Pablo y Miguel salen de clase con una sonrisa. En el recreo ven a su amiga Sara.

Sara: ¡Hola, chicos! ¿Qué pasa? ¡Estáis muy
5 alegres!

Pablo le guiña un ojo.

Pablo: Ya sabes, somos alegres. Pero tienes razón, de verdad, estamos muy contentos.

Sara: ¿Y eso?

10 **Miguel:** Tenemos un nuevo profe de inglés. Se llama Ian McKelly y es muy simpático.

Pablo: ¡Y muy divertido! Nos reímos mucho con él.

Sara: Creo que sé quién es. Es alto y delgado y
15 tiene el pelo rubio, ¿no?

Miguel: No. Es bajo, un poco gordo y lleva barba. Y tampoco es rubio, tiene el pelo castaño.

Pablo: Y lleva gafas. Vamos, no es muy guapo, pero es muy inteligente y es un profesor
20 fenomenal.

Sara: Pues, tenéis suerte. Mi profesora de inglés es bastante seria y además es muy estricta.

Miguel: ¿Quién es?

Sara: Paloma Reyes, una mujer joven de pelo
25 negro y ojos verdes. Ahí está.

Pablo: ¿Es esa mujer alta con la chaqueta azul?

Sara: No, la otra que está hablando con el hombre pelirrojo.

Miguel: Oye ¿estás bien? Pareces un poco triste.

30 **Sara:** Sí, estoy bien. Sólo estoy un poco nerviosa porque ahora tengo un examen. Va a empezar pronto. ¡Adiós, chicos!

Miguel: ¡Mucha suerte!

VOCABULARIO

12 **a) Busca en el texto las palabras para describir a una persona. Haz un mapa mental.**

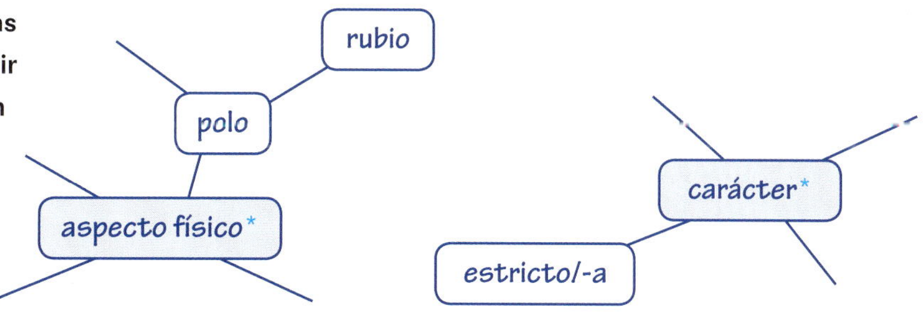

b) Completa el mapa con la ayuda de un diccionario.

→ Das zweisprachige Wörterbuch benutzen, S. 197

c) Describe a un/a amigo/-a.

4

PRACTICAR

13 **En la revista «Chicos hoy», chicos y chicas buscan amigos. Contesta uno de los anuncios.**

¡Hola! Me llamo Sara, tengo 17 años y busco contacto con chicas y chicos de Alemania. Soy alta, no muy delgada. Tengo el pelo castaño y los ojos grandes y verdes. Soy una chica tranquila. Mis aficiones son la música y las novelas. También me gusta mucho nadar.
sara@iespana.es

¿Quién me escribe? Vivo en Mallorca. Tengo 16 años y soy muy simpático ☺. Soy bastante alto y tengo el pelo negro. Me gusta bailar, charlar con amigos, hacer deporte, ir al cine, …
Federico, fede95@terra.es

DESCUBRIR Y PRACTICAR

G 34 **14** **a) Lies die Sätze und erkläre: Wann wird *ser* und wann wird *estar* verwendet?**

- Soraya **es** una chica tranquila, pero hoy **está** nerviosa porque tiene un examen.
- Pablo **es** muy alegre, pero ahora **está** triste.

b) Practica el uso de *ser* y *estar* + *adjetivo*.

1. Laura ___ contenta porque hoy no tiene clase.
2. Pablo ___ alto y delgado.
3. Miguel ___ alegre: hoy hay una fiesta en el instituto.
4. Hoy la clase de inglés ___ muy divertida.
5. El centro de la ciudad ___ muy ruidoso. Siempre hay muchos coches.
6. Laura ___ muy simpática.
7. Los domingos, el instituto «Lope de Vega» ___ vacío.
8. Miguel y Pablo ___ chicos alegres.
9. – Hola Laura, ¿cómo ___? – Muy bien. Y tú, ¿qué tal?
10. No me gusta vivir en mi pueblo. ¡___ aburrido!
11. La casa de Pablo no ___ muy grande pero ___ bonita.

YA SÉ

15 **Überprüfe, ob du die Lernziele der Lektion erreicht hast. Beschreibe dich selbst.**

1. Wie siehst du aus?
2. Wie würdest du deinen Charakter beschreiben?
3. Was magst du und was stört dich?
4. Was für Kleidung trägst du gerne?

B

EL FLAMENCO – ANTES Y HOY

1 **Welche spanische oder lateinamerikanische Musik kennst du und was verbindest du damit?**

40 ¿Qué tienen el baile folclórico y la música folclórica en común con los primeros puestos de las listas de éxito? ¿Nada, crees? Entonces todavía no conoces el flamenco. El flamenco es más
5 que música, es un sentimiento. Es un arte gitano que existe desde el siglo XVIII en Andalucía. Pero en ese tiempo sólo los gitanos cantan y bailan el flamenco. Muchos años más tarde, el flamenco llega a los cafés y a los bares de Sevilla y
10 otras ciudades andaluzas donde un público más grande lo puede escuchar.
Los elementos importantes del flamenco tradicional son el «cante», el baile, la guitarra y las palmas. Pero en los últimos años están apare-
15 ciendo nuevas formas del flamenco. El nuevo flamenco mezcla elementos del flamenco tradicional con música pop, jazz, música latinoamericana y melodías árabes y africanas. Hay muchos grupos actuales que hacen esta nueva música,
20 como el grupo Chambao de Málaga. En sus canciones mezclan ritmos flamencos con música electrónica y a veces con melodías árabes.

41 **Ahí estás tú**

Déjate llevar, por las sensaciones
25 que no ocupen en tu vida, malas pasiones.
Esa pregunta que te haces sin responder,
dentro de ti está la respuesta para saber.
Tú eres el que decide el camino a escoger.
Hay muchas cosas buenas y malas, elige bien.
30 Que tu futuro se forma a base de decisiones
y queremos alegrarte con estas canciones.
Y ahí estás tú, tú.
Y ahí estás tú, tú.
Y es que yo canto porque a mí me gusta cantar,
35 también tu bailas porque a ti te gusta bailar, tú.
Y es que yo canto porque a ti te gusta escuchar
lo que yo canto porque así se puede bailar, tú.
Y ahí estás tú.
Y a mí me gusta como bailas, tú.
40 Tú, a bailar, tú, a bailar.
Y ahí estás tú.
Y a mí me gusta como te mueves, tú.
Tú, a bailar, tú a bailar.
...

1 **tener en común** gemeinsam haben 2 **el puesto** Platz 3 **la lista de éxito** Hitparade 4 **conocer** kennen 5 **el sentimiento** Gefühl 5 **el arte gitano** Zigeunerkunst 13 **el cante** andalusischer folklorischer Gesang 14 **las palmas** Klatschen 14 **último/-a** letzte/r/-s 14 **aparecer** erscheinen 16 **mezclar** mischen 24 **déjate llevar** lass dich tragen 24 **la sensación** Empfindung 26 **sin** ohne 27 **dentro** in 27 **la respuesta** Antwort 28 **decidir** entscheiden 28 **el camino** Weg 28 **escoger** aussuchen 29 **elegir** auswählen 42 **moverse** sich bewegen

2 **Sieh dir die Zeilen 34–43 des Liedtextes noch einmal genau an und schreibe eine weitere Strophe nach dem gleichen Muster.**

UNIDAD 5

EN MADRID

In dieser Lektion lernst du:

- telefonieren
- den Weg beschreiben
- eine Wohnung/ein Zimmer beschreiben
- eine Einkaufsliste erstellen
- den Preis angeben
- etwas vergleichen

42 ¡Vamos!

● Madrid

El Rastro

¿Tienes poco dinero? Entonces puedes ir al Rastro. Si quieres ver bastante, tienes que ir temprano porque es muy grande. Pero cuidado con la mochila: ¡hay carteristas!

Calle del Arenal

¿Buscas ropa nueva? En la calle del Arenal encuentras las tiendas con la última moda española y siempre hay mucha ropa en oferta.

Estadio Santiago Bernabéu

¿Te gusta el fútbol? Entonces puedes ir al Bernabéu para ver al Real Madrid. ¡Pero ojo! Las entradas son muy caras.

Parque del Buen Retiro

Si quieres pasar un día tranquilo, puedes ir al Retiro. Es el lugar perfecto para descansar. Los fines de semana hay muchos artistas en el parque. ¡Es fenomenal!

Museo del Prado

¿Te interesa el arte? Entonces tienes que ir al Museo del Prado. Ahí puedes ver cuadros de famosos pintores españoles como Diego Velázquez, Francisco de Goya y Bartolomé Murillo. ¡Vale la pena!

Plaza Mayor

Si quieres comprar postales o un recuerdo de Madrid, puedes ir a la Plaza Mayor. Claro que ahí también puedes tomar un café en un bar, si prefieres disfrutar del ambiente.

Barrio de Malasaña

Si te gusta salir de noche, tienes que ir al barrio de Malasaña. Ahí encuentras muchos bares y discotecas. Este barrio es famoso por su ambiente alternativo y sus precios bajos. ¡Pero ojo! Las discotecas no abren antes de la una de la mañana.

COMPRENDER

1 **a) Estás en Madrid. ¿Adónde quieres ir y adónde no? ¿Por qué?**

Quiero ir No quiero ir	al a la	Estadio Santiago Bernabéu Parque del Buen Retiro barrio de Malasaña Plaza Mayor Rastro Museo del Prado calle del Arenal	porque (no) quiero ___. porque (no) me gusta/n ___. porque (no) tengo ganas de ___. porque (no) me interesa/n ___. porque me encanta/n ___. porque ___.

el fútbol bailar ver a los artistas tomar un café tener poco dinero la moda (española) las entradas son muy caras descansar tomar algo el arte salir de noche comprar postales/recuerdos ir de compras los bares y las discotecas el Real Madrid ___

b) ¿Cuál de estos lugares preferís? Haced una encuesta en clase.

PRACTICAR

G 35 **2** **Tu amigo/-a español/a está de visita. ¿Qué puede hacer en tu ciudad? Haz propuestas.**

Si quieres ___, Si te gusta/n ___, Si tienes ganas de ___, Si te interesa/n ___, Si tienes poco dinero, Si ___,	tienes que puedes	ir	a ___. al ___. a la ___.	¡Es fenomenal/genial/fantástico/-a! ¡Es muy bonito/-a! ¡Es muy interesante! ¡Vale la pena!

BÚSQUEDA DE INFORMACIÓN

3 **Estás con tu familia en Madrid y organizas un paseo al Museo del Prado o al Rastro. Busca información en español en internet y explícala en alemán.**

www.museodelprado.es

1. Was kostet der Eintritt für Schüler/innen?
2. Wie sind die Öffnungszeiten?
3. Wie heißt die nächstgelegene U-Bahn-Station?
4. Welche Ausstellungen gibt es gerade?

www.elrastro.org

1. An welchem Wochentag könnt ihr den Flohmarkt besuchen?
2. Wie sind die Öffnungszeiten?
3. Wie heißen die nächstgelegenen U-Bahn-Stationen?
4. Was kann man dort alles machen?

A

UN PISO COMPARTIDO

PASO 1

ACTIVIDAD DE PRELECTURA

1 **a) Sieh dir die drei Texte an: Was verstehst du?**

Busco habitación
en piso compartido.
91 63 35 67 (Sandra).

Dos estudiantes buscan
piso en Lavapiés.
Móvil: 668 98 57 89.

*Habitación libre en
piso compartido.
Calle Garcilaso 23.
Llamar al 91 545 091.
Hablar con Rubén.*

b) Busca en el plano la estación «Iglesia», la calle de Santa Engracia, la Plaza de Olavide y la calle Garcilaso.

43/44 *Ana marca el número.*

Maribel: ¡Dígame!
Ana: ¡Hola! ¿Está Rubén?
Maribel: Sí. ¿De parte de quién?
5 **Ana:** De Ana.
Maribel: Un momento, ahora se pone.
Rubén: ¿Sí?
Ana: Hola, soy Ana. Llamo por la habitación. ¿Todavía está libre?
10 **Rubén:** Sí, está libre. ¿La quieres ver? Puedes venir ahora, si tienes tiempo.
Ana: ¡Estupendo! Pero, ¿dónde está la calle Garcilaso? Tengo un plano de la ciudad en casa, pero no lo encuentro ... 
15 **Rubén:** Está cerca de la Plaza de Olavide. ¿La conoces?
Ana: No, no la conozco.
Rubén: ¿De dónde estás llamando?
Ana: De la Puerta del Sol.
20 **Rubén:** Vale. ¿Tienes algo para apuntar?
Ana: Sí, un momento ... Ya ... Estoy lista.
Rubén: Mira, coges la línea 1 en dirección a «Pinar de Chamartín» y te bajas en la estación «Iglesia». Entonces estás en la calle de Santa Engracia.
25 Vas todo recto y giras en la tercera calle a la derecha. En la esquina hay un supermercado. Después sigues todo recto hasta el semáforo. Ahí giras a la izquierda. Esta ya es nuestra calle. La tienes que cruzar. Vivimos enfrente de la
30 tienda de ropa, al lado de la panadería.
Ana: Vale, repito. Cojo la línea 1 y me bajo en la estación «Iglesia». Después sigo todo recto y tomo la primera a la derecha.
Rubén: No, la tercera.
35 **Ana:** Ah bien ... Bueno, cojo la tercera a la derecha y después en el semáforo giro a la izquierda.
Rubén: Exacto. Vivimos en la sexta planta, la segunda puerta a la izquierda.
Ana: Vale. Si tengo problemas, a lo mejor te
40 llamo otra vez, ¿vale?
Rubén: Venga, ¡hasta luego!

COMPRENDER

DELE **2** 45 **Escucha y corrige las frases.**

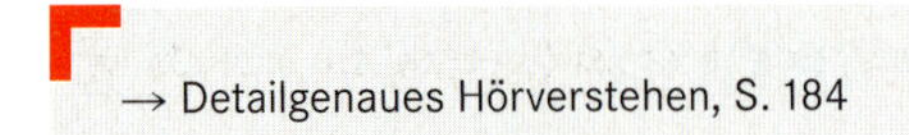
→ Detailgenaues Hörverstehen, S. 184

DESCUBRIR Y PRACTICAR

G 36 **3** **a) Welche Sätze gehören zusammen? Worauf beziehen sich *lo/la/los/las?***

1. ¿Vas a comprar estas postales?
2. ¿Conoces el Parque del Buen Retiro?
3. ¿Quieres ver los cuadros de Velázquez?
4. ¿Compras tu ropa en la calle del Arenal?

Sí, **lo** conozco.
No, **la** compro en internet.
Sí, **los** quiero ver.
No, no **las** voy a comprar.

b) Übersetze die Sätze und vergleiche: Wo steht das direkte Objektpronomen im Spanischen und wo im Deutschen?

1. – ¿Conoces a Juan? – Sí, **lo** conozco.
2. – ¿Ves a Rosa? – No, no **la** veo.

c) Ergänze die Sätze mit den direkten Objektpronomen *lo/s* und *la/s*.

Enrique está en su habitación y no encuentra sus vaqueros.
Enrique: ¿Dónde están mis vaqueros? No ___ veo.
Miguel: Están en tu armario.
Enrique: ¿Y mi camisa negra? Tampoco ___ veo.
Miguel: Está encima de tu cama, creo. ¿Tienes tus gafas? ___ necesitas, si vas al cine.
Enrique: Ya ___ tengo aquí.
Miguel: ¿Y a qué hora vas a volver?
Enrique: Tarde, creo que a la una.
Miguel: Entonces vas a necesitar también tu jersey.
Enrique: Ya ___ tengo en mi mochila. ¡Hasta luego, hermano!
Miguel: ¡Adiós!

G 36 **4** **Completa el diálogo con los complementos directos.**

me
te
lo/la
nos
os
los/las

Pablo y Raquel están en casa.
Pablo: ¡Adiós, Raquel! Voy a estudiar con Sandra y Jorge para el examen.
Raquel: Pero yo ___ necesito para hacer mis deberes.
Pablo: Y Sandra y Jorge también ___ necesitan. ¿Qué hacemos ahora?
Raquel: ¿Por qué no ___ llamas? A lo mejor tienen tiempo por la tarde.
Pablo: Bueno, voy a llamar a Jorge.

Pablo marca el número de Jorge.
Pablo: Hola, Jorge, ¿qué tal?
Jorge: Bien, gracias. Estoy aquí con Sandra.
Pablo: ¡Qué bien! ___ llamo para preguntar algo: ¿tenéis tiempo por la tarde?
Jorge: Sí, si quieres, podemos estudiar por la tarde.
Pablo: ¿Y dónde vais a estar?
Jorge: ___ encuentras en el parque, como siempre.
Pablo: ¡Entonces hasta luego!
Jorge: ¡Hasta pronto, Pablo!

PRACTICAR

G 36 **5** **Averigua quién de tu clase conoce estos (y otros) lugares de España.**

A: Tim, ¿conoces la Sagrada Familia?
B: No, no la conozco.
A: ¿Y tú, Nina? ¿La conoces?
C: Sí, claro que la conozco. Es una iglesia en Barcelona.

la Sagrada Familia
el Retiro — Córdoba — Atocha
el Prado — La Gomera — ___

G 37 **6** **Practica la conjugación de los verbos e → i.**

1. Danilo		todo recto.
2. (yo)		la dirección del hotel.
3. (vosotras)	repetir	la calle hasta la esquina.
4. Jorge y yo	seguir	el número de teléfono.
5. Juan y Teresa		el nombre del supermercado.
6. (tú)		en la línea 1 hasta «Iglesia».

repetir (e → i) / → seguir
repito
repites
repite
repetimos
repetís
repiten

7 **a)** 46 **¿Adónde van? Mira el plano, escucha y apunta en tu cuaderno.**

b) Mira el plano de a) otra vez. Estás en Madrid y no sabes cómo llegar a los lugares. Tu compañero/-a explica.

A: Estoy buscando el/la ___. ¿Sabes dónde está? / ¿Hay un/una ___ por aquí (cerca)?
B: Sí, mira, ___

coges / tomas	la calle ___	vas / sigues	todo recto	hasta ___

giras en / coges / tomas	la primera / la segunda / la tercera / la cuarta / la quinta	calle	a la derecha / a la izquierda

ahí está / hay ___
en la esquina está / hay ___

8 **a) Lee otra vez las líneas 2–7 del texto en la página 63. | Welche Floskeln verwendet man beim Telefonieren?**

In Lateinamerika meldet man sich anders am Telefon als in Spanien.

Argentinien: ¡Hola!
Chile: ¿Aló?
Kuba: ¡Oigo!
Mexiko: ¡Bueno!

b) Miguel quiere visitar a Laura en la empresa «Arroba». Formad grupos de tres. Preparad el diálogo y presentadlo en clase.

centralita* de la empresa	Miguel	Laura
Der/Die Mitarbeiter/in nimmt den Hörer ab und meldet sich. →	Miguel begrüßt die Person und fragt nach Laura Morales. ↙	
Er/Sie sagt, dass sie da ist und möchte wissen, wer am Apparat ist. →	Er sagt seinen Namen. ↙	
Er/Sie sagt, dass es noch einen Moment dauert und dass sie gleich am Apparat ist. →		Laura meldet sich. ↙
	Er begrüßt Laura und sagt, wer er ist. Er fragt, ob sie auf der Plaza Mayor zu Mittag essen will. →	Sie bejaht. ↙
	Er fragt, wo der Betrieb „Arroba“ ist. →	Sie sagt Miguel, dass er die Linie 2 nehmen muss und in der Station „Banco de España“ aussteigen soll. Dann befindet er sich in der Straße „Paseo del Prado“. Er soll geradeaus gehen und dann die zweite Straße rechts abbiegen. Diese Straße heißt „calle de Zorrilla“. Dort befindet sich der Betrieb „Arroba“. ↙
	Er wiederholt die Wegbeschreibung. →	Sie gibt Miguel zu verstehen, dass die Wegbeschreibung richtig ist. ↙
	Er verabschiedet sich. →	Sie verabschiedet sich.

47/48 PASO 2

Ana está delante de la casa del anuncio.
Toca el timbre y sube hasta la sexta planta.
Maribel: ¡Hola! Eres Ana, ¿verdad? Soy Maribel.
Ana: Hola, Maribel.
5 **Rubén:** Y a mí ya me conoces del teléfono.
Maribel: Bueno, Ana, te mostramos la habitación que está libre.

> Auf den spanischen Klingelschildern stehen keine Namen, sondern Zahlen und Buchstaben, die das Stockwerk und die Wohnung bezeichnen.

10 *Los tres entran en la habitación.*
Ana: ¡Vaya habitación! Es mucho más grande y más clara que la habitación que tengo ahora.
Maribel: Es que tiene ventanas bastante grandes. Para mí también es importante tener mucha luz.
15 **Ana:** Y es menos ruidosa que mi habitación. Lo único es que no es tan barata como la otra, pero está más cerca de la universidad.

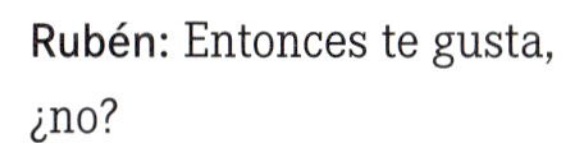

Rubén: Entonces te gusta, ¿no?
20 **Ana:** Sí, me gusta mucho.
Maribel: Bueno, aquí tenemos la cocina. Mira qué hay detrás de la puerta.
Ana: ¿Tenéis un lavaplatos?
25 ¡Qué lujo!
Maribel: Sí, y también hay una lavadora en el baño.
Ana: ¡Estupendo! Este piso es mejor que mi piso de ahora.
30 **Rubén:** ¿Pues entonces vas a tomar la habitación?
Ana: ¡Sí, con mucho gusto!
Maribel: Entonces, ¡bienvenida, Ana!

COMPRENDER

DELE **9** **¿Verdadero o falso? Lee las frases y decide.**

→ Selektives Leseverstehen, S. 184

Ana toma la habitación porque ...
1. ... el piso es mejor que el otro.
2. ... la habitación es más clara que la otra.
3. ... su habitación no es tan barata como la nueva habitación.
4. ... es menos ruidosa que la otra.
5. ... el piso no está tan lejos de la universidad como su piso.
6. ... su habitación es más pequeña que la nueva habitación.
7. ... la cocina es tan confortable como la cocina de su piso.

PRACTICAR

G 38 **10** **¿Dónde quieren vivir los chicos y por qué? Utiliza el comparativo.**

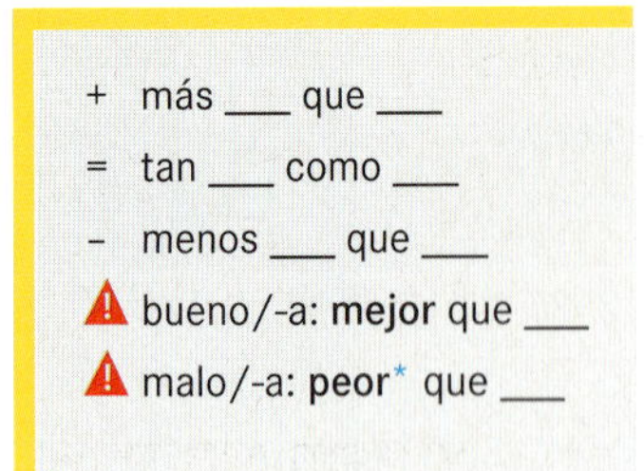
+ más ___ que ___
= tan ___ como ___
- menos ___ que ___
⚠ bueno/-a: **mejor** que ___
⚠ malo/-a: **peor*** que ___

1. Maribel vive en un piso compartido porque *ser divertido* (+) vivir con los padres.
2. César prefiere las casas porque *ser grande* (+) los pisos.
3. Pedro y Graciela buscan un piso en una calle pequeña porque *ser ruidoso* (-) una calle grande.
4. Rosa se queda en su casa porque *ser bonito* (=) las otras casas del barrio.
5. Jorge quiere vivir en el barrio de Malasaña porque el ambiente *ser bueno* (+) en otros barrios.
6. Fernando y Carmen quieren comprar un piso en Valencia porque *ser caro* (-) en Barcelona.
7. Ana ya no quiere vivir en su piso antiguo porque *ser malo* (+) el piso de Maribel y Rubén.

G 41 **11** **¿Y tú? ¿Cómo quieres vivir? ¿Qué es lo importante para ti?**

Para mí, lo importante es	vivir	en el centro. con mi familia. en un piso compartido. cerca de mis amigos. ___
	tener un piso	grande. barato. tranquilo. con una terraza. con un lavaplatos. con mucha luz. ___

VOCABULARIO

12 **a) Mira las habitaciones y nombra los objetos que conoces. Busca los otros objetos en el diccionario.**

→ Das zweisprachige Wörterbuch benutzen, S. 197

b) 🎧49 **Mira las habitaciones de a) y escucha: ¿qué significa *debajo de* y *entre*?**

c) Describe una de las habitaciones de a). Tu compañero/-a adivina cuál es.

Encima Debajo Delante Detrás Al lado Enfrente	del ___ de la ___	hay un/una ___. está el/la ___.
En el/la ___ Entre el/la ___ y el/la ___		

13 a) 🎧50 **Mira el plano del piso nuevo de Ana y escucha. ¿Cómo se dice en alemán *el salón, el pasillo, el balcón* y *el patio*?**

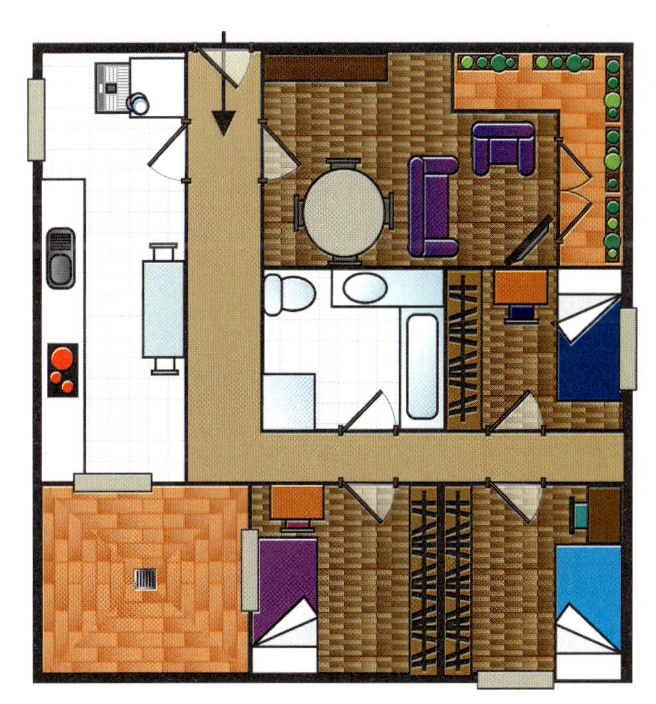

b) Describe tu piso ideal.

Mi piso ideal* está en ___.
Tiene ___ habitaciones y ___.
Lo importante para mí es tener ___.

PARA HABLAR

14 **Trabajad en parejas. | Du hast einen spanischen Freund zu Besuch und zeigst ihm sein Zimmer.**

Mira,	aquí/ahí encima / debajo / delante / detrás / al lado / enfrente del / de la ___ en el/la ___ entre el/la ___ y el/la ___	hay un/una ___. está el/la ___.

¡Vaya habitación! / ¡Qué lujo! / ¡Estupendo! Es más/menos ___ que mi habitación.
Para mí es muy importante ___. Lo único es que ___.

ACTIVIDAD DE PRELECTURA

15 **Schaue dir die Einkaufsliste an. Was verstehst du?**

51/52 *Maribel, Ana y Rubén están en el salón de su piso. Esta semana le toca a Rubén ir al supermercado.*

Rubén: Chicas, hay que poner bote.
Maribel: Aquí están mis 30 euros.
Ana: Un momento, voy a buscar el dinero ... Aquí tienes.
Rubén: A ver, ¿dónde está la lista de la compra? Ah, aquí está ...

1 barra de pan
2 litros de leche
1 ½ kilo de tomates
2 kilos de manzanas
½ kilo de plátanos
250 gramos de jamón serrano
500 gramos de chorizo
3 latas de atún
1 paquete de mantequilla
6 botellas de agua mineral
5 latas de maíz

Maribel: También falta papel higiénico, aceite de oliva y queso.
Rubén: Bueno, apunto papel higiénico, aceite de oliva y queso manchego.
Maribel: ¿Por qué queso manchego? ¡Es el queso más caro!
Rubén: Pero es el mejor.
Maribel: ¡No tenemos tanto dinero!
Rubén: Tú siempre compras el queso más barato, pero es muy malo, ¡no es nada rico!

Ana mira un folleto del supermercado.
Ana: ¡Jolines, los tomates están carísimos! El kilo cuesta 3 euros.
Rubén: Sí, pero los compro en el mercado, allí son más baratos. ¿Y a cuánto están las manzanas?
Ana: El kilo a un euro con cincuenta céntimos.
Rubén: Bueno, entonces hasta ahora.

COMPRENDER

16 **a) ¿Qué significa la expresión *poner bote* en alemán?**

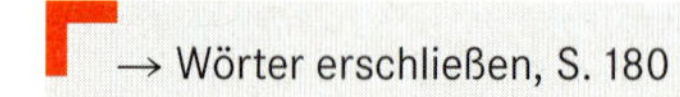
→ Wörter erschließen, S. 180

b) Rubén no sólo compra las cosas que hay en la lista. ¿Qué más compra?

→ Selektives Leseverstehen, S. 184

c) Apunta. | Notiere alle Mengenangaben.

17 **Vais a hacer una excursión: ¿qué hay que comprar y cuánto? Haz un diálogo con tu compañero/-a.**

A: Hay que comprar mantequilla. ¿Cuánta compramos?
B: Dos paquetes, ¿vale?
A: Vale. ¿Qué más falta?
B: Bueno, tampoco hay ___ .

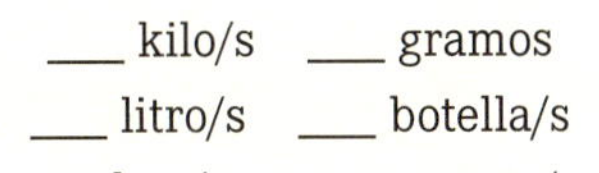

___ kilo/s ___ gramos
___ litro/s ___ botella/s
___ lata/s ___ paquete/s
___ barra/s

18 **Ana quiere preparar una macedonia para sus compañeros de piso y va al mercado. Preparad la lista de la compra y presentad el diálogo.**

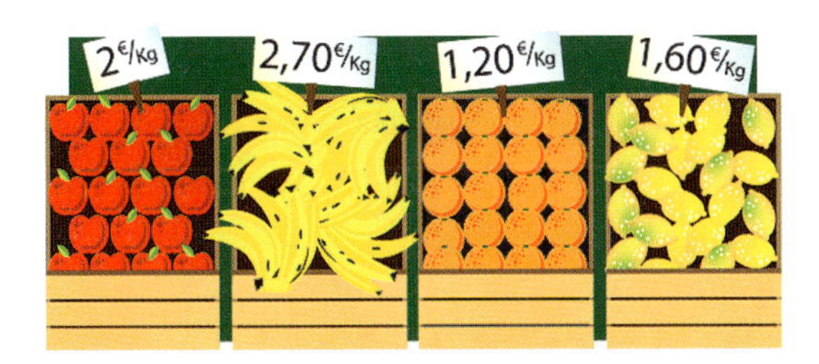

¡Hola! Necesito/Quiero ___ Muy bien. ¿Y qué más?
___, por favor. Eso es todo. ¿A cuánto está el kilo?
El kilo está a ___. ¡Qué caro!
¿Cuánto cuesta? ___ euros con ___ céntimos.
Aquí tienes. Gracias. ¡Adiós! / ¡Hasta luego!

G 39 **19** **Cuenta tú y utiliza el superlativo: ¿qué es lo más bonito para ti? ¿Por qué?**

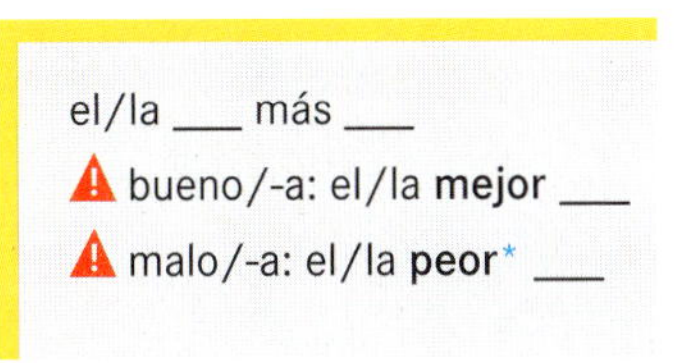

el/la ___ más ___
⚠ bueno/-a: el/la **mejor** ___
⚠ malo/-a: el/la **peor*** ___

Para mí,	el libro la película la comida el grupo de música el deporte la música ___	interesante bueno/-a divertido/-a aburrido/-a malo/-a moderno/-a feo/-a tranquilo/-a bonito/-a importante rico/-a ___	porque ___.

Ejemplo: Para mí, la película más bonita es «Volver» porque me gusta Penélope Cruz.

G 40

20 **¿Qué dicen estas personas? Completa las frases con el superlativo absoluto.**

rico/-a → riquísimo/-a
simpático/-a → simpatiquísimo/-a

YA SÉ

21 **Überprüfe, ob du die Lernziele der Lektion erreicht hast.**

1. Führe mit deinem/-r Mitschüler/in ein Telefongespräch: A ruft in einem Betrieb an und fragt, ob er/sie dort ein Praktikum machen kann. B erteilt Auskunft.
2. Beschreibe deinen Schulweg.
3. Beschreibe dein Zimmer. Dein/e Mitschüler/in zeichnet es auf.
4. Du möchtest belegte Brötchen machen. Schreibe eine Einkaufsliste.
5. Frage deine/n Mitschüler/in nach dem Preis für eine Flasche Mineralwasser.

B

LA GENERACIÓN «NO SIN MIS PADRES»

53/54 En España, no todos los estudiantes viven en pisos compartidos. Todo lo contrario: a las nuevas generaciones les gusta vivir en casa de sus padres. A los chicos aún más que a 5 las chicas: más del 70% sigue viviendo con los padres después de los 35 años.

¿Por qué viven los jóvenes españoles más tiempo en casa que los de otros países europeos? En primer lugar, es difícil encontrar el primer 10 trabajo y, además, los sueldos muchas veces son muy bajos. Muchos jóvenes españoles tienen que trabajar en algo que no tiene nada que ver con sus estudios o sólo tienen un contrato limitado.

15 En segundo lugar, alquilar un piso en España es muy caro. Aunque desde el año 2008 existe una ayuda del Gobierno: los jóvenes entre 22 y 30 años reciben durante cuatro años 210 euros mensuales para alquilar su primera vivienda.

20 Pero aún así hay muchos españoles que no quieren alquilar un piso: prefieren comprarlo porque consideran que alquilar un piso es una pérdida de dinero.

Por último, también hay razones culturales: en 25 España, la familia es muy importante.

De todas maneras, la convivencia entre padres e hijos también tiene ventajas. Los hijos pueden ahorrar para poder comprar un piso y casi no tienen que ayudar en las tareas domésticas. Y 30 los padres están felices porque les gusta seguir viviendo con los hijos, así no se sienten tan solos.

según © Muy interesante, no. 266

2 **lo contrario** Gegenteil 17 **la ayuda** Hilfe 17 **el Gobierno (español)** die (spanische) Regierung 19 **alquilar** mieten 22 **la pérdida** *hier:* Verschwendung 24 **la razón** Grund 27 **la ventaja** Vorteil 28 **ahorrar** sparen 29 **las tareas domésticas** Hausarbeit 32 **solo/-a** allein

5

1 **Schreibe für deine Schülerzeitung einen Artikel, in dem du erklärst, warum die spanischen Jugendlichen länger als andere zu Hause wohnen.**

→ Wiedergeben bzw. Zusammenfassen von Textinhalten: Spanisch → Deutsch, S. 197

2 **Y tú, ¿qué prefieres? ¿Irte de casa joven o vivir más tiempo con tus padres? ¿Por qué?**

EN VIVO Y EN DIRECTO

1 **Sieh dir das Schwarze Brett an. Was verstehst Du?**

→ Wörter erschließen, S. 180

2 **Du suchst eine Wohnung oder ein Zimmer. Wo rufst Du an?**

3 **Gestaltet ein Schwarzes Brett: Jede/r überlegt sich, was er/sie sucht oder anbietet und entwirft eine Anzeige auf Spanisch. Befragt euch dann gegenseitig.**

Busco ___. Vendo[1] ___. Me interesa ___. ¿Es nuevo/-a / moderno/-a / grande ___?
¿Cuánto cuesta? ¿Cuándo lo/la puedo recoger? ___

1 **vender** verkaufen

4 **Estás en Madrid. Elige un lugar que quieras conocer. Tu compañero/-a te explica cómo llegar en metro.**

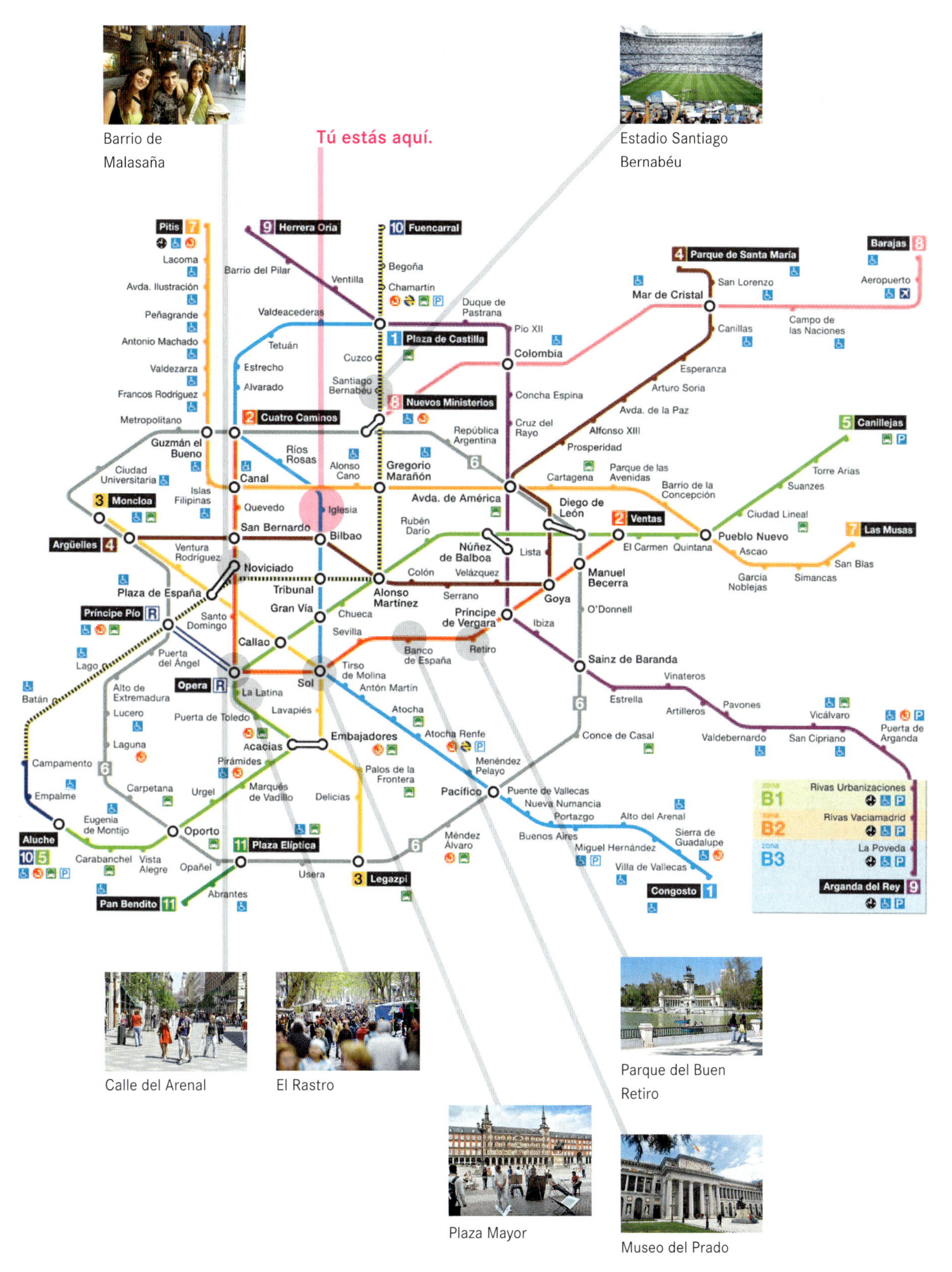

Tú estás aquí.

Barrio de Malasaña

Estadio Santiago Bernabéu

Calle del Arenal

El Rastro

Parque del Buen Retiro

Plaza Mayor

Museo del Prado

¡BIENVENIDOS A MÉXICO!

In dieser Lektion lernst du:
- über Vergangenes reden *(pretérito indefinido)*
- Jahreszahlen angeben
- eine Biographie verfassen

55 ¡Vamos!

Hace 30 000 años

Hace 30 000 años llegaron los primeros hombres al territorio «mexicano».

600

Hasta el año 600 los mayas dominaron la península de Yucatán y sus alrededores.

1325

En el año 1325 los aztecas fundaron la ciudad de Tenochtitlan, la capital de su imperio.

1521

En 1521 los españoles – Hernán Cortés y sus tropas – conquistaron el imperio de los aztecas.

1821	1907	1910	1985	1994	2000
En el año 1821 México se independizó de España.	En 1907 nació la pintora Frida Kahlo.	En 1910 empezó la Revolución Mexicana: Emiliano Zapata y Pancho Villa lucharon por los derechos de los pobres.	El año 1985 fue un año muy trágico: hubo un terremoto con muchos muertos.	En 1994 México firmó el TLC[1]: desde hace más de 15 años hay una zona de libre comercio entre Estados Unidos, Canadá y México.	En el año 2000 el PRI[2] perdió las elecciones por primera vez en 71 años. Desde ese año está gober-nando el PAN[3].

1 **TLC** Tratado de Libre Comercio
2 **PRI** Partido Revolucionario Institucional
3 **PAN** Partido Acción Nacional

COMPRENDER

1 **A ver, ¿qué sabe tu compañero/-a sobre México? Pregúntale. Él/Ella contesta.**

¿Quién ¿Quiénes	dominaron fundaron conquistaron nació lucharon	la ciudad de Tenochtitlan? en el año 1907? el imperio de los aztecas? por los derechos de los pobres en la Revolución Mexicana? la península de Yucatán y sus alrededores hasta el año 600?

PRACTICAR

2 **¿En qué año fue? Pregúntale a tu compañero/-a. Él/Ella contesta como en el ejemplo.**

¿En qué año
- nació Frida Kahlo?
- perdió el PRI las elecciones por primera vez?
- conquistaron Hernán Cortés y sus tropas a los aztecas?
- fundaron los aztecas Tenochtitlan?
- hubo un terremoto fatal?
- firmó México el TLC?
- empezó la Revolución Mexicana?
- se independizó México?

1521 1907 1985 1910 2000 1821 1994 1325

Ejemplo: ¿En qué año nació Frida Kahlo? – En 1907.

G 43 **3** **Descubre el museo de Frida Kahlo. Completa el texto con *desde, desde hace* y *hace*.**

Frida Kahlo, la pintora más famosa de México, nació ___ más de 100 años en la «Casa Azul» en Ciudad de México que ___ el año 1958 es un museo. Ahí no sólo puedes ver las habitaciones de la pintora: también hay muchos cuadros de ella. Además encuentras sus cartas, sus fotos y su ropa. ___ pocos años, puedes hacer fiestas en el jardín* de la «Casa Azul». ¡Es un lugar fantástico! El museo abre de martes a domingo ___ las 10.00 de la mañana hasta las 5.30 de la tarde.

desde = seit (Zeitpunkt)
desde hace = seit (Zeitspanne)
hace = vor

BÚSQUEDA DE INFORMACIÓN

4 **¡Aprende más sobre México! Elige un tema y busca información en una enciclopedia o en internet. Después presenta los resultados en alemán (tres minutos).**

→ Informationen sammeln und auswerten, S. 190

los mayas · Hernán Cortés · el TLC · Frida Kahlo · los aztecas · Emiliano Zapata y Pancho Villa

A

VACACIONES EN MÉXICO

PASO 1

ACTIVIDAD DE PRELECTURA

1 🎧56 **Miguel va a viajar a México. Escucha: ¿qué va a hacer allí? Después lee el diario y busca la información.**

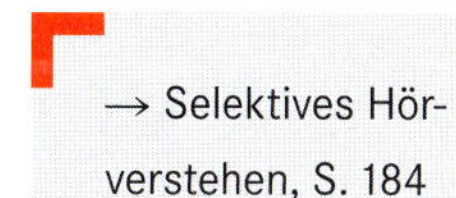

→ Selektives Hörverstehen, S. 184

🎧57/58 *Domingo, 16 de junio*

¡Ayer llegamos a México! Mis abuelos, mis tíos y mi primo favorito nos recibieron en el aeropuerto. La última vez los vi hace dos años. ¡Qué jaleo! Después de una hora de viaje en coche llegamos a casa de mis abuelos. Comimos pollo con mole y ensalada de nopales. Y hoy va a haber tacos de pescado ... ¡qué rico!

Jueves, 20 de junio

El lunes pasado visité a mis ex compañeros de curso y a mis profes. Me reconocieron y eso después de siete años ... Me preguntaron un montón de cosas sobre mi vida en España. Por la tarde quedé con mis amigos Rodrigo y Gonzalo. Jugamos al fútbol y después tomamos un agua fresca de limón en el bar «La iguana». ¡Lo pasamos superbién!

Sábado, 22 de junio

Ayer por la noche mi abuelo me habló otra vez del terremoto del año 1985. Me contó de vecinos muertos y casas destruidas. ¡Qué horror!

Martes, 25 de junio

¡Qué fin de semana! El sábado me recogió mi primo con sus amigos para ir a la fiesta de espuma de una discoteca nueva que se llama «El gato viejo». Allí bailamos hasta la madrugada ... ¡Lo pasamos bomba! El domingo me levanté a las dos y pasé la tarde en el sofá, frente a la tele.

COMPRENDER

DELE **2** **Termina las frases. | Als Lösungswort erhältst du den Namen einer mexikanischen Stadt.**

→ Selektives Leseverstehen, S. 184

1. Miguel y su familia llegan a México
R un viernes.
N un miércoles.
P un sábado.

2. El primer día, Miguel come
I pan con queso.
U pollo.
E pizza.

3. El 17 de junio Miguel visita
E a sus ex compañeros de curso.
N a sus tíos y primas.
S a sus abuelos.

4. Además queda con Rodrigo y Gonzalo para
I ir al cine.
B jugar al fútbol.
E montar a caballo.

5. Su abuelo
B toma una foto de la familia.
U cocina tacos de pescado.
L le cuenta del terremoto del año 1985.

6. Después de la discoteca, Miguel pasa la tarde
N con sus padres.
A en el sofá.
O con sus amigos Rodrigo y Gonzalo.

DESCUBRIR Y PRACTICAR

G/44 **3** **a) Das *pretérito indefinido* ist eine wichtige Vergangenheitsform, die du brauchst, wenn du von Ereignissen in der Vergangenheit berichten willst. Sieh dir die Konjugation des Verbs *visitar* an: Welche Verben im Text (S. 77) bilden das *pretérito indefinido* nach demselben Muster?**

b) Suche die *pretérito-indefinido*-Formen der Verben *ver*, *comer*, *reconocer*, *recoger* und *recibir* im Text (S. 77) und ergänze die fehlenden Formen.

	visitar
(yo)	visit**é**
(tú)	visit**aste**
(él/ella)	visit**ó**
(nosotros/-as)	visit**amos**
(vosotros/-as)	visit**asteis**
(ellos/-as)	visit**aron**

G/44 **4** **a) ¿Qué hizo Miguel el sábado pasado? Utiliza el pretérito indefinido.**

El sábado pasado, Miguel ___.

1

2

3

4

5

6

b) ¿Qué hiciste tú el fin de semana pasado?

El fin de semana | El sábado / El domingo — por la mañana / por la tarde / por la noche | ___.

escuchar música de ___ quedar con ___ llamar a ___ salir con ___
charlar con ___ comprar ___ estudiar para un examen llegar tarde a ___
ver la película «___» chatear con ___ jugar al ___ escribir un e-mail a ___
levantarse tarde comer ___ navegar en internet quedarse en casa

6

G 44

5 **¿Qué tal el viaje a México? Completa el diálogo con el pretérito indefinido.**

Roberto: Hola Julieta, hola José, ¿cuándo ___ (volver) de México?
Julieta: ___ (volver) la semana pasada.
Roberto: ¿Y qué tal? ¿Os ___ (gustar) el viaje?
Julieta: ¡A mí me ___ (encantar)!
José: A mí también. ___ (visitar / nosotros) muchos lugares.
Roberto: ¿Y qué lugares ___ (visitar)?
José: Ciudad de México, Teotihuacan, el museo de Frida Kahlo ... A mí me ___ (gustar) mucho el museo de Frida Kahlo. ___ (ver / nosotros) su casa y sus cuadros. También ___ (comprar / yo) un libro sobre su vida.
Roberto: ¡Qué interesante! ¿Y también ___ (descansar / vosotros) un poco?
Julieta: Sí, bastante. Al final ___ (pasar / nosotros) tres días en Cancún.
José: Yo ___ (nadar) mucho.
Julieta: Y yo ___ (escribir) un montón de postales.
Roberto: Entonces lo ___ (pasar / vosotros) bomba. Julieta, ¿también ___ (tomar) fotos?
Julieta: Claro que ___ (tomar) muchas fotos, como siempre.
Roberto: Entonces quedamos pronto para mirar las fotos, ¿qué os parece?
Julieta: Muy bien.

PARA HABLAR

6 **Miguel escribe en su diario: «Me preguntaron un montón de cosas sobre mi vida en España» (p. 79). Inventad las preguntas de los amigos y las respuestas de Miguel. Preparad un diálogo y presentadlo en clase.**

ACTIVIDAD DE PRELECTURA

7 **Busca en el mapa de México (p. 318): Ciudad de México, el volcán Popocatépetl y el río Los Pescados.**

59/60 *Cuando Miguel vuelve a Madrid, escribe en su blog sobre el viaje a México.*

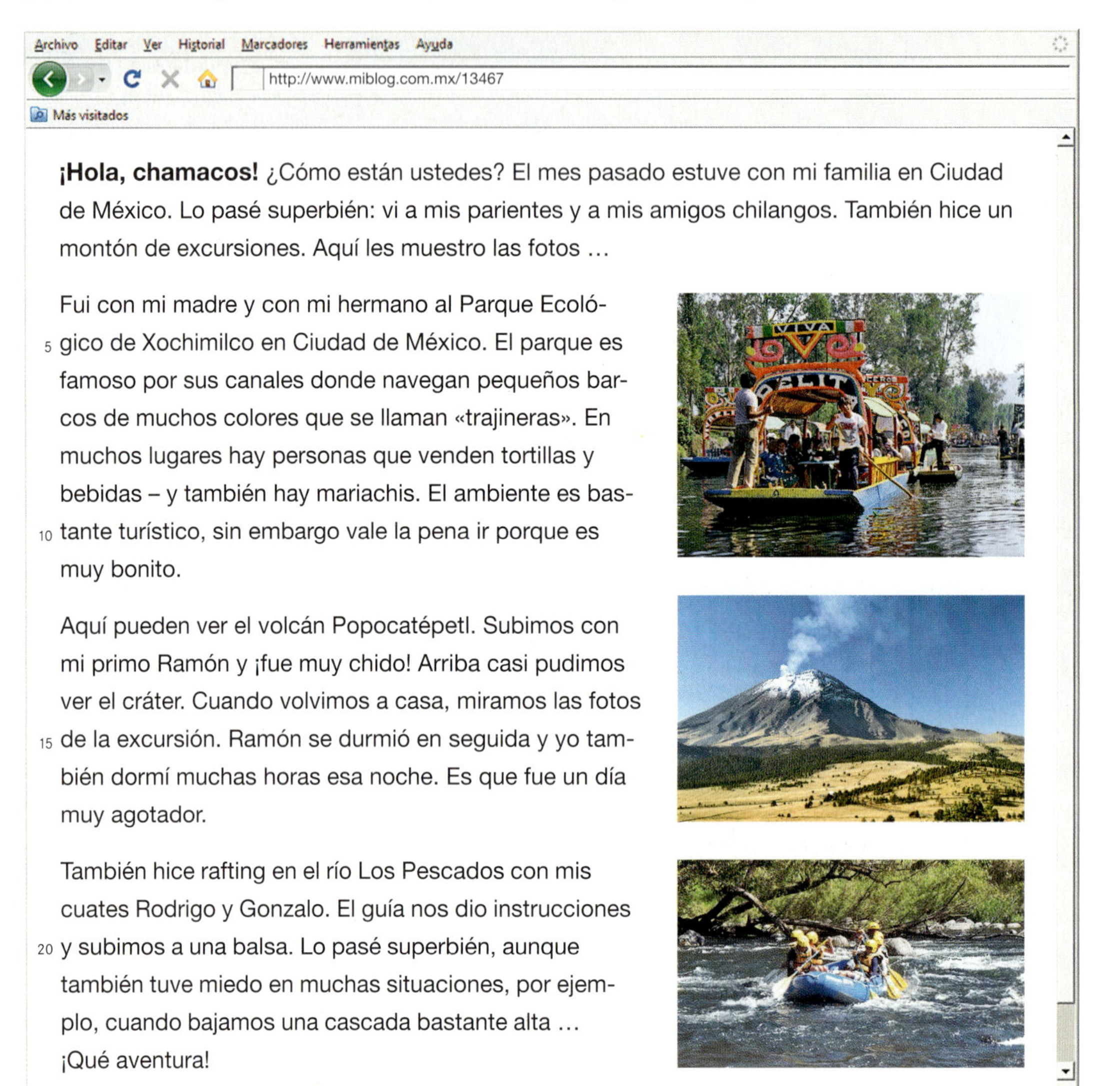

Archivo Editar Ver Historial Marcadores Herramientas Ayuda

http://www.miblog.com.mx/13467

Más visitados

¡Hola, chamacos! ¿Cómo están ustedes? El mes pasado estuve con mi familia en Ciudad de México. Lo pasé superbién: vi a mis parientes y a mis amigos chilangos. También hice un montón de excursiones. Aquí les muestro las fotos …

Fui con mi madre y con mi hermano al Parque Ecológico de Xochimilco en Ciudad de México. El parque es famoso por sus canales donde navegan pequeños barcos de muchos colores que se llaman «trajineras». En muchos lugares hay personas que venden tortillas y bebidas – y también hay mariachis. El ambiente es bastante turístico, sin embargo vale la pena ir porque es muy bonito.

Aquí pueden ver el volcán Popocatépetl. Subimos con mi primo Ramón y ¡fue muy chido! Arriba casi pudimos ver el cráter. Cuando volvimos a casa, miramos las fotos de la excursión. Ramón se durmió en seguida y yo también dormí muchas horas esa noche. Es que fue un día muy agotador.

También hice rafting en el río Los Pescados con mis cuates Rodrigo y Gonzalo. El guía nos dio instrucciones y subimos a una balsa. Lo pasé superbién, aunque también tuve miedo en muchas situaciones, por ejemplo, cuando bajamos una cascada bastante alta …
¡Qué aventura!

México	España
el/la chamaco/-a	el/la chico/-a
chilango/-a	de Ciudad de México
¡Fue muy chido!	¡Fue genial!
el cuate	el amigo

In Lateinamerika wird anstelle von *vosotros* die Form *ustedes* benutzt.

Lateinamerika	Spanien
¿Qué tal ustedes?	¿Qué tal vosotros?
¿Cómo están?	¿Cómo estáis?

PRACTICAR

G 45 **8** **¿Qué hizo Miguel en las vacaciones? Cuenta la historia. Utiliza el pretérito indefinido.**

Wenn du über vergangene Ereignisse sprechen willst, brauchst du oft Verben, deren Formen unregelmäßig sind. Schlage die Verben der mittleren Spalte im grammatischen Anhang (S. 210) nach und präge sie dir ein.

1. Miguel	tener	con su familia en Ciudad de México.
2. El chico	dar	un montón de excursiones.
3. Miguel, su madre y su hermano	ir	al Parque Ecológico de Xochimilco.
4. Miguel y su primo	ser (2x)	en el volcán Popocatépetl.
5. Los dos chicos casi	poder	ver el cráter.
6. Ramón	dormirse	en seguida después de la excursión.
7. Ese día	hacer (2x)	muy agotador.
8. Rodrigo, Gonzalo y Miguel	estar (2x)	rafting.
9. Un guía les		instrucciones.
10. Miguel		miedo en muchas situaciones en la balsa.
11. El rafting		una aventura.

G 44 G 45 **9** **En España, Miguel escribe un e-mail a Teresa. Completa el texto con el pretérito indefinido.**

Para: teresa124@terra.es

Asunto: ¡Hasta pronto!

Hola, Teresa:

¿Qué tal? Mis vacaciones ___ (ser) muy divertidas. ___ (estar / yo) en México y ___ (visitar / yo) a mis parientes y a mis amigos. ¡Y ___ (comer / yo) bastante comida mexicana! Además ___ (hacer / yo) muchas excursiones. En Ciudad de México, Enrique y yo ___ (visitar) muchos museos, también el museo de Frida Kahlo. Mi abuelo nos ___ (dar) una clase sobre la pintora. También ___ (ver / nosotros) muchas cosas interesantes de los aztecas.
Además, mi madre, Enrique y yo ___ (ir) al Parque Ecológico de Xochimilco. ___ (hacer / nosotros) una excursión en una «trajinera», un pequeño barco de muchos colores.
Para otra excursión, Ramón y yo ___ (levantarse) muy temprano: ___ (subir) al volcán Popocatépetl. ___ (ser) una excursión muy bonita.
Al final de mis vacaciones, mis amigos y yo ___ (hacer) rafting. Lo ___ (pasar / nosotros) superbién, pero a veces también ___ (tener / nosotros) un poco de miedo.
Una noche mi primo, sus amigos y yo ___ (ir) a una fiesta de espuma. ___ (bailar / nosotros) hasta las cuatro de la mañana.
Pocos días después ___ (tener que / nosotros) volver a España. ___ (dormir / yo) mucho en el viaje. Pero Enrique no ___ (poder) dormir.
Y tú, ¿cómo lo ___ (pasar) en las vacaciones?

Besos, Miguel

P.D.*: También ___ (poder / yo) ver a mis ex compañeros de curso: ¡___ (ir / yo) a mi antiguo instituto!

6

10 Habla con tu compañero/-a de tu última excursión o de tu último viaje.

G 44 · G 45

1. ¿Adónde fuiste?
2. ¿Con quién fuiste?
3. ¿Cuánto tiempo pasaste allí?
4. ¿Qué hiciste allí? ¿Qué lugares visitaste?
5. ¿Qué te gustó? ¿Qué no te gustó?

→ Das zweisprachige Wörterbuch benutzen, S. 197

VOCABULARIO

11 Así se habla en México. Escucha los diálogos y busca las palabras que se utilizan en España.

(Audio 61)

1 el carro
a la lata
b el coche
c la lavadora

2 la papa
a la patata
b el plato
c el padre

3 el jugo
a la camiseta
b el hermano
c el zumo

4 la alberca
a la piscina
b el bar
c la discoteca

5 padre
a genial
b cansado/-a
c estricto/-a

6 la mezclilla
a la falda
b los vaqueros
c la camiseta

7 la chamarra
a el cuadro
b el bocadillo
c la chaqueta

8 platicar
a jugar al fútbol
b pintar
c charlar

9 los lentes
a los pantalones
b las gafas
c los deberes

10 enojarse
a acostarse
b enfadarse
c reírse

ACTIVIDADES

12 a) Mira las dos estadísticas: ¿cuál es de México y cuál de Alemania? ¿Por qué? Explica.

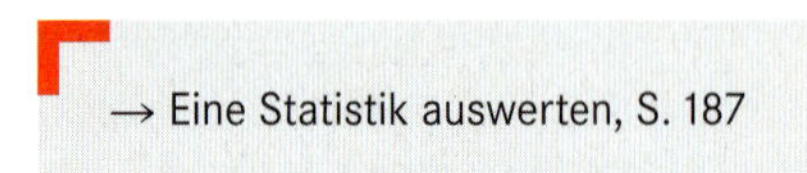
→ Eine Statistik auswerten, S. 187

b) Completa la estadística con la información que falta.

	1. ?	2. ?
población	109.960.000	82.270.000
superficie	1.964.400 km²	357.100 km²
habitantes/km²	54	230
capital	?	?
habitantes capital	19.231.829	3.429.870
lengua oficial	?	?
esperanza de vida	75 años	80 años
nacimientos/año	2.655.083	675.000
moneda	?	?
PIB/habitante	US$ 9.716	US$ 40.415
desempleo	5.25 %	8.2 %

PARA HABLAR

13 Presenta un lugar bonito de tu región.

Es famoso/-a por ___. Ahí puedes ver ___. Ahí encuentras ___.
El ambiente es ___. Vale la pena ir porque ___.
Es el lugar perfecto para ___. Ahí también puedes ___.

ACTIVIDAD DE PRELECTURA

14 **Schaue dir das Selbstportrait von Frida Kahlo an und beschreibe es.**

62/63 La pintora mexicana Frida Kahlo nació el 6 de julio de 1907 en la «Casa Azul» de Coyoacán, un barrio de Ciudad de México. La casa se llama «Casa Azul» porque muchos años después Frida la pintó azul.
5 Fue la tercera hija del alemán Guillermo Kahlo y de la mexicana Matilde Calderón. A los 7 años tuvo poliomielitis y por eso le quedó una pierna más corta y delgada que la otra.
A los 18 años sufrió un accidente de autobús y quedó minusválida. La joven tuvo que pasar mucho tiempo en cama. Como su
10 padre quiso hacer feliz a Frida, le regaló pintura y pincel. Así empezó su vida como pintora. Frida pintó muchos autorretratos. Muchos de ellos muestran su dolor. Dijo: «Mi pintura lleva [...] el mensaje del dolor».
A los 20 años se enamoró del pintor Diego Rivera: dos años des-
15 pués se casaron. Nunca pudo tener hijos. Se divorciaron después de diez años, ya que Diego siempre tuvo relaciones con otras mujeres. Sin embargo se casaron otra vez un año más tarde.
Después de importantes exposiciones en Nueva York y en París, Frida expuso sus cuadros por primera vez en México en el año 1953. Murió el 13 de julio de 1954 en la «Casa Azul».

COMPRENDER

15 **Haz un mapa mental de la vida de Frida Kahlo.**

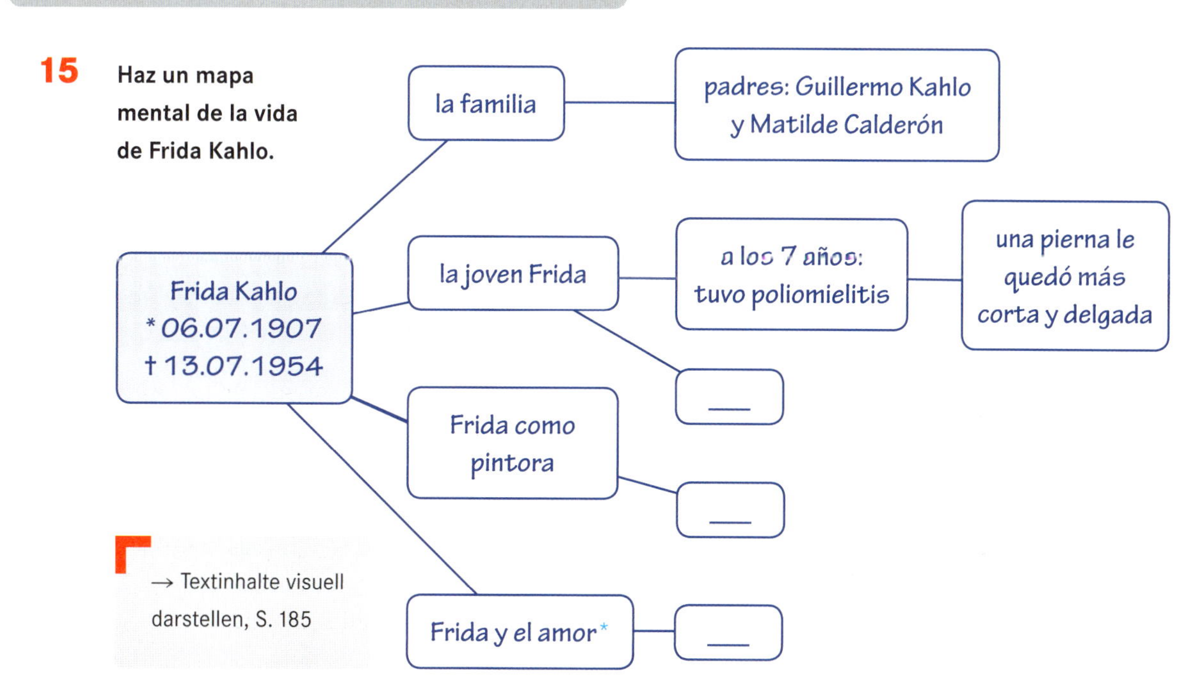

→ Textinhalte visuell darstellen, S. 185

PRACTICAR

G 44 G 45 **16** **Cuenta cómo se conocieron Frida Kahlo y Diego Rivera. Utiliza el pretérito indefinido.**

Schlage die unregelmäßigen Verben *querer, decir, poner* und *morir* im grammatischen Anhang (S. 210) nach und präge sie dir ein.

1. Un día* Diego [?] (pintar) un mural* en el instituto de Frida.
2. Cuando [?] (ver) a Frida, [?] (decir): «¡Qué guapa!»
3. Frida [?] (ponerse) roja como un tomate y [?] (correr) a su clase.
4. Dos días después, Frida [?] (pasar) otra vez por el mural.
5. Diego le [?] (preguntar): «¿Quieres pintar los ojos de Hernán Cortés?»
6. Frida [?] (contestar): «Sí, bueno» y [?] (tomar) el pincel.
7. Después Diego no la [?] (ver) en una semana y casi [?] (morir) de amor.
8. Cuando Frida [?] (llegar) otro día, Diego [?] (salir) a tomar un agua fresca con ella.
9. Después le [?] (preguntar) : «¿Quieres salir a bailar?». Pero ella no [?] (querer).
10. Un día más tarde, Frida le [?] (dar) el primer beso.

G 44 G 45 **17** **a) Inventa la biografía del actor Gael García Bernal. Ojo: en algunos casos tienes que usar el presente.**

nacer el ___ en ___
a los ___ *ir* a *vivir* a ___ con sus padres
estudiar en ___
empezar a actuar* a los ___
a los ___ *viajar* a Londres* para ___
hacer su primera película en el año ___
sus películas más famosas *hacer* en el año ___
su novia *ser* de ___
su hijo *nacer* en el año ___ y *llamarse* ___

b) 64 Ahora escucha y apunta los datos de la verdadera vida de Gael García Bernal.

→ Detailgenaues Hörverstehen, S. 184

G 44 G 45 **18** **¿Qué quieres saber de tu compañero/-a?**

¿Cuándo ___? ¿En qué año ___? ¿En qué mes ___?
¿Qué día ___? ¿Hace cuánto tiempo ___?

YA SÉ

19 **Überprüfe, ob du die Lernziele der Lektion erreicht hast.**

1. Sage auf Spanisch, wann du geboren wurdest.
2. Nenne drei Dinge, die du gestern gemacht hast.
3. Stelle eine Sehenswürdigkeit deiner Stadt vor.
4. Stelle die Biographie deines/-r Lieblingskünstlers/-in vor.

¡VISITA MÉXICO!

65/66 México es un país famoso por las culturas precolombinas. Por ejemplo, la ciudad de Teotihuacan atrae a muchos turistas de todo el mundo. El monumento más famoso es la Pirámide del Sol con una altura de 65 metros. Para construir esta pirámide tuvieron que trabajar aproximadamente 2000 personas durante 20 años, sin pausa.

Ciudad de México es el centro político, cultural y económico del país. Es la segunda ciudad más grande del mundo, después de Tokio: tiene casi 20 millones de habitantes. Y la ciudad no deja de crecer: cada año llegan un millón de personas que esperan mejorar aquí sus condiciones de vida.

México tiene muchas playas hermosas. Los lugares más famosos para pasar las vacaciones son Cancún en el Caribe y Acapulco en el Pacífico. Cancún es popular por sus playas con arena blanca y el mar de color turquesa. Acapulco es conocido por los clavadistas que se lanzan al mar desde una roca alta.

La comida mexicana es muy variada ¡y rica! Tiene carnes, pescados y muchas verduras. Entre las comidas más populares están el mole que es una mezcla de chocolate con cacahuetes, los tamales que se hacen de maíz y los tacos. ¡Pero eso sí! En México no pueden faltar las tortillas que son de maíz y se comen con una salsa picante.

En México se celebra «el Día de los Muertos» el primero de noviembre: muchos mexicanos creen que los muertos visitan a sus familiares. Las mujeres limpian la casa y ponen flores amarillas, así los muertos las ven de lejos y pueden encontrar la casa. También cocinan y ponen la mesa para ellos. Al día siguiente despiden a los muertos comiendo, bebiendo y bailando en el cementerio.

2 **atraer** anziehen 9 **no dejar de** nicht aufhören 14 **la arena** Sand 16 **lanzarse** *hier:* springen 16 **la roca** Felsen 17 **el pescado** Fisch 19 **el tamal** *Gericht aus Maisteig und Schweinefleisch* 27 **despedir** verabschieden

1 **Haz un folleto de Alemania para hispanohablantes. Utiliza expresiones del texto (ver también p. 84, ej. 13).**

REPASO 2 (UNIDADES 4–6)

APRENDER MEJOR

Das zweisprachige Wörterbuch

→ Das zweisprachige Wörterbuch benutzen, S. 197

1 **a) Erschließe dir den folgenden Text. Schlage dazu die markierten Wörter in einem Wörterbuch nach.**

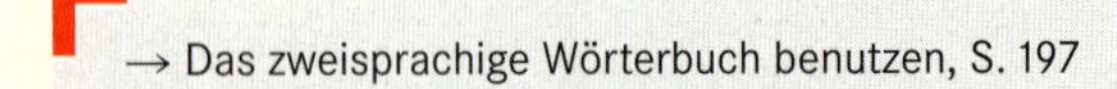

Bei manchen Wörterbucheinträgen musst du aus mehreren Möglichkeiten die treffende Übersetzung wählen.

En 1325 la tribu azteca llegó a las tierras donde hoy se encuentra Ciudad de México. Ahí vieron un águila parada sobre un nopal, algo que interpretaron como una señal divina. En este lugar fundaron la capital de su imperio: Tenochtitlan. Hasta la llegada de los españoles en 1519, Tenochtitlan fue la ciudad más poderosa de México.

b) Schlage im Wörterbuch nach:

1. Welches Geschlecht hat „águila"?
2. Was ist „poderosa" für eine Wortart?

2 **a) Schlage die unterstrichenen Wörter im Wörterbuch nach und achte auf die Präpositionen im Spanischen. Übersetze dann die Sätze.**

1. Ich träume immer **von** Pedro.
2. Ana interessiert sich nicht **für** Kunst.
3. Wir reisen **mit** dem Flugzeug.
4. Am Samstag gehen wir **auf** eine Party.
5. Kannst du den Text **ins** Spanische übersetzen?

b) Das deutsche Verb „bringen" wird im Spanischen hauptsächlich mit zwei Verben übersetzt. Finde heraus, wie die beiden Verben heißen und übersetze die Sätze.

1. *herbringen:* Bringst du mir bitte ein Glas Wasser?
2. *hinbringen:* Ich bringe dich zum Bahnhof.

c) Wo findest du im Wörterbuch die Redewendung „Mir läuft das Wasser im Mund zusammen"? Wie heißt sie auf Spanisch?

1. „Mund"
2. „Wasser"
3. „zusammen"

G 9 · G 10 · G 34

3 Practica el uso de los verbos *ser*, *estar* y *hay*.

1. En Sevilla ___ un cine pequeño muy interesante: el «Avenida Cinco Cines».
2. ___ en la calle Marqués de Paradas, cerca de la Plaza de Armas.
3. ___ una calle grande con muchas tiendas, pero sin embargo ___ bastante tranquila.
4. En el «Avenida» no sólo ___ películas en español, sino también en inglés, francés y alemán.
5. Para Javi, el «Avenida» ___ el mejor cine de Sevilla. Casi todos los sábados ve una película allí.
6. Sin embargo, hoy no puede ir: ___ en la boda de su primo Juan.
7. Juan no ___ tan joven como Javi. Ya ___ mayor.
8. ___ una persona muy simpática. Por eso, Javi se lleva muy bien con él.
9. Además, Juan ___ muy alegre. Y claro, como es el día de su boda, ¡hoy ___ muy alegre también!
10. En la boda ___ un montón de gente.
11. Javi ___ una persona tranquila, pero hoy canta y baila mucho. ¡___ una fiesta genial!

G 44 · G 45

4 ¿Qué hiciste? Da cinco ejemplos y utiliza el indefinido.

1. Ayer por la mañana ___.
2. El fin de semana pasado ___.
3. La semana pasada ___.
4. En las últimas vacaciones ___.
5. En 2009 ___.

G 26 · G 36

5 Completa las frases con el pronombre adecuado.

1. La hermana de Ana se llama Teresa. ¿___ conoces?
2. Tus libros para las clases, ¿dónde ___ tienes?
3. – ¿Conoces a Carmen y a Isabel? – Claro que ___ conozco.
4. – El sábado es la boda de mi prima en Francia. – ¿___ vas a escribir una postal?
5. – Sara siempre ___ pregunta cómo estás tú.
   – ¿Tienes su número de móvil? A lo mejor ___ llamo.
6. A mí no ___ gustan las hamburguesas. Pero a mis hermanos ___ gustan mucho.
7. – ¿Quieres un café? – Sí, por favor. – ¿Cómo ___ quieres? – Con leche.
8. Sabrina y Sonia siempre van a las discotecas los viernes. ___ encanta bailar.

G 38

6 Practica el comparativo. Escribe frases como en el ejemplo.

Ejemplo:
1. Madrid es más grande que Granada.

1. Madrid > Granada (grande)
2. carta > postal (caro/-a)
3. Picasso = Dalí (famoso/-a)
4. pueblo < ciudad (ruidoso/-a)
5. Rafael Nadal > David Ferrer (bueno/-a)
6. Marina = Sara (alto/-a)
7. el Málaga C.F. > el F.C. Barcelona (malo/-a)
8. el Hierro < Tenerife (turístico/-a)

7 ¿*Si* o *cuando*? Completa las frases.

si	wenn, falls (Bedingung)
cuando	wenn (zeitlich)

1. ___ estoy en España, sólo hablo español.
2. ___ pasas por mi casa esta noche, podemos ver una película.
3. ___ a Miguel le gusta Chambao, le podemos regalar un cedé.
4. ___ estoy de vacaciones, no trabajo nada.
5. Siempre cocino ___ vuelvo a casa.
6. ___ quieres pasar las vacaciones activas, ¡tienes que ir a México!

EXPRESIÓN ORAL

8 **Durante el recreo, charlas con tu amigo/-a sobre música. Preparad el diálogo y presentadlo en clase. Utilizad también las expresiones del cuadro.**

(no) me gusta/n (mucho) ___ me encanta/n ___ es que ___ además ¡Con mucho gusto! *estar* de acuerdo ¿Qué tal ___? ¡Lo pasamos superbién! *estar* de moda vale la pena

du	dein/e Freund/in
Du fragst deine/n Freund/in, welche Musik er/sie gerne hört. →	Du sagst, dass dir Ketama sehr gut gefällt. Sie sind für dich die beste Gruppe, die es gibt. Außerdem hörst du gerne Chambao. ↙
Du sagst, dass dir Ketama nicht gefällt, weil du Flamenco nicht so gerne magst. Chambao gefällt dir aber trotzdem. Du findest ihre Musik sehr modern. →	Du bist einverstanden und fügst hinzu, dass Chambao gerade sehr in Mode ist. Du sagst, dass du letzte Woche auf einem Konzert von Chambao warst. ↙
Du fragst, wie das Konzert war. →	Du sagst, dass es sehr gut war. Du warst mit Freunden dort und ihr hattet viel Spaß. ↙
Du sagst, dass du die Sängerin *(la cantante)*, María del Mar, sehr sympathisch findest. →	Du sagst, dass du sie auch sehr gerne magst. Sie war auf dem Konzert sehr fröhlich und hat sehr gut gesungen. ↙
Du sagst, dass es sich lohnt, auf Konzerte zu gehen. Du findest es viel lustiger als CDs zu hören. →	Du sagst, dass du am Wochenende auf ein Rockkonzert gehen wirst und fragst deine/n Freund/in, ob er/sie Lust hat mitzukommen. ↙
Du möchtest gerne mitkommen. →	Du sagst, dass ihr zurück in die Klasse müsst. Ihr habt jetzt Englischunterricht.

COMPRENSIÓN AUDITIVA

DELE **9** **67 Escucha el diálogo entre Carmen y su amigo Rafael. Decide si las frases son correctas o falsas. Después corrige las frases falsas.**

1. Carmen vive en Madrid.
2. Pasó las últimas vacaciones con su familia en España.
3. Tuvieron problemas con el vuelo.
4. El primer día visitaron el Museo de Antropología.
5. A Carmen le gustó mucho Teotihuacan.
6. Carmen y sus padres durmieron en un hotel durante todo el viaje.
7. A sus padres no les gustó mucho México.

COMPRENSIÓN DE LECTURA

10 **a) Para ir al río Pescados, Miguel primero tiene que coger un autobús a Jalapa. Habla con la vendedora de billetes. Lee el diálogo y busca las expresiones en español.**

1. Wann fährt der nächste Bus nach ___?
2. 1. Klasse, bitte.
3. Wann kommt er an?
4. Einen Fahrschein, bitte.
5. Nur Hinfahrt.
6. Was kostet das?
7. Von welchem Bussteig fährt der Bus ab?

México	España
el boleto	el billete
la puerta	la salida

Miguel: Buenos días. ¿A qué hora sale el próximo autobús a Jalapa?
Vendedora: ¿Quiere viajar en primera o segunda clase?
Miguel: Primera, por favor.
Vendedora: El próximo autobús de primera clase sale a las 14:30. Y hay otro a las 17:45.
Miguel: ¿Y a qué hora llega a Jalapa?
Vendedora: El primero llega a las 18:15.
Miguel: Entonces, un boleto, por favor.
Vendedora: ¿Quiere ida y vuelta?
Miguel: No, sólo ida. ¿Cuánto es?
Vendedora: Son 238 pesos.
Miguel: Vale ... ¿Y de qué puerta sale el autobús?
Vendedora: De la puerta número cinco. Aquí tiene su boleto.
Miguel: Muchas gracias.

b) Estás en la estación de autobuses en Sevilla y quieres comprar un billete para ir a Granada. Trabajad en parejas y preparad un diálogo como el de 10a). Después presentadlo en clase.

EXPRESIÓN ESCRITA

11 **Cuenta cómo pasaste las últimas vacaciones. ¿Qué hiciste? ¿Adónde fuiste? ¿Qué te gustó y qué no te gustó?**

COMPETENCIA INTERCULTURAL

12 **Wie entscheidest du, ob du andere Menschen siezt oder duzt? Nenne Beispiele für verschiedene Situationen.**

In Spanien wird im Vergleich zu Deutschland sehr selten gesiezt. Es ist z.B. üblich, dass Schüler ihre Lehrer duzen. Auch in der Arbeitswelt sprechen sich die Menschen hauptsächlich mit „du“ an.

13 68 **Höre dir die Beispiele an und entscheide, welche aus Spanien und welche aus Lateinamerika stammen. Woran kannst du das erkennen?**

In Lateinamerika wird wesentlich häufiger gesiezt als in Spanien. In einigen Regionen wird dort auch innerhalb der Familie gesiezt.

UNIDAD 7

¿A QUÉ TE QUIERES DEDICAR?

In dieser Lektion lernst du:
- Wünsche äußern
- über Schule und Beruf sprechen
- Zukunftspläne machen
- jemanden zu etwas auffordern

69/70 **¡Vamos!**

Manuel Quiero ser ingeniero porque ganas mucho dinero. Soy bueno en matemáticas, pero no en física y química: tengo esta asignatura pendiente.

tener una asignatura pendiente
Wenn ein spanischer Schüler am Schuljahresende die Prüfung in einem Fach nicht besteht, muss er sie nach den Sommerferien wiederholen.

Marta Me gustaría trabajar con jóvenes, por eso quiero ser profesora en un instituto. Eso significa que tengo que sacar buenas notas en el bachillerato y después estudiar en la universidad. Es un trabajo muy seguro. Para mí, eso es lo más importante. Además es perfecto si quieres tener una familia.

Andrea Soy creativa, por eso me gustaría ser fotógrafa o diseñadora de páginas web. Pero todavía no estoy segura.

David Mi hermano es mecánico y le gusta mucho su profesión. Por eso quiero hacer lo mismo. Me gusta trabajar con las manos. Además, no me importa si me ensucio.

Sonia Me gustaría trabajar en un banco porque me encanta tener contacto con la gente y trabajar con números. Lo único que me molesta es que siempre tienes que llevar ropa formal.

Alejandro Yo quiero ser músico. Seguro que es difícil encontrar trabajo, pero ese es mi sueño.

Lucía Yo, lo que quiero es ser informática porque me encantan los ordenadores. Además, es una profesión con futuro. Lo único que no me gusta son las horas extra. Creo que los informáticos trabajan muchísimo.

Sergio Yo quiero hacer algo interesante, pero todavía no sé qué, no tengo ni idea.

Sara Me gustaría ser azafata. Viajas mucho y a veces puedes pasar un día o dos en una ciudad en el extranjero. Para esa profesión necesitas hablar idiomas, e inglés es mi asignatura favorita.

COMPRENDER

1 **a) Busca en las páginas 92/93 los argumentos para elegir una profesión.**

b) ¿Cuáles de los argumentos son importantes para ti?

Ejemplo:
Para mí, es importante tener contacto con la gente.

PRACTICAR

2 **a) ¿Qué te gustaría ser? ¿Y por qué?**

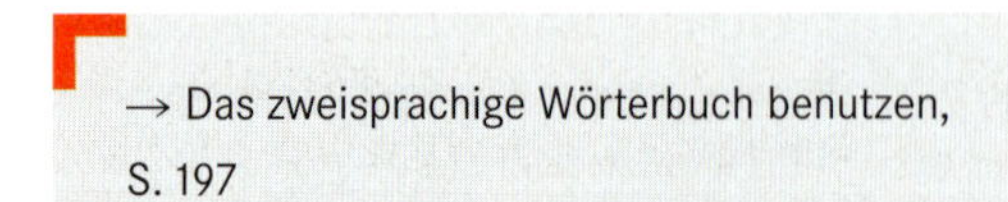
→ Das zweisprachige Wörterbuch benutzen, S. 197

me gustaría   quiero ser   lo que quiero es
quiero hacer algo con   mi sueño es

Ejemplo:
Me gustaría ser fotógrafo o pintor porque soy creativo y me encanta el arte.

Las profesiones favoritas de los niños y jóvenes españoles

14,6 % veterinario/-a*
12,2 % médico/-a*
10,1 % futbolista*
9,2 % profesor/-a
7,0 % ingeniero/-a
4,1 % piloto*
3,7 % actor/actriz*
3,7 % arquitecto/-a*
3,6 % cantante*
3,6 % peluquero/-a*

b) ¿Cuáles son las profesiones favoritas de vuestra clase? Haced una encuesta y presentad los resultados.

De los ___ alumnos ___   Sólo ___ alumno/s   Muchos/pocos alumnos
(Casi / Más de) la mitad* de los alumnos   La mayoría* de los alumnos
Sobre todo los chicos / las chicas

Ejemplo: De los 26 alumnos cuatro quieren ser piloto.

ESCUCHAR

3 **a) 🎧71 Escucha la entrevista de orientación profesional. ¿Qué profesión le interesa a Jaime? ¿Y por qué?**

b) 🎧71 Escucha otra vez y apunta las preguntas de Francisca. Después preparad una entrevista de orientación profesional. Presentad vuestra entrevista en clase.

A

EL INSTITUTO Y LA VIDA PROFESIONAL

72/73 PASO 1

Javi, un alumno de 4º de ESO, charla con algunos compañeros en el recreo.

Javi: ¿Qué vais a hacer después de la ESO? ¿Ya tenéis alguna idea?

Sergio: No, ninguna. Y eso me está poniendo un poco nervioso ...

Marina: Pues yo quiero hacer una formación profesional.

Javi: ¿Y qué formación quieres hacer?

Marina: Me gustaría estudiar Comercio Internacional. Mi sueño es trabajar en alguna empresa en el extranjero. Soy buena en matemáticas, pero el problema es que no sé hablar inglés ...

Javi: ¿Y qué tal el último examen?

Marina: Mal, saqué un 3. ¡Es que ese profe no sabe explicar! Aunque también es mi culpa porque no estudié casi nada ...

Javi: Si quieres, puedo ayudarte.

Marina: ¿En serio? ¿Estudias conmigo?

Javi: Pues, claro que estudio contigo. ¡Me encanta el inglés! Si quieres, esta tarde podemos hacer juntos los deberes. ¿Y tú, Fernando? ¿Qué quieres hacer después de la ESO?

Fernando: Yo también voy a hacer una formación profesional. Quiero ser cocinero.

Javi: ¿Y por qué no nos invitas algún día a comer a tu casa?

Fernando: Voy a invitaros este fin de semana, ¿vale? Mis padres van a salir y no va a haber nadie en casa ...

Marina: Perfecto. ¿Y tú, Javi? Tú vas a hacer el bachillerato, ¿verdad?

Javi: Sí, porque quiero estudiar Farmacia. Pero no saco nunca buenas notas en física y química y en el último boletín tuve un 5. Ahora mi tío está preparándome para el próximo examen.

Ring, ring ...

Fernando: ¡Venga! Vamos a la clase de geografía e historia, ya llegamos tarde.

Universidad

↑ (Bachillerato) ↑ (Formación Profesional)

Bachillerato 2º curso
1er curso

Formación Profesional de grado superior
↑
Formación Profesional de grado medio

↑ ↑

Educación Secundaria Obligatoria (ESO) 4 años

Educación Primaria Obligatoria 6 años

In Spanien bekommen die Schüler Noten von 1 bis 10. Je höher, desto besser. Zum Bestehen braucht man mindestens eine 5.

COMPRENDER

1 **a) ¿Qué planes tienen los chicos para el futuro? Apunta.**

b) Los chicos están en 4º de ESO. ¿A qué curso corresponde en Alemania?

VOCABULARIO

2 **a) Mira el horario de Javi. ¿Cómo se llaman las asignaturas en alemán?**

→ Wörter erschließen, S. 180

HORAS	LUNES	MARTES	MIÉRCOLES	JUEVES	VIERNES
8:30-9:20	Ciencias Sociales	Educación Física	Educación Física	Física y Química	Tutoría
9:25-10:15	Inglés	Geografía e Historia	Educación Plástica y Visual	Ciencias Sociales	Matemáticas
10:20-11:10	Educación Plástica y Visual	Lengua	Matemáticas	Inglés	Inglés
11:10-11:30	recreo				
11:30-12:20	Matemáticas	Biología/Geología	Física y Química	Francés	Geografía e Historia
12:25-13:15	Física y Química	Francés	Lengua	Lengua	Ciencias Sociales
13:20-14:10	Lengua	Ética	Biología/Geología	Ética	Biología/Geología

b) Escribe tu horario en español y preséntalo en clase.

PRACTICAR

G 50 **3** **Haz preguntas con *algún*, *alguno/s* y *alguna/s*. Tu compañero/-a contesta.**

¿Tienes ___
¿Tuviste ___

- idea para tu futuro?
- examen la semana pasada?
- malas notas en el último boletín?
- asignatura favorita?
- libros nuevos?
- problema en el instituto?

Ejemplo:
- ¿Tienes *alguna* idea para tu futuro?
- Sí, me gustaría hacer una formación profesional y después trabajar en un hotel. / No, *ninguna*.

Vor männlichen Nomen im Singular: *algún, ningún*
- ¿Tienes *algún* libro de Zafón?
- No, no tengo *ningún* libro de él.

G 51 **4** **a) ¿*Saber* o *poder*? Completa los diálogos.**

Javi **sabe** jugar al tenis. Hoy no **puede** jugar porque tiene que estudiar.

1. – Fernando, tú ___ cocinar. ¿___ preparar algo para la fiesta?
   – Lo siento, no ___. Es que tengo que trabajar hasta tarde hoy.
   – Entonces cocino yo.
   – ¡Pero si tú no ___ cocinar!
   – ¡Pero ___ leer! ¿Me ___ dar algún libro de cocina?

2. – Oye, Marina, ¿vas a la piscina con nosotras?
   – Me gustaría ir, pero no ___.
   – ¿Es que no ___ nadar?
   – Claro que ___ nadar, pero tengo un examen de inglés mañana ...
   – Si quieres, por la noche ___ pasar por tu casa y ___ estudiar juntos.
   – Pero, ¿tú ___ hablar inglés?
   – Sí, y bastante bien.
   – ¡Entonces perfecto, gracias!

b) Trabajad en parejas y preparad un diálogo como los de a). Después presentad vuestro diálogo en clase.

montar a caballo   esquiar   pintar
jugar al voleibol / ___   tocar la guitarra / ___
hablar francés / ___   bailar salsa / ___

7

ESCUCHAR

5 **a) 74 Escucha los diálogos. ¿Qué problemas tienen Sara, David y Andrea en el instituto?**

→ Selektives Hörverstehen, S. 184

b) 74 Escucha otra vez y explica las causas de cada problema.

PARA HABLAR

6 **¿Tienes problemas en alguna asignatura? Habla con tus compañeros/-as.**

A	B	
sacar malas notas en ___ *tener* problemas en ___ no *saber* hablar ___ no *entender* ___ *tener* un examen de ___ el lunes/___ *tener* un ___ en ___ en el último boletín	Si quieres, puedo/podemos Por qué no	*hacer* los deberes juntos ayudarte explicarte algunas cosas *practicar** un poco *estudiar* más *ir* a mi casa y ___ ___

Ejemplo: B ¿Qué tal el instituto?
A Pues, siempre saco malas notas en lenguas.
B Si quieres, podemos hacer los deberes juntos esta tarde.
A Muy bien. Gracias.

75/76 PASO 2

Una entrevista de radio.

Inés: ¡Hola, chicos! Soy Inés y como siempre a esta hora, os presento nuestro programa «Mundo Joven». Hoy tenemos visita de Alemania. Silke está aquí con nosotros y nos va a contar algo sobre la vida en su país. ¡Bienvenida, Silke!

Silke: Gracias por la invitación, Inés.

Inés: Estás pasando las vacaciones aquí en Madrid. Pero en Alemania estudias Comercio, ¿no? A ver, mujer, cuéntanos un poco ...

Silke: Pues, sí, estudio Comercio, estoy en el tercer curso.

Inés: Perdona, ¿estás en el tercer curso?

Silke: Sí, exacto. La formación dura tres años y estoy en el último.

Inés: ¡Ah! Aquí la formación profesional sólo dura dos años. Uno va un año y medio al instituto y en los últimos seis meses se hacen prácticas en una empresa.

Silke: En Alemania se combina el instituto con la empresa: yo voy dos veces a la semana al centro de formación profesional y los otros días trabajo en la empresa. El sistema me parece muy bueno. Así te puedes acostumbrar poco a poco a la vida profesional.

Inés: ¡Qué interesante! Otra cosa: ¿te pagan algo?

Silke: Sí. Tengo un contrato.

Inés: ¡Qué suerte! Pues aquí no se pagan las prácticas. Bueno, chicos. Como veis, vivimos en la misma Europa, pero hay muchas diferencias todavía. Gracias por la entrevista, Silke. ¿Cuándo vuelves a Alemania?

Silke: Pasado mañana.

Inés: Entonces disfruta los últimos días aquí y vuelve pronto. Bueno, esto ya es el final de nuestro programa. ¡Pasadlo bien y hasta mañana! Pero antes subid el volumen de la radio y escuchad la nueva canción de Miguel Bosé ...

COMPRENDER

7 **¿Qué información aparece en el texto? ¿En qué líneas? ¿Y qué información no aparece en el texto?**

En España ...

1. ... uno va primero al instituto y después se hacen las prácticas.
2. ... hay que pasar seis años de Educación Primaria Obligatoria.
3. ... las prácticas casi nunca se pagan.
4. ... la formación profesional dura sólo dos años.
5. ... se habla al profesor de tú.
6. ... para aprobar* una asignatura hay que tener un 5 o más.

PRACTICAR

G/54 **8** **Compara la situación escolar en España con la en Alemania. Utiliza toda la información del ejercicio 7.**

Ejemplo: En España, la formación profesional dura sólo dos años. Pero en Alemania, la formación profesional dura tres años.

b) ¿Qué sistema de formación profesional prefieres tú? ¿Te parece mejor el modelo español o el alemán? Discutid en clase.

→ Diskutieren, S. 188

DESCUBRIR Y PRACTICAR

G/53 **9** **a) Suche die Formen des *imperativo* im Text S. 98 und vervollständige die Tabelle. Suche danach in den Arbeitsanweisungen dieser Lektion weitere Beispiele des *imperativo*.**

Infinitiv	2. Person Singular	2. Person Plural
___	escucha	___
___	___	volved
___	sube	___

b) Stelle Regeln zur Bildung des *imperativo* auf.

2. Person Singular (tú): ___.
2. Person Plural (vosotros/-as): ___.

G/53 **10** **Practica el imperativo. Da instrucciones a tu compañero/-a. Él/Ella pone excusas. ¡Ojo! Algunas formas son irregulares.**

escribir ___ mandar un sms a ___ llamar a ___
subir el volumen ___ escuchar a la profesora / ___
beber ___ hablar con ___ abrir ___ cerrar ___
cantar ___ comer ___ hacer los deberes / ___
leer ___ salir de clase / ___ ir a mi casa / ___
decir algo en polaco / ___ tener más cuidado con ___
poner tu mochila / ___ en ___

no puedo/quiero porque ___
no tengo tiempo/ganas porque ___
es que ___
___

Ejemplo:
- ¡Llama a tu padre!
- Es que ahora no tengo móvil.

Einige Verben haben eine unregelmäßige Form des Imperativs in der 2. Person Singular:

decir → di	tener → ten
hacer → haz	venir → ven
poner → pon	ser → sé
salir → sal	ir → ve

G 53 **11** **a) Lies die Sätze und entscheide, welches Pronomen angehängt wurde.**

1. Dad**me** vuestra dirección, por favor.
2. Ya es tarde. ¡Levánta**te**!
3. ¿No encuentras tu móvil? ¡Pues búsca**lo**!

direktes Objektpronomen

Reflexivpronomen

indirektes Objektpronomen

b) ¿Qué dicen? Utiliza el imperativo con el pronombre adecuado.

Ejemplo:

1. ¡Cómprame la gorra!

1. comprar la gorra

> Wird an einen Imperativ der 2. Person Plural das Personalpronomen *os* angehängt, entfällt das Endungs-*d*: *levantad* + *os* → *¡levantaos!*

2. visitar pronto

3. levantarse ya

4. ponerse un abrigo

5. dar algo de comer

6. bajarse aquí

7. dar el libro

ACTIVIDADES

12 **a) Durante tus vacaciones en España, te hacen una entrevista de radio sobre tu vida escolar en Alemania. Trabajad en parejas y preparad la entrevista.**

hay que asignatura dura ___ años educación primaria educación secundaria uno va se hacen prácticas ___

Schulalltag Schulfächer Schulform weitere Pläne Lieblingsfächer Dauer der Schulausbildung

> → Im Lektionstext auf S. 98 kannst du viele nützliche Ausdrücke finden.

b) Presentad vuestra entrevista en clase.

77/78 PASO 3

Susana, una agente de viajes, habla de su vida profesional:

Después de terminar mi formación como técnica superior en agencia de viajes, trabajé durante casi 3 años en la agencia «Ven y viaja». En realidad no me gustó mucho el trabajo ahí. Es que es una agencia muy grande, con casi 40 empleados. ¿Un día estás de mal humor? Pues, nadie se da cuenta porque en el fondo no conoces ni a los colegas ni a los clientes y el ambiente es bastante anónimo. Por eso me fui.

Ahora trabajo en otra agencia. Se llama «Sol y Luz» y es una de esas agencias típicas de barrio. El trabajo es el mismo: hacer facturas, llamar por teléfono, escribir e-mails ... todas las tareas típicas de una oficina. Y claro, tengo que organizar viajes. La gran ventaja es que conoces a los clientes y sabes qué les gusta o qué necesitan. Además, tengo sólo tres colegas pero son todos muy simpáticos y hay un buen ambiente.

De momento estoy planificando un viaje a Bolivia para una pareja joven. Viajan para conocer el carnaval de Oruro y necesitan el vuelo para la próxima semana, pero por poco dinero. ¡Es que hacemos casi todo por nuestros clientes! Por eso todavía vienen a la agencia en vez de comprar sus viajes en internet. Claro que hago bastantes horas extra y a veces tengo mucho estrés, pero no me importa. Para mí, es el trabajo ideal. No lo cambio por ningún otro.

Formación:	Técnico superior en agencia de viajes
Duración:	1,5 años (1 año de clases y 6 meses de prácticas en empresas)
Estructura del curso:	- Producción y venta de servicios turísticos - Gestión económico-administrativa en agencia de viajes - Organización y control - Dos lenguas extranjeras

COMPRENDER

13 **Presenta el trabajo actual de Susana.**

14 **Explica a tu compañero en alemán la ficha sobre la formación de «técnico superior en agencia de viajes».**

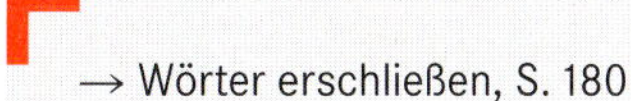
→ Wörter erschließen, S. 180

PRACTICAR

G/55 **15** **Mucho trabajo – poco tiempo libre. Practica el uso de *por* y *para*.**

Como casi todos los días, Susana sale tarde de la agencia ...

Susana: Hola, Víctor, gracias ___ esperarme. Perdona el retraso.
Víctor: No hay problema, yo también llegué tarde ___ un atasco.
Susana: Pues yo llego tarde ___ mi trabajo. Ahora tengo que planificar un viaje ___ dos chicos que quieren viajar a Argentina ___ un mes, pero ___ muy poco dinero.
Víctor: Eso va a ser difícil, ¿no? Pero dime, ¿cuánto te pagan ___ las horas extra?
Susana: Pues, no mucho. Las hago ___ mis clientes y porque el trabajo me gusta.
Víctor: ¿Y no te importa pasar tantas horas en la oficina?
Susana: ___ mí, está bien. Además, mañana ___ la tarde no trabajo.
Víctor: ¿Entonces a lo mejor paso ___ tu casa y te recojo ___ ir a la piscina?
Susana: ¡Qué buena idea!

G/56 **16** **Un folleto turístico. Completa el texto con *todo/-a/s*.**

¡A España! A ___ los niños les gusta jugar en la playa*, pero no ___ la gente quiere pasar vacaciones tranquilas. España es más que sus playas, en ___ el país se pueden pasar vacaciones activas. Hay una gran oferta cultural* durante ___ el año, pues ___ las ciudades tienen tradiciones* interesantes y cuando hay una fiesta, ___ la vida tiene lugar en las calles y las plazas. En España ___ un mundo te espera*.

ESCUCHAR

DELE **17** 79 **Vas a escuchar una conversación telefónica de la agencia «Sol y Luz». Lee las preguntas. Después escucha y toma apuntes.**

→ Selektives Hörverstehen, S. 184

1. ¿Para cuándo necesita el cliente las habitaciones?
2. ¿Cuántas habitaciones necesita?
3. ¿Cuánto cuesta todo?
4. ¿Cómo se llama el hotel?
5. ¿Cuál es la dirección?

YA SÉ

18 **Überprüfe, ob du die Lernziele der Lektion erreicht hast.**

1. Sag, welchen Beruf du gerne ausüben würdest und begründe deine Wahl.
2. Nenne zwei Schulfächer, die dir Spaß machen und ein Fach, das dir nicht gefällt oder in dem du Probleme hast.
3. Beschreibe kurz deine bisherige schulische Laufbahn und deine weiteren Pläne.
4. Gib deinem/-r Mitschüler/-in drei Anweisungen (und benutze dabei den Imperativ).

CÓMO PREPARARSE PARA UNA ENTREVISTA DE TRABAJO

Presentarse a una entrevista de trabajo provoca siempre nerviosismo y muchas veces estrés, porque lo que está en juego es tu futuro. Por eso hay que prepararse bien antes de presentarse. Aquí tienes algunas preguntas frecuentes:

1 ▶ Habla de ti.
2 ▶ Habla de tus prácticas y de tu experiencia profesional.
3 ▶ ¿Qué aficiones tienes?
4 ▶ ¿Qué sabes sobre nuestra empresa?
5 ▶ ¿Por qué te interesa este trabajo?
6 ▶ Habla de tus cualidades y defectos.
7 ▶ ¿Qué crees que es lo más difícil al pasar de la vida de estudiante a la vida profesional?
8 ▶ ¿Prefieres trabajar solo o en equipo?
9 ▶ ¿Dónde te ves en cinco años?
10 ▶ ¿Por qué te debemos contratar a ti y no a otro candidato?
11 ▶ ¿Cuándo podrías empezar a trabajar aquí?
12 ▶ ¿Tienes alguna pregunta?

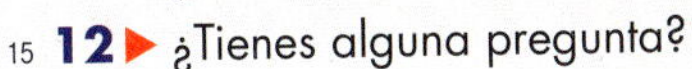

según © Injuve: Oficina virtual / Programa de emancipación joven, 2009

1 **provocar** hervorrufen
2 **estar en juego** auf dem Spiel stehen 9 **cualidades y defectos** Stärken und Schwächen
11 **solo/-a** allein 11 **el equipo** das Team 13 **deber** sollen, müssen 13 **contratar** einstellen 14 **podrías** könntest

1

a) 🎧80 **Escucha y contesta: ¿crees que la entrevista va bien para el candidato? ¿Por qué?**

b) 🎧80 **Escucha otra vez y apunta.**

1. ¿Qué lengua extranjera sabe hablar el candidato?
2. ¿Dónde hizo prácticas?
3. ¿Por qué le interesa este trabajo?
4. ¿Qué dice el candidato sobre sus cualidades y defectos?
5. ¿Cuándo podría empezar a trabajar?

EN VIVO Y EN DIRECTO

Se necesita traductor de inglés y alemán.
Persona seria y responsable.
Con experiencia.

Empresa busca **mecánico/-a de automóviles** para la reparación de camiones y automóviles. Posibilidad de incorporación en empresa.

Se ofrece trabajo a persona muy activa e imaginativa en empresa de informática. Realización de diseños, visualización de elementos dinámicos en 3D y aplicación en internet.

Se necesita ***recepcionista para hotel de cinco estrellas***, situado en un campo de golf. Tiene que ser una persona organizada, con experiencia en el sector. Buena presencia. Idiomas: inglés.

Se necesitan estudiantes para mantener actualizada nuestra página web. Trabajo desde casa. Tiene que tener ordenador. Jornada y horarios flexibles y compatibles con estudios.

CURRÍCULUM VITAE

INFORMACIÓN PERSONAL

Nombre:	Alejandro García Gallardo
Dirección:	Calle de la Paz, 26 49006 Zamora
Teléfono:	980508733
E-Mail:	alejandro93@terra.es
Fecha de nacimiento:	23 de abril de 1992
Nacionalidad:	española

EDUCACIÓN Y FORMACIÓN

Estudios:	bachillerato
Lenguas:	español (C2) inglés (B2) alemán (A1)
Conocimientos de informática:	Word y Excel

INTERESES PERSONALES

La fotografía, tocar la guitarra, viajar

Zamora, 29 de agosto de 2010

Alejandro García Gallardo

Alejandro García Gallardo
Calle de la Paz, 26
49006 Zamora

A la atención de: Cristina López
Sandea S.A.
Calle de Gran Vía, 43
37012 Salamanca

29 de agosto de 2010

Asunto: Su anuncio en «La Opinión»

Estimada señora López,

me dirijo a Ud. con motivo de la oferta de trabajo publicada en el diario «La Opinión» el 26 de agosto. Me interesa mucho su oferta y creo reunir las condiciones requeridas.

El año pasado hice prácticas durante seis meses en la empresa de informática Red X en Valencia. En este momento trabajo en la recepción del Hotel Goya en Salamanca.

Según la información en su página web, su empresa dispone de un programa de producción muy innovador. Por eso me gustaría mucho empezar mi carrera profesional con ustedes. Además estoy convencido de la calidad de sus productos.

Estoy disponible para realizar una entrevista con ustedes en las próximas semanas y con mucho gusto voy a responderles todas sus preguntas.

En espera de sus noticias, le saluda muy atentamente

Alejandro García Gallardo

Adjunto: Currículum Vitae

7

1 **a) Lee los anuncios de trabajo y elige uno. ¿Cuál te interesa? ¿Por qué?**

b) Prepárate para la entrevista de trabajo: toma apuntes para contestar las doce preguntas de la página 103. También puedes inventar respuestas.

c) Formad parejas. Usad vuestros apuntes de b) y haced la entrevista de trabajo.

2 **Escribe un CV.**

3 **Lee la carta y explica a tu compañero/-a en alemán.**
- Was steht in dem Brief?
- Aus welchen „Bausteinen" besteht er?
- Wie lauten die spanischen Begrüßungs- und Abschiedsformeln?
- Was bedeuten *a la atención de, asunto, adjunto*?

LA ESPAÑA VERDE

In dieser Lektion lernst du:
- über Vergangenes reden *(pretérito imperfecto)*
- über das Wetter reden
- über die Landschaft reden

¡Vamos!

A ver, ¿qué sabes sobre España? Apunta las respuestas en una hoja.

1 En España no sólo puedes pasar las vacaciones de verano. También puedes esquiar en …
- a) el volcán Arenal.
- b) la Cordillera de los Andes.
- c) Sierra Nevada.

2 En Santiago de Compostela se dice en vez de «buenos días», «bos días» y en vez de «adiós», «adéus». ¿Qué lengua es?
- a) el gallego
- b) el catalán
- c) el vasco

3 Uno de los pintores españoles más famosos del siglo XX pintó un cuadro que se llama «Guernica». ¿Quién fue?
- a) Salvador Dalí
- b) Pablo Picasso
- c) Joan Miró

4 ¿Quiénes estuvieron más de 700 años en España?
- a) los griegos
- b) los musulmanes
- c) los vikingos

¿Cuántas respuestas correctas tienes (ver soluciones, p. 179)?

6–8: ¡Felicitaciones! Ya sabes mucho sobre España

3–5: ¡Muy bien! Ya sabes algo sobre España y en esta unidad vas a aprender más.

0–2: ¡Paciencia! Todavía no sabes mucho sobre España, pero no es tan grave porque pronto vas a ser un/a experto/-a en el tema «Galicia».

BÚSQUEDA DE INFORMACIÓN

1 **¿Qué tema del concurso (p. 106–107) te interesa? Busca más información y preséntala en tres minutos.**

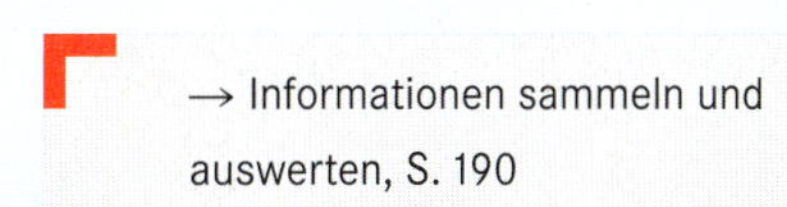

A

RUMBO A GALICIA

81/82 **PASO 1**

Asunción García Rodríguez vive en Santo Domingo de la Calzada, una ciudad pequeña en el Camino de Santiago. Ella cuenta cómo era antes y cómo es ahora.

Cuando yo era joven, se veían pocos peregrinos por aquí. Hoy en día la ciudad se llena de gente en el verano: vienen muchas personas de todas partes del mundo. ¡Menos mal, así hay más vida en la ciudad!

Antes todas las personas que hacían el camino eran verdaderos peregrinos. Caminaban por motivos religiosos. Hoy en día ya no es así. Hay muchos jóvenes que vienen porque les gusta la naturaleza y quieren conocer el norte del país. Otros vienen a hacer deporte: ¡debe ser difícil caminar más de 700 kilómetros! También hay algunos que recorren el camino en bici o a caballo. Antes no existía esa posibilidad. Todas las personas iban a pie. ¡Pero seguro que en bici o a caballo es mucho más divertido!

En aquel entonces había un solo albergue en Santo Domingo. Cuando estaba completo, algunos peregrinos se quedaban a dormir una o dos noches en nuestra casa. También les dábamos siempre comida – claro que no tenían que pagar nada. Hoy en día ya no es así pues hay un montón de albergues. En realidad es mejor así, porque a veces los jóvenes hacen bulla hasta la madrugada ... Pero bueno, ¡son jóvenes!

COMPRENDER

1 **¿Qué cuenta Asunción García Rodríguez sobre las personas que hacen el Camino de Santiago hoy? Busca la información en el texto.**

→ Selektives Leseverstehen, S. 184

DESCUBRIR Y PRACTICAR

G 58 **2** **a) Schaue dir das Konjugationsmuster der Verben auf *-ar*, *-er* und *-ir* im grammatischen Anhang an (S. 213): Wie wird das *pretérito imperfecto* gebildet?**

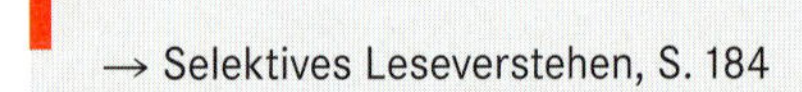

Die Verben *ser*, *ir* und *ver* haben unregelmäßige Formen (s. S. 213).

b) Suche im Text Beispiele des *pretérito imperfecto*: Mit welchen Zeitangaben steht es?

G 58 **3** **¿Cómo era la vida de los peregrinos en la Edad Media? Completa el texto con los verbos en el pretérito imperfecto.**

En la Edad Media* todos los peregrinos ___ (caminar) por motivos religiosos a Santiago de Compostela. No ___ (existir) otros motivos para hacer el camino. Casi todos los peregrinos ___ (ser) hombres. No ___ (llevar) buenos zapatos para caminar. Sin embargo, todos ___ (ir) a pie: no ___ (existir) la bici, ni ___ (haber) coches. Los peregrinos no ___ (llevar) muchas cosas: no ___ (tener) mochilas como los peregrinos modernos. ___ (beber) el agua que ___ (encontrar) en el camino y a veces no ___ (tener) comida por algunos días. Como ___ (haber) pocos albergues, los peregrinos ___ (dormir) muchas veces al lado del camino. Muchos ___ (caminar) más de un año para llegar a Santiago. Otros ya no ___ (ver) nunca más* a su familia porque ___ (morir) en el camino. Hacer el camino de Santiago hace 900 años ___ (ser) difícil.

G 58 **4** **a) ¿Qué cuenta Asunción García Rodríguez de su niñez? Utiliza el pretérito imperfecto.**

b) Ahora cuenta tú: ¿cómo era tu vida de niño/-a?

En aquel entonces
Cuando tenía ___ años
Antes

no *haber*
no *existir*

teles.
móviles.
ordenadores.
coches.
lavadoras.
___.

querer ser ___.
vivir en ___.
jugar a ___. / *jugar* con ___.
tocar la flauta / ___.
mejor amigo/-a *llamarse* ___.
comida favorita *ser* ___.
ir a ___ los fines de semana.
gustar mucho ___. / no *gustar* nada ___.
___.

BÚSQUEDA DE INFORMACIÓN

5 **Busca información sobre estos tres temas y prepara una presentación de tres minutos sobre Galicia.**

→ Informationen sammeln und auswerten, S. 190

la comunidad autónoma*
las lenguas oficiales*
Santiago de Compostela

ACTIVIDAD DE PRELECTURA

6 **¿Qué tiempo hace hoy? Mira los dibujos.**

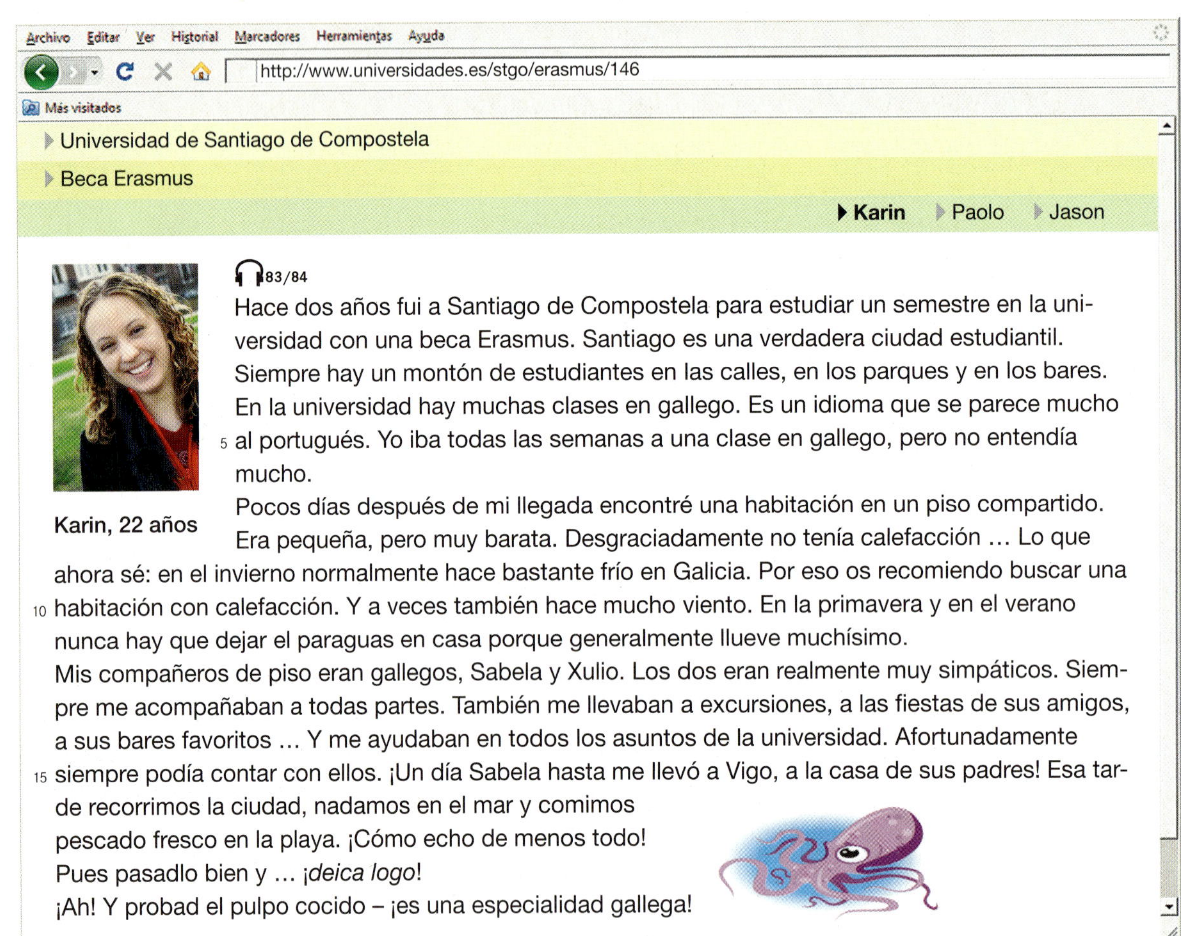

Universidad de Santiago de Compostela

Beca Erasmus

Karin Paolo Jason

83/84

Hace dos años fui a Santiago de Compostela para estudiar un semestre en la universidad con una beca Erasmus. Santiago es una verdadera ciudad estudiantil. Siempre hay un montón de estudiantes en las calles, en los parques y en los bares. En la universidad hay muchas clases en gallego. Es un idioma que se parece mucho 5 al portugués. Yo iba todas las semanas a una clase en gallego, pero no entendía mucho.

Pocos días después de mi llegada encontré una habitación en un piso compartido. Era pequeña, pero muy barata. Desgraciadamente no tenía calefacción … Lo que ahora sé: en el invierno normalmente hace bastante frío en Galicia. Por eso os recomiendo buscar una 10 habitación con calefacción. Y a veces también hace mucho viento. En la primavera y en el verano nunca hay que dejar el paraguas en casa porque generalmente llueve muchísimo.

Mis compañeros de piso eran gallegos, Sabela y Xulio. Los dos eran realmente muy simpáticos. Siempre me acompañaban a todas partes. También me llevaban a excursiones, a las fiestas de sus amigos, a sus bares favoritos … Y me ayudaban en todos los asuntos de la universidad. Afortunadamente 15 siempre podía contar con ellos. ¡Un día Sabela hasta me llevó a Vigo, a la casa de sus padres! Esa tarde recorrimos la ciudad, nadamos en el mar y comimos pescado fresco en la playa. ¡Cómo echo de menos todo!

Pues pasadlo bien y … ¡*deica logo*!

¡Ah! Y probad el pulpo cocido – ¡es una especialidad gallega!

Karin, 22 años

COMPRENDER

DELE **7** **¿Qué información da Karin sobre los siguientes temas?**

1. la ciudad de Santiago de Compostela
2. la lengua gallega
3. el tiempo en Santiago de Compostela
4. la comida gallega

→ Selektives Leseverstehen, S. 184

DESCUBRIR Y PRACTICAR

G/59 **8** **a) Lies die Zeilen 12–17 des Textes (S. 110) und ordne die Sätze den folgenden Kategorien zu.**

Beschreibung	sich wiederholendes Ereignis	einmaliges Ereignis

b) Wann verwendest du das *pretérito imperfecto* und wann das *pretérito indefinido*?

G/59 **9** **a) Lee las frases y decide: ¿dónde hay una acción? ¿Dónde hay una descripción o una acción que se repite?**

1. Esa noche los chicos se acostaron a las 4 de la mañana.
2. Pero no era un día normal: era el cumpleaños de Karin.
3. Por la mañana, Karin invitó a Sabela y a Xulio a una comida alemana.
4. Era un día bonito: hacía sol y más de 20 grados.
5. Pero ese día se quedaron en casa para pasar la noche con su compañera.
6. Generalmente Sabela y Xulio salían todos los sábados.
7. A las ocho los chicos comieron el «Zwiebelkuchen» de Karin.
8. El «Zwiebelkuchen» estaba muy rico.

b) Ordena las frases de a) y escribe la historia en tu cuaderno.

Era un día bonito: hacía sol y más de 20 grados. Pero …

8

G/59 **10** **Cuenta la excursión de Karin. Utiliza el pretérito imperfecto o el pretérito indefinido.**

En Santiago de Compostela, Karin siempre ___ (levantarse) tarde porque ¡a Karin le encanta dormir hasta tarde! Después de levantarse, generalmente ___ (ducharse) y ___ (desayunar) con sus compañeros de piso. Pero un día ___ (tener que) levantarse temprano para hacer una excursión a La Coruña con los otros estudiantes de Erasmus. ¡Ese día ___ (levantarse) con gusto! ___ (tomar) su paraguas, ___ (ponerse) su abrigo y ___ (salir) del piso. El autobús a La Coruña ___ (salir) a las 8 y dos horas más tarde los chicos ___ (llegar) a La Coruña. ___ (hacer) buen tiempo: no ___ (llover) y ___ (hacer) más de 25 grados. Primero los estudiantes ___ (recorrer) el centro de la ciudad y después ___ (ir) a la playa. Ahí no sólo ___ (ver) la famosa Torre de Hércules, también ___ (comer) pulpo cocido en un restaurante. Por la noche en el autobús, los chicos ___ (organizar) la próxima excursión: la visita al Parque Nacional de las Islas Atlánticas.

PRACTICAR

G/60 **11** **Cuenta tú: ¿cómo es el tiempo en tu ciudad?**

generalmente normalmente realmente
afortunadamente desgraciadamente

Ejemplo: En Berlín generalmente hace mucho frío en invierno. Por eso hay que ponerse un abrigo.

PARA HABLAR

12 **Estás con tu amigo/-a en un hotel de Galicia. Quiere saber qué tiempo va a hacer, pero no habla español. Tú hablas con el/la recepcionista. Preparad el diálogo en grupos de tres y presentadlo en clase.**

→ „Dolmetschen", S. 197

el/la amigo/-a	tú	el/la recepcionista*
1. Frage ihn/sie, ob es heute regnen wird. →	___ → ___ ↙	Sí, va a llover durante todo el día.
2. Frage ihn/sie, ob es am Nachmittag auch so kalt und windig sein wird wie jetzt. →	___ → ___ ↙	No, por la tarde va a hacer más calor y menos viento.
3. Frage ihn/sie, ob das Wetter in den nächsten Tagen schön sein wird. →	___ → ___ ↙	Sí, mañana y pasado mañana va a hacer sol y va a hacer más de 25 grados.

ACTIVIDADES

13 **Lee el texto y di qué entiendes del gallego.**

Ola, son Rosalía.
O galego é a «lingua propia de Galicia» gracias ós millóns de persoas que ó durante moitas xeracións mantivemos nosa lingua, tanto nos momentos de maior esplendor, como nas situacións máis complicadas e difíciles.
Actualmente máis de tres millóns de persoas falamos galego, tanto en Galicia e as zonas limítrofes.
¡Aburiño!

según © http://www.galego.org, 2009

→ Wörter erschließen, S. 180

85/86 **PASO 3**

Estábamos en una fiesta de cumpleaños y de repente Claudia y Sergio tuvieron una idea: «Julia, ¿por qué no hacemos el Camino de Santiago?» Era una idea loca porque ninguno de nosotros hacía deporte y tampoco teníamos suficiente tiempo para recorrer todo el camino. Sin embargo, tomamos la decisión de hacer el camino el próximo verano.

Y así fue. Empezamos nuestra aventura el día 11 de agosto. El camino de Santiago «clásico» tiene 32 etapas y nosotros empezamos en la etapa 26: en Sarria. El día era muy bonito: cuando salimos, no hacía demasiado calor y no había ni una nube en el cielo. El paisaje era impresionante: ese día subimos muchos cerros, cruzamos ríos y también vimos algunas salamandras. ¡Estábamos felices!

Por la tarde llegamos a nuestra meta: Portomarín. El albergue era muy sencillo. Esa noche dormimos en una sala con más de diez personas. Pero como estábamos tan cansados, no nos importó.

Al día siguiente salimos muy temprano del albergue. Mientras comíamos un bocadillo, el tiempo cambió: empezó a hacer viento y a llover muy fuerte. Llegamos completamente empapados al próximo pueblo.

Al tercer día me empezaron a doler los pies. Sin embargo decidí seguir. Cuando al día siguiente llegamos a Santiago de Compostela, ya no sentía ningún dolor. Hacer el Camino de Santiago es agotador, ¡pero vale la pena!

COMPRENDER

14 **¿En qué situación dice Julia estas frases? Indica las líneas.**

→ Selektives Leseverstehen, S. 104

1. ¡Qué mala pata! ¿Por qué está lloviendo tan fuerte?
2. ¡Qué bonito es aquí! Y mira, ahí hay una salamandra.
3. Hoy es un buen día para empezar nuestra aventura. No hace tanto calor.
4. ¡Qué dolor! Ya no siento mis pies.
5. ¿El Camino de Santiago? Pero yo no hago ningún deporte y además no tengo mucho tiempo.

VOCABULARIO

15 **Describe la foto (p. 113).**

En el centro Arriba Abajo* A la izquierda A la derecha Adelante* Atrás*	hay está/n se puede/n ver	___.

Cerca Detrás Delante Al lado	del / de la ___	hay está/n se puede/n ver	___.

→ Ein Bild beschreiben, S. 186

ESCUCHAR

16 87 **¿Cómo va a estar el tiempo en Santiago de Compostela mañana? Escucha el pronóstico.**

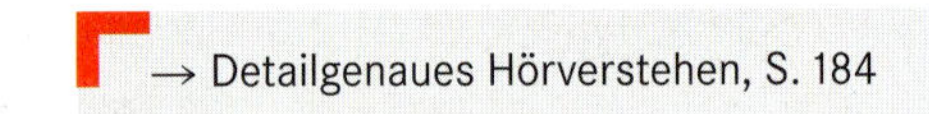
→ Detailgenaues Hörverstehen, S. 184

DESCUBRIR Y PRACTICAR

G 61 **17** **Lies die Sätze. Versuche zu erklären, warum manche Verben im *pretérito indefinido* und andere im *pretérito imperfecto* stehen.**

1. **Estábamos** en una fiesta de cumpleaños y de repente Claudia y Sergio **tuvieron** una idea.
2. Cuando **salimos**, no **hacía** demasiado calor.
3. Mientras **comíamos** un bocadillo, el tiempo **cambió**.

G 61 **18** **a) ¿Qué hicieron Julia, Claudia y Sergio en Santiago de Compostela? Utiliza el pretérito imperfecto y el pretérito indefinido.**

ser domingo / ___ *ser* el 14 de agosto / ___ *hacer* mucho calor *llover* *caminar* por las calles de Santiago *estar* en un albergue de Santiago ___	cuando y de repente	*llegar* a la meta *ver* la catedral* *escribir* postales *tomar* un café en una plaza *encontrar* en un restaurante «pulpo gallego» *volver* a Alemania ___

G 61 **b) ¿De qué excursión te acuerdas? ¿Por qué? Cuenta y utiliza el pretérito imperfecto y el pretérito indefinido. Utiliza también los conectores *cuando* y *de repente*.**

YA SÉ

19 **Überprüfe, ob du die Lernziele der Lektion erreicht hast.**

1. Erzähle, wie du deine/n beste/n Freund/in kennen gelernt hast.
2. Wie war das Wetter gestern?
3. Beschreibe das Foto auf S. 78.

B

NO SÓLO SE HABLA CASTELLANO

88/89 *España tiene 17 comunidades autónomas y en algunas se hablan dos lenguas.*

© Pedro Pérez Aguayo, España hoy, 2009

EL CATALÁN El catalán es una lengua romance, es decir, una lengua procedente del latín. Es la lengua oficial de Cataluña, de la Comunidad Valenciana y de las Islas Baleares. Es la lengua más hablada en España después del castellano. Hay alrededor de 6 millones de personas que hablan el catalán como lengua nativa. Aparentemente suena como una mezcla de español y francés. La Generalitat, es decir, el Gobierno catalán, fomenta mucho el uso del catalán y por eso está muy presente en la vida cotidiana: en los colegios, en la televisión, en el cine, en el teatro, en la literatura, etc.

EL GALLEGO La lengua gallega también es una lengua romance. Es lengua oficial en Galicia. Hay alrededor de 2 millones de personas que lo hablan. El gallego tiene la misma raíz que el portugués y hasta hoy en día las dos lenguas se parecen mucho. Esta lengua también está presente en la vida cotidiana, pero está mucho menos difundida que el catalán. Se escucha más en el campo que en las ciudades. En la actualidad, la influencia del castellano está aumentando y la del gallego disminuyendo.

EL VASCO De las lenguas que se hablan en España, el vasco es la única lengua que no es romance. El origen del vasco es hasta hoy un misterio. Es lengua oficial en el País Vasco y en Navarra. Es la lengua con menos hablantes: 850 000. También se habla en Francia en una región que también se llama País Vasco. Muchos españoles de otras regiones que viven en el País Vasco no hablan esta lengua. Por eso es difícil difundirla socialmente.

2 **la lengua romance** romanische Sprache 7 **la mezcla** Mischung 8 **fomentar** fördern 15 **difundido/-a** verbreitet 16 **en el campo** auf dem Land 17 **aumentar** zunehmen 18 **disminuir** abnehmen 25 **difundir** verbreiten

1 **Busca las comunidades autónomas donde se hablan dos lenguas en el mapa de España (primera página).**

2 **¿Qué palabras entiendes? ¿Por qué?**

→ Wörter erschließen, S. 180

catalán	gallego	vasco
Hola!	¡Ola!	Kaixo!
Què tal?	¿Que tal?	Zer moduz?
Com et dius?	¿Como te chamas?	Nola deitu?
Adéu!	¡Adeus!	Agur!

8

COMPROMISO SOCIAL

In dieser Lektion lernst du:
- wiedergeben, was eine andere Person sagt
- über Vergangenes reden *(pretérito perfecto)*
- über soziales Engagement sprechen
- dich in formellen Gesprächssituationen äußern
- argumentieren und diskutieren

¡Vamos!

ACTIVIDAD DE PRELECTURA

1 **Welches der Plakate spricht dich am meisten an? Erkläre warum.**

A
meterse con alg. sich mit jdm. anlegen

B
la jornada *hier:* Tagung

C
el peligro de muerte Lebensgefahr
la desnutrición Unterernährung

90

C

20 millones de niños están en peligro de muerte por desnutrición aguda severa

Existe un tratamiento revolucionario, pero sólo un 3% lo reciben.

Con voluntad política se podría salvar la vida de millones de niños. Ayúdanos a conseguirlo.

Participa en el 2° Cibermaratón MSF contra la desnutrición infantil: www.tratamientorevolucionario.com

Médicos Sin Fronteras

1

Ana: Oye, acabo de ver un cartel de Médicos Sin Fronteras. Esta tarde ponen un documental ...

Espera un momento, Ana. Voy a preguntar a Miguel, está aquí conmigo ...

9

COMPRENDER

2 a) **Explica cuál es el tema de cada cartel.**

b) **¿Qué sabes tú sobre esos temas? Reunid ideas y palabras en un mapa mental.**

3 **Du möchtest die Veranstaltung besuchen, die auf dem Plakat B angekündigt wird. Erkläre jemandem, der kein Spanisch spricht:**

1. Was ist das für eine Veranstaltung?
2. Wer organisiert die Veranstaltung?
3. Wann und wo findet sie statt?
4. Woraus besteht das Programm?
5. Was kostet der Eintritt?

ESCUCHAR

4 a) 91 **Vas a escuchar dos informes del Congreso Internacional de la Lengua Española. ¿Con cuál de los carteles de las páginas 116–117 puedes asociarlos?**

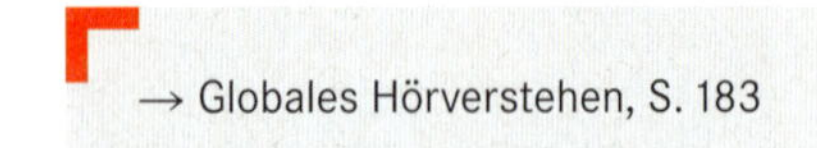
→ Globales Hörverstehen, S. 183

b) 91 **Escucha otra vez y contesta.**

→ Selektives Hörverstehen, S. 184

1. En el primer texto, ¿de qué tema habla el humorista*?
2. ¿Cómo se llama el humorista?
3. En el segundo texto, ¿de qué región se habla?
4. ¿Qué tipo de música se menciona?

PRACTICAR

G 62 **5** **Laura está en casa con Ana cuando Miguel la llama. ¿Qué le dice Laura a Ana? Utiliza:**

	dice	que ___
Miguel	pregunta quiere saber	si ___ a qué hora ___ dónde ___ qué ___

1. ¿Qué vais a hacer mañana?
2. ¿Tenéis ganas de ir conmigo al cine? Hay una película mexicana.
3. La peli empieza a las ocho. Después podemos quedar con Pablo.
4. ¿Conoce Ana el bar al lado del cine?
5. ¿Podéis llamar también a Pablo? Yo no sé si tiene tiempo mañana.
6. ¿Dónde quedamos? ¿En la entrada del cine?
7. ¿Y a qué hora?

A

OTRO MUNDO ES POSIBLE

92/93 PASO 1

El evento de MSF ha terminado y los chicos entran en el «Limón».

Ana: Chicos, no me vais a creer lo que me ha pasado esta mañana.

5 **Pablo:** A ver, ¿tu compañero de piso se ha comido tu último yogur otra vez?

Ana: No. Esta semana no hemos tenido problemas. ¡He estado en la Plaza Mayor y una paloma me ha ensuciado toda la falda!

10 **Pablo:** ¿Una paloma? ¿Estás segura que no te lo has imaginado?

Ana: ¿No me crees? Miguel, ¡díselo tú! A ti también te ha pasado alguna vez, ¿no?

Miguel: ¿Cómo?

15 **Pablo:** ¿Pero qué te pasa, Miguel? No has dicho ni una palabra desde que hemos salido de la presentación.

Miguel: Perdón, chicos. Es que me ha impresionado mucho el documental y me ha hecho pen-

20 sar. Esos enfermeros se han implicado tanto para ayudar a los niños ... Estoy pensando si nosotros también podemos hacer algo.

Pablo: Hombre, todavía estamos en el insti y no tenemos dinero para hacer donativos.

25 **Miguel:** Ya sé ... ¿Oye, qué tienes ahí?

Ana: Una postal con un anuncio para un concierto benéfico. La he encontrado aquí en la entrada, entre todas esas postales gratuitas.

30 **Miguel:** «Rock que ayuda» ... para un comedor infantil ... ¡Ya sé! Oye chamaco, tú tocas la batería en un grupo de rock, ¿no?

Pablo: Sí. ¿Por qué?

35 **Miguel:** ¿No lo ves? Esta es tu posibilidad de hacer algo.

Pablo: Primero, ya es tarde para este evento. Y segundo, nunca hemos dado un concierto, ¿sabes?

40 **Ana:** Siempre hay una primera vez. Seguro que ya habéis pensado en eso alguna vez, ¿no? ¿Por qué no se lo preguntas a los otros de tu grupo?

Pablo: Pues no sé. Pero lo que podemos hacer es ir al concierto, ¿qué os parece?

9

COMPRENDER

1 **Ordena las frases y cuenta qué pasa después de la presentación. Las letras forman una palabra.**

I Miguel le explica su idea a Pablo.
O Ahí Ana cuenta lo que le ha pasado esta mañana.
R Miguel no los escucha. Él está pensando en otra cosa:
O De momento, él sólo quiere ir al concierto.
S Pero Pablo no está de acuerdo con la idea de Miguel.
C Miguel, Ana y Pablo van a su bar favorito.
M Pablo no puede creer lo que dice Ana.
P Por eso, Ana y Pablo tienen una discusión.
M Ana le muestra una postal a Miguel y de repente él tiene una idea.
O Quiere hacer algo para ayudar.

DESCUBRIR Y PRACTICAR

G 63 **2** **a) Das *pretérito perfecto* wird mit einer Form von *haber* und dem Partizip des Hauptverbs gebildet. Suche aus dem Text alle Formen des *pretérito perfecto* heraus und vervollständige dann die Regel.**

Die Partizipien der Verben auf -ar enden auf ___, die der Verben auf -er und -ir enden auf ___. Einige Verben haben unregelmäßige Partizipien, z. B. hacer und decir. Die Partizipien dieser zwei Verben sind ___ und ___.

b) Welche Zeitangaben oder Signalwörter stehen in den Sätzen, in denen das *pretérito perfecto* verwendet wird? Liste sie auf.

Das *pretérito perfecto* benutzt du vor allem, wenn du von einem Zeitraum sprichst, der aus deiner Sicht noch nicht vorbei ist. Man verwendet es deswegen oft mit Zeitangaben wie *esta tarde, este mes, hasta ahora* oder *hoy*.

G 63 **3** **¿Qué has hecho esta mañana y qué no? Mira la lista y compara con tu compañero/-a.**

levantarse temprano
desayunar bien
beber agua
tomar un café
hacer deporte antes del insti
preparar la mochila
leer el periódico
venir al insti en bicicleta
coger el autobús
llegar tarde a clase

¡Qué va!
¡Claro que sí!
La verdad es que ___
no tener ganas
no tener tiempo
Pues, ___
___

Ejemplo:
- ¿Has leído el periódico esta mañana?
- ¡Qué va! No he tenido tiempo. ¿Y tú?
- Yo sí.

G 64 **4** **a) ¿Lo habéis hecho alguna vez? Haz una entrevista en clase.**

Ejemplo:

¿Habéis ido alguna vez a una manifestación?

No, no he ido nunca.

Yo he ido a una manifestación este mes.

Yo también.

tú		tus compañeros
ayudar a un/a amigo/-a con los deberes *levantarse* en el autobús para una persona mayor *ir* a una fiesta benéfica *hacer* donativos *trabajar* como voluntario/-a* *ir* a una manifestación* *visitar* a una persona enferma* *donar** sangre*	alguna vez?	hoy esta tarde esta semana nunca este mes este año alguna vez todavía no ya ___ muchas veces hasta ahora no ___

b) Presenta los resultados en clase. *Ejemplo:* Hasta ahora, Alex nunca ha ido a una manifestación. Pero Sara y Julia han ido este mes a una manifestación.

PRACTICAR

G 66 **5** **Miguel está haciendo preguntas a Pablo. ¿Qué contesta él? Utiliza dos pronombres de complemento.**

le/s + lo/s = **se** lo/s
le/s + la/s = **se** la/s

Ejemplo: 1. Sí, **se lo** he explicado esta mañana.

1. ¿Ya les has explicado el problema de MSF a Teresa y Laura? — esta mañana
2. ¿Nos puedes mandar las fotos de la presentación a Ana y a mí? — esta tarde
3. ¿Le has comprado el libro sobre MSF a tu padre? — mañana
4. ¿Ya les has recomendado el concierto a tus hermanas? — todavía no
5. ¿Les vas a mostrar la postal con el anuncio? — esta noche
6. ¿Ya le has dicho algo del concierto a tu grupo de rock? — todavía no
7. ¿Le vas a contar a Laura la historia de Ana y la paloma? — mañana
8. ¿Cuándo les vas a escribir una carta a tus abuelos en Alemania? — la semana que viene
9. ¿Me puedes explicar este ejercicio de ciencias sociales? — ahora

PARA HABLAR

6 **a) ¿Qué ejemplos de trabajo social conocéis? Para vosotros, ¿cuáles son los más interesantes?**

trabajar con niños personas mayores enfermos* discapacitados* ___

b) Si tienes alguna experiencia: ¿qué has aprendido? Si no: ¿qué te gustaría hacer?

Nuestro autor Mario Delgado habló con Carmen Rodríguez, jefa de personal de la empresa «Arroba».

5 **MD:** Hoy en día es bastante difícil para los jóvenes encontrar trabajo. Algunos llevan un año o más buscando. ¿Qué consejos les puede dar Ud.? 10 ¿En qué se fija cuando lee un currículo?

CR: Pues, está claro que las notas siguen siendo lo primero que miramos, porque ge- 15 neralmente nos dicen si el candidato es una persona aplicada. Y claro, muestran su capacidad para aprender. Sin embargo, las prácticas 20 son quizás lo más importante, porque hemos notado que los chicos que han hecho prácticas se acostumbran más fácilmente a la vida profesio- 25 nal. Pero eso no es todo. En nuestra empresa nos fijamos también en el compromiso social de los candidatos.

MD: Interesante. También para 30 otros jefes de personal, el compromiso social es un punto cada vez más importante. ¿Cómo explica Ud. eso?

CR: Creo que hay varias razo- 35 nes. En primer lugar, los candidatos que ya han ayudado a otras personas han demostrado una alta responsabilidad social y por supuesto, las 40 empresas reconocen ese compromiso. En segundo lugar, hemos notado que esas personas disponen de cualidades que son importantes 45 para una empresa. Por ejemplo, saben trabajar en equipo, hablar con los clientes, organizar, presentar, etcétera. Y sobre todo, son perso- 50 nas que no sólo piensan en sí mismas y en sus carreras. Eso es muy importante para el ambiente de trabajo en una empresa.

55 **MD:** ¿Y cuántos de sus candidatos han cumplido sus expectativas este mes?

CR: Desgraciadamente he visto sólo a dos. En cambio he 60 conocido a muchas personas que pasan todo su tiempo libre viendo la tele o frente al ordenador. Otros sólo piensan en salir de fiesta o ir de 65 compras. En una palabra: consumismo.

MD: Bueno, pero el consumo tiene una gran importancia económica, ¿no le parece?

70 **CR:** Es verdad. Pero en mi opinión, hoy en día, hay muchos problemas en nuestra sociedad que no se pueden resolver solamente con dinero.

75 **MD:** Sra. Rodríguez, gracias por la entrevista.

COMPRENDER

7 **Busca un título para el artículo.**

8 **Según la señora Rodríguez, ¿cuáles son los puntos importantes en un currículo? ¿Por qué?**

9 **Woran kannst du erkennen, dass es sich hier um eine formelle Gesprächssituation handelt? Nenne Beispiele.**

PRACTICAR

G 65 **10** **a)** 96 **Escucha, después indica los infinitivos de estos participios irregulares.**

abierto dicho hecho puesto visto vuelto escrito

b) Completa los sms de los chicos con participios irregulares.

c) Trabajad en parejas. Escribid tres mensajes más con participios irregulares.

ESCUCHAR

DELE **11** **a)** 97 **Escucha los diálogos: ¿de qué personas se habla? ¿A qué objetos se refieren?**

Gabriela Sara Roberto Marta Raúl

→ Selektives Hörverstehen, S. 184

b) 97 **Escucha otra vez y explica quién es consumista y quién no. Da ejemplos.**

→ Detailgenaues Hörverstehen, S. 184

c) ¿Qué diferencia hay entre consumo y consumismo? Intenta dar una definición.

Para mí, consumismo es si alguien ___. Consumo significa que ___. ___

PARA HABLAR

12 **¿Qué te hace feliz? Apunta tus ideas, después discute con tus compañeros.**

disponer de tiempo libre
hacer deporte
pasar tiempo con la familia
jugar con mi perro
hacer un trabajo interesante
ganar mucho dinero
hacer excursiones
tener muchas cosas bonitas
estar con buenos amigos
tocar o escuchar música
viajar
___

Creo que ___
Estoy seguro/-a que ___
Pienso que ___
Para mí, lo más importante ___
Me parece que ___
He notado que ___
En mi opinión, ___
___

Tienes razón.
(No) Estoy de acuerdo.
Sí, es importante.
Es verdad, pero ___
Eso no es todo.
Sin embargo, ___
Además, ___
Por eso, ___
___

→ Diskutieren, S. 188

Ejemplo:
- Me parece que lo más importante es tener un trabajo interesante.
- No estoy de acuerdo. Para mí, es más importante disponer de más tiempo libre.

ESCRIBIR

13 **a) Suche im Text S. 122 Verknüpfungswörter, die den Text gliedern und notiere sie.**

- *en cambio*
- *además*
- *en primer lugar*
- ___

b) ¿Qué pensáis de las frases de C. Rodríguez (v. l. 59–66, p. 122)? Apuntad argumentos a favor y en contra.

c) Escribe una carta al director. Utiliza tus apuntes de a) y b) y estructura bien tus ideas. Puedes empezar así:

Estimado señor Delgado:

He leído su artículo y quiero decir que (no) estoy totalmente de acuerdo con la opinión de la sra. Carmen Rodríguez. Hoy en día ___

→ Eine persönliche Stellungnahme verfassen, S. 192

Denke daran, dass man in formellen Briefen die höfliche Anrede *usted* verwendet (= 3. Person Singular).

COMPRENDER

14 **Lee el texto rápidamente e indica qué temas toca y dónde lo hace.**

compromiso social   diferencia cultural   formación profesional
comercio internacional   trabajo infantil   turismo*

→ Selektives Leseverstehen, S. 184

98/99 *Felix, un joven de Augsburgo, ha ido a Ecuador para trabajar como voluntario en un colegio en el pueblo de Guamote. Unos meses antes de viajar a Ecuador conoció a Yolanda, una chica boliviana que estudia en Alemania.*

Para: yola94paz@correo.com.bo
Asunto: ¡Saludos de Ecuador!

Hola, Yolanda:

Este es el primer email que escribo desde que llegué a Quito el miércoles pasado. El vuelo, lo pasé fenomenal porque tuve una conversación muy agradable con una señora que tenía mucho miedo a volar. Pasamos todo el vuelo hablando sobre su familia y sobre su pasión por cocinar.
5 En Quito, me quedé tres días para descansar un poco y ver la ciudad. Ayer salí desde la estación de autobuses a Guamote, el pueblo donde voy a pasar los próximos seis meses. Lo que me sorprendió: en la estación había muchos niños que vendían: comida, bebidas y otros productos. Y después de salir de Quito había en cada parada niños que vendían algo o pedían dinero. Parece que no van al colegio … Durante el viaje disfruté de un paisaje impresionante. Después de cinco horas en autobús llegué a Guamote.
10 El último kilómetro, lo hice a pie. Al llegar me esperaba una gran sorpresa. Había un cartel que decía «Bienvenido Felix». Después de unos minutos estaban todos los de la institución ahí para saludarme. Y de repente recibí un beso. Era la señora del avión. ¡Esperanza es la cocinera del colegio! El mundo es
15 un pañuelo. Esta semana, la he pasado muy bien y espero con muchas ganas lo que me espera. Gracias por practicar español conmigo. ¿Ya has decidido si me vas a visitar aquí? Espero que sí. No hago planes hasta saberlo.

20 Adjunto te mando unas fotos de mi viaje.

¡Hasta pronto!

Felix

Quito

En la parada

Un mercado

15 Resume el texto (6–8 frases).

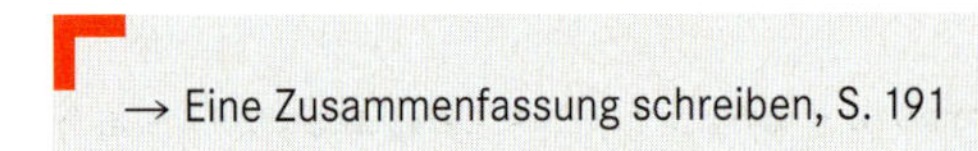
→ Eine Zusammenfassung schreiben, S. 191

DESCUBRIR Y PRACTICAR

G 59 G 64

16

a) Suche im Text jeweils 2 Beispiele für das *pretérito perfecto*, das *pretérito indefinido* und das *pretérito imperfecto*. Überlege, warum in den Beispielen die jeweilige Zeit verwendet wird.

b) Elige la forma correcta del verbo y cuenta la historia.

1. Yolanda y Felix (conocerse) el invierno pasado, en Alemania.
2. Desde enero hasta junio Felix (practicar) español con Yolanda.
3. Este mes Felix (ir) a Ecuador para trabajar como voluntario.
4. (viajar) el domingo 15. El viaje en avión (ser) agradable.
5. En el avión (haber) una señora que (tener) mucho miedo a volar. Por eso (hablar) todo el tiempo.
6. Después de pasar tres días en Quito, Felix (coger) un autobús a Guamote.
7. Cuando (llegar), toda la gente de la institución ya (estar) ahí.
8. Esta semana Felix (trabajar) mucho pero lo (pasar) muy bien.
9. Ayer Felix y Esperanza (trabajar) juntos en la cocina.
10. Mientras (trabajar), (charlar) y (reírse) como viejos amigos.
11. Ayer por la noche, Felix le (mandar) un e-mail a Yolanda y la (invitar) a visitarlo.
12. Yolanda todavía no (contestar).

G 59 G 64

17

¿Has volado alguna vez? Haz una entrevista a tu compañero/-a. Podéis utilizar:

para las preguntas:	**para las respuestas:**	
¿Cuánto tiempo (durar) el vuelo?	todavía no	el año pasado
¿Adónde (ir)?	nunca	en 2009
¿(tener) miedo?	hasta ahora	hace ___ años/meses
¿Te (gustar) el viaje?	ya	el verano pasado
¿Con quién (hablar)?	este año	en las últimas vacaciones
¿Qué (comer)?	___	___
___	+ *pretérito perfecto*	+ *pretérito indefinido*

Ejemplo:

A: ¿Has volado alguna vez?
B: Sí, el año pasado fui con mi familia a Costa Rica.
A: ¿Cuánto tiempo ___?
B: Pues, ___.

ESCUCHAR

18 100 **Escucha la conversación de Felix y Esperanza y toma apuntes. Después cuenta la historia de Esperanza y su hija. Puedes utilizar:**

Antes de Al Después de Para Por Hasta	+ infinitivo

Ejemplo: Antes de viajar, Esperanza estaba muy nerviosa.

PARA HABLAR

19 **¿Cuáles son las ventajas y desventajas de vivir un periodo de tiempo en otro país? Buscad argumentos, después discutid.**

hacer prácticas

año de trabajo social

ir de viaje

intercambio escolar*

→ Diskutieren, S. 188

Es ist möglich, anstatt des Zivildienstes oder Wehrdienstes einen „Anderen Dienst im Ausland" (ADiA) zu absolvieren. Mädchen und Jungen können außerdem ein Freiwilliges Soziales Jahr im Ausland machen.
www.soziales-jahr-ausland.de
www.zivi.org
www.zivildienst.de

9

YA SÉ

20 **Überprüfe, ob du die Lernziele der Lektion erreicht hast.**

1. Du bist mit einem Freund, der kein Spanisch spricht, in Madrid.
   - Er bittet dich, dem Rezeptionisten eures Hotels zu sagen, dass ihm das Zimmer sehr gefällt.
   - Er möchte außerdem gerne wissen, ob es einen Park in der Nähe des Hotels gibt.
2. Erzähle, was du heute gemacht hast.
3. Schreibe einen Kommentar zu folgender Aussage: „Lo más importante en la vida es tener un trabajo interesante". Verwende möglichst viele Verbindungswörter (s. S. 124, Ü 13a).
4. Stelle deinem/-r Lehrer/in drei Fragen und verwende dabei die Höflichkeitsform *(usted)*.
5. Erkläre kurz, ob du dir vorstellen kannst, dich auf irgendeine Weise sozial zu engagieren. Welcher Bereich würde dich interessieren?

B

VOLUNTARIADO COMUNITARIO EN GUAMOTE

Descripción del programa

El proyecto se encuentra en la provincia de Chimborazo, en la Sierra Central de Ecuador. Su objetivo es apoyar el desarrollo educativo en varios colegios comunitarios que se encuentran cerca de Guamote. Aquí hay un ejemplo:

5 **COLEGIO**
Pedro José Arteta

COMUNIDAD
San Vicente de Nanzag

HABITANTES
10 232 personas

CANTÓN
Guamote, provincia de Chimborazo

DISTANCIA
15 km de la cabecera cantonal,
15 aproximadamente a 20 minutos en coche.

NÚMERO DE VOLUNTARIOS
Se requiere 1 voluntario.

ÁREA DE TRABAJO
20 Informática

INFO
El clima es frío, la vía es lastrada, no existen hoteles ni restaurantes.

Actividades y perfil del voluntario

25 El voluntario tiene que dar clases de informática en el colegio de 07 h 30 a 12 h 30, y además dar cursos de informática por la noche a personas con interés. El voluntario tiene que

- ser mayor de 18 años,
- 30 tener conocimientos avanzados del uso del ordenador,
- tener experiencia de trabajo con niños y jóvenes,
- 35 tener ganas de vivir en el campo y adaptarse a una nueva cultura.

Requerimientos

40 Lo elemental para este proyecto es el idioma español. Los habitantes hablan casi siempre kichwa entre ellos. Con los voluntarios hablan español, pero tienen un nivel muy 45 básico. Por eso es muy importante dominar el español para dar clases y para relacionarse con los miembros de la comunidad. Todos los voluntarios de habla no hispana 50 tienen que pasar un examen de español para participar en el proyecto.

Servicios básicos

La casa de los voluntarios se encuentra en Guamote. La casa tiene luz eléctrica, televisión y 55 agua potable. Se comparten los baños y las habitaciones. La cocina tiene todos los utensilios para cocinar. El proyecto ofrece alimentos a todos los voluntarios.

Tiempo libre

Los voluntarios tienen los fines de semana libres. Así pueden hacer actividades turísticas como visitar las Lagunas de Atillo o hacer el famoso viaje en tren por «La Nariz del Diablo».

9

según © Ecuador Volunteer, 2008

3 **el objetivo** Ziel 3 **el desarrollo** Entwicklung 24 **el perfil** Profil 25 **dar clases** unterrichten 30 **el conocimiento** Kenntnis 30 **avanzado/-a** fortgeschritten 39 **el requerimiento** Anforderung 42 **el kichwa** *Indianersprache* 44 **el nivel** Niveau 47 **el miembro** Mitglied 49 **de habla no hispana** nicht spanischsprachig 55 **el agua potable** Trinkwasser 56 **el alimento** Lebensmittel

1 **Escribe una carta al Sr. Ramón González, el coordinador del proyecto.**

- Da tus datos personales.
- Explica por qué tú eres la persona adecuada para ese trabajo.
- Informa a partir de cuándo puedes empezar.
- Pregunta cuánto tiempo dura el voluntariado.

→ Einen Brief schreiben, S. 193

2 **Mira en internet dónde está exactamente Guamote. Busca fotos e información sobre la región y sobre la gente que vive ahí. Presenta los resultados de tu búsqueda en clase.**

→ Informationen sammeln und auswerten, S. 190

REPASO 3 (UNIDADES 7–9)

APRENDER MEJOR

Etwas umschreiben

→ Wörter umschreiben, S. 181

1 **Describe una de estas palabras o expresiones. Tus compañeros adivinan cuál es.**

una azafata   una agencia de viajes   un boletín   llegar tarde   el pulpo cocido   caminar
una beca   el invierno   una lengua oficial   afortunadamente

Utiliza:

Es una persona / alguien[1] que ___.   Es una cosa / algo que ___.   Es un lugar donde ___.
Se usa[2] para ___.   La palabra significa ___.   Es otra palabra para / un sinónimo[3] de ___.
Es lo contrario[4] / un antónimo[5] de ___.

1 **alguien** jemand 2 **usar** benutzen 3 **el sinónimo** Synonym 4 **lo contrario** Gegenteil 5 **el antónimo** Gegenteil

GRAMÁTICA Y VOCABULARIO

DELE **2** **Completa el texto con las palabras que faltan. A veces hay varias posibilidades.**

durante   mientras   entonces   como   porque   cuando   si   ni   aunque   ya que
pero   por eso   donde   sin embargo

___ la semana no tengo tiempo para nada. ___ me ducho pienso qué tengo que hacer y ___ desayuno leo el periódico o veo la tele.
___ voy al centro ___ trabajo. ___ vivo cerca voy muchas veces a pie o en bicicleta, así hago un poco de deporte. Pero claro, ___ llueve voy en coche.
___ salgo temprano del trabajo, voy de compras, ___ no me gusta mucho.
Normalmente mi novio va de compras, ___ él cocina. ___ muchas veces también está cansado y ___ le ayudo.
Mi novio trabaja en un pueblo y tiene que viajar una hora en autobús, ___ no tiene ___ quiere coche. ___ le gusta mucho su trabajo y ___ no lo quiere cambiar por ningún otro.

3 **a) ¿Qué significan estas palabras y expresiones?**

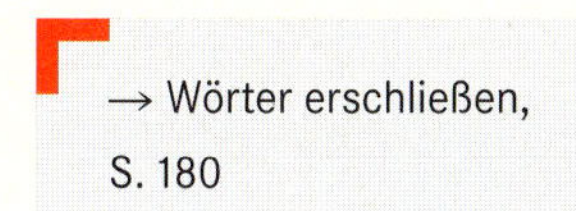
→ Wörter erschließen, S. 180

el cambio estructural   la pesca   la agricultura
los puestos de trabajo   la industria textil   la catástrofe ecológica

b) Completa el texto con las palabras de a). Después elige el pasado correcto.

Galicia – ¿lo sabías?

Galicia siempre *ha sido / fue* una de las regiones más pobres de España. Antes la gente *vivió / vivía* generalmente de la ___ y un poco de la ___. Los hombres *han salido / salían* al mar a pescar[1] y las mujeres *trabajaban / trabajaron* en las fábricas de conservas[2]. Esa *era / fue* la industria más importante de la región.

En 1973, Amancio Ortega *fundó / ha fundado* «Inditex» en un pueblo cerca de La Coruña y *creó / ha creado* la marca[3] «Zara». En los años 90 *se crearon / se creaban* 11.000 ___ en la ___, mientras muchas fábricas en España *cerraban / cerraron*. Muchas personas *han perdido / perdieron* su trabajo.

El 13 de noviembre de 2002 *hubo / había* una gran ___. El barco «Prestige» *perdió / perdía* más de 60.000 toneladas de petróleo[4] en la costa[5] gallega. Mucha gente *quedó / quedaba* sin trabajo porque no *había / hubo* más pescado.

Esa *ha sido / era* hasta hoy la catástrofe económica y social más grave de Galicia. Sin embargo, con la catástrofe *empezó / empezaba* el ___. Cerca de La Coruña *se abrieron / se abrían* nuevas tiendas y fábricas textiles que hasta ahora *han dado / daban* trabajo sobre todo a las mujeres.

«Zara» siempre *ha tenido / tuvo* mucho éxito[6]. La empresa ya *ha abierto / abría* más de 2.000 tiendas en 73 países. Hoy la industria textil es la industria más importante de la región.

1 **pescar** fischen 2 **la fábrica de conservas** Konservenfabrik 3 **la marca** Marke 4 **la tonelada de petróleo** Tonne Öl 5 **la costa** Küste 6 **el éxito** Erfolg

4 **Busca parejas. A veces es posible más de una combinación.**

subir   ponerse
sacar   hacer   pasar
tomar   decir
poner   recorrer

un abrigo   el volumen   la verdad   una decisión   bote
un día en Madrid   viento   buenas notas   deporte
la mesa   la ciudad   horas extra   al teléfono   sol   prácticas
rojo/-a   buen tiempo   un cerro

COMPRENSIÓN AUDITIVA

5 101 **Mira el cartel y escucha la entrevista con el señor Joaquín Pérez. Después explica:**

1. el nombre de la revista[1] «Otro mundo es posible»
2. las metas de la revista
3. el cartel

1 **la revista** Zeitschrift

→ Selektives Hörverstehen, S. 184

COMPRENSIÓN DE LECTURA

6 **a) Mira el texto y explica ...**

1. ... qué tipo de texto[1] es.
2. ... de qué empresa habla.

1 **el tipo de texto** Textsorte

→ Texte über ihre Gestaltung erschließen, S. 184

b) Lee rápidamente y explica ...

1. ... a qué se dedica la empresa.
2. ... a quiénes ayuda.

→ Globales Leseverstehen, S. 184

c) Contesta las preguntas.

1. ¿Cuáles son los programas / las becas más importantes?
2. ¿A qué otras tareas se dedica la empresa?

→ Selektives Leseverstehen, S. 184

BECAS DE ESTUDIO EN 20 PAÍSES

Responsabilidad social del Banco de Santander

Banco Santander trabaja para fomentar la movilidad internacional de estudiantes y profesores, facilitar el acceso a la universidad a estudiantes desfavorecidos económicamente y promover la investigación y la formación especializada de profesores.

El Programa de Becas Santander es el mayor programa de una institución privada en el mundo. Cada año beneficia a 14 600 estudiantes de 20 países. Se destacan los programas internacionales, en primer lugar, las «Becas de Movilidad Iberoamericana» que se conceden a estudiantes de todas las universidades españolas con destino a Argentina, Brasil, Chile, Colombia, México, Puerto Rico, Venezuela y Uruguay. El «Programa Marco Polo» permite la movilidad tricontinental – China, Europa, Iberoamérica. Además, Santander ha formado la mayor red de cooperación universitaria del mundo: «Universia», con programas para 1 100 universidades en América, China, España, Marruecos, Portugal, Reino Unido y Rusia. Por último, Santander financia también la «Biblioteca Virtual Miguel de Cervantes» que tiene la mayor colección de literatura hispana en internet.

según © Banco Santander, 2009

EXPRESIÓN ESCRITA

7 **Quieres postular a una beca del Banco de Santander. Escribe una carta.**

→ Eine Bewerbung schreiben, S. 195

- Di quién eres, qué haces y qué quieres hacer.
- Explica por qué necesitas una beca.
- Di dónde quieres estudiar y por qué.

1 **Estimados señores y señoras** Sehr geehrte Damen und Herren 2 **Les agradezco de antemano la información.** Danke im Voraus für die Informationen. 3 **Muy atentamente** Mit freundlichen Grüßen

Estimados señores y señoras[1]:

—

Les agradezco de antemano la información.[2]

Muy atentamente[3]

Jakob Schneider

EXPRESIÓN ORAL

8 **¿Por qué financia un banco becas? Discute con tus compañeros.**

→ Diskutieren, S. 188

9 **Tú y tu amigo/-a habláis del Camino de Santiago. Uno/-a quiere hacerlo el próximo verano, el/la otro/-a no. Discutid.**

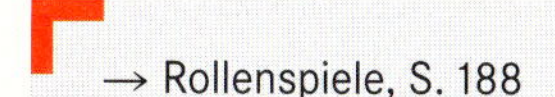

→ Rollenspiele, S. 188

COMPETENCIA INTERCULTURAL

10 **Wer von euch zahlt, wenn du mit Freunden in einem Café etwas getrunken hast?**

Unter jungen Spaniern und Lateinamerikanern ist es nicht üblich, dass jeder für sich zahlt, wenn man etwas trinken geht. Meist zahlt einer für alle. Beim nächsten Treffen zahlt dann ein anderer.

UNIDAD 10

EL MEDIO AMBIENTE

In dieser Lektion lernst du:
- jemanden auffordern, etwas nicht zu tun
- Gefühle, Willen und Meinung äußern
- über Umweltschutz reden

¡Vamos!

ACTIVIDAD DE PRELECTURA

1 Umweltschutz in deinem Alltag: Wie sieht das aus?

¿Sabías que en la Unión Europea se están usando cada vez más energías renovables?

¡Ya era hora!

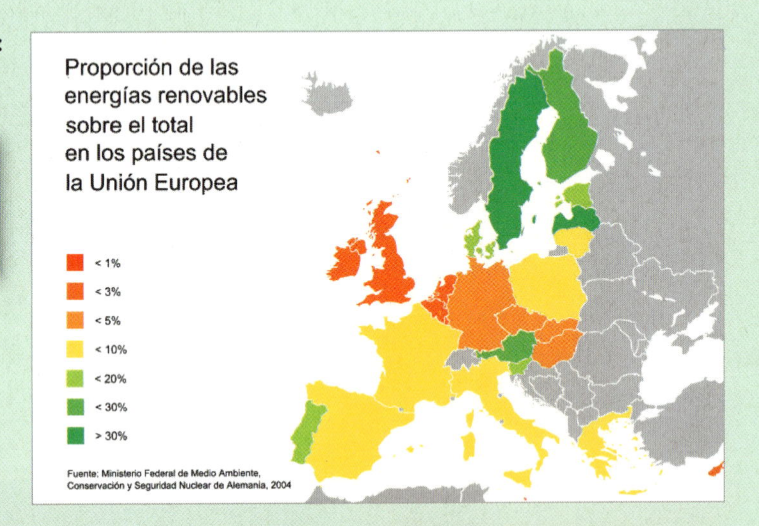

Sólo un 1,3 %[1] de la comida que se vende en el mundo es comida ecológica.

¡Qué poca!

Sí, pero esta cifra está creciendo más y más.

1 uno coma tres por ciento

CONSUMO DE ENERGÍA	
bombilla «normal»	bombilla fluorescente
25 vatios	5 vatios
40 vatios	8 vatios
60 vatios	12 vatios
75 vatios	15 vatios
100 vatios	20 vatios

Las bombillas fluorescentes gastan cinco veces menos electricidad que las bombillas normales.

¿En serio? ¿Es tanta la diferencia?

GASTO PROMEDIO DE AGUA	
bañera	ducha
150 litros	60 litros

¿Sabías que al bañarte en la bañera gastas por lo menos 150 litros de agua? Es mucho más ecológico ducharse.

¡No te preocupes! No me meto muy a menudo.

Si tu vecino no recicla, sácale los colores...

"Un pequeño gesto es una gran ayuda"

www.redcicla.com

En el mundo se recicla más y más basura. El país a la cabeza es Suiza.

¿Y en qué lugar está España?

En el octavo.

No está mal.

10

¿Sabías que una bolsa de plástico tarda 400 años en descomponerse?

¡No me digas! No tenía idea.

COMPRENDER

DELE **2** **Relaciona las cantidades con la información del texto.**

150 litros | cada vez más | el octavo lugar | 1,3 % | 400 años | cinco veces menos

Ejemplo: Al bañarse en la bañera se gastan por lo menos 150 litros de agua.

ACTIVIDADES

3 **a) ¿Qué les preocupa a los europeos? Mira la estadística.**

→ Eine Statistik auswerten, S. 187

→ Wörter erschließen, S. 180

b) ¿Qué os preocupa a vosotros? Haced una encuesta en clase y comparad los resultados con los de la encuesta de a).

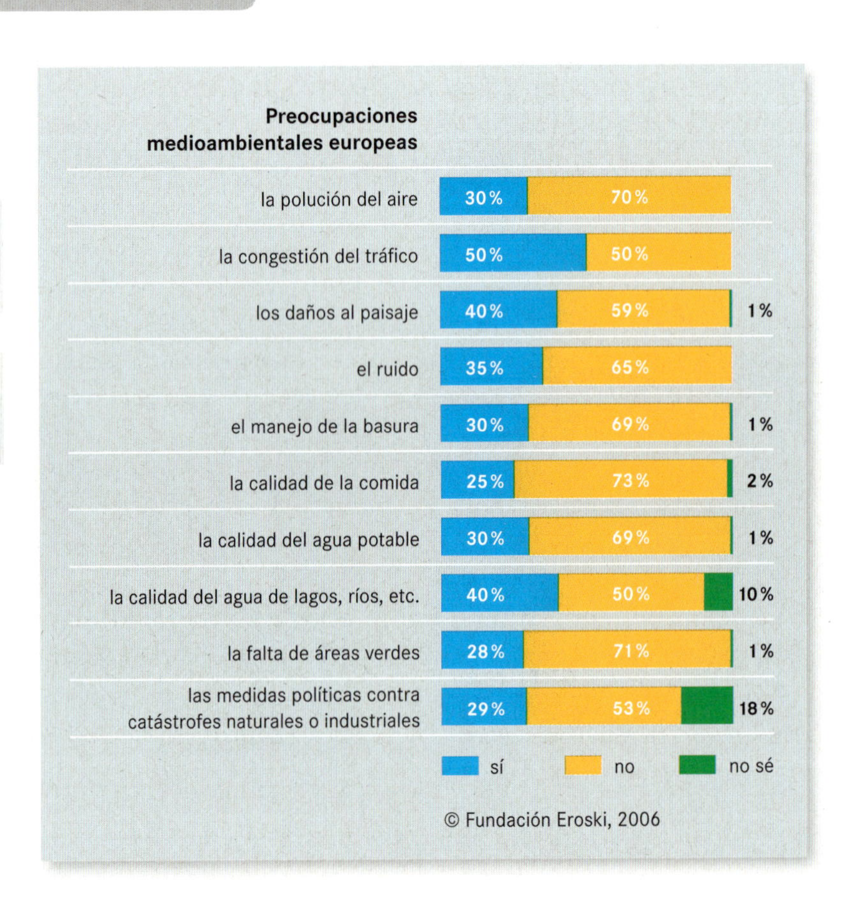

PARA HABLAR

4 **¿Cómo se protege el medio ambiente en tu pueblo o ciudad? Busca ejemplos y preséntaselos a tu compañero/-a. Él/Ella reacciona.**

→ Das zweisprachige Wörterbuch benutzen, S. 197

¿Sabías que ___?

¡No me digas! | No está mal. | ¡Sí, claro! | ¡Menos mal!
¡Qué bien! | ¿En serio? | ¡Ya era hora! | No, no tenía idea.

A

TIERRA HAY UNA SOLA

103/104 PASO 1

Ana, Maribel y Rubén acaban de cenar.
Rubén: Ana, no pongas el lavaplatos por cuatro platos.
Ana: ¿Pero qué te pasa, hombre?
5 **Rubén:** Es que la factura de la electricidad del mes pasado fue muy alta.
Ana: Tú sólo te fijas en el dinero.
Maribel: Chicos, no discutáis.

Rubén: Yo decido con quién discuto y con quién
10 no. Por favor, no te metas.
Ana: No te preocupes, Maribel. Tú sabes cómo es Rubén. Pero en realidad tiene razón. Además es mucho más ecológico llenar el lavaplatos.
Maribel: Eso es verdad.
15 **Rubén:** Hablando de ecología ... ¿Qué tal si empezamos a separar la basura orgánica?
Maribel: No sé, ¿qué piensas tú, Ana?
Ana: Bueno, pero entonces también podemos comprar bombillas fluorescentes.
20 **Rubén:** Ay no sé... A mí no me gusta la luz de las bombillas fluorescentes. Es pésima.
Ana: A mí me parece perfecta.
Maribel: Rubén, además nos conviene porque gastan mucho menos que las normales: ¡ya no
25 vamos a tener una factura tan alta!
Rubén: Bueno, ¿por qué no? Sea como sea, las otras pronto ya no van a existir.
Maribel: Chicos, ya es tarde. Yo me voy a acostar. Os dejo solos. No os peleéis, ¿vale?
30 **Rubén:** No nos tomes el pelo. ¡Buenas noches!

10

COMPRENDER

DELE **1** **¿Qué piensan hacer los chicos por el medio ambiente?**

→ Selektives Leseverstehen, S. 184

ESCUCHAR

DELE **2** **a) 105 Escucha: ¿cuáles son los temas de estos spots publicitarios?**

→ Globales Hörverstehen, S. 183

b) Welche Wörter und Geräusche haben dir geholfen, die Spots zu verstehen?

PRACTICAR

G/70 **3** **¿Qué dicen? Utiliza el imperativo negativo.**

pelearse otra vez   *usar* bombillas antiguas
subir el volumen de la radio
poner el lavaplatos medio vacío
viajar tantas veces en avión
meterse a menudo en la bañera

Schlage im grammatischen Anhang auf S. 216 nach, wie der verneinte Imperativ gebildet wird. Es gibt auch unregelmäßige Verbformen, die du lernen musst.

ACTIVIDADES

4 **a) Mira el cartel. | Was möchte das Plakat bewirken? Mit welchen Mitteln?**

b) Formad grupos. Cada grupo elige un tema ecológico, diseña un cartel publicitario y lo presenta en clase.

© IDAE, 2009

106/107 PASO 2

Enrique Rivera Galarce trabaja en una plantación ecológica de plátanos en Costa Rica.

«Ya llevo trabajando tres años en esta plantación y realmente estoy muy contento. Bueno, lo único malo es que aquí hay que trabajar más: como no se utilizan pesticidas, hay más parásitos y malas hierbas. Pero prefiero que sea así porque aquí tengo una vida más sana.

5 Mi hijo trabaja desde hace poco tiempo en una plantación común y corriente y la verdad es que eso no me gusta nada. Tengo miedo de que se enferme. Hay muchas personas en el pueblo que se han enfermado por los pesticidas. Al principio, cuando son jóvenes, no se dan cuenta, pero cuando envejecen tienen alergias en la piel y problemas en los pulmones. Espero

10 que a mi hijo no le pase eso. En realidad quiero que trabaje aquí conmigo, ya le he preguntado a mi jefe, pero dice que por ahora no necesita a más personas. Así que no creo 15 que mi hijo se pueda cambiar tan pronto.

¿El futuro? El futuro no me preocupa: he escuchado que en Europa hay una gran demanda de productos ecológi- 20 cos. Me alegra mucho de que sea así. Espero que no sea sólo una moda».

COMPRENDER

5 **¿Cuál es el resumen correcto?**

1. Enrique trabaja por la mañana en una plantación ecológica y por la tarde en una plantación normal. Prefiere trabajar en la plantación ecológica porque es más sano. Su hijo trabaja sólo en una plantación normal y por eso Enrique tiene miedo de que se enferme.

2. Enrique trabaja en una plantación ecológica. Le gusta trabajar ahí porque es más sano que trabajar en una plantación normal. Su hijo trabaja en una plantación normal. Enrique tiene miedo de que se enferme. Quiere que pronto trabaje con él en la plantación ecológica.

3. Enrique trabaja en una plantación ecológica. Su hijo trabaja en una plantación normal y se ha enfermado por los pesticidas: tiene una alergia en la piel y problemas en los pulmones. Enrique está muy triste y quiere que su hijo también trabaje en una plantación ecológica.

DESCUBRIR Y PRACTICAR

G/71 **6** **Im Spanischen gibt es viele Verben, nach denen der *subjuntivo* steht: Verben der Gefühlsäußerung, Verben der Willensäußerung und Verben des Denkens und Sagens in der Verneinung. Welche werden im Text verwendet?**

G/71 **7** **Antes de viajar a Costa Rica, Marta le pregunta a su amigo Juan que ya ha estado allí sobre el país. Utiliza el subjuntivo.**

Die Formen des *subjuntivo* findest du im grammatischen Anhang auf S. 216–217. Es gibt auch unregelmäßige Formen, die du lernen musst.

Selva tropical de Costa Rica

1. – Hola, Juan. Quiero viajar con mi familia a Costa Rica. ¿Nos puedes dar algún consejo?
   – ¡Por supuesto! Os recomiendo que (ir) en invierno porque en verano llueve mucho.
2. – ¿En invierno? ¿Entonces tenemos que llevar ropa de invierno?
   – No, no creo que (hacer) tanto frío.
3. – Quiero ver la plantación ecológica de Enrique.
   – Me alegra que (querer) conocer la plantación de Enrique. Voy a llamarlo.
4. – ¿Y cómo llego a la plantación?
   – Te recomiendo que (coger) un autobús. No está lejos de San José.
5. – Mis hermanos dicen que sólo quieren ver San José.
   – No creo que (querer) quedarse tantos días en la capital porque la naturaleza en Costa Rica es impresionante.
6. – Gracias por tus consejos, Juan.
   – Espero que (disfrutar) el viaje y que me (mandar) una postal de mi país favorito.

G/71 **8** **a) ¿Qué piensa Enrique Rivera Galarce sobre su vida? También puedes inventar.**

Utiliza:

***Enrique espera que su amigo viaje** pronto a la playa.*
⚠ Bei gleichem Subjekt in Haupt- und Nebensatz:
***Enrique espera viajar** pronto a la playa.*

alegrar que | interesar que | importar que | necesitar que
estar triste / alegre / contento/-a de que | querer que | preferir que
pedir que | molestar que | esperar que | no pensar que | recomendar que
no creer que | gustar que | encantar que | tener miedo de que

+ subjuntivo

b) Ahora cuenta tú algo sobre tu vida. Utiliza las expresiones de a).

ESCUCHAR

DELE G/71 **9** 108 **Escucha el texto y contesta las preguntas.**

¿Qué quiere ...
1. ... Maite?
2. ... Jorge?
3. ... la madre de Maite?

→ Selektives Hörverstehen, S. 184

PASO 3

ACTIVIDAD DE PRELECTURA

10 **Was weißt du über „Fairtrade"?**

109/110 **Mario:** Buenos días y bienvenidos a «La mañana» de la emisora COPE. Hoy nuestro tema es «Comercio Justo». Aquí conmigo está Hugo, el secretario general de la organización. Y ya tenemos la primera llamada. Hola, Vicente, ¿cuál es tu pregunta?

Vicente: Mira, a mí me parece importante que los productores puedan tener una vida digna con lo que ganan. ¿Vosotros os encargáis de eso?

Hugo: Justamente ese es el propósito de «Comercio Justo». Pero no sólo nos preocupamos de pagar un precio justo, sino también de otros aspectos, por ejemplo, rechazamos el trabajo infantil.

Mario: Y aquí tengo un e-mail de Pepe que escribe que siempre compra té y azúcar «justos». Él dice que está muy bien que se les pague un precio justo a los productores, pero quiere saber si estos productos también son de buena calidad.

Hugo: Antes que nada, en «Comercio Justo» los pesticidas están prohibidos. Y además fomentamos la agricultura ecológica, así que puede ser que el té que compra Pepe hasta sea ecológico.

Mario: Y aquí tenemos a Sara. Sara, ¿qué quieres saber?

Sara: Sólo quiero decir que es fantástico que exista esta organización para apoyar a las personas que viven en la pobreza. ¡Seguid así!

Mario: Gracias, Sara. Después de esta canción de David Bisbal continuamos con las preguntas.

10

COMPRENDER

DELE **11** **¿Verdadero o falso? Corrige las frases falsas.**

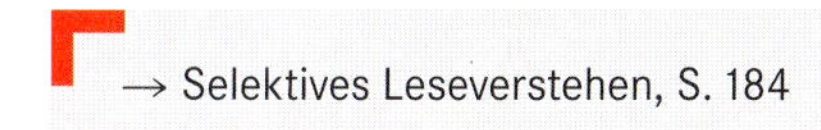
→ Selektives Leseverstehen, S. 184

1. Hoy el tema del programa «La mañana» es la «agricultura ecológica».
2. Pepe pregunta si también hay leche «justa».
3. A Sara le parece fantástica la organización «Comercio Justo».
4. La última persona que llama es David Bisbal.
5. Todos los productos de «Comercio Justo» son de plantaciones ecológicas.
6. Vicente quiere saber si los productores de «Comercio Justo» pueden tener una vida digna.
7. «Comercio Justo» sólo se preocupa de pagarles un precio justo a los productores.

PRACTICAR

G 72 **12** **¿Qué te parece «Comercio Justo»?**

> Im Spanischen gibt es viele unpersönliche Ausdrücke, nach denen immer der *subjuntivo* verwendet wird.

Es / Me parece	importante	que	*existir* organizaciones como «Comercio Justo».
	fantástico		los productores *recibir* más dinero.
	normal		los productos *ser* de buena calidad.
	bueno		las personas *comprar* productos «justos».
	malo		los precios de los productos *ser* tan altos.
	difícil		*haber* productos «justos» en todos los supermercados.
	fácil		los productos *ser* de agricultura ecológica.
	estupendo		—
	genial		
	mejor		
Puede ser			
Está bien			

BÚSQUEDA DE INFORMACIÓN

13 **Mira la página web www.sellocomerciojusto.org/es: ¿qué productos de «Comercio Justo» hay? ¿Qué harías tú con estos productos?**

YA SÉ

14 **Überprüfe, ob du die Lernziele der Lektion erreicht hast.**

1. Fordere deine/n Mitschüler/in dazu auf, nicht zu spät zum Unterricht zu kommen.
2. Sag deinem/-r Mitschüler/in, dass du dich freust, dass bald die Ferien beginnen.
3. Sag deinem/-r Mitschüler/in, dass du möchtest, dass er/sie heute Abend mit dir Pizza isst.
4. Sag deinem/-r Mitschüler/in, dass du nicht glaubst, dass es heute regnet.
5. Sag deinem/-r Mitschüler/in, dass es wichtig ist, dass er/sie das neue Vokabular lernt.
6. Nenne drei Beispiele, wie man die Umwelt schützen kann.

B

LA ENERGÍA SOLAR EN ESPAÑA

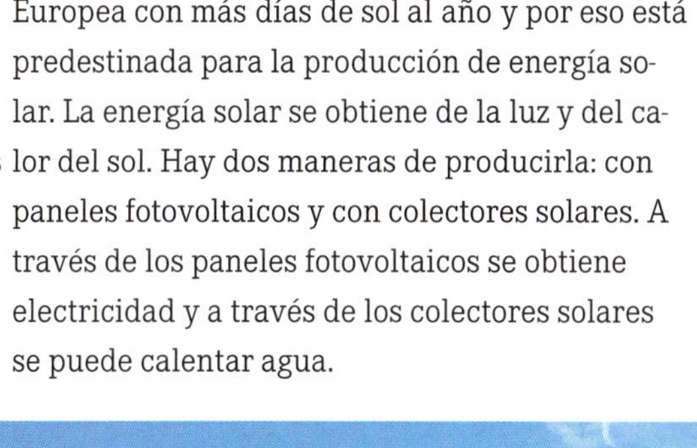

111/112 España es uno de los países de la Unión Europea con más días de sol al año y por eso está predestinada para la producción de energía solar. La energía solar se obtiene de la luz y del calor del sol. Hay dos maneras de producirla: con paneles fotovoltaicos y con colectores solares. A través de los paneles fotovoltaicos se obtiene electricidad y a través de los colectores solares se puede calentar agua.

La gran ventaja de la energía solar es que es una energía renovable, es decir, una energía que no se agota nunca. Además es una energía limpia porque no produce dióxido de carbono, el gas que es responsable del calentamiento de la tierra.

En España se construyó la primera planta fotovoltaica en los años 90, en Huelva. Pero sólo desde los últimos años el Gobierno español, consciente de la importancia de las energías renovables para la conservación del medio ambiente, está fomentando masivamente la energía solar. La razón principal de la demora es el alto precio de los sistemas tecnológicos. Pero el resultado es positivo: Hoy España ocupa en Europa el segundo lugar en la producción de electricidad solar, después de Alemania.

según © Emilio Márquez, La energía solar en España, 2009

4 **obtener** erhalten 6 **el panel** Platte 6 **el colector solar** Solarzelle 12 **agotarse** zu Ende gehen 13 **limpio/-a** sauber 13 **el dióxido de carbono** Kohlendioxid 16 **la planta** Anlage 23 **la demora** Verzug

DELE **1** **Contesta las preguntas.**

→ Selektives Leseverstehen, S. 184

1. ¿Por qué España es el país ideal para la producción de energía solar?
2. ¿Qué maneras de producir energía solar existen?
3. ¿Cuáles son las ventajas de la energía solar?
4. ¿Cuál es la desventaja?

2 **Vuestro instituto quiere instalar en el techo un panel fotovoltaico. ¿Qué os parece la idea? Formulad argumentos. Después discutid en clase.**

→ Diskutieren, S. 188

+	–
La energía solar no se agota nunca.	En Alemania muchas veces hace mal tiempo.

UNIDAD 11

LA ECONOMÍA DE ESPAÑA

In dieser Lektion lernst du:
- Statistiken, Tabellen und Grafiken auswerten
- die wirtschaftliche Situation einer Region beschreiben
- ein Unternehmen / einen Betrieb vorstellen
- eine Präsentation halten

113/114 ¡Vamos!

● **Galicia** La historia de Galicia es sobre todo una historia de emigración: entre 1830 y 1980 unos 2,5 millones de gallegos se fueron a otras regiones de España, a América Latina o a otros países europeos en busca de una vida mejor. Hoy en día Galicia tiene unos 2,8 millones de habitantes y la economía ha mejorado. Aunque la región sigue siendo un centro de agricultura y pesca, cuenta también con una industria muy importante: el 50 % de las exportaciones son coches.

La tasa de paro de España	
País Vasco	10,5 %
Galicia	12,9 %
Comunidad de Madrid	13,6 %
Cataluña	15,9 %
Nacional	**17,9 %**
Extremadura	20,1 %
Andalucía	25,4 %
Canarias	25,7 %

Fuente de los datos: INE, 2009

● **País Vasco** Aunque sólo un 5 % de la población española vive en esta pequeña comunidad autónoma, la región tiene una gran importancia económica: es el centro de la industria pesada en España. Gracias a un crecimiento económico enorme durante los últimos 20 años, hoy en día el País Vasco es una de las regiones más ricas de Europa.

Spanien besteht aus 17 *comunidades autónomas* und den zwei autonomen Städten Ceuta y Melilla.

● **Andalucía** En la comunidad autónoma más poblada de España se encuentran los invernaderos más grandes de Europa. Se cultiva una gran diversidad de frutas y verduras, por ejemplo sandías, tomates, naranjas y aceitunas. Pero la agricultura intensiva está causando problemas: ¡consume un 80 % del agua que se gasta en España! Casi la mitad del país ya está en peligro de convertirse en un desierto.

PIB per cápita (miles de euro/hab) en 2008
De 28-33
De 24-27.9
De 20-23.9
De 16-19.9
Media española: 24

Galicia 20.6
Asturias 22.6
Cantabria 24.5
País Vasco 32.1
Navarra 30.6
La Rioja 25.9
Castilla - León 23.4
Aragón 26.3
Cataluña 28.1
Madrid 31.1
Extremadura 16.8
Castilla - La Mancha 18.5
Comunidad Valenciana 21.5
Baleares 26
Murcia 19.7
Andalucía 18.5
Canarias 21.1
Ceuta 22.3
Melilla 21.5

3

4

Los sectores económicos

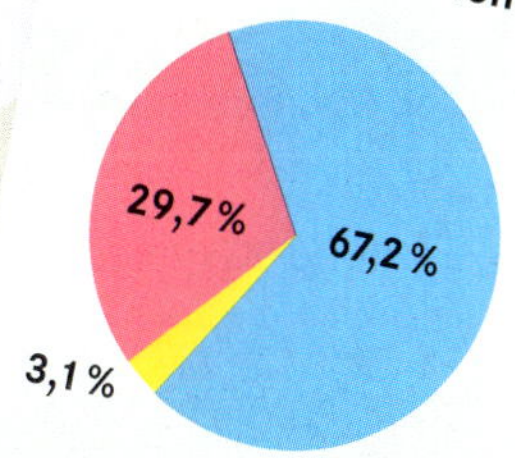

29,7 %
67,2 %
3,1 %

Agricultura y pesca
Industria y construcción
Servicios

El sector más importante es el sector de servicios, que aporta dos tercios del **PIB** (producto interno bruto).

11

Los principales destinos turísticos en el mundo

Países	Turistas (2007)	% del total mundial
Francia	81.900.000	9,02
España	**59.973.000**	**6,49**
EE.UU.	55.986.000	6,16
China	54.702.000	6,02
Italia	43.654.000	4,81

Fuente de los datos: Anuario El País, 2009

25 ● **Cataluña** ¿Crees que Mallorca o Tenerife son los destinos turísticos más importantes de España? Pues no. El 25 % de los turistas extranjeros pasa sus vacaciones en Cataluña, seguido por las Islas Baleares, las Islas Canarias y Andalucía. Y 30 Cataluña es mucho más que sus playas, ya que cuenta con una de las ciudades más modernas del mundo: Barcelona. Es un centro de comercio y finanzas, pero también de industria textil, farmacéutica y automovilística.

COMPRENDER

1 **¿Qué comunidad autónoma es?**

1. Es la comunidad con la población más grande de España.
2. Esta comunidad está entre las regiones más ricas de Europa.
3. De allí se fue mucha gente para buscar una vida mejor.
4. Un cuarto de los turistas que viaja a España viaja a esta región.
5. Tiene la tasa de paro más baja del país.
6. En estas dos regiones se producen coches.
7. Allí la agricultura gasta muchísima agua.
8. Es el segundo destino turístico de España.

ESCUCHAR

2 🎧115 **Escucha y decide de qué sector económico hablan.**

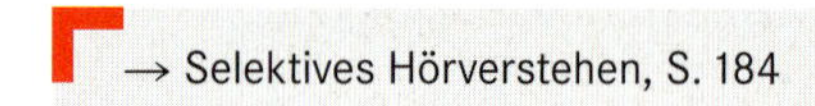
→ Selektives Hörverstehen, S. 184

PARA HABLAR

3 **a) Presenta la economía de Alemania a tu compañero/-a. Tu compañero/-a te presenta la economía de Guatemala a ti.**

→ Eine Statistik auswerten, S. 187

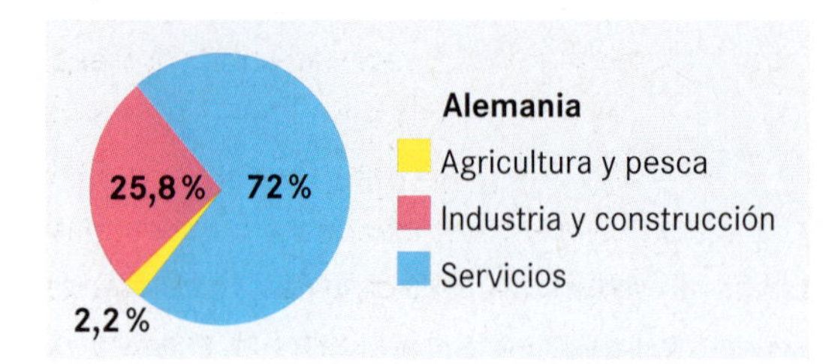

El sector de ___	aporta	más de menos de casi sólo	un ___ % un tercio (= $^1/_3$) dos tercios (= $^2/_3$) un cuarto (= $^1/_4$) tres cuartos (= $^3/_4$) la mitad	del PIB de ___.
	es más/menos importante que ___. es el sector más/menos importante de ___.			

b) Compara las economías de Alemania, Guatemala y España. Utiliza también estas expresiones:

___ es un país con mucha/poca agricultura/industria/___ el sector de servicios/___

en cambio sin embargo aunque (no) sorprende que + *subj.* es interesante que + *subj.*

A

LA ESPAÑA DINÁMICA

116/117 PASO 1

Las fábricas de Turrón Martínez S.L. producen el famoso turrón «El Casero». Es una empresa de Alicante con mucha tradición: existe desde 1917. Es una empresa familiar. Ahí trabajan unas 80 personas en los departamentos de Relaciones Públicas, Contabilidad, Producción y Distribución.

Ojalá que sigamos teniendo tanto éxito.

Turrón Martínez S.L. El Casero

Pero sin que despidan a ninguno de nosotros para «ahorrar gastos».

Antes de que me despidan me busco otro trabajo.

Los gerentes generales son José y Carmen Martínez, los nietos del fundador de la empresa. Los dos han trabajado varios años en el extranjero para adquirir experiencia y han trabajado en todos los departamentos de su empresa. Casi todas las semanas visitan la producción. Eso es muy importante para que puedan reaccionar rápido si hay que mejorar algo en este departamento.

Las materias primas del turrón clásico son las almendras, la miel y el azúcar. Pero la empresa también produce turrones de nueces y avellanas. Turrón Martínez siempre intenta comprar las materias primas para sus turrones en España. Sin embargo, a veces no hay suficientes cantidades a buenos precios ahí y es necesario importarlas de otros países. Entonces el azúcar viene de Cuba y las almendras de EE.UU., a no ser que los precios en otros países sean aún más bajos. Y en caso de que la miel de España no sea suficiente, Turrón Martínez la importa de Alemania.

Todos los productos de la empresa Martínez se exportan. Las cantidades más grandes se venden en EE.UU. y América Latina. Además, la empresa exporta cada vez más a los países europeos, ya que la demanda por el turrón de alta calidad está creciendo rápidamente ahí.

11

VOCABULARIO

1 **a) Lee el texto otra vez y estructura la información en un mapa mental.**

Turrón Martinez S.L. — el turrón

b) Presenta la empresa Turrón Martínez S.L. a tu compañero/-a con la ayuda de tu mapa mental.

DESCUBRIR Y PRACTICAR

G/73 **2** **a) Suche im Text und in der Karikatur sechs Ausdrücke, nach denen der *subjuntivo* steht und schreibe sie auf.**

b) Utiliza las expresiones de tu lista para completar las frases.

1. ___ una empresa pueda tener éxito es importante que sus gerentes generales tengan experiencia.
2. Mañana Carmen Martínez va a visitar la producción ___ tenga que resolver algún problema en otro departamento.
3. ___ haya algún problema, José y Carmen Martínez vienen en seguida.
4. ¡___ el turrón «El Casero» se venda tan bien en el futuro como ahora!
5. Esta semana Turrón Martínez S.L. va a comprar más azúcar en España ___ el precio para el azúcar suba otra vez.
6. Desgraciadamente la empresa no puede vender sus turrones a buenos precios ___ importen a veces algunas materias primas de otros países.
7. ___ Carmen o José Martínez tengan hijos, Turrón Martínez S.L. no puede seguir siendo una empresa familiar.
8. Puedes comprar un turrón de nueces ___ prefieras el turrón con almendras.
9. ___ a mi padre le guste el turrón de almendras porque le voy a regalar uno.

ESCUCHAR

3 **a) 118 Pablo presenta una empresa en el instituto. Escucha y elige de qué temas habla.**

→ Selektives Hörverstehen, S. 184

el instituto | el medio ambiente | las materias primas | un viaje para jóvenes
el éxito del producto | compromiso social | la historia de la empresa | el gerente general

b) 118 Escucha otra vez y apunta qué más entiendes.

ACTIVIDADES

4 **a) Busca en el texto de la página 147 expresiones para presentar una empresa.**

→ Präsentieren, S. 189

b) Busca información sobre una empresa alemana que te interesa y preséntala en clase.

→ Das zweisprachige Wörterbuch benutzen, S. 197

ACTIVIDAD DE PRELECTURA

5 **a) Mira la foto y el título. ¿De qué puede tratar el artículo?**

b) Mira estas palabras. ¿Qué piensas que significan?

→ Wörter erschließen, S. 180

la emigración la solidaridad la teleoperadora
la ayuda el medicamento el/la inmigrante
positivo/-a el proyecto el hospital permitir

119/120 La emigración te hace fuerte

A sus 23 años, la peruana Jaqueline Velarde tiene muy claro qué es la solidaridad. Su abuela la cuidó mientras su madre vivía en España, donde trabajaba y mandaba el dinero a casa. Y ahora, después de acabar sus estudios de Derecho en Perú, Jaqueline lleva dos años en España para devolver su parte. Trabaja como teleoperadora en Madrid. Con poco más de 900 euros al mes paga los medicamentos de su abuela, que se quedó en Perú, y apoya a su madre, que ahora está en paro.
Lo cuenta muy tranquila. Para ella, inmigrante e hija de inmigrante, es normal. «Unos ahorran para una casa; otros, para un negocio; pero yo soy los ahorros de mi madre. Ella se dejó la piel trabajando para nosotras. Ahora me toca a mí. Siempre voy a hacer lo que haga falta para apoyar a mi madre y a mi abuela.» Juntas las tres mujeres salieron adelante. Su madre, con la ayuda de Jaqueline, ha podido estudiar para convalidar en España su formación de enfermera. Ahora espera poder trabajar en un hospital español donde pueda dedicarse por fin a la profesión que aprendió hace más de 20 años.
La abuela de Jaqueline también sabe bien lo que es la emigración. Tiene nueve hijos. Los cinco hombres están en Estados Unidos, y las cuatro mujeres, en España.
Jaqueline es muy positiva. «Estoy muy contenta con mi trabajo, es una buena empresa.» Aunque recuerda que los principios en España no eran fáciles. Cuando llegó a España estuvo un mes llorando. «Tuve que cuidar a una anciana enferma. No tenía ni idea, pero lo hice. La emigración te hace fuerte.» Piensa en volver a Perú, pero antes quiere estudiar más. «España me permite soñar. Aquí puedo pedir una beca para un máster en la universidad. Quiero aprender sobre América Latina, sobre gerencia general. Mi sueño es trabajar algún día en Perú en una organización con proyectos que puedan sacar el país de la ruina.»

según © El País Semanal, 2009

COMPRENDER

6 **¿Qué significan estas expresiones en el texto? Elige tres y explícalas a tu compañero/-a en español o en alemán.**

devolver su parte

la emigración te hace fuerte

se dejó la piel

España me permite soñar

soy los ahorros de mi madre

sacar el país de la ruina

7 **a) Busca información sobre Jaqueline, su madre y su abuela y organízala en un mapa mental.**

b) Caracteriza a Jaqueline Velarde.

→ Eine Personenbeschreibung verfassen, S. 191

DESCUBRIR Y PRACTICAR

G/74 **8** **Versuche zu erklären, warum im 1. Satz der Indikativ und im 2. Satz der *subjuntivo* im Relativsatz verwendet wird.**

1. Busco a una mujer que **es** de Perú y que **se llama** Jaqueline Velarde.
2. Busco una mujer que **sea** de Perú y que **sea** enfermera.

G/74 **9** **¿Indicativo o subjuntivo? Relaciona.**

1. Muchos inmigrantes vienen de países que
2. Algunos vienen porque quieren vivir en un país donde
3. Pero la mayoría viene para vivir en un lugar donde
4. La economía española necesita inmigrantes que
5. Muchas familias españolas buscan latinoamericanos que
6. Los inmigrantes esperan hacer trabajos que
7. Pero en realidad, muchas veces deben hacer trabajos que

no haya ni hambre ni guerra.

les dejen salir adelante en la vida.

les puedan ayudar en casa.

tenga un mejor futuro.

tienen problemas económicos o sociales, como Ecuador y Rumanía.

quieran quedarse en España para siempre.

no son muy interesantes y ganan poco.

ESCRIBIR

10 **Escribe un artículo desde la perspectiva de la madre de Jaqueline o de la abuela de Jaqueline. Inventa su historia.**

→ Kreatives Schreiben, S. 195

ACTIVIDAD DE PRELECTURA

11 **a) Describe el cartel.**

b) ¿Te gusta el cartel? ¿Por qué?

→ Ein Bild beschreiben, S. 186

121/122 «Señoras y señores, en nombre del Instituto de Turismo de España saludo a los representantes de las comunidades autónomas. Me alegro mucho de poderles presentar hoy nuestra campaña «Sonríe – estás en España», que hemos desarrollado en colaboración con ustedes. Ahora le doy la palabra al señor Ruiz, que les va a presentar los detalles.»

«Muchas gracias, señor Gómez, bienvenidos todos. La meta de nuestra campaña es fomentar España como destino turístico en los países extranjeros. Por eso, esta campaña se dirige al mercado internacional.

Aunque muchos turistas asocian España sólo con sol y playa, nosotros sabemos que España es mucho más. En concreto, creemos que nuestro país ofrece cultura, historia, naturaleza y actividades para muchos diferentes grupos de turistas. Con nuestra campaña queremos llegar a más personas – a jóvenes, a familias y a personas mayores – con todo tipo de intereses. Queremos presentar España en toda su diversidad y entusiasmar a la gente con nuestro país.

Nuestros carteles muestran esa diversidad. Tenemos casi cuarenta carteles diferentes. Por ejemplo aquí vemos a dos chicas que pasan sus vacaciones en el campo donde se lo están pasando estupendamente mientras van en un coche descapotable. Nuestra meta es dar a nuestros posibles turistas un sentimiento alegre cuando piensan en España. Por eso el nombre de la campaña. Los carteles se van a ver en varios países de Europa y de América y desde luego, siempre en el idioma del país.

Estamos seguros de que esta campaña va a tener éxito, siempre que trabajemos todos juntos. Ayúdenos con su colaboración para que los turistas siempre nos vean como el país de la alegría y la sonrisa.

Muchas gracias por su atención. Nos vamos a reunir otra vez en unos meses, cuando tengamos los nuevos datos del turismo internacional en España.»

COMPRENDER

12 **¿Qué información está en el texto? ¿En qué líneas? ¿Y qué información no está en el texto?**

1. La presentación de la campaña es en el Instituto de Turismo de España.
2. La gente que escucha la presentación es de diferentes comunidades autónomas.
3. El sr. Gómez es el jefe del sr. Ruiz.
4. Muchos turistas sólo viajan a España por el sol y las playas.
5. De momento, sólo la gente joven viaja a España.
6. En España hay muchos coches descapotables.
7. Los carteles de la campaña se van a ver en EE.UU. y en muchos otros países.
8. Los nuevos datos del turismo internacional en España son importantes para la campaña.

13 **Explica a tu compañero/-a en alemán qué dice el señor Ruiz sobre la campaña «Sonríe – estás en España».**

DESCUBRIR Y PRACTICAR

G 75 **14** **Sieh dir die Sätze an und erkläre, wie der *subjuntivo* ihre Bedeutung verändert. Wie kann man die kursiv geschriebenen Wörter in den beiden Sätzen übersetzen?**

Cuando **estamos** en España, siempre vamos a la playa.
Cuando **estemos** en España, vamos a ir a la playa.

Siempre me quedo en la playa *hasta que* mi madre me **llama**.
Hoy me voy a quedar en la playa *hasta que* mi madre me **llame**.

Mientras los padres **visitan** el museo, los chicos juegan en la playa.
Mientras tantos turistas **visiten** España, mucha gente puede trabajar en el sector de turismo.

Siempre me quedo en la playa hasta la tarde, *aunque* **llueve**.
Me voy a quedar en la playa hasta la tarde, *aunque* **llueva**.

Siempre que **voy** a Málaga, duermo en el hotel «Mirasol».
Siempre que **haya** habitaciones libres, voy a ir al hotel «Mirasol».

G 75 **15** **¿Subjuntivo o indicativo? Completa las frases.**

1. Vamos a empezar con la presentación cuando (llegar) el señor Ruiz.
2. En verano, cuando (llegar) los turistas, siempre hay mucha gente en las playas.
3. El Instituto de Turismo siempre hace presentaciones cuando (haber) una nueva campaña.
4. Los empleados tienen que trabajar mucho hasta que la campaña (terminar).
5. El año pasado también trabajaron mucho hasta que (terminar) la campaña de entonces.
6. El señor Ruiz siempre sonríe mientras (presentar) una campaña.
7. Los turistas van a seguir viajando a España mientras (haber) tantas playas bonitas allí.
8. Mientras el sector de turismo (gastar) tanta agua, España sigue en peligro de convertirse en un desierto.

▶

9. Mucha gente viaja a Andalucía en verano aunque (hacer) mucho calor allí.
10. Aunque (subir) los precios, los turistas siempre van a viajar a España.
11. Voy de vacaciones siempre que (tener) tiempo, por lo menos dos veces al año.
12. Me gustan los hoteles siempre que (tener) piscina.

ACTIVIDADES

16 **a) Preparad una campaña turística que se dirija a hispanohablantes para promocionar vuestra región.**

1. Überlegt, was in eurer Region für Touristen interessant sein könnte.
2. Überlegt euch eine Zielgruppe, die ihr mit eurer Kampagne ansprechen wollt.
3. Erfindet einen Slogan und skizziert ein Werbeplakat.

b) Buscad ejemplos en el texto de la página 151.

Wie kann man ...

1. das Publikum höflich begrüßen?
2. sagen, was man präsentieren möchte?
3. einem/-r Sprecher/in das Wort erteilen?
4. sich bei jemandem bedanken und das Publikum willkommen heißen?
5. das Ziel einer Kampagne benennen?
6. seine Ausführungen konkretisieren?
7. ein weiteres Treffen ankündigen?
8. sich beim Publikum für die Aufmerksamkeit bedanken?

c) Presentad vuestra campaña en clase. Utilizad también algunas de las expresiones de b).

→ Präsentieren, S. 189

YA SÉ

17 **Überprüfe, ob du die Lernziele der Lektion erreicht hast.**

1. Beschreibe das Diagramm.
2. Beschreibe kurz die wirtschaftliche Situation in deiner Region.
3. Stelle in einer kurzen Präsentation einen Betrieb aus deiner Region vor.

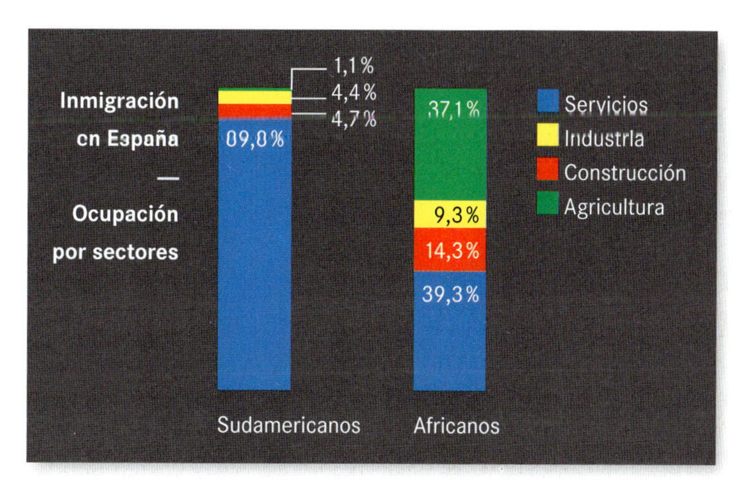

11

B

LAS FIESTAS DE ESPAÑA

123/124 Debe haber pocos lugares en el mundo donde se celebran tantas fiestas como en España. Especialmente en verano, en algunas regiones hay una fiesta tras otra, cada vez en un pueblo diferente. Normalmente las fiestas duran varios días. Está claro que el clima favorece mucho: la gente puede estar de fiesta hasta la madrugada sin pasar frío.

Aunque el origen de la mayoría de las fiestas es la tradición católica, hoy en día la influencia de la religión sólo se nota en pocas fiestas.

Lo que sigue creciendo es la importancia económica de las fiestas para las regiones donde se celebran. Allí los turistas - españoles y extranjeros - son una importante fuente de ingresos para los hoteles, los restaurantes y toda la industria turística.

La **Feria de Abril** tiene lugar en Sevilla. Es un espectáculo de folclore extraordinario. Cada año los sevillanos montan una pequeña ciudad de casetas, unas mil en total, y las adornan con flores, banderines y farolillos de colores. Allí la gente toma vino de Jerez y otras especialidades de la zona. Es una semana llena de cante y baile tradicional. Por todas partes se oyen sevillanas y la gente baila durante todo el día y toda la noche. Es muy impresionante, ya que muchas personas llevan ropa tradicional y te puedes sentir como en el pasado. Los fuegos artificiales ponen punto final a la Feria.

Las famosas **Fallas de San José** se celebran cada año del 15 al 19 de marzo en Valencia. El nombre de «fallas» corresponde a las construcciones artísticas de papel maché, madera o corcho blanco, que se pueden ver en muchas calles y plazas durante la fiesta. Algunas de estas figuras, que normalmente representan a personas conocidas, son tan altas como una casa. Se componen sólo de materiales inflamables porque en el último día se queman en honor a San José, el patrón de los carpinteros.

15 **la fuente de ingresos** Einnahmequelle 20 **montar** aufbauen 21 **la caseta** *hier:* Festzelt 21 **adornar** schmücken 24 **lleno/-a** voll 25 **la sevillana** *traditionelle Sevillanische Musik und Tanz* 29 **los fuegos artificiales** Feuerwerk 34 **la madera** Holz 34 **el corcho blanco** *hier:* Styropor 38 **componerse** bestehen (aus) 40 **quemar** verbrennen

1 **Elige una fiesta del texto y explica a tu compañero/-a en alemán qué pasa allí.**

2 **Busca información sobre otra fiesta de España y preséntala en clase.**

Semana Santa | Hogueras de San Juan | La Tomatina | Sanfermines | ___

→ Präsentieren, S. 189

EN VIVO Y EN DIRECTO

1 Sieh dir die Schilder an. Welche Verbform wird im Spanischen für den Imperativ verwendet, wenn gesiezt wird?

2 Versuche die Schilder wörtlich zu übersetzen.

3 Erfinde drei weitere Schilder auf Spanisch.

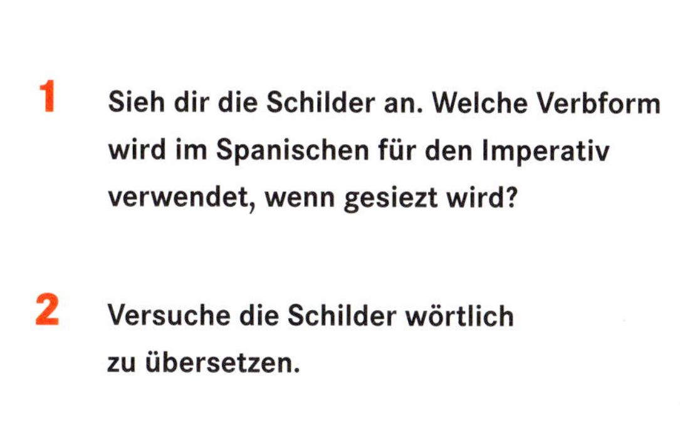

apagar ausmachen **el cinturón de seguridad** Sicherheitsgurt **el destino** Schicksal; (Reise-)Ziel **respetar** respektieren **situarse** sich platzieren **tirar** (weg-)werfen

UNIDAD 12

AMÉRICA LATINA

In dieser Lektion lernst du:
- Vermutungen äußern
- Bedingungen formulieren

125/126 ¡Vamos!

ACTIVIDAD DE PRELECTURA

1 **¿Qué sabéis sobre América Latina? Escribidlo en la pizarra.**

1

AMÉRICA DEL NORTE Geográficamente, México es parte de América del Norte. Algunas palabras del español son de origen náhuatl, la lengua indígena más 5 hablada de México: chocolate, tomate y cacahuate. Pero hay otro lugar en América del Norte donde viven más de 45 millones de latinos: Estados Unidos. Y a pesar de una frontera con México 10 muy bien protegida, esta cifra está creciendo cada vez más.

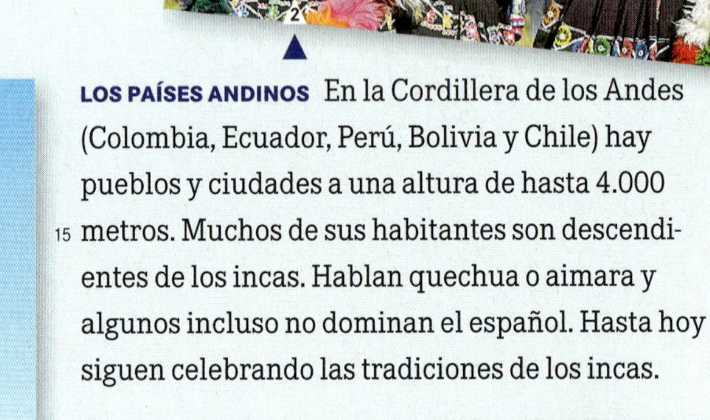

2

LOS PAÍSES ANDINOS En la Cordillera de los Andes (Colombia, Ecuador, Perú, Bolivia y Chile) hay pueblos y ciudades a una altura de hasta 4.000 15 metros. Muchos de sus habitantes son descendientes de los incas. Hablan quechua o aimara y algunos incluso no dominan el español. Hasta hoy siguen celebrando las tradiciones de los incas.

3

AMÉRICA CENTRAL Esta región está formada por siete 20 países pequeños y en todos se habla español, aunque en Belice la lengua oficial es el inglés. Además existen 26 lenguas mayas que todavía se hablan. América Central tiene un clima tropical. Todos los países exportan productos como plátanos, café y azúcar.

4 ▲

EL CONO SUR Argentina, Chile y Uruguay forman el Cono Sur. Es la región más europea de América Latina: muchos habitantes son descendientes de españoles, italianos, alemanes ... Generalmente, el Cono Sur ha sido una región con bienestar económico. Por eso es la meta de muchos latinos de países más pobres que buscan una mejor vida económica.

5 ◀ **EL CARIBE** El Caribe es por su clima y sus playas la región más turística de América Latina. Sus habitantes son de origen indígena, africano y europeo. En esta región no se habla sólo español, sino también lenguas criollas, francés, inglés y holandés. La música del Caribe es famosa en todo el mundo, especialmente el merengue y la salsa.

COMPRENDER

2 a) **Relaciona los temas con las regiones latinoamericanas.**

→ Selektives Leseverstehen, S. 184

tradiciones incas

el merengue y la salsa

la influencia* europea

el náhuatl

la exportación* de productos tropicales

b) **¿Qué dice el texto sobre los temas de a)?**

BÚSQUEDA DE INFORMACIÓN

3 a) **¿En qué países del continente americano se habla español?**

b) **¿Qué lenguas se hablan en los otros países? Mira en internet o en una enciclopedia.**

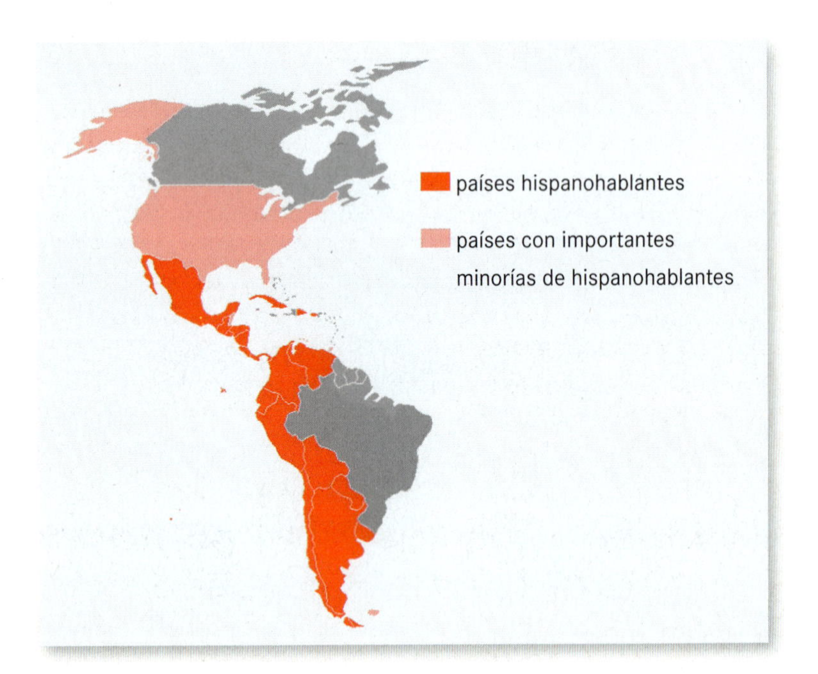

ESCUCHAR

4 127 **¿Cómo se llaman las capitales? Búscalas en el mapa de América Latina (última página).**

país	capital

ACTIVIDADES

5 **Quieres viajar con tu amigo/-a español/a a América Latina: ¿a qué país te gustaría viajar y por qué? Mira en www.lateinamerika.org e informa a tu amigo/-a en español.**

→ Wiedergeben bzw. Zusammenfassen von Textinhalten: Deutsch → Spanisch, S. 197

A

EL MUNDO LATINO

128/129 PASO 1

Hoy en día viven 45 millones de latinos en Estados Unidos. Aunque son de todos los países del continente americano, se pueden destacar tres grandes grupos: los mexicanos (en California, Texas, Arizona y Nuevo México), los cubanos (en Florida) y los puertorriqueños (en Nueva York y Nueva Jersey). A los estadounidenses de origen mexicano también se les llama «chicanos». En la mayoría 5 de los casos, sus padres o sus abuelos emigraron a Estados Unidos en busca de una mejor vida económica. «BBC Mundo» puso en contacto a jóvenes chicanos con jóvenes mexicanos para saber qué imagen tienen de los dos países.

Liliana Pérez, EE.UU. Conozco muchas tradiciones y fiestas mexicanas porque mis padres nunca dejaron de celebrarlas: el Día de los Muertos, la Independencia, la Revolución 10 Mexicana ... Claro que en México todo sería más auténtico. Cuando alguien de mi familia va a México, siempre trae pulparindos, unos dulces con chile que son riquísimos.

Peter Corredor, EE.UU. De todos mis amigos chicanos soy el único que no conoce México, pero me encantaría conocerlo, 15 porque todos me dicen que es muy bonito.

José Smith, EE.UU. Yo vine a los seis años con mi familia a California. Me gusta mucho vivir en Estados Unidos porque aquí están todos mis amigos. No volvería a México.

20 **Marisol Gallardo, México** Para mí, sería un sueño vivir en Estados Unidos. Llevaría a mis padres y abriría con ellos un restaurante mexicano. Ofreceríamos todas 25 las especialidades mexicanas: mole, tamales, tacos ...

Mariela Ruiz, México A mí no me gustaría emigrar a Estados Unidos. Pero sí haría un viaje para conocer el país.

Alejandra Fuller, EE.UU. Yo sí me iría a vivir a México. Aunque en realidad aquí en Houston 30 hay más oportunidades.

Laura Castellano, México Después 35 del colegio, me gustaría emigrar a Estados Unidos para estudiar Medicina y trabajar como médica allí. Entonces le podría mandar dinero a mi familia.

según © BBCMundo.com, 2009

COMPRENDER

DELE **1** **Contesta las preguntas.**

1. ¿Cuántos latinos viven en Estados Unidos?
2. ¿De dónde es la mayoría de ellos?
3. ¿Quiénes son los chicanos?

→ Selektives Leseverstehen, S. 184

PRACTICAR

G/76 **2** **Marisol Gallardo habla de su gran sueño. Utiliza el condicional.**

Yo ___ (emigrar) con mis padres a Estados Unidos y ___ (abrir/nosotros) un restaurante mexicano. ___ (vender / nosotros) todas mis comidas favoritas. Mi padre ___ (poder) encargarse de la cocina porque cocina muy bien. Mi madre ___ (hacer) la contabilidad porque es muy buena para las matemáticas. A mí me ___ (gustar) atender* a los clientes. Pero no sé si mis padres ___ (estar) de acuerdo con la idea porque dicen que no quieren vivir lejos de la familia. Sea como sea, es mi gran sueño. Y vosotros, ¿___ (emigrar) a otro país?

(yo)	emigrarí**a**
(tú)	emigrarí**as**
(él/ella)	emigrarí**a**
(nosotros/-as)	emigrarí**amos**
(vosotros/-as)	emigrarí**ais**
(ellos/-as)	emigrarí**an**

⚠ Die Verben auf *-er* und *-ir* haben dieselben Endungen wie die Verben auf *-ar*.

Achte auf den unregelmäßigen Stamm von *poder (→ podría)* und *hacer (→ haría)*.

G/76 **3** **¿Qué harías en estas situaciones? Utiliza el condicional.**

Te has peleado con tus padres y no te permiten que vayas con tus amigos al cine.

Tu mejor amigo/-a te llama y te dice que le gustas.

Tus padres te dicen que os vais a vivir a México.

PARA HABLAR

4 **¿Has hecho estas cosas alguna vez? ¿Las harías otra vez?**

hacer un viaje con un/a amigo/-a

vivir en otro país

viajar a un país hispanohablante*

¿Has hecho/___ alguna vez ___?

- Sí, una vez hice/___.
- Sí, ya he hecho/___ muchas veces ___.
- Sí, antes hacía/___.
- No, no he hecho/___ nunca ___.

¿Harías/___ otra vez ___?
¿Te gustaría hacer/___?

- Sí, haría/___ otra vez ___ porque era muy divertido/___.
- Sí, porque ___.
- No, no haría/___ nunca más* ___ porque ___.
- No, porque ___.

130/131 **PASO 2**

En el periódico «Chicos hoy» hay todos los sábados una columna donde los jóvenes cuentan sus experiencias en el extranjero. Hoy Gonzalo (26 años) de Badajoz habla de su estancia en Buenos Aires donde trabajó por tres meses en la empresa textil «Patagonia».

«Recuerdo muy bien que cuando llegué a Buenos Aires, estaba muy sorprendido: no creía que fuera una ciudad tan moderna. Claro que después de pocos días también conocí el otro lado: las villas miseria, es decir, los barrios pobres. Es imposible no verlas porque incluso hay algunas en el centro de la ciudad, como la villa 31.
Buenos Aires es una ciudad muy europea. Algunos barrios se parecen a París o a Madrid. La influencia europea no se nota sólo en la arquitectura, sino también en la comida. Me llamó la atención que existiera mucha comida italiana: los porteños comen mucha pasta y hay muchas pizzerías. Pero no podía irme hasta que comiera la «auténtica» comida argentina: carne de vacuno. Los argentinos generalmente quedan los domingos con la familia para hacer un asado. Flavio, uno de mis colegas, me invitó antes de que volviera a España a un asado en su casa donde conocí a toda la familia. Yo quería que me contaran más sobre las costumbres argentinas y un rato más tarde su hermana me dio un recipiente de calabaza con una bombilla y me pidió que probara. Era mate, una infusión de una hierba muy aromática. Tomar mate es todo un ritual porque todos toman de la misma calabaza. Esa noche, Flavio me dijo que fuéramos el próximo fin de semana a su casa de campo. Al final no tuve tiempo. Pero la próxima semana voy a ir a la agencia de viajes para comprar un pasaje de avión – ¿a que no sabéis adónde?»

COMPRENDER

5 **¿Qué dice Gonzalo sobre Buenos Aires? Haz un mapa mental.**

→ Textinhalte visuell darstellen, S. 185

PRACTICAR

G 77 **6** **La abuela italiana le cuenta a Flavio de cuando emigró a Argentina. Utiliza el imperfecto de subjuntivo.**

Schlage die Formen des *imperfecto de subjuntivo* im grammatischen Anhang nach (S. 219) und präge sie dir ein.

¡Uf! Era todo muy pero muy difícil ... Antes que nada, no creía que el viaje en barco ___ (ser) tan agotador. Tenía mucho miedo de que tu padre y tu tía ___ (enfermarse) durante ese viaje tan poco confortable. Cuando llegamos a Buenos Aires las cosas tampoco fueron más fáciles. No pensaba que tu abuelo ___ (tardar) tanto para encontrar trabajo. Era necesario que ___ (encontrar/él) algo pronto porque no teníamos mucho dinero. Pero no sabía hablar español. Al final, aceptó* un trabajo como mecánico. Sé que lo hizo para que yo no ___ (sufrir) tanto. Le pidieron que ___ (aprender) rápidamente español. Tu abuelo hizo todo para que ___ (acostumbrarse/nosotros) rápidamente a nuestra nueva vida.

G/77 **7** **Cuenta cómo te sentías cuando estuviste de vacaciones en otro país o en otra ciudad.**

Ejemplo: El verano pasado estuve en Portugal. Me llamó la atención que el portugués se pareciera tanto al español ...

(No) me gustaba que ___ Me molestaba que ___ Era fantástico que ___
Estaba triste de que ___ No creía que ___ Me llamó la atención que ___ ___

BÚSQUEDA DE INFORMACIÓN

8 **a) Quieres convencer a tu amigo/-a de hacer un viaje a Argentina. Busca los lugares en el mapa (p. 319). Después busca información y elige tu lugar favorito. Convence a tu amigo/-a por qué quieres ir allí.**

b) Antes de viajar, quieres informarte sobre estos argentinos famosos. Trata de relacionar. Después busca más información en una enciclopedia o en internet.

→ Informationen sammeln und auswerten, S. 190

político/-a*
futbolista
revolucionario/-a*
escritor
dibujante*
cantante de tango*

1. Ernesto Che Guevara
2. Quino
3. Jorge Luis Borges
4. Carlos Gardel
5. Evita Perón
6. Diego Armando Maradona

Si fueras a Buenos Aires, no sólo verías la Plaza de Mayo y la Casa Rosada que están en todas las guías turísticas, también verías a los niños de la calle. Muchos de ellos recorren la ciudad para pedir dinero o comida.

Juan tiene 15 años y vive en la calle. Si tuvieras la posibilidad de acompañarlo un día, tendrías una impresión de su vida cotidiana: durante el día camina por la capital argentina y arrastra un carro con su amigo Ignacio en busca de cartones viejos para vender. Cuenta que desde hace semanas duermen en una casa abandonada que tiene el techo roto. En total son cinco chicos de entre 12 y 16 años cuyos padres los han abandonado. Si entraras en la casa, notarías un olor bastante desagradable: una mezcla entre humedad y el mal olor del carro de la basura.

Los chicos conversan y hacen travesuras típicas de niños. Martín, el mayor, se tapa con cartones sucios para protegerse del frío. A su lado está Mariano, de 13 años, que no quiere hablar. Mauricio, de 12, es el más pequeño, pero parece mayor. «Tengo mucho frío», dice para romper el silencio, mientras echan pegamento a una bolsa para drogarse y olvidarse del plato de comida que no tienen. Afuera algunos vecinos conversan sin darse cuenta de lo que sucede en esa casa. Si lo supieran, ¿harían algo para ayudarles?

según © El País, 2007

COMPRENDER

9 **¿Cómo viven los niños de la calle? Corrige las frases.**

→ Selektives Leseverstehen, S. 184

1. Para ganar dinero, Juan e Ignacio venden frutas en la calle.
2. Los chicos duermen frente a un supermercado.
3. Los niños viven solos porque sus padres están muertos.
4. Donde duermen, hay olor a aceite.
5. Donde duermen, hace mucho viento.
6. Los niños se drogan porque tienen una vida aburrida.

DESCUBRIR Y PRACTICAR

G 78 **10** **Lies die Sätze und vervollständige die Regel für die Bildung irrealer Bedingungssätze der Gegenwart.**

1. Si **tuvieras** la posibilidad de acompañarlo un día, **tendrías** una impresión de su vida cotidiana.
2. Si **entraras** en la casa, **notarías** un olor bastante desagradable.
3. Si lo **supieran**, ¿**harían** algo para ayudarles?

Im Nebensatz mit si steht der ___ und im Hauptsatz das ___.

G/78 **11** **¿Cómo sería la vida de los niños de la calle? Forma frases condicionales hipotéticas.**

1. Si la familia de Juan lo *apoyar*, *poder* tener una vida como otros chicos.
2. Si Juan *vivir* con sus padres, *poder* ir al colegio.
3. Juan e Ignacio no *tener que* vender cartones, si no *ser* tan pobres.
4. Si Juan *ganar* más dinero, *poder* vivir en un lugar mejor.
5. Si los niños *tener* una vida más feliz, no *drogarse*.
6. Si los vecinos les *ayudar*, *poder* tener una vida mejor.

G/78 **12** **Si estuvieras en Buenos Aires y vieras a los niños de la calle, ¿qué harías?**

Ejemplo: Si estuviera en Buenos Aires y viera a los niños de la calle, les compraría algo de comer.

PRACTICAR

G/79 **13** **¿Quién era Evita Perón? Utiliza una de las formas del pronombre relativo *cuyo*.**

Evita Perón ___ nombre completo era María Eva Duarte de Perón, nació en el año 1919 en Junín. Su padre era un político famoso. La joven Eva, ___ padre murió cuando tenía seis años, vivió los primeros años de su vida en el campo. A los 15, Eva se fue a la ciudad de Buenos Aires, ___ características* de gran ciudad la atraían mucho. Empezó a trabajar como actriz. Ahí conoció a Juan Domingo Perón que se convirtió en presidente* un año más tarde. Evita, ___ vida no duró mucho tiempo, también se convirtió en política. Las mujeres y los pobres, ___ problemas Evita escuchaba, fueron dos temas importantes para ella. Evita murió de cáncer* cuando tenía sólo 33 años.

PARA HABLAR

G/78 **14** **Cuenta qué harías en las siguientes situaciones.**

Ejemplo: Si encontrara 10.000 euros en la calle, ahorraría la mitad y gastaría la otra. Haría un viaje al Caribe y llevaría a mi mejor amigo.

Encuentras 10.000 euros en la calle.

Ganas un viaje a América Latina.

El amor de tu vida vive en Buenos Aires.

YA SÉ

15 **Überprüfe, ob du die Lernziele der Lektion erreicht hast.**

1. Du hast ein Flugticket gewonnen. Wohin würdest Du verreisen?
2. Sage, welche berühmte Person du kennen lernen würdest, wenn du die Möglichkeit hättest.

B

LA COCINA CARIBEÑA

134/135 El Caribe es una región formada por el Mar Caribe, sus islas – las Grandes Antillas (Cuba, Haití, República Dominicana, Puerto Rico y Jamaica) y las Pequeñas Antillas (microestados independientes o dependencias de otros países) – y las costas de los países que rodean este mar. Algunos de los ingredientes más importantes de la cocina caribeña son la yuca, el plátano, la batata, los frijoles, el arroz, el pimentón, el cilantro, la leche de coco – y mucha carne de cerdo así como también pescado y marisco.

Sin embargo, también hay diferencias culinarias entre los países. Por ejemplo, el desayuno típico de República Dominicana es el mangú. Para preparar mangú, se hierven plátanos verdes, después se muelen y al final se mezclan con mantequilla. Los dominicanos suelen acompañar muchas veces el mangú con huevos y queso frito. ¡Es un desayuno bastante contundente!

En Puerto Rico es donde según Henry Cuevas, experto en la cocina regional caribeña, las costumbres culinarias extranjeras tienen una gran presencia. Los puertorriqueños son desde el año 1917 ciudadanos norteamericanos y eso también se nota en la comida: se ha perdido bastante la costumbre de comer platos típicos como arroz con frijoles. Allí predominan hoy en día las hamburguesas.

La isla más grande de las Antillas es Cuba. A causa del bloqueo económico de Estados Unidos, muchos cubanos ya no pueden preparar algunas comidas típicas por la falta de ingredientes, pero su originalidad compensa la escasez de ingredientes. Cuevas dice que «a pesar de todo, han logrado mantener un menú autóctono con su potaje de frijoles negros, sus moros y cristianos y su picadillo».

según © Rodrigo Leal, La cocina caribeña, 2009

6 **rodear** umschließen 8 **la yuca** Maniok 8 **la batata** Süßkartoffel 9 **el frijol** Bohne 9 **el arroz** Reis 9 **el pimentón** *lat.-am.* Paprika 9 **el cilantro** Koriander 15 **hervir** erwärmen, kochen 16 **moler** mahlen, zerstampfen 17 **soler hacer algo** etwas für gewöhnlich tun 19 **contundente** *lat.-am.* deftig 27 **predominar** vorherrschen 33 **la escasez** Knappheit 36 **el potaje** *Eintopf aus Hülsenfrüchten und Gemüse* 36 **moros y cristianos** *Gericht aus Bohnen und Reis* 37 **el picadillo** *Gericht aus Hackfleisch*

12

1 **¿Qué dice el texto sobre la comida en ...**

1. ... República Dominicana?
2. ... Puerto Rico?
3. ... Cuba?

→ Selektives Leseverstehen, S. 184

2 **¿Qué comida caribeña te gustaría probar? Elige una de la página www.redcaribe.com y explica en alemán cómo se prepara.**

→ Wiedergeben bzw. Zusammenfassen von Textinhalten: Spanisch → Deutsch, S. 197

REPASO 4 (UNIDADES 10–12)

APRENDER MEJOR

Fehler selbst korrigieren

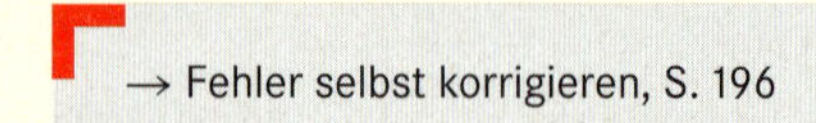

1 **a) Elige un tema y escribe un texto corto (máximo 10 líneas).**

Comercio Justo

el turrón

Buenos Aires

b) Corrige el texto.

1 __ Hast du auf die Rechtschreibung geachtet (z. B. keine Doppelkonsonanten außer cc, ll, rr)?

2 __ Hast du die richtigen Artikel verwendet?

3 __ Sind die Adjektive und Begleiter an die Nomen angepasst?

4 __ Hast du die richtigen Präpositionen verwendet?

5 __ Hast du an die Verschmelzung del und al gedacht?

6 __ Stimmen die Verbformen mit ihren Subjekten überein?

7 __ Hast du ser, estar und hay richtig verwendet?

8 __ Hast du an die richtige Stellung der Adjektive gedacht?

9 __ Hast du an die Verkürzung bestimmter Adjektive gedacht?

10 __ Stimmen die Pronomen in Genus und Numerus mit den Wörtern überein, die sie ersetzen?

11 __ Hast du die Zeiten (insbesondere die Vergangenheitszeiten) richtig verwendet?

12 __ Hast du nach den entsprechenden Auslösern den subjuntivo verwendet?

GRAMÁTICA Y VOCABULARIO

2 **Charo va a pasar un semestre de intercambio en Alemania. Maite, su prima, le escribe un e-mail para despedirse de ella. Completa el texto con el presente de indicativo o el presente de subjuntivo.**

Para: charocaracol@terra.es
Asunto: ¡Adiós, prima!

Hola, Charo:
Antes de que ____ (irse) a Alemania, te ____ (querer) mandar estas palabras para decirte adiós. Me parece fantástico que ___ (tener) la oportunidad de conocer otro país, aunque ya ___ (saber/yo) que te voy a echar muchísimo de menos.
Espero que lo ____ (pasar) superbién en Bonn y que ___ (conocer) a muchas personas simpáticas.
Ojalá que en el invierno no ___ (hacer) tanto frío.
Ya ____ (saber/tú) que te voy a visitar en abril para conocer la ciudad y ver cómo ___ (vivir). Cuando te ___ (visitar), ___ (tener que/nosotras) organizar una fiesta para que me ___ (presentar) a un alemán guapo – y simpático, ¡claro! .
Prima, ojalá que ___ (disfrutar) mucho y que ___ (comer) muchas «Bratwürste» – estoy segura de que ___ (ser) muy ricas allí.

Un beso,
Maite

3 **a) Encuentra las palabras. Ya las conoces todas. A veces hay varias soluciones.**

1. Es un sinónimo[1] de «discutir fuertemente».
2. Es lo contrario[2] de «enfermo/-a».
3. Es una palabra del náhuatl.
4. Así se llama el habitante de Puerto Rico.
5. Es una fruta tropical.
6. Es un sinónimo de «dejar solo/-a».
7. Es lo contrario de «reírse».
8. Es un sinónimo de «terminar».
9. Es una de las materias primas del turrón.
10. Así se llama el habitante de Buenos Aires.
11. Es lo contrario de «pobre».
12. Así se llama una infusión que se toma mucho en Argentina.

1 **el sinónimo** Synonym 2 **lo contrario** Gegenteil

b) Escribe tres adivinanzas para tus compañeros como en a).

→ Wörter umschreiben, S. 181

COMPRENSIÓN DE LECTURA

4 **a) Lee el texto (p. 168) y contesta las preguntas.**

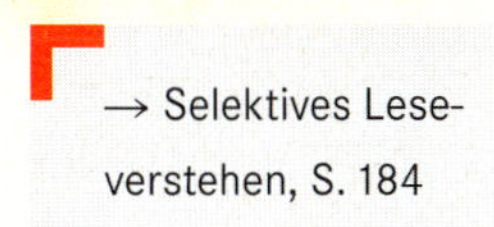
→ Selektives Leseverstehen, S. 184

1. ¿Dónde se encuentra el Reino de los Mallos?
2. ¿Cómo se llama el río que pasa por allí?
3. ¿Qué deportes se pueden hacer?
4. ¿Qué personas pueden hacer estos deportes?
5. ¿Cuál de estos deportes es el más fácil y cuál el más difícil?

TURISMO ACTIVO EN EL REINO DE LOS MALLOS

En el majestuoso Reino de los Mallos, al lado de los Pirineos, se abre paso el río Gallego con energía, carácter y mucha belleza, logrando que sus rápidos sean referencia obligada para los amantes de los deportes de aventura en aguas bravas.

Descensos para todos

Solo, con amigos o en familia; no importa si eres deportista o no, si tienes mucha, poca o ninguna experiencia ... Según las circunstancias de cada uno, se puede optar por una u otra modalidad de descenso en aguas bravas. Para elegir, hay que tener en cuenta las principales características de cada deporte.

Rafting

Por ser fácil y divertido, el rafting es la modalidad de descenso más extendida. Es una balsa neumática con capacidad para 6 u 8 participantes, que la conducen remando.

Hidrospeed

El contacto más directo con el agua lo proporciona el hidrospeed, en el que se usa una pequeña embarcación en forma de trineo. Necesitas un traje de neopreno reforzado y unas aletas de submarinismo para propulsarte. Lánzate al agua para experimentar la sensación de ser totalmente absorbido por el río.

Kayak

Embarcación individual que se puede utilizar tanto en ríos bravos, como en aguas tranquilas. Con el kayak, el participante debe enfrentarse solo con el río, por eso es el deporte más difícil de los tres.

b) ¿Cuál de estos deportes te gustaría practicar a ti? ¿Por qué?

COMPRENSIÓN AUDITIVA

5 136 **Escucha el texto y contesta las preguntas.**

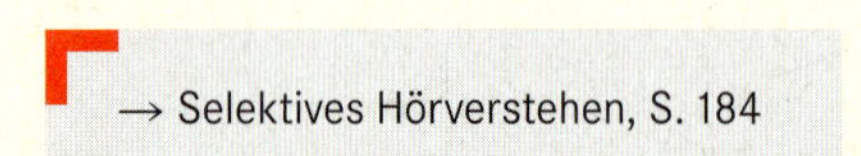

→ Selektives Hörverstehen, S. 184

1. ¿Dónde va a pasar las vacaciones Juan?
2. ¿Con quién va a ir?
3. ¿Qué deporte van a hacer allí?
4. ¿Cuántas veces ha hecho Juan este deporte?
5. ¿Qué van a hacer los otros para aprenderlo?

EXPRESIÓN ORAL

DELE **6** **Tú y tu amigo/-a queréis pasar las próximas vacaciones de verano juntos/-as. Haced un diálogo y presentadlo en clase.**

→ Rollenspiele, S. 188

A
Du möchtest mit deinem/-r Freund/in aktive Ferien in El Reino de los Mallos verbringen. Am liebsten möchtest Du Kajak fahren. Du bist aber auch bereit, eine andere Sportart zu machen. Du hast aber keine Lust Unterricht zu nehmen. Wenn dein/e Freund/in Unterricht nimmt, erkundest du die Region.

B
Du bist kein Fan von aktiven Ferien: Du erholst dich lieber am Strand. Du kannst dir jedoch vorstellen, auch einmal aktive Ferien zu verbringen. In diesem Fall darf es jedoch keine anstrengende Sportart wie z. B. Kajakfahren sein. Du hast Lust, Rafting auszuprobieren. Du möchtest aber vorher Unterricht nehmen.

¿Por qué no ___? ¿Qué tal si ___? En realidad ___. A mí me gustaría ___.
Me encanta/n ___. ___ no me gusta/n nada. (No) tengo ganas de ___. Prefiero ___.
¡De acuerdo! ¡Vale! ¡Qué pena!

DELE **7** **Cuenta la historia.**

→ Das zweisprachige Wörterbuch benutzen, S. 197

COMPETENCIA INTERCULTURAL

8 **Wie reagierst du, wenn dein/e Freund/in unpünktlich bei einer Verabredung erscheint?**

In Spanien und Lateinamerika ist es nicht ungewöhnlich, bei einer privaten Verabredung zu spät zu kommen. Dies gilt auch für Einladungen nach Hause. Erscheint man pünktlich, kann es sogar vorkommen, dass der Gastgeber noch nicht mit den Vorbereitungen fertig ist.

UNIDAD SUPLEMENTARIA

ESPAÑA Y EUROPA

137/138 1. España en el siglo XX

1936–39: La Guerra Civil Española En 1936 un golpe de Estado fue iniciado por el general Francisco Franco y otros militares españoles. Así empezó la Guerra Civil Española, que causó 700.000 muertos. Fue una guerra entre fuerzas de izquierda (los Republicanos) y fuerzas de derecha (los Nacionales). Franco y sus Nacionales fueron apoyados por la Alemania de Hitler y la Italia de Mussolini. En cambio, las Brigadas Internacionales, un ejército de voluntarios de más de 50 países, lucharon al lado de los Republicanos. En 1939 Franco ganó la guerra e impuso una dictadura.

1939–75: La dictadura franquista La dictadura de Franco fue sobre todo un periodo de represión y censura. Todo el poder estaba centrado en la persona de Franco, cuya ideología no iba más allá del catolicismo y el militarismo. Durante muchos años, España estuvo aislada del mundo. Dos millones de españoles emigraron a otros países por razones políticas y económicas, sobre todo a América Latina, Francia y Alemania.

1975–82: La transición a la democracia Después de la muerte de Franco en 1975, Juan Carlos I fue coronado Rey de España. Él preparó el camino para que la democracia volviera a España. En 1978 la Constitución fue aprobada por una gran mayoría de los españoles. La transición terminó con las elecciones de 1982. Las ganó el PSOE (Partido Socialista Obrero Español) con un 48 % de los votos, convirtiendo a Felipe González en Presidente del Gobierno.

1986: La entrada en la Comunidad Económica Europea (CEE) En 1986 España entró en la Comunidad Económica Europea (ahora Unión Europea). Con este paso se abrió definitivamente al mundo moderno y hoy participa activamente en la creación de una política europea común. Además, la entrada resultó muy positiva para la economía del país.

2002: La introducción del euro España fue uno de los primeros países de la eurozona. El 1 de enero de 2002 introdujo el euro como moneda oficial, sustituyendo así a la peseta.

2008: Las elecciones de 2008 El PSOE ganó otra vez las elecciones (también las ganó en 2004), siguiendo así como Presidente José Luis Rodríguez Zapatero, que ahora tiene que enfrentarse a grandes retos: ¿será capaz de acabar con el terrorismo de la ETA? ¿Podrá España superar la crisis económica? Los españoles, ¿podrán resolver su problema de la escasez de agua potable? En el futuro lo veremos.

PRACTICAR

G 80 **1 Lee las frases y pásalas a la voz pasiva.**

1. Las Brigadas Internacionales apoyaron a los Republicanos.
2. La Alemania de Hitler apoyó a los Nacionales.
3. Francia y Alemania recibieron a muchos emigrantes españoles.
4. La ONU* rechazó el gobierno de Franco.
5. En 2002 España introdujo el euro.

Das Passiv wird mit einer Form von *ser* und dem Partizip des Hauptverbs gebildet. Das Partizip wird dem Subjekt angeglichen.
Los españoles **aprobaron** la Constitución.
La Constitución **fue aprobada** por los españoles.

G 81 **2 Lee las frases y únelas por medio del gerundio.**

Ejemplo: Muchos voluntarios fueron a España. Formaron las Brigadas Internacionales.
→ Muchos voluntarios fueron a España, formando las Brigadas Internacionales.

1. La Guerra Civil duró más de tres años. Causó 700.000 muertos.
2. Fue una guerra entre hermanos. Muchas veces lucharon padres e hijos.
3. Franco ganó la guerra. Así convirtió a España en una dictadura.
4. En 1996 el PP (Partido Popular) ganó las elecciones. Puso como Presidente a José María Aznar.
5. En 2000 el PP ganó otra vez las elecciones. Así siguió como Presidente Aznar.
6. En 2002 se introdujo el euro. El euro sustituye a la peseta.

G 82 **3 a) ¿Qué pasará en el futuro? Haz suposiciones.**

1. Los españoles (vivir) mejor en el futuro.
2. Las empresas (crear) más trabajo para los jóvenes.
3. Menos jóvenes españoles (quedarse) en casa de sus padres.
4. La tasa de paro (bajar).
5. El Gobierno no (resolver) el problema de la escasez de agua.
6. El mundo (superar) la crisis económica.

El futuro

llegaré	viviré
llegarás	vivirás
llegará	vivirá
llegaremos	viviremos
llegaréis	viviréis
llegarán	vivirán

b) Practica el futuro. Termina las frases.

1. Cuando termine el instituto ___.
2. Cuando tenga 30 años ___.
3. Cuando tenga hijos, nosotros ___.
4. A los 60 años ___.
5. En 2050, diez mil millones de personas ___.
6. En el siglo XXII ___.

2. Emigrantes españoles en Europa

Francisco (68 años)

139 Vine en el año 1964 a Alemania. Antes había buscado trabajo en España pero no había encontrado nada. Vine al principio sólo para trabajar una temporada. Trabajé en la construcción y más tarde en una fábrica. Mi mujer, que también es española, me siguió después de tres años. Nuestras tres hijas nacieron aquí y fueron también aquí al instituto. Desgraciadamente nunca aprendí bien el alemán, y ahora en España ya no me siento como si estuviera «en casa». Es una vida entre dos mundos, porque sigo amando el país de mis padres, pero Alemania se ha convertido en mi patria. Me alegra poder ir a España a ver a mis hermanos. Pero también allí vivo el ritmo alemán.

Andrés (25 años)

140 Hace cuatro años que vine a Mánchester para estudiar dos semestres en Inglaterra. Antes ya había estudiado en Granada. He decidido no volver a España porque aquí he conocido a la mujer de mi vida. Lo que más echo de menos es la comida española porque esta comida de aquí no me va muy bien. En cambio, la música y los clubs me gustan mucho. Ayer hablé por teléfono con unos amigos míos que me dijeron que habían comprado billetes de avión para visitarme. Les pedí que me trajeran una bola de queso manchego y me prometieron que lo harían. ¡Ya no puedo esperar!

Mariela (12 años)

141 Soy de Bilbao. Pero ahora vivo en Estocolmo porque mi padre se presentó aquí en un hospital para trabajar como cardiólogo. Antes había trabajado en un hospital de Bilbao. Siempre dijo que el trabajo le gustaba pero que no le pagaban bien. Ahora voy a un colegio internacional y tengo compañeros de todo el mundo. Hablamos casi todo el tiempo inglés, pero claro, en casa hablo español con mis padres. La ciudad es bonita pero aquí no sale tanto el sol y oscurece muy temprano. Por eso, cuando llamo a una amiga para quedar, la primera pregunta siempre es la misma: ¿quedamos en mi casa o en la tuya? Casi siempre vamos a la casa de Marta, pues la suya es la más grande. El deporte favorito de los suecos – y el mío también – es el hockey sobre hielo. Yo antes no lo conocía, pero ya estoy aprendiendo a patinar. ¡Es muy divertido!

COMPRENDER

1 **Termina las frases.**

1. Francisco se fue de España ___.
2. El problema de Francisco es que ___.
3. Antes de venir a Mánchester, Andrés ___.
4. Quiere quedarse en Inglaterra porque ___.
5. Andrés piensa que la comida ___.
6. El padre de Mariela antes ___.
7. Normalmente Mariela y sus amigas ___.
8. A Mariela le gusta mucho ___.

PRACTICAR

G 83 **2** **¿Qué había pasado antes? Practica el uso del pluscuamperfecto.**

1. Francisco vino a Alemania 2. Su mujer le siguió después de tres años 3. Sus hijas fueron al instituto en Alemania 4. Andrés fue a Mánchester a estudiar 5. Después de sus estudios decidió no volver 6. Ayer llegó un paquete con comida española de su familia 7. El padre de Mariela se fue a Estocolmo 8. Mariela aprendió a patinar sobre hielo	porque	*sentirse* sola en España sin él. en Mánchester *conocer* a su novia. no *encontrar* trabajo en España. siempre *soñar* con vivir en Inglaterra. en Bilbao no le *pagar* bien. Andrés y su novia se lo *pedir*. *ver* hockey sobre hielo en la tele. *nacer* allí.

Ejemplo:
1. Francisco vino a Alemania porque no había encontrado trabajo en España.

> Das *pluscuamperfecto* wird mit einer *imperfecto*-Form von *haber* und dem Partizip des Hauptverbs gebildet.

G 84 **3** **a) ¿Qué dijeron? Pasa las frases al estilo directo.**

1. Mariela dijo que ahora iba a una escuela internacional.
2. Además contó que tenía compañeros de todo el mundo y hablaba mucho inglés.
3. Su padre explicó que el trabajo en Bilbao le había gustado, pero que no le habían pagado bien.
4. Andrés dijo que le encantaban los clubs en Mánchester.
5. Los amigos de Andrés le dijeron que ya habían comprado los billetes para visitarlo.
6. Andrés les pidió que le llevaran una bola de queso a Inglaterra.
7. Los amigos le prometieron que lo harían y le preguntaron qué más quería.

Ejemplo: 1. Mariela: «Ahora voy a una escuela internacional».

b) Pasa las frases al estilo indirecto.

Ejemplo: 1. Francisco les contó a sus padres que ya había encontrado trabajo.

1. Francisco les contó a sus padres: «Ya encontré trabajo».
2. Otro día les dijo: «El trabajo me gusta».
3. Le escribió a su novia: «Ya tengo casa y coche».
4. Un día la llamó y le pidió: «Ven a Alemania».
5. La novia le contestó: «¡Casémonos primero!»
6. Francisco le prometió: «Lo vamos a hacer pronto.»
7. Todos sus amigos les dijeron: «Os visitaremos en Alemania».

142/143
3. Mortadelo y Filemón – una historia de éxito en Europa

Mortadelo y Filemón es una serie de cómics humorística creada por el dibujante español Francisco Ibáñez. Se publicó por primera vez en 1958 y todavía sigue teniendo gran éxito: hasta hoy se han publicado más de 200 números.

El cómic lleva el nombre de los dos protagonistas. Ambos son agentes de la T.I.A. (Técnicos de Investigación Aeroterráquea), una organización que recuerda a la C.I.A. estadounidense. Si hubieras leído alguno de los primeros cómics sabrías que al principio Mortadelo y Filemón eran una parodia de Sherlock Holmes y su ayudante, el Doctor Watson. Más tarde se incluían también detalles paródicos de las historias del superagente británico James Bond.

En sus aventuras, Mortadelo y Filemón siempre tienen que encargarse de misiones muy peligrosas. Pero el torpe Mortadelo siempre mete la pata y por su culpa su jefe Filemón se lleva todos los golpes. Como consecuencia Filemón se enfada muchísimo con Mortadelo y lo persigue con la intención de vengarse de él, mientras Mortadelo se escapa disfrazado, muchas veces de animal.

¿Te hubieras podido imaginar que Mortadelo y Filemón no son sólo un fenómeno español sino que son conocidos en todo el mundo? Si te hubieran dicho que en inglés se llaman *Mort & Phil*, en danés *Flip & Flop* y en noruego, checo y alemán *Clever & Smart* te lo habrías creído. A lo largo de su historia las aventuras de Mortadelo y Filemón se han publicado en muchos países, desde Turquía hasta Brasil, pasando por casi toda Europa. A excepción de España, el país donde tienen mayor fama es Alemania, donde se han convertido en auténticos best sellers. Ibáñez ha visitado Alemania varias veces, provocando siempre largas colas de «fans» ansiosos por obtener un autógrafo del maestro.

COMPRENDER

1 **Mira el cómic y explica: ¿quién es Mortadelo y quién es Filemón?**

2 **¿Qué información está en el texto? ¿En qué líneas? ¿Y qué información no está en el texto?**

1. Mortadelo y Filemón son conocidos en casi toda Europa y en muchos otros países.
2. La T.I.A. es una organización estadounidense.
3. Filemón siempre está causando problemas a Mortadelo.
4. En Alemania Ibáñez ha tenido muchísimo éxito con sus cómics.
5. Mortadelo y Filemón tienen nombres diferentes en diferentes países.
6. Los cómics ya no se publican.

DESCUBRIR Y PRACTICAR

G 88

3 **Sieh dir die Beispiele an und erkläre, wie sich die Bedeutung der Sätze verändert, wenn das *condicional simple* oder das *condicional compuesto* verwendet wird.**

1. Si Eva hubiera estudiado más, no **tendría** tantos problemas en el examen.
2. Si Eva hubiera estudiado más, no **habría tenido** tantos problemas en el examen.

G 87 G 88

4 **Completa las frases con el condicional simple o compuesto.**

1. Si hubiera estudiado más, (aprobar) la asignatura.
2. Si mi primo no me hubiera invitado al cine ayer, me (quedar) en casa.
3. Si hubiera dormido más, no (estar) tan cansado ahora.
4. Si hubiera nevado esta mañana, (poder) esquiar.
5. Los chicos te (visitar) si hubieran sabido que estabas enferma.
6. Me (alegrar) mucho si hubierais podido venir a mi fiesta.
7. Si hubieras visto la película, no (decir) que es mala.
8. Si Ana y David nos hubieran preguntado, (jugar) al baloncesto con ellos.
9. Si hubierais leído el periódico, (saber) que hoy es el cumpleaños de Francisco Ibáñez.
10. Ibáñez no (visitar) Alemania varias veces si sus cómics no hubieran tenido tanto éxito allí.

G 88

5 **Explica cómo podría haber sido todo, bajo otras circunstancias.**

Ejemplo: 1. Si no hubiera llegado tarde a la estación, no habría perdido el tren.

1. Llegué tarde a la estación. Por eso perdí el tren.
2. Ana leyó el periódico. Vio el anuncio y encontró trabajo.
3. Fuisteis a esquiar sin abrigo. Ahora estáis enfermos.
4. Nunca he trabajado de camarero, por eso no sé si es difícil.
5. No estudiamos nada. No aprobamos el examen de mates ayer.
6. Pedro perdió su móvil. Ahora tiene que comprarse otro.
7. Llamaste muy tarde. Yo estaba durmiendo.
8. Sara olvidó el paraguas en casa. Ahora está empapada.

ACTIVIDADES

6 **¿Cuál es tu cómic favorito? Preséntalo en clase.**

ANEXO

EL ALFABETO

Das Alphabet

a [ɑ]	e [e]	j [xota]	n [ene]	r [ere]	w [uβe doβle]
b [βe]	f [efe]	k [ka]	ñ [eɲe]	s [ese]	x [ekis]
c [θe]	g [xe]	l [ele]	o [o]	t [te]	y [iɣɾjeɣa]
ch [tʃe]	h [atʃe]	ll [eʎe]	p [pe]	u [u]	z [θeta]
d [de]	i [i]	m [eme]	q [ku]	v [uβe]	

LOS SIGNOS DE PUNTUACIÓN

Die Satzzeichen

23/08/09

¡Hola, chamacos! ¿Cómo están ustedes? El mes pasado estuve con mi familia en Ciudad de México. Lo pasé súper bien: vi a mis parientes (y a mis amigos chilangos). También hice un montón de excursiones. Aquí les muestro las fotos ...

Fui con mi madre y con mi hermano al Parque Ecológico de Xochimilco en Ciudad de México; el parque es famoso por sus canales donde navegan pequeños barcos de muchos colores que se llaman «trajineras». En muchos lugares hay personas que venden tortillas y bebidas – y también hay mariachis.

la barra
los signos de interrogación
los signos de exclamación
la coma
los dos puntos
los paréntesis
los puntos suspensivos
LA MAYÚSCULA
el acento o la tilde
el punto y coma
la minúscula
las comillas
el punto
el guión
la tilde

LA PRONUNCIACIÓN

Die Aussprache

Las consonantes | Die Konsonanten

[β]	habitación, aventura
[b]	también
[θ]	cenar, ciudad, zapato
[tʃ]	mucho
[d]	deporte
[ð]	estudiar
[f]	profesor
[x]	generalmente, colegio, ojo
[g]	gato, gordo, gustar
[ɣ]	navegar
[ʎ]	zapatilla, ayudar
[dʒ]	llamar, yogur
[k]	café, costar, Cuba, querer, quizás, kilo
[l]	libro
[m]	mochila
[n]	plátano
[ɲ]	niño
[p]	pollo
[ɾ]	pero
[r]	barrio, recuerdo
[s]	pasar
[t]	cuatro
[(k)s]	examen

Las vocales | Die Vokale

[a]	pan
[e]	empezar
[i]	bicicleta, muy
[o]	caro
[u]	zumo

Der Vokal u wird nicht gesprochen nach q sowie zwischen g und e bzw. i: **que**, es**qui**ar, Mi**gue**l, **gui**tarra. In manchen Fällen wird das u ausgesprochen. Dann steht ein ü.

Los diptongos | Die Diphthonge

[ai]	bailar
[au]	restaurante
[ei]	voleibol
[eu]	euro
[oi]	voy
[j]	Alemania
[w]	agua

REGLAS DE ACENTO

Betonungsregeln

1. Wörter, die auf n, s oder Vokal enden, werden auf der vorletzten Silbe betont.

   e | **xa** | men
   lu | nes
   me | sa

2. Wörter, die auf Konsonant (außer n, s) enden, werden auf der letzten Silbe betont.

   ac | ti | vi | **dad**
   car | **tel**

3. Wörter, deren Betonung von dieser Regel abweicht, haben einen Akzent auf der betonten Silbe.

   tam | **bién**   **fá** | cil
   vi | **vís**   **mé** | di | co
   a | **llí**   **pá** | sa | me | lo

LOS NÚMEROS

Die Zahlen

0	cero	18	dieciocho	101	ciento uno/-a, un
1	uno, una, un	19	diecinueve	135	ciento treinta y cinco
2	dos	20	veinte	200	doscientos/-as
3	tres	21	veintiuno/-a, -ún	300	trescientos/-as
4	cuatro	22	veintidós	400	cuatrocientos/-as
5	cinco	23	veintitrés	500	quinientos/-as
6	seis	26	veintiséis	600	seiscientos/-as
7	siete	30	treinta	700	setecientos/-as
8	ocho	31	treinta y uno/-a, y un	800	ochocientos/-as
9	nueve	32	treinta y dos	900	novecientos/-as
10	diez	33	treinta y tres	1000	mil
11	once	40	cuarenta	2000	dos mil
12	doce	50	cincuenta	10000	diez mil
13	trece	60	sesenta	100000	cien mil
14	catorce	70	setenta	200000	doscientos/-as mil
15	quince	80	ochenta	500000	quinientos/-as mil
16	dieciséis	90	noventa	1000000	un millón
17	diecisiete	100	cien, ciento	2000000	dos millones

A

Hilfe erbitten / anbieten:

¿Puedes ayudarme?	Kannst du mir helfen?
¿Puedo ayudarte?	Kann ich dir helfen?
Tengo problemas con (...). ¿Me ayudas?	Ich habe Probleme mit (...). Hilfst du mir?
¿Tienes un boli/lápiz?	Hast du einen Kuli/Bleistift?

Um Wiederholung bitten:

¿Podría repetirlo, por favor?	Könnten Sie das bitte wiederholen?
¿Podría explicarlo otra vez?	Könnten Sie das noch einmal erklären?
(Yo) no lo entiendo.	Ich verstehe das nicht.
¿Podría hablar más lento, por favor?	Könnten Sie bitte langsamer sprechen?

Um Erklärungen oder Hinweise bitten:

¿Podría explicar (...)?	Könnten Sie (...) erklären?
Tengo una pregunta.	Ich habe eine Frage.
¿Cómo?	Wie bitte?
¿Qué?	Was?
¿Qué es eso?	Was ist das?
(Yo) no he entendido el / los ejercicio/s.	Ich habe die Aufgabe/n nicht verstanden.
No entiendo la palabra / frase «(...)».	Ich verstehe das Wort / den Satz „(...)“ nicht.
¿Qué significa / quiere decir «(...)»?	Was bedeutet „(...)“?
¿Cómo se llama esto en español?	Wie heißt das auf Spanisch?
¿Cómo se dice «(...)» en alemán/español?	Was heißt „(...)“ auf Deutsch/Spanisch?
¿Se puede decir también «(...)» ?	Kann man auch „(...)“ sagen?
¿Cómo se escribe «(...)»?	Wie schreibt man „(...)“?
¿Se escribe «(...)» con / sin «s»?	Schreibt man „(...)“ mit/ohne „s“?
¿Cómo se pronuncia «(...)»?	Wie spricht man „(...)“ aus?
¿Podría poner un ejemplo, por favor?	Könnten Sie bitte ein Beispiel nennen?
¿En qué página está?	Auf welcher Seite steht das?
¿Es correcto/incorrecto?	Ist das richtig/falsch?
¿Cuánto tiempo tenemos?	Wie viel Zeit haben wir?

Vorschläge erbitten / machen:

¿Qué hacemos ahora?	Was machen wir jetzt?
¿Sigo?	Soll ich weitermachen?
Empezamos desde el principio.	Wir fangen von vorne an.
Ahora te toca a ti. Después le toca a él/ella.	Jetzt bist du dran. Danach ist er/sie dran.

Sich entschuldigen:

Lo siento, no lo he hecho a propósito.	Tut mir leid, das habe ich nicht mit Absicht getan.
Lo siento, (no) es culpa mía.	Tut mir leid, das ist (nicht) meine Schuld.

INDICACIONES PARA LOS EJERCICIOS

Übungsanweisungen

Apunta las palabras.	Notiere die Wörter.
Averigua información sobre (...).	Finde Information über (...) heraus.
Busca información / las parejas / las ciudades.	Suche Information / die Paare / die Städte.
Compara con tu solución.	Vergleiche mit deiner Lösung.
Completa las frases / el texto / el mapa mental.	Vervollständige die Sätze / den Text / das Mind Map.
Contesta las preguntas.	Beantworte die Fragen.
Corrige las frases falsas.	Korrigiere die falschen Sätze.
Cuenta algo sobre (...).	Erzähle etwas über (...).
Da ejemplos.	Nenne Beispiele.
Deletrea la palabra.	Buchstabiere das Wort.
Describe al chico.	Beschreibe den Jungen.
Discutid en clase.	Diskutiert im Unterricht.
Elige un verbo / una situación.	Wähle ein Verb / eine Situation aus.
Escribe un texto.	Schreibe einen Text.
Escucha el texto.	Höre dir den Text an.
Escucha y repite.	Höre zu und wiederhole.
Explica en alemán/español.	Erkläre auf Deutsch/Spanisch.
Forma frases.	Bilde Sätze.
Formad grupos.	Bildet Gruppen.
Formula frases/preguntas.	Formuliere Sätze/Fragen.
Habla con tu compañero/-a.	Sprich mit deinem/-r Mitschüler/in.
Haz diálogos/preguntas.	Bilde Dialoge/Fragen.
Haz un mapa mental / un cartel / un folleto.	Erstelle ein Mind Map / ein Poster / eine Broschüre.
Inventa una pregunta / una respuesta.	Erfinde eine Frage / eine Antwort.
Lee el texto.	Lies den Text.
Mira la foto / el dibujo / el mapa.	Schau dir das Foto / die Zeichnung / die Karte an.
Ordena las frases.	Bringe die Sätze in die richtige Reihenfolge.
Practica la conjugación del verbo «ir».	Übe die Konjugation des Verbs „ir“.
Pregunta a tu compañero/-a.	Frage deine/n Mitschüler/in.
Preparad un diálogo / una encuesta / un folleto.	Bereitet einen Dialog / eine Umfrage / einen Prospekt vor.
Presenta a tu compañero/-a.	Stelle deine/n Mitschüler/in vor.
Presenta el resultado.	Präsentiere das Ergebnis.
Presentad el diálogo en clase.	Spielt den Dialog im Unterricht vor.
Relaciona las palabras / los dibujos.	Verbinde die Wörter / die Zeichnungen.
Termina las frases.	Beende die Sätze.
Toma apuntes.	Mache dir Notizen.
Trabajad en parejas / en grupos.	Arbeitet zu zweit / in Gruppen.
Utiliza las palabras / las expresiones / el pretérito indefinido.	Verwende die Wörter / die Ausdrücke / das *pretérito indefinido*.

SOLUCIONES

Lösungen

A

Unidad 8, página 107

1c, 2a, 3b, 4b, 5a, 6c, 7a, 8a

DESTREZAS

Auf den folgenden Seiten findest du eine Zusammenstellung der wichtigsten Lern- und Arbeitstechniken. Viele sind dir schon aus anderen Fremdsprachen sowie aus dem Deutschunterricht vertraut.

WORTSCHATZ

1 Wörter erschließen

Wenn dir ein Wort „neu“ erscheint, musst du nicht gleich im Wörterbuch nachschlagen. Mit ein paar einfachen Tricks kannst du die Bedeutung vieler spanischer Wörter herausfinden.
Du kannst unbekannte Wörter erschließen ...

... mit Hilfe anderer Sprachen

Viele spanische Wörter sind verwandt mit Wörtern aus Sprachen, die du schon kennst. Oft haben sie dieselbe oder aber eine ähnliche Bedeutung.

Spanisch	Englisch	Französisch	Deutsch
la justicia	justice	la justice	die Justiz

Was bedeuten die folgenden Wörter? Welche Wörter aus anderen Sprachen haben dir geholfen, die Bedeutung zu finden?
la ambición, el valor, el error, útil, ambiguo/-a, frágil, romper, brillar, persuadir

Merke Trotz dieser Verwandtschaften kann es Unterschiede in Aussprache, Schreibung, im Genus und manchmal auch in der Bedeutung geben!

⚠ Achte auf sogenannte „falsche Freunde“ („falsos amigos“).

el mantel (= die Tischdecke)	der Mantel (= el abrigo)

Manchmal deckt sich die Bedeutung der „falsos amigos“ zumindest teilweise.

curioso/-a (= 1. neugierig, 2. merkwürdig)	kurios (= merkwürdig)

... über Wortfamilien

Manchmal kennst du ein anderes Wort derselben Familie. An typischen Endungen kannst du außerdem die Wortart des unbekannten Wortes erkennen. Beides hilft dir, seine Bedeutung zu erschließen.

la lavadora → lavar
solo/-a → la soledad

... mit Hilfe des Kontextes

Die Bedeutung vieler Wörter lässt sich aus dem Textzusammenhang erschließen. Auch Abbildungen oder die Gestaltung des Textes können dir dabei helfen. (→ Destrezas, S. 184)

... mit Hilfe von Analogien

Manche Wörter werden nach ein und dem selben Muster gebildet. Kennst du eines dieser Wörter, kannst du auch die Bedeutung des oder der parallel aufgebauten Wörter ableiten.

Du kennst el mediodía. *Leite nun die Bedeutung von* la medianoche *ab.*

2 Die Bildung von Wörtern erkennen

Oft geben dir die Präfixe und Suffixe Auskunft über die Bedeutung des Wortes sowie über die Wortart und das Genus.

Präfixe	a-	nicht (atípico/-a)
	ante- oder pre-	vor (anteayer, prever)
	anti-	gegen (antihigiénico/-a)
	bi-	zwei (la bicicleta)
	co-/com-/con-	zusammen (colaborar)
	contra-	gegen (contradecir)
	e-/es-/ex-/extra-	hinaus, außer (enorme)
	des-/dis- oder i-/ir- oder im-/in-	gegensätzlich (la desventaja, irresponsable, imposible)
	pen-	fast (la península)
	pos-/post-	nach (la posguerra)
	sobre-	über (sobrevivir)
	sub-	unter (el subdesarrollo)

Suffixe	-dad/-tad/-tud	feminine Nomen (la ciudad, la mitad, la juventud)
	-ción/-sión	feminine Nomen (la afición, la decisión)
	-able/-ible	Adjektive (confortable, posible)
	-illo/-a / -ito/-a	Diminutive (la chiquilla, el cafecito)
	-ón/-ona / -azo/-a	Augmentative (la casona, el golpazo)

3 Wörter umschreiben

Wenn dir beim Sprechen oder Schreiben ein Wort nicht einfällt, kannst du versuchen, das fehlende Wort zu umschreiben oder zu erklären, was es bedeutet.
Hier findest du einige Möglichkeiten zur Umschreibung:

Es una persona / alguien que ___.
Es una cosa / algo que ___.
Es un lugar donde ___.
Se usa para ___.
La palabra significa ___.
Es otra palabra para / un sinónimo de ___.
Es lo contrario[1] / un antónimo[2] de ___.

1 **lo contrario** Gegenteil
2 **el antónimo** Gegenteil

4 Wortschatz lernen

Um dir Wörter besser merken zu können, solltest du sie in Gruppen anordnen und dann lernen bzw. wiederholen. Diese Strukturierung des Wortschatzes kannst du nach verschiedenen Kriterien vornehmen:

Nach Sachgruppen ordnen

Du kannst Wörter, die thematisch zusammengehören, auch zusammen lernen. Lege zu einem Oberbegriff eine ficha de vocabulario an, auf der du alle Wörter und Ausdrücke zusammenträgst, die zum Thema gehören.
Es ist sinnvoll, eine ficha de vocabulario nicht nur als Liste zu führen, sondern sie zu **strukturieren**, z. B. nach Unterthemen, nach Wortarten, (Gegensatz-)Paaren, Wörtern derselben Wortfamilie etc. Es kann auch nützlich sein, Kollokationen (= ganze Wendungen) zu notieren, in denen ein Wort häufig verwendet wird.

el tiempo
hace buen / mal tiempo
hace calor / frío
hace sol
llueve
nieva
está nublado
hace viento
hace ... grados
hay tormenta

Sammle alle Wörter und Ausdrücke, die zum jeweiligen Thema gehören.
aficiones, la familia, la ropa, el colegio, el paisaje

Nach Wortarten ordnen

Du kannst alle Verben, Nomen oder Adjektive als Untergruppen einer ficha de vocabulario zusammenfassen.

Wortpaare bilden

Bei manchen Wörtern bietet es sich an, sie paarweise zu ordnen. Diese Wortpaare können auch Gegensatzpaare sein.

la ciudad - el pueblo
nacer - morir
alto/-a - bajo/-a

Bilde Gegensatzpaare mit den folgenden Wörtern: la noche, bonito/-a, encontrar.

Synonyme gemeinsam lernen

Lerne Wörter, die die gleiche oder eine ähnliche Bedeutung haben, gemeinsam. Beachte dabei, dass es selten zwei völlig synonyme Wörter gibt. Notiere dir deshalb den Verwendungskontext oder die Konnotation.

bonito/-a (= schön) - guapo/-a (= hübsch)   hablar (= sprechen) - charlar (= plaudern)

Zu Wortfamilien ordnen

Fasse die Wörter, die zur selben Familie gehören, zusammen. Achte dabei auch darauf, wie die Wörter gebildet werden.

la foto - el/la fotógrafo/-a - fotocopiar
interesante - interesar - el interés
llamar - llamarse - la llamada telefónica

Finde Wörter, die zur Wortfamilie pasar *gehören.* (→ Lista alfabética, S. 300)

In Kollokationen lernen

Damit du Wörter im Kontext richtig verwendest, ist es sinnvoll, dass du dir den ganzen Ausdruck (= Kollokation) einprägst, in dem ein Wort verwendet wird.

sacar una buena nota   navegar en internet   jugar al fútbol   llegar a tiempo   ir de compras

GRAMMATIK LERNEN

Wenn du Unsicherheiten oder Lücken in deinen Grammatikkenntnissen feststellst, kannst du dir ein persönliches Trainingsprogramm aufstellen.

Welches Kapitel bereitet dir Schwierigkeiten? Wo findest du die entsprechenden Informationen?
- im Schülerbuch: Im Anhang auf S. 200 findest du eine Grammatik, die alle grammatischen Phänomene, die in **A_tope.com** eingeführt werden, übersichtlich darstellt;
- in den meisten Wörterbüchern, die meist ebenfalls einen Grammatikteil enthalten;
- in deinen eigenen Notizen. Führst du ein Grammatikheft oder eine Grammatikkartei?

Wie kannst du deine Lücken schließen?
- Lies dir die Erklärungen zu dem grammatischen Phänomen nochmals genau durch.
- Notiere dir die Beispielsätze aus dem Grammatikanhang sowie die Sätze aus den Texten im Schülerbuch, in denen das jeweilige Phänomen vorkommt, auf Karteikarten und präge sie dir ein. Evtl. gibt es auch einen besonders lustigen oder auffälligen Beispielsatz, der dir gut in Erinnerung bleibt, z. B. Si yo fuera tú, me enamoraría de mí.
- Bilde neue spanische Sätze nach diesem Muster. Wenn du dir unsicher bist, ob sie korrekt sind, frage z. B. deine/n Lehrer/in oder einen Muttersprachler.
- Manchmal kann dir folgende Methode helfen: Übersetze einige Beispielsätze ins Deutsche und schreibe sie auf. Übersetze diese Sätze zwei Tage später wieder ins Spanische und vergleiche sie mit den Ausgangssätzen.
- Mache die Übungen auf den Autocontrol-Seiten im Cuaderno de ejercicios. Hast du in einer Übung mehr als zwei Fehler gemacht, beachte die Hinweise neben den Lösungen. Mache die jeweilige Übung ggf. noch einmal.
- Arbeite mit einem Partner. Erklärt euch gegenseitig die Grammatik. Oft wird einem selbst etwas klarer, wenn man versucht es anderen zu erläutern.
- Fertige zu der entsprechenden Grammatik eine Karteikarte an.

HÖREN

1 Globales Hörverstehen

Beim Hören eines spanischen Textes brauchst du nicht immer jedes Wort zu verstehen. Wichtig ist, dass du den Textinhalt im Großen und Ganzen erfasst. Dazu ein paar Tipps:
- Vor dem Hören: Lies dir die Aufgabenstellung gut durch. Ist in der Aufgabenstellung bereits eine Situation angedeutet, mache dir klar,
  - um welche Situation es sich handelt,
  - worum es in dem Gespräch gehen könnte,
  - wer spricht,
  - was die Personen in dieser Situation sagen könnten.

  Falls es eine bildgestützte Hörverstehensübung ist, nutze auch die Bildinformationen.
- Auch Hintergrundgeräusche (z. B. Verkehrslärm, Kinderlachen ...) oder der Ton, in dem jemand spricht (z. B. Wut, Freude, Überraschung), können dir wichtige Hinweise liefern.
- Um zu verstehen, worum es im Text insgesamt geht, können dir die sogenannten W-Fragen helfen (Wer? Wo? Wann? Was? Warum? Wie?).
- Notiere die wichtigen Informationen in Stichpunkten. Am besten trägst du sie in eine Tabelle ein (s. unten).
- Wenn du die Möglichkeit hast, einen Text mehrmals zu hören, dann konzentriere dich beim ersten Hören auf die Wörter oder Passagen, die du verstehst. Versuche beim nächsten Hören, auf diese „Verstehensinseln" aufzubauen und weitere Informationen zu entschlüsseln. Du wirst feststellen: Bei jedem Hören verstehst du mehr!

Notizen machen
- Notiere nur Stichwörter, schreibe keine ganzen Sätze.
- Notiere jede neue Information in eine neue Zeile. Benutze dabei Spiegelstriche.
- Kürze lange Wörter ab, lasse Artikel und Konjunktionen weg.
- Benutze Abkürzungen: p. ej. (por ejemplo), etc. (etcétera), aprox. (aproximadamente), –, +, =, ≠, → (für eine Folgerung). Du kannst dir auch eigene Abkürzungen ausdenken.
- Achte zunächst nicht auf die Orthographie eines Wortes. Korrigieren solltest du erst hinterher.
- Höre während des Schreibens weiter zu.

A

2 Selektives Hörverstehen

Oft geht es darum, einem Hörtext nur ganz bestimmte Informationen zu entnehmen.
- Vor dem Hören: Lies dir die Fragestellung genau durch. Welche Informationen sollst du heraushören? Wenn die Fragestellung es nahelegt, bereite eine Tabelle vor, in die du die gesuchten Informationen später eintragen kannst.

Tabelle zu S. 10/3:

	Javier	Teresa	Andrés
¿De dónde son?			

- Konzentriere dich dann beim Hören des Textes vor allem auf die für dich wichtigen Passagen.
- Mache dir beim Hören, wenn nötig, Notizen (s. oben).
- Trage die gesuchten Informationen in die Tabelle ein.

3 Detailgenaues Hörverstehen

In manchen Situationen ist es wichtig, viele bzw. alle Einzelheiten zu verstehen (z. B. bei einer Bahnhofsdurchsage).
- Versuche beim ersten Hören, den Text global zu verstehen.
- Nutze dieses Globalverständnis, um bei jedem weiteren Anhören weitere Informationen zu erschließen.
- Notiere dir alle wichtigen Details, die du verstanden hast.

LESEN

1 Texte über ihre Gestaltung erschließen

Noch bevor du einen Text komplett liest, kannst du bereits einige Vermutungen über seinen Inhalt anstellen.
- Verrät dir das Druckbild etwas über die Textsorte (Brief, Zeitungsbericht, Werbeanzeige/-prospekt, Gedicht, Dialog bzw. Theaterstück ...)?
- Liefert die visuelle Gestaltung des Textes Hinweise auf die Textgliederung (Sinnabschnitte, Zwischenüberschriften, erzählende bzw. dialogische Passagen, stichpunktartige Informationen bzw. ausführliche Beschreibungen ...)?
- Was lässt sich durch die Überschrift über den Text inhaltlich antizipieren?
- Welche Informationen geben dir Fotos oder Illustrationen (evtl. mit Bildunterschriften)?

2 Globales Leseverstehen

Bei einer ersten Lektüre genügt es, den Text im Großen und Ganzen zu verstehen, ohne sich auf Einzelheiten zu konzentrieren. Überlege schon vor dem Lesen, was du bereits zum Thema des Textes weißt. Um nach der Lektüre zu überprüfen, ob du den Textinhalt global verstanden hast, können dir die W-Fragen helfen (Wer? Wo? Wann? Was? Warum? Wie?). Oder du stellst dir eine zusammenfassende Frage, z. B. Worum geht es in dem Text? Was ist die Kernaussage / das Hauptproblem / der zentrale Konflikt?

3 Selektives Leseverstehen

Manchmal genügt es, einem geschriebenen Text nur bestimmte Informationen zu entnehmen.
Das erreichst du durch zielgerichtetes Lesen:
- Lies dir vor der Textlektüre die Fragestellung genau durch.
- Konzentriere dich dann beim Lesen nur auf die für dich wichtigen Passagen.

4 Detailgenaues Leseverstehen

Manche Texte musst du in jedem Detail verstehen (z. B. einen zu unterschreibenden Vertrag).
- Gehe dabei von den Passagen aus, die du gut verstehst („Verstehensinseln bilden").
- Kläre dann Schritt für Schritt die noch fehlenden Teile. Versuche dabei, die Bedeutung jedes Satzes genau zu erschließen. Nutze dabei die Hilfen, die dir der Kontext bietet, oder eventuelle zusätzliche Informationsquellen (z. B. Illustrationen, Zwischenüberschriften o. Ä.). Zur Überprüfung deines Leseverständnisses kannst du versuchen, den Satz mit eigenen Worten auf Spanisch auszudrücken. Bei besonders komplizierten Sätzen kann es dir helfen, den Satz ins Deutsche zu übersetzen.
- Evtl. musst du ein Wörterbuch zu Rate ziehen. (→ Destrezas, S. 197)

5 Texte über Schlüsselbegriffe erschließen

Versuche im Text Schlüsselbegriffe oder -sätze zu finden, die die wesentliche(n) Aussage(n) des Textes beinhalten. Überprüfe:
- Gibt es Begriffe, die besonders wichtig sind (Schlüsselbegriffe)?
- Gibt es Sätze, die Textabschnitte zusammenfassen (oft am Anfang und am Ende eines Absatzes)?

6 Texte gliedern

Manchmal ist es für das Verständnis hilfreich, wenn du dir deutlich machst, in welche inhaltlichen Abschnitte sich der Text gliedern lässt. Dazu überlegst du, welche Überschriften du den einzelnen Abschnitten geben würdest. Du verdeutlichst dir damit zugleich, welche Themen oder Einzelaspekte jeweils angesprochen werden.

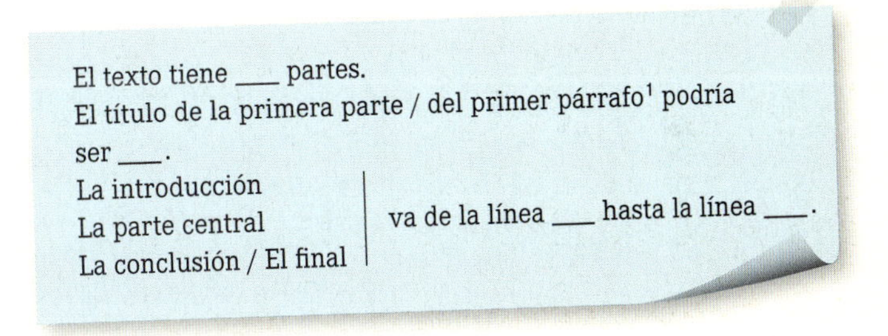

1 **el párrafo** Abschnitt

7 Textinhalte paraphrasieren

Du kannst dein Textverständnis überprüfen, indem du Inhalte mit eigenen Worten wiedergibst oder den Textinhalten vorgegebene Sätze zuordnest. Hilfen für die eigenständige Formulierung deines Textes bietet dir das einsprachige Wörterbuch. (→ Destrezas, S. 199)

8 Textinhalte visuell darstellen

Zum genaueren Verständnis eines Textes ist es nützlich, die einzelnen Informationen nach bestimmten Oberbegriffen oder Kategorien zu ordnen, z. B. nach Informationen zu Personen, Aktivitäten, Argumenten. Die Textinformationen kannst du als Mind-Map, als Tabelle, als Diagramm o. Ä. darstellen.

Mind-Map zum Text S. 18:

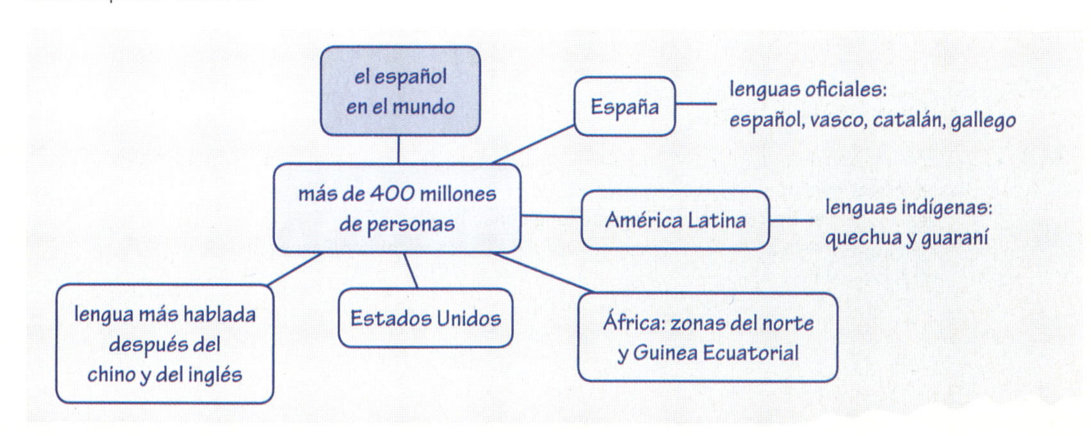

A

9 Textinhalte gemeinsam erarbeiten

Um einen Text gemeinsam zu erarbeiten („kooperatives Lernen"), gibt es verschiedene Vorgehensweisen:

„Placemat" (Methode nach Cathy und Norm Green)

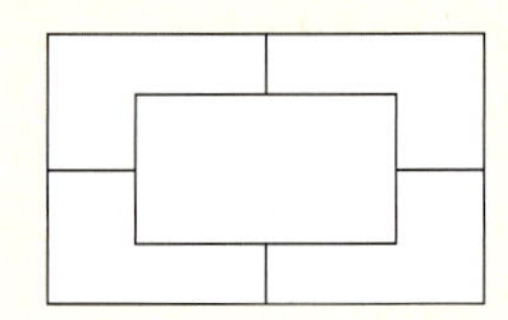

1. Gruppenbildung: Bildet Gruppen von vorzugsweise vier Schülern/-innen.
2. Jede Gruppe erhält einen großen Bogen Papier (A3 oder größer) und zeichnet sich ein „Placemat". Jede/r Schüler/in hat im Außenbereich des Blattes ein eigenes Feld.
3. Stillarbeit: Jede/r Schüler/in liest den Text zunächst für sich und notiert sich die wichtigsten inhaltlichen Informationen auf seinem/ihrem Feld. Unbekannter Wortschatz kann bei Bedarf im chronologischen Vokabelverzeichnis nachgeschlagen werden.
4. Diskussion in spanischer Sprache: Vergleicht und diskutiert eure Stichpunkte. Einigt euch auf ein gemeinsames Ergebnis und tragt es in das mittlere Feld ein.
5. Zum Schluss präsentiert jede Arbeitsgruppe ihr Ergebnis vor der Klasse.

> Vamos a hablar sobre ___. / En el texto hay información sobre ___.
> Primero (el texto habla de) ___.
> Después ___. Al final ___.
> Además (habla de) ___.

„Lernen durch Lehren" (Methode nach Jean-Pol Martin)

1. Bildet Gruppen und erarbeitet euch den neuen Text mit Hilfe des chronologischen Vokabelverzeichnisses.
2. Überlegt dann einen Einstieg in die Textarbeit mit euren Mitschülern/-innen: Wie könnt ihr das Interesse für den neuen Text wecken (Fragen, Zitat, Foto, Karikatur, Zeichnung, Lied ...)?
3. Wann und wie wollt ihr die neuen Vokabeln und evtl. die neue Grammatik einführen – bevor oder nachdem eure Mitschüler/innen den Text zum ersten Mal gelesen haben?
4. Wie wollt ihr den Text präsentieren (z. B. als Lesetext anhand des Buches, als Hörtext von der CD, als schrittweise aufgedeckten Text auf einer OHP-Folie, als Textpuzzle ...)?
5. Wie könnt ihr das Textverständnis eurer Mitschüler/innen überprüfen? (Fragen, Lückentexte, auf Textinformationen basierende Rollenspiele ...)

Tipp Verteilt die Aufgaben, die ihr bei der Durchführung eurer Präsentation übernehmen werdet, innerhalb eurer Gruppe. Denkt bei der Vorbereitung eures Auftritts auch an die euch zur Verfügung stehende Zeit. Bereitet euch auf Fragen eurer Mitschüler/innen vor, damit ihr ggf. flexibel reagieren könnt.

> Hoy vamos a presentar / hablar sobre ___.
>
> ¿Podrías hablar más fuerte[1], por favor?
> ¿Podrías repetirlo, por favor?
> ¿Podrías explicarlo, por favor?

1 **fuerte** *hier:* laut

10 Ein Bild beschreiben

- Definiere zunächst, um was für eine Art von bildlicher Darstellung es sich handelt (Gemälde, Foto ...)?
- Beginne deine Beschreibung mit den auffälligsten Elementen des Bildes – sie befinden sich meist im Vordergrund und in der Mitte – und beschreibe anschließend die weniger auffälligen Elemente und den Hintergrund.
- Nach der Beschreibung folgt die Interpretation des Bildes: Was soll ausgedrückt werden? Wie wirkt das Bild? Was für ein Effekt soll erzielt werden?
- Du kannst am Ende auch deine eigene Meinung äußern.

Aquí veis Os presento	un cuadro de ___. una foto. un folleto. un mural de ___. un autorretrato de ___.

Arriba/Abajo En el centro Adelante Atrás A la izquierda/derecha	hay / está/n ___. se puede/n ver ___.

Cerca Detrás Delante Al lado	del / de la	hay / está/n ___. se puede/n ver___.

(El cuadro) muestra/presenta/expresa ___.

Me parece bonito/-a / feo/-a / interesante / genial.
Me gusta/n ___.

11 Eine Statistik auswerten

- Gib zunächst an, was in der Statistik/Graphik dargestellt ist.
- Fasse dann die mit (Prozent-)Zahlen und Symbolen ausgedrückten Mengenverhältnisse in Worte. Dadurch machst du gleichzeitig Aussagen zu ihrer Bedeutung.

el gráfico de barras

el diagrama circular

1990	2000	2001
13.000	15.000	14.000

el cuadro

el gráfico de curvas

Esta estadística muestra ___.
Este cuadro/gráfico/diagrama presenta los resultados de una encuesta[1] sobre ___ hecha en ___.

El/Un Más o menos el/un Un poco más/menos del / de un	40 por ciento	de los españoles de los encuestados[3]	dice/n que ___. piensa/n / cree/n que ___. declara/n[4] que ___.
La (gran) mayoría / La mayor parte La minoría[2] La mitad Un tercio / Dos tercios Un cuarto / Tres cuartos			
Uno de cada cinco españoles			

1 **la encuesta** Umfrage 2 **la minoría** Minderheit 3 **el/la encuestado/-a** der/die Befragte 4 **declarar** erklären

SPRECHEN

1 Gespräche

Um in Gesprächssituationen gut klarzukommen, helfen dir die Dialoge aus dem Lehrbuch und die Para-comunicarse-Kästen in der chronologischen Liste.

Hier findest du eine Zusammenstellung wichtiger Ausdrücke für häufige Gesprächssituationen:

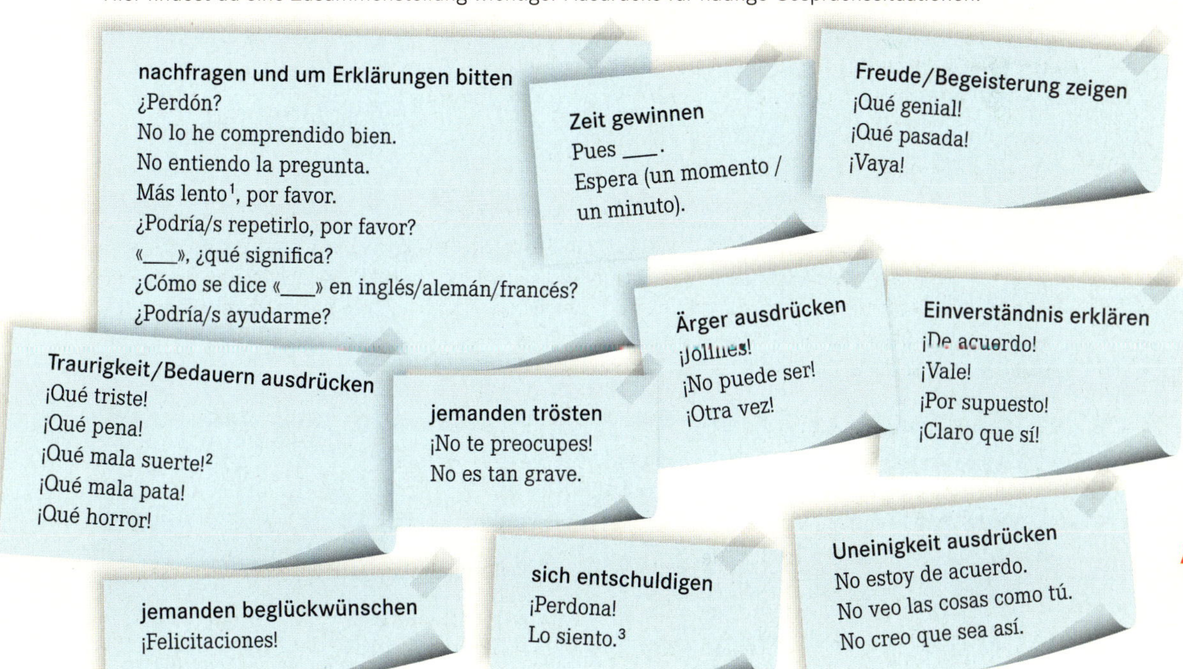

1 **lento** langsam 2 **¡Qué mala suerte!** Was für ein Pech! 3 **Lo siento.** Es tut mir leid.

2 Diskutieren

Eine Diskussion vorbereiten

- Überlege dir genau, wie das **Thema** lautet. Ein Brainstorming oder eine Sammlung von Assoziationen oder verwandten Themen kann eine nützliche Basis für das Finden von Argumenten sein.
- Was willst du in der Diskussion erreichen? Notiere dein **Diskussionsziel**.
- Notiere dir stichpunktartig die **Argumente** für deine Position. Kannst du sie mit konkreten **Beispielen** belegen?
- Überlege dir auch die Argumente, die dein Diskussionspartner vorbringen könnte. Wie wirst du auf diese reagieren? Überlege dir die **Gegenargumente**.
- Wahrscheinlich musst du deinem Gesprächspartner entgegenkommen, um ihn zu überzeugen. Überlege dir auch ein **Kompromissangebot**.
- Suche nach passenden **Redewendungen und Ausdrücken**.

Eine Diskussion führen

- Bleibe **sachlich** und **höflich**; andere Meinungen solltest du respektieren, auch wenn du sie nicht teilst.
- **Frage nach**, wenn du ein Argument nicht verstehst.
- Lass die anderen **ausreden**.
- Sprich **klar und deutlich** und formuliere gut verständliche Sätze.

Hier findest du wichtige Redemittel, die du in einer Diskussion verwenden kannst:

seine Meinung äußern
Yo pienso / creo que ___.
Me parece que ___.
Desde mi punto de vista[1] ___.
Para mí ___.

(nach)fragen
¿Qué piensas sobre ___?
¿Qué significa para ti ___?
¿Qué quieres decir con ___?
Me gustaría saber si ___.
¿Piensas que ___?
¿En qué piensas cuando ___?

zustimmen
De acuerdo.
Tienes razón.
Es exactamente mi punto de vista.
¡Por supuesto! / ¡Claro que sí!
Es una buena idea.
Es verdad.
¿Por qué no?

ablehnen
No estoy de acuerdo (contigo).
No veo las cosas como tú.
No es verdad. / Es falso.
¡De ninguna manera![2] / ¡Claro que no!

etwas vorschlagen
¿Por qué no ___?
Podemos cambiar de tema.

1 **el punto de vista** Standpunkt 2 **¡De ninguna manera!** Auf keinen Fall!

3 Rollenspiele

Willst du mit anderen ein Rollenspiel erarbeiten, beachte folgende Punkte.

- Überlege: Wen stellst du dar und was verlangt deine Rolle von dir?
- Mache dir einen Stichwortzettel bzw. notiere in kurzen Sätzen, was du sagen möchtest.
- Überlege dir, was dein/e Dialogpartner antworten könnte/n. Bereite mögliche Antworten darauf vor.

Stichwortzettel zu S. 53/6/links:

tu hermano/-a	tú
- Yo siempre pongo la mesa. - Estoy viendo la tele. Quiero ver el final de la película. - ___.	- Yo siempre te recojo de la piscina. - Ahora no tengo tiempo. - ___.

4 Präsentieren / Ein Referat halten

Mit einer Präsentation bzw. einem Referat stellst du Inhalte vor, die deine Mitschüler/innen noch nicht kennen. Eine Präsentation sollte also informativ sein und das Interesse für das Thema wecken.

Die Präsentation / Das Referat vorbereiten

- Wähle ein Thema aus und überlege dir, welche inhaltlichen Aspekte dazugehören.
- Wenn ihr in der Gruppe arbeitet, so teilt euch die Unterpunkte auf. Besprecht alle folgenden Schritte gemeinsam.

Das Thema bearbeiten und strukturieren

- Sammle die Informationen zum Thema und werte sie aus (→ Destrezas, S. 190): Wähle diejenigen aus, die wichtig und interessant für deine Mitschüler/innen sind. Versuche, nicht zu viele Details anzugeben. Überlege auch, welches Anschauungsmaterial du verwenden willst (z. B. Fotos, Schemata, Tabellen ...).
- Strukturiere deinen Vortrag:
  - Aus wie vielen Teilen soll er bestehen?
  - Womit soll begonnen, womit geendet werden?
  - Notiere dir stichpunktartig auf Spanisch, was du zu jedem Unterpunkt sagen möchtest. Lies keinen vorgeschriebenen Text vor.
  - Bereite eine kurze Einleitung vor, die das Interesse der Zuhörer weckt.
  - Fertige eine Gliederung an, die du deinen Zuhörern als Übersicht geben kannst (z. B. als Handout mit Raum für Notizen).

Den Vortrag vorbereiten

- Bereite die Erklärungen der unbekannten Wörter, die du verwenden wirst, vor.
- Wenn ihr in der Gruppe arbeitet, so teilt eure Rollen auf: Wer spricht worüber, wer erklärt die Vokabeln, wer zeigt was?
- Bereite dich auf eventuelle Fragen deiner Zuhörer vor (s. unten).
- Übe den Text laut vorzutragen, wenn möglich mit Zuhörern. Musst du noch etwas umformulieren, zusammenfassen, genauer ausführen? Ist die Dauer deines Vortrags angemessen?

Die Präsentation / Das Referat

- Teile deinen Mitschülern/-innen die Gliederung aus. Auch die Worterklärungen sollten schriftlich vorliegen (z. B. auf dem Handout, an der Tafel, auf Folie).
- Sprich laut, langsam, deutlich und so frei wie möglich.
- Halte Blickkontakt mit deinen Zuhörern.
- Fasse die wichtigsten Informationen am Ende jedes Teilkapitels zusammen und mache dann eine kleine Pause.
- Gib deinen Zuhörern entweder nach jedem Unterpunkt oder im Anschluss an den gesamten Vortrag die Gelegenheit, Fragen zum Thema zu stellen. Auf solche eventuellen Fragen solltest du vorbereitet sein.
- Um zu überprüfen, ob deine Mitschüler/innen deinen Vortrag gut verstanden haben, kannst du ihnen zum Abschluss einige Testfragen stellen oder ein Quiz durchführen.

Hier findest du wichtige Redemittel für deine Präsentation:

das Thema einführen
Hoy voy a hablar sobre ___.
El tema de mi presentación es ___.
Quiero presentar (a) mi libro/ grupo de música/ artista favorito.
¿Ya sabéis algo sobre ___?

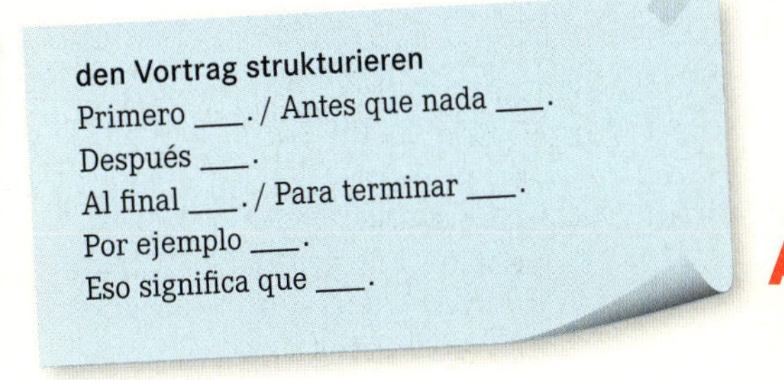

Bei der Beurteilung der Präsentation oder des Referats eurer Mitschüler/innen kann ein Evaluationsbogen nützlich sein. Ein Beispiel:

	sí	no	más o menos
La presentación ha sido interesante.	☐	☐	☐
Los ponentes[1] han dado la información más importante.	☐	☐	☐
Han estructurado bien la presentación.	☐	☐	☐
Han utilizado un lenguaje[2] sencillo y frases cortas y claras.	☐	☐	☐
Han explicado las palabras nuevas.	☐	☐	☐
Han hablado lento[3].	☐	☐	☐
Han utilizado bien las nuevas tecnologías[4].	☐	☐	☐
Han estado en contacto con el curso.	☐	☐	☐
Han dado tiempo para preguntar.	☐	☐	☐

Lo que he aprendido ___.

Lo que no he comprendido ___.

1 **el/la ponente** der/die Referent/in 2 **el lenguaje** Sprache 3 **lento** langsam 4 **las nuevas tecnologías** die neuen Medien

5 Informationen sammeln und auswerten

Informationen sammeln

Grenze das Thema genau ein. Welche Informationen gehören unbedingt dazu, welche gehen über das Thema hinaus und sind insofern unwichtig für deine Recherche?

Ein Brainstorming oder das Sammeln von Assoziationen zum Thema, z. B. mit Hilfe eines Mind-Maps, kann dir wertvolle Hinweise für deine Informationssuche liefern.

Am besten benutzt du mehrere Quellen für deine Informationssuche:
- Enthält das Lehrbuch Informationen zum Thema (z. B. in Lektionstexten oder im Anhang)?
- Findest du weitere Informationen in Nachschlagewerken (z. B. Enzyklopädien, Geschichtsbüchern, Atlanten ...) oder im Internet?
- Gibt es Personen oder Organisationen, die dir Auskünfte erteilen oder Informationsmaterial zur Verfügung stellen könnten?

Recherche im Internet
- Welche Suchbegriffe führen dich zu den für dich wichtigen Informationen?
- Sind die Seiten, die du gefunden hast, als verlässliche Quellen einzustufen? (Informationen, die du z. B. in Wikipedia gefunden hast, soll
test du mit Hilfe einer weiteren Quelle absichern.)

Informationsquellen
Nützliche Informationsquellen zu Spanien und Lateinamerika sind z.B. El pequeño Larousse (Enzyklopädie) und Encarta (es.encarta.msn.com). Auch in den spanischen und lateinamerikanischen Botschaften oder Kulturinstituten – im Instituto Cervantes und im Ibero-Amerikanischen Institut – kann man vielfältige Informationen erhalten.
Aktuelle Informationen kann man der Presse entnehmen. In Spanien erscheinen z. B. die Tageszeitungen El País, El Mundo, La Vanguardia, in Argentinien die Zeitung Clarín. Die meisten dieser Printmedien kannst du im Internet abrufen, ebenso wie viele Rundfunk- und Fernsehsender. Dazu gehören die öffentlich-rechtlichen Sender TVE1 „La Primera«, La2, aber auch Regionalsender wie CanalSurTV/Radio und private Sender wie Telecinco. Eine nützliche Internetquelle, um aktuelle Informationen zu erhalten, ist BBC Mundo (www.bbc.co.uk/spanish), der spanischsprachige Service der BBC.

Informationen auswerten

- Mache dir Notizen zu deinem Thema. Wenn du Kopien benutzt, ist es hilfreich, die für dich wesentlichen Informationen farbig zu markieren.
- Notiere dir immer, wo du die Informationen gefunden hast.
- Ordne deine Notizen so, dass du sie weiterverwenden kannst – z. B. als Basis für ein Referat / eine Präsentation. Unterscheide dabei Wichtiges von Unwichtigem.
- Wenn du eine graphische Darstellung auswerten sollst (z. B. Tabelle, Diagramm), kann es dir helfen, mit deinen eigenen Worten auszudrücken, was darauf dargestellt ist. (→ Destrezas, S. 187)
- Liegt dir hingegen ein Text mit vielen Zahlen vor, kannst du versuchen, diese graphisch darzustellen.
- Hast du Informationen aus verschiedenen Quellen zum selben Thema gesammelt, ist es nützlich, diese nach Teilaspekten zu gruppieren (z. B. auf Karteikarten), zu vergleichen und zusammenzufassen.

SCHREIBEN

Erinnere dich an die Schreibregeln, die du aus dem Deutschunterricht und dem Unterricht der anderen Fremdsprachen kennst (Textthema, Textsorte, Umfang des Textes, Tempus). Du kannst diese Regeln auf das Erstellen spanischer Texte übertragen.

1 Eine Zusammenfassung schreiben

Eine Zusammenfassung enthält in knapper und sachlicher Form die wichtigsten Informationen des Ausgangstextes. Diese findest du, indem du
- bei einem erzählenden Text die W-Fragen stellst (Wer? Was? Wann? Wo? Wie? Warum?),
- bei einem informativen Text nach dem Textthema, den Hauptinformationen bzw. -argumenten und einer möglichen Schlussfolgerung fragst.

Folgende Regeln helfen dir beim Verfassen einer Zusammenfassung:
Eine Zusammenfassung
- ist immer deutlich kürzer als der Ausgangstext.
- beginnst du mit einem einleitenden Satz zum Thema des Ausgangstextes.
- verfasst du in der 3. Person Präsens.
- schreibst du mit eigenen Worten.
- enthält nur Fakten aus dem Text, keine direkte Rede, keine Zitate und keine eigene Wertung.

2 Eine Personenbeschreibung verfassen

- Lies dir den Ausgangstext genau durch und notiere dir in gegliederter Form alle Informationen zum Aussehen, zum sozialen Umfeld (Familie, Freunde, Ausbildung/Beruf, Hobbys ...) sowie zum Charakter und Verhalten der Figur. Achtung: Diese Informationen sind manchmal auch indirekt im Text enthalten, z. B. in Äußerungen anderer über die Figur oder in Reaktionen, die die Figur zeigt.
- Beginne deine Personenbeschreibung mit grundlegenden Informationen über die Figur (z. B. Name, Alter, Wohnort).
- Beschreibe ihr Äußeres und ihr soziales Umfeld.
- Gehe dann auf den Charakter und das Verhalten der Figur ein. Um deine Aussagen zu belegen, kannst du Zitate aus dem Ausgangstext anführen.
- Verfasse deinen Text im Präsens.
- Stichpunktartig kannst du die Informationen zu einer Figur in einer ficha de identidad festhalten. Diese kann Ausgangspunkt für eine ausformulierte Personenbeschreibung sein.

Beispiel einer ficha de identidad zum Text S. 101:

Susana:
- joven
- rubia
- agente de viajes
- formación: técnica superior en agencia de viajes
- agencia de viajes: «Ven y viaja» (antes), «Sol y Luz» (ahora)
- le gusta la agencia, no le importa tener estrés y hacer horas extra

A

Hier findest du Redemittel, um eine Person zu beschreiben:

über das Äußere einer Person sprechen
Es joven / viejo/-a / alto/-a / bajo/-a / rubio/-a / de pelo castaño/negro / pelirrojo/-a / delgado/-a / gordo/-a / guapo/-a / ___.

über Hobbys sprechen
Le gusta nadar / cocinar / tomar fotos / montar a caballo / ___.
Toca la guitarra / la flauta / el piano / la batería / ___.
Juega al fútbol / al voleibol / al baloncesto / al tenis / ___.

über den Charakter einer Person sprechen
Es amable[1] / rudo/-a[2] / alegre / serio/-a / sincero/-a[3] / falso/-a / bondadoso/-a[4] / maligno/-a[5] / tranquilo/-a / inteligente / ___.

1 **amable** freundlich 2 **rudo/-a** harsch, unfreundlich
3 **sincero/-a** aufrichtig, ehrlich 4 **bondadoso/-a** gutmütig
5 **maligno/-a** bösartig

3 Textinhalte erläutern

Aufgaben, bei denen Textinhalte analysiert werden sollen, erkennst du meist an bestimmten Signalwörtern, z. B. Explica ___ / Analiza ___ / Compara ___. Hier geht es nicht nur darum, dass du – wie bei Aufgaben zum Textverständnis (comprender/comprensión de lectura) – Textinhalte mit eigenen Worten wiedergibst, sondern dass du in einem zweiten Schritt auch ihre Bedeutung erklärst oder Zusammenhänge aufzeigst.

Este texto trata de[1] ___.
Eso quiere decir[2] que ___.
Este párrafo[3] / Esta frase muestra/expresa que ___.
Es decir ___. / O sea[4] ___.
El texto es convincente[5] porque ___.

1 **tratar de** handeln von 2 **eso quiere decir** das bedeutet 3 **el párrafo** Abschnitt 4 **o sea** das heißt 5 **convincente** überzeugend

4 Eine persönliche Stellungnahme verfassen

In einem comentario personal sollst du zu einer Frage, einer These oder einem Problem persönlich Stellung nehmen, deine eigene Meinung formulieren und eigene Erfahrungen einbringen. Die Aufgaben enthalten häufig Aufforderungen wie: Comenta ___. / Expón ___. / Justifica tu opinión. Bei der Aufgabenstellung ist es notwendig, sich auf den Ausgangstext zu beziehen, z. B. wenn es darum geht, vorgegebene Fakten mit deiner eigenen Situation zu vergleichen. Folgende Hinweise können dir beim Verfassen eines comentario personal helfen:

- Brainstorming: Notiere dir zunächst stichpunktartig Argumente für und wider, bilde dir deine eigene Meinung und wähle dann die Argumente aus, die du für stichhaltig hältst.
- Aufbau: Mit einer knappen Einleitung (una introducción) führst du zum Thema hin. Im Hauptteil solltest du einige Argumente oder Aspekte eines Themas ausführen. Mit einer kurzen conclusión am Ende bringst du deine Position zusammenfassend auf einen Punkt.
- Argumentation: Bemühe dich, logisch und nachvollziehbar zu argumentieren und deine Argumente, wenn möglich, mit einem Beispiel zu belegen. Besonders überzeugend wirkt dein comentario personal, wenn du das wichtigste Argument als letztes ausführst.
- Sprache: Schreibe im Präsens. Dein Text wirkt flüssig und klar gegliedert, wenn du die Sätze durch entsprechende Ausdrücke verbindest.

Primero ___. / Al principio ___. / Para empezar ___. / Antes que nada ___.
En primer lugar ___. / En segundo lugar ___. / En tercer lugar ___.
Después ___. / Luego[1] ___.
Además ___.
Finalmente[2] ___. / Al final ___. / Para terminar ___.
Eso significa/muestra que ___.
Generalmente ___. / Normalmente ___.
Seguramente ___. / Efectivamente[3] ___. / Probablemente[4] ___.
Por eso ___. / Por lo tanto[5] ___.
Pero ___. / Al contrario[6] ___.
Por un lado ___, por otro lado[7] ___.
En mi opinión[8] ___. / Para mí ___.
Pienso / Creo / Opino[9] / Diría / Me parece / Estoy convencido/-a[10] de / Supongo[11] que + *indicativo* ___.
No pienso / creo / me parece / estoy convencido/-a de que + *subjuntivo* ___.
No estoy de acuerdo con que ___. / No entiendo por qué ___.
En resumen[12] ___.

1 **luego** dann 2 **finalmente** schließlich 3 **efectivamente** tatsächlich 4 **probablemente** wahrscheinlich 5 **por lo tanto** daher 6 **al contrario** im Gegenteil 7 **por un lado [...] por otro lado** auf der einen Seite [...] auf der anderen Seite 8 **en mi opinión** meiner Meinung nach 9 **opinar** meinen 10 **convencido/-a** überzeugt 11 **suponer** annehmen, vermuten 12 **en resumen** zusammengefasst

5 Eine Postkarte / Einen Brief / Eine E-Mail schreiben

Barcelona, 21 de diciembre de 2009 — *Datum*

Anrede: an eine/n Freund/in / eine/n Bekannte/n ___ Querido Jaime / Querida Ana:

an einen Unbekannten ___ Estimados señores y señoras:

Beispiel für einen Brief an eine/n Freund/in / eine/n Bekannte/n ___ ¿Qué tal? Voy a pasar las vacaciones en casa de mi tía. Estoy muy contento/-a porque me encanta estar con mis primos. Y tú, ¿qué vas a hacer en las vacaciones?

Beispiel für einen Brief zur Anforderung von Informationsmaterial ___ Mi familia y yo vamos a pasar las vacaciones de verano en La Habana / Cuba. ¿Podrían mandarme folletos sobre la ciudad / el país?

Du beendest den Brief an eine/n Freund/in ___ Besos / Un abrazo

an eine/n Bekannte/n ___ (Muchos) saludos

an einen Unbekannten ___ (Muy) atentamente / Reciban un cordial saludo

Du lässt Grüße an jemanden ausrichten ___ Muchos saludos a tus padres / a Isabel

A

Briefkopf ______ SAGASA Motores - Huesca

Absender ______ Francisca Pérez Martínez
Avda. Rosas, 65, 4º 3ª
22107 Huesca
fperez@sagasa.es

Huesca, 13 de marzo de 2010
Datum

Empfänger ______ Stella Maris, S.L.
Servicios integrales
Pza. Mercadel, 3, pta. bja.
22107 Huesca

Betreff ______ Asunto: Salón de fiestas

Anrede: an einen unbekannten Ansprechpartner ______ Estimados señores y señoras:

an einen bekannten Ansprechpartner ______ Estimado/-a Sr/a. González:

Beispiel für eine Anfrage ______ Me dirijo a usted/es para informarme acerca de[1] la posibilidad de alquilar[2] un salón de fiestas[3] para unas 60 personas en el centro de Alicante para una fiesta de fin de año[4].
Le/s agradecería[5] que nos facilitaran[6] información sobre el lugar, la disponibilidad[7] y el precio.

Beispiel für ein Angebot ______ Nos alegra mucho su interés por realizar[8] su fiesta en una localidad de Alicante. Le/s podemos ofrecer un salón de fiestas en el hotel «Riofrío». El salón «El Genovés» es tanto por su capacidad y equipamento como[9] por su cuidada decoración, el lugar ideal para celebrar su fiesta de fin de año. El salón dispone de una terraza y de un guardarropa[10].
Le/s adjunto los días de disponibilidad y la lista de precios.
Esperamos que nuestra oferta sea interesante para usted/es.

Beispiel für einen Auftrag ______ Muchas gracias por su respuesta. Su oferta nos ha convencido y, por eso, nos gustaría reservar el salón «El Genovés» del hotel «Riofrío» para el día 30 de diciembre.
Le/s rogamos[11] confirmar nuestro pedido.

Du beendest den Brief ______ Muy atentamente / Reciba/n un cordial saludo

1 **acerca de** *formell* bezüglich 2 **alquilar** mieten 3 **el salón de fiestas** Festsaal 4 **el fin de año** Jahresende 5 **agradecer** danken 6 **facilitar** *formell* besorgen 7 **la disponibilidad** Verfügbarkeit 8 **realizar** durchführen 9 **tanto ... como** sowohl ... als auch 10 **el guardarropa** Garderobe 11 **rogar** bitten

Abkürzungen bei der Adresse

C/	Calle	Straße
Avda.	Avenida	Allee
Pza.	Plaza	Platz
P°	Paseo	Promenade
s/n	sin número	ohne Hausnummer
2°	segundo	zweiter Stock
pta. bja.	planta baja	Erdgeschoss
3ª	tercera puerta	dritte Tür
dcha.	derecha	rechts
izqda.	izquierda	links

Francisco Muñoz López
Avda. Mallorca, 53, 4° 3ª
22107 Huesca

7 Eine Bewerbung schreiben

Zu einem Bewerbungsschreiben gehören ein Lebenslauf mit Foto und ein begleitender Brief.

- Ein tabellarischer Lebenslauf nennt Angaben zur Person (Name, Geburtsdatum, Adresse, ...), schulische Bildung, Ausbildung, Berufserfahrung bzw. berufsvorbereitende Erfahrung (z. B. Praktika), weitere Kenntnisse (z. B. Sprachen, Computerkenntnisse), Freizeitaktivitäten. Das Modell eines CV (currículum vítae) findest du auf S. 104.
- Das Begleitschreiben beginnt mit dem Bezug auf eine Stellenanzeige, ein vorangegangenes Gespräch oder eine andere Form der Kontaktaufnahme. Anschließend erläuterst du knapp, warum du dich für die Tätigkeit interessierst und warum du dafür besonders geeignet bist. Ein Modell für eine solche carta de solicitud findest du auf S. 105.

8 Kreatives Schreiben

Beim kreativen Schreiben geht es darum, dass du zu einer vorgegebenen Situation oder einem vorgegebenen Bild oder Text deine Phantasie walten lässt und Handlungen, Dialoge o. Ä. erfindest. Oft erkennst du solche Aufgaben am Signalwort Inventa ... Manchmal geht es auch darum, einen Text aus einer anderen Perspektive oder in einer anderen Textsorte zu schreiben oder ein inhaltliches Detail zu variieren.

Beachte bei solchen Schreibaufgaben Folgendes:

- Nutze alle Informationen des Ausgangstextes, die für dein Thema bzw. die Aufgabenstellung nützlich sein können. Wenn es darum geht, sich in eine Figur hineinzuversetzen, überlege dir, wie diese sich fühlt, was sie denkt, wie sie reagiert. Notiere dazu deine eigenen Ideen und Assoziationen. Ordne deine Notizen und überlege dir, wie du deinen Text aufbauen möchtest.
- Berücksichtige beim Schreiben die Merkmale der verlangten Textsorte (z. B. Brief, Tagebucheintrag, Weblog, Streitgespräch).
- Alle diese Techniken helfen dir auch, wenn es darum geht, dich in eine Situation hineinzuversetzen, um eine Rolle zu spielen.

9 Fehler selbst korrigieren

Wenn du einen spanischen Text geschrieben hast, solltest du ihn Korrektur lesen. Die Chance, Fehler zu finden, ist größer, wenn du deinen Text mehrmals durchliest und bei jedem Durchlesen nur auf ein bestimmtes Phänomen achtest. Aus den folgenden Vorschlägen kannst du dir eine persönliche „Fehlersuchliste“ zusammenstellen.

Frage	Beispiele
1. Hast du auf die Rechtschreibung geachtet?	interesante el tema
2. Hast du die richtigen Artikel verwendet?	**la** ciudad **el** problema **la** mano
3. Sind die Begleiter und Adjektive dem Genus und dem Numerus des Nomens angepasst?	est**a** chic**a** much**as** ide**as** l**os** caball**os** bonit**os**
4. Hast du überprüft, ob du die richtigen Präpositionen verwendet hast?	Invité **a** Miguel. Lucharon **por** sus derechos. Estamos detrás **de** la casa.
5. Hast du an die Verschmelzung von Präposition und Artikel gedacht?	Es el libro **del** profe. Dale la chaqueta **al** chico.
6. Stimmen die Verbformen mit ihren Subjekten überein?	la **gente** canta **algunos** creen
7. Hast du dich vergewissert, dass du „ser“, „estar“ und „hay“ richtig verwendet hast?	José **es** mecánico. **Es** de Vigo. **Está** en Madrid. **Está** enfermo. En la mesa **hay** un mensaje.
8. Hast du an die richtige Stellung der Adjektive gedacht?	un jersey **verde** una **verdadera** aventura
9. Hast du an die Verkürzung mancher Adjektive vor Nomen gedacht?	un **buen** ejemplo una **gran** idea el **tercer** piso
10. Stimmen die Pronomen in Genus und Numerus mit den Wörtern überein, die sie ersetzen?	Conozco a **Miguel**. **Le** gusta mucho nadar. ¿**Fernanda y Sofía**? **Las** vi ayer.
11. Hast du nach Zeitangaben, die das „pretérito perfecto“ oder das „pretérito indefinido“ oder das „pretérito imperfecto“ auslösen, das entsprechende Tempus verwendet?	**Esta mañana** me **he levantado** temprano. **Ayer fui** al cine. **En aquel entonces**, no **había** lavadora.
12. Hast du nach den entsprechenden Auslösern den „subjuntivo“ verwendet?	**Quiero que** me **acompañes** al médico. **Ojalá que tengas** tiempo. **Es posible que** Juan también **venga**.

SPRACHMITTLUNG

In deinem Buch gibt es Übungen mit diesem Zeichen . Dies sind sogenannte „Sprachmittlungsübungen".
Hier geht es darum, den Inhalt des Textes sinngemäß in der anderen Sprache wiederzugeben. Du sollst also **nicht** wörtlich übersetzen.

1 Wiedergeben bzw. Zusammenfassen von Textinhalten: Spanisch → Deutsch

Hier sollst du den Inhalt eines spanischen Textes auf Deutsch wiedergeben. (Dieser Text kann natürlich auch unbekannte Wörter enthalten.)
- Lies den Text durch bzw. höre ihn an. Mache dir mit Hilfe der W-Fragen (Wer? Wo? Wann? Was? Warum? Wie?) klar, worauf es in dem Text ankommt.
  Notiere dir eventuell die wichtigen Textinformationen stichpunktartig auf Deutsch.
- Formuliere dann auf Deutsch. Es geht dabei um eine Zusammenfassung der wichtigsten Textinhalte. Sei also nicht überrascht, wenn der deutsche Text (deutlich) kürzer ist als der spanische Ausgangstext!
- Lies den spanischen Text noch einmal durch bzw. wenn möglich, höre ihn nochmals an, um zu überprüfen, ob dein deutscher Text alle wichtigen Informationen enthält.

2 Wiedergeben bzw. Zusammenfassen von Textinhalten: Deutsch → Spanisch

Hier geht es darum, dass du die wichtigen Inhalte eines deutschen Textes auf Spanisch wiedergibst.
- Überlege dir, welche Informationen für deinen spanischsprachigen Adressaten von Bedeutung sind bzw. sieh dir die Aufgabenstellung genau an.
- Gib diese Informationen sinngemäß wieder. Dabei geht es oft um eine zusammenfassende Wiedergabe der wichtigsten Textinhalte. Nur in Einzelfällen kann es notwendig sein, Ausdrücke oder (Teil-)Sätze wörtlich zu übersetzen.
- Lies den deutschen Ausgangstext noch einmal durch und überprüfe, ob dein spanischer Text alle wichtigen Informationen enthält und sinnvoll aufgebaut ist.

3 „Dolmetschen"

In diesen Sprachmittlungsübungen geht es um die Wiedergabe einzelner Äußerungen in der jeweils anderen Sprache. Hierbei übernimmst du also die Rolle eines Dolmetschers.
- Mache dir klar, was die Person, für die du dolmetschst, sagen möchte.
- Übertrage dies sinngemäß ins Spanische bzw. ins Deutsche.

DAS WÖRTERBUCH BENUTZEN

1 Das zweisprachige Wörterbuch benutzen

Spanisch – Deutsch

Ein Wörterbucheintrag enthält verschiedene Informationen, die man „entschlüsseln" muss, um das Wörterbuch sinnvoll nutzen zu können. Dazu muss man auch einige Abkürzungen kennen. Die Bedeutung der Abkürzungen findest du im Abkürzungsverzeichnis am Anfang/Ende deines Wörterbuchs.

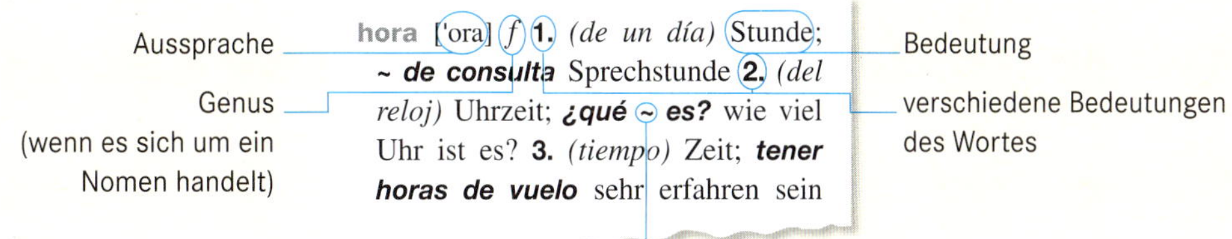

Weitere Hinweise für das Nachschlagen in einem spanisch-deutschen Wörterbuch:

- Identifiziere zunächst die Wortart des unbekannten Wortes (Nomen? Verb? Adjektiv?). Konjugierte Verbformen (z. B. juegan, ha entendido), musst du auf ihre Grundform (jugar, entender) zurückführen, damit du sie im Wörterbuch findest.
- Beachte, dass das „ñ" im spanischen Alphabet ein extra Buchstabe ist, der hinter dem „n" und vor dem „o" kommt. Daher wirst du z. B. das Wort „caña" immer erst hinter „cantar" finden. Weitere Extrabuchstaben sind das „ch" (nach „c" und vor „d") und das „ll" (nach „l" und vor „m").
- Falls du Zweifel bei der Aussprache hast, achte auf die in eckigen Klammern angegebene Lautschrift.

Tipps:

- Ein Wort kann mehrere Bedeutungen haben. Deshalb kann es sein, dass du den Wörterbucheintrag manchmal ganz durchlesen musst, um die Bedeutung zu finden, die in „deinen" Kontext passt.
- Mehrteilige Ausdrücke sind manchmal nur unter einem der Teile eingetragen. Wenn du z. B. el grupo de música nicht unter „grupo" findest, dann schaue unter „música" nach.

Finde mit Hilfe des Wörterbuchs heraus, welche Bedeutung das unterstrichene Wort jeweils hat:

¡Qué aburrido! En esta película no pasa nada.
¿Podrías pasarme el pan, por favor?
Ayer vi a Miguel, pero imagínate, pasó sin decir nada.
Los fines de semana siempre paso mucho tiempo con mi familia.

Finde mit Hilfe des Wörterbuchs die Bedeutung der folgenden mehrteiligen Ausdrücke:

la flauta traversa, pasar la noche en vela, estar entre la espada y la pared, dar un cuarto al pregonero

Deutsch – Spanisch

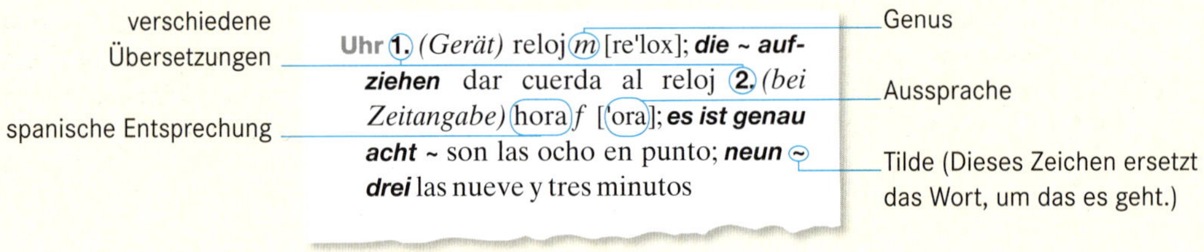

verschiedene Übersetzungen

spanische Entsprechung

Uhr 1. *(Gerät)* reloj *m* [re'lox]; ***die ~ aufziehen*** dar cuerda al reloj 2. *(bei Zeitangabe)* hora *f* ['ora]; ***es ist genau acht ~*** son las ocho en punto; ***neun ~ drei*** las nueve y tres minutos

Genus

Aussprache

Tilde (Dieses Zeichen ersetzt das Wort, um das es geht.)

Wenn du für ein deutsches Wort die spanische Entsprechung nachschlägst, gelten folgende Regeln:

- Lies dir den Wörterbucheintrag so weit durch bis du das passende spanische Wort gefunden hast. Beachte dabei Angaben wie *fam. (= familiar)*; das bedeutet „umgangssprachlich".
- Ist in deinem Wörterbuch die Aussprache des spanischen Wortes nicht angegeben, nimm die Lautschrift im spanisch-deutschen Teil des Wörterbuchs zu Hilfe.
- Passe das ausgewählte spanische Wort in den Satz, den du formulieren möchtest, ein, d. h.:
  - bei Nomen: Bilde, wenn nötig, den Plural.
  - bei Verben: Bilde aus dem Infinitiv die passende Verbform.
  - bei Adjektiven: Gleiche sie dem Nomen an.

Tipps:

- Hast du eine der angegebenen spanischen Entsprechungen für dein deutsches Wort ausgewählt, kannst du überprüfen, ob es sich um die passende handelt: Schlage einfach das spanische Wort im spanisch-deutschen Teil deines Wörterbuchs nach. Findest du dort das deutsche Wort, von dem du ausgegangen bist, wieder?
- Findest du ein zusammengesetztes Wort (z. B. Zimmermannslehre) nicht im Wörterbuch, suche unter den beiden Bestandteilen und bilde dann ein zusammengesetztes spanisches Nomen (häufig nach dem Muster Nomen + de + Nomen).

Welche spanischen Wörter entsprechen den unterstrichenen deutschen Ausdrücken?

Marie hat heute ein Tor geschossen.
Mach bitte das Tor zu!

Schreibst du mir eine Karte aus Spanien?
Der Spieler hat die rote Karte bekommen.
Hier ist deine Karte für das Konzert.

2 Das einsprachige Wörterbuch benutzen

Ein einsprachiges Wörterbuch
- zeigt dir die korrekte Schreibung und Aussprache eines Wortes.
- gibt Beispiele für den Gebrauch eines Wortes (Kontext; Kollokationen).
- enthält Synonyme und Antonyme eines Wortes. Damit kannst du die genaue Bedeutung eines Wortes verstehen und in deinen eigenen Texten die Wiederholung des Wortes vermeiden.

In manchen Wörterbüchern sind die Einträge nach Wortfamilien geordnet.
Beispiel: Du suchst das Wort el resurgimiento. Wenn du es unter „r-" nicht findest, schaue unter einem Verb, einem Adjektiv oder einem anderen Wort derselben Wortfamilie nach (z. B. surgir).

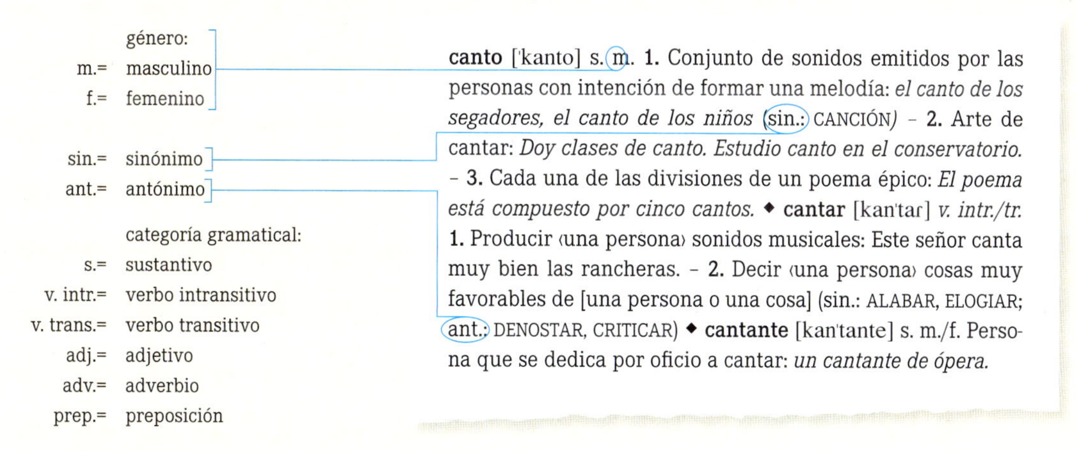

Bestimme mit Hilfe eines einsprachigen Wörterbuchs für das Wort duda:
1. seine Wortart
2. ggf. das Genus
3. die Kontexte, in denen es verwendet wird
4. mit welchen Verben es stehen kann
5. Synonyme
6. andere Wörter derselben Familie

Suche im einsprachigen Wörterbuch:
1. Synonyme von el miedo und volver
2. Antonyme von el futuro und seguro/-a
3. Wörter, die zur Wortfamilie von trabajar, fantástico/-a, la dirección und el/la estudiante gehören
4. das Genus von mapa, moto, puente und fuente
5. die Kontexte, in denen la plata und el gato verwendet werden

A

UNIDAD 1

1 Regelmäßige Verben im Präsens | Verbos regulares en presente

Infinitiv	hablar	comprender	vivir
Singular	habl-o habl-as habl-a	comprend-o comprend-es comprend-e	viv-o viv-es viv-e
Plural	habl-amos habl-áis habl-an	comprend-emos comprend-éis comprend-en	viv-imos viv-ís viv-en

Es gibt drei Verbgruppen: Verben, die auf *-ar, -er* und *-ir* enden.
⚠ Die 1.–3. Person Singular und die 3. Person Plural werden auf dem Stamm betont, die 1. und 2. Person Plural sind hingegen endungsbetont.
⚠ Der Akzent in der 2. Person Plural steht bei Verben, die auf *-ar* enden, auf dem *a,* bei Verben, die auf *-er* enden, auf dem *e* und bei Verben, die auf -ir enden, auf dem *i.*

2 Das unregelmäßige Verb *ser* | El verbo irregular *ser*

Infinitiv	ser
Singular	soy eres es
Plural	somos sois son

3 Die einfache Verneinung | La negación simple

No estudio, trabajo.	Ich studiere **nicht**, ich arbeite.
No comprendo polaco, ¿y tú?	Ich verstehe **kein** Polnisch. Und du?

Im Spanischen steht *no* in der Bedeutung von „nicht" vor dem Verb – im Deutschen steht es hinter dem Verb.
⚠ Im Deutschen wird das Nomen meistens durch das Wort „kein/e" verneint.

4 Der bestimmte Artikel | El artículo determinado

	Maskulinum	Femininum
Singular	**el** chico	**la** chica
Plural	**los** chicos	**las** chicas

Da es im Spanischen (im Gegensatz zum Deutschen oder Lateinischen) nur zwei Genera gibt (Maskulinum und Femininum), gibt es auch nur zwei Artikel.

5 Der unbestimmte Artikel | El artículo indeterminado

	Maskulinum	Femininum
Singular	**un** chico	**una** chica

Todavía hay **unas** manzanas.	... ein paar ...
Cuestan **unos** tres euros.	... etwa ...

⚠ Die Wörter *unos* und *unas* gibt es zwar im Spanischen, sie bedeuten aber „ein paar" oder „etwa".

6 Der Singular und Plural der Nomen | El singular y el plural de los sustantivos

	Maskulinum	Femininum
Singular	el amigo	la amiga
Plural	los amigos	las amigas
Singular	el hotel	la ciudad
Plural	los hoteles	las ciudades

Bis auf wenige Ausnahmen sind Nomen, die auf *-o* enden, männlich und Nomen, die auf *-a* enden, weiblich. Nomen mit der Endung *-dad* (z.B. *la ciudad*) oder *-ión* (z.B. *la región*) sind meistens weiblich.

Nomen, die auf einen Vokal enden, bilden den Plural mit einem *-s* und Nomen, die auf einen Konsonanten enden, bilden den Plural mit *-es.*

7 Die Subjektpronomen | Pronombres sujeto

Singular	yo tú él/ella/usted
Plural	nosotros/nosotras vosotros/vosotras ellos/ellas/ustedes

- Hablo alemán.

Im Spanischen kann man das Subjekt an der Endung des konjugierten Verbs erkennen, daher werden die Verben meistens ohne Pronomen verwendet.

- ¿Comprendéis turco?
- **Yo** no, pero **ella** sí.

Die Subjektpronomen werden im Spanischen nur verwendet, wenn sie betont werden oder um Missverständnisse zu vermeiden.

- ¿Quién es el amigo de Laura?
- ¿Es **él** o **él**?

- Ana y Laura, sois de Madrid, ¿verdad?
- ¿**Nosotras**? Sí.

Nosotras/vosotras/ellas beziehen sich auf rein feminine Gruppen. Bei gemischten Gruppen wird immer die maskuline Form *nosotros/vosotros/ellos* verwendet.

- Ana, Laura y Pablo, sois de Madrid, ¿verdad?
- ¿**Nosotros**? Sí.

8 Fragewörter | Pronombres interrogativos

¿**Qué** escribes?
¿**Cómo** te llamas?
¿**Dónde** vives?
¿**De dónde** eres?
¿**Quién** eres? / ¿**Quiénes** son?

⚠ Fragewörter tragen immer einen Akzent.

⚠ *Quién* hat mit *quiénes* auch eine Pluralform.

UNIDAD 2

9 Das unregelmäßige Verb *estar* | El verbo irregular *estar*

Infinitiv	**estar**
Singular	**estoy** **estás** **está**
Plural	**estamos** **estáis** **están**

- ¿Dónde **estás**?
- **Estoy** en Barcelona.
- El instituto **está** lejos de nuestra casa.

- Wo bist du (= befindest du dich)?
- Ich bin (= befinde mich) in Barcelona.
- Die Schule ist (=befindet sich) weit von unserem Haus entfernt.

⚠ Immer wenn du das Verb „sein“ durch „sich befinden“ ersetzen kannst, verwendest du *estar* und nicht *ser*.

10 Die Verbform *hay* | El verbo *hay*

Hay una estación de metro muy cerca.
Hay unos estudiantes en la calle.
Hay mucha/poca gente en la plaza.
¿**Hay** otra pizza?
Hay dos libros en la mesa.
También **hay** fiestas.
¿**Hay** zumo?

Hay wird mit dem unbestimmten Artikel, mit einer Form von *mucho, poco* oder *otro*, vor Zahlen oder vor Nomen im Plural ganz ohne Artikel verwendet.
⚠ *Hay* wird nie mit dem bestimmten Artikel verwendet.

¿**Hay** un hotel en esta calle?
El «Hotel Atlántico» **está** en la calle Cervantes.

Unbestimmte Ortsangaben stehen mit *hay*, bestimmte Ortsangaben stehen mit dem Verb *estar*.

11 Die Kontraktion *del* | La contracción *del*

de + el = del
Ana habla **del** chico de Madrid.

Die Präposition *de* verschmilzt immer mit dem bestimmten maskulinen Artikel *el* zu *del*.

12 Die Possessivbegleiter | Determinantes posesivos

	Maskulinum	Femininum
mein/e	**mi/s** amigo/s	**mi/s** amiga/s
dein/e	**tu/s** amigo/s	**tu/s** amiga/s
sein/e, ihr/e, Ihr/e	**su/s** amigo/s	**su/s** amiga/s
unser/e	**nuestro/s** amigo/s	**nuestra/s** amiga/s
euer/eure	**vuestro/s** amigo/s	**vuestra/s** amiga/s
ihr/e, Ihr/e	**su/s** amigo/s	**su/s** amiga/s

Die Possessivbegleiter richten sich im Numerus nach dem Besitzgegenstand. *Nuestro/-a* und *vuestro/-a* richten sich zudem auch im Genus nach dem Besitzgegenstand.

⚠ **su** amigo = **sein** Freund, **ihr** Freund

13 Gruppenverben *e → ie + o → ue* | Grupos de verbos *e → ie + o → ue*

	e → ie	o → ue
Infinitiv	querer	poder
Singular	quiero quieres quiere	puedo puedes puede
Plural	queremos queréis quieren	podemos podéis pueden
	ebenso: pensar	*ebenso:* volver, sonar, jugar (u → ue)

Verben mit Stammvokalwechsel ändern ihren Stammvokal in den stammbetonten Verbformen, d.h. in der 1.–3. Person Singular und in der 3. Person Plural. Es gibt Verben wie z.B. *querer* und *pensar*, die ihren Stammvokal von *e* zu ie *(e → ie)* ändern und welche wie z.B. *poder* und *volver*, die ihren Stammvokal von *o* zu *ue (o → ue)* ändern.

Lerntipp Verben, die zu diesen Gruppen gehören, kannst du dir so merken: *querer (e → ie), pensar (e → ie), poder (o → ue), volver (o → ue), sonar (o → ue), jugar (u → ue).*

14 Das Verb *tener* | El verbo *tener*

Infinitiv	tener
Singular	tengo tienes tiene
Plural	tenemos tenéis tienen

Das Verb *tener* hat in der 1. Person Singular eine unregelmäßige Form.

Lerntipp Das Verb *tener* kannst du dir so merken: *tener, tengo, e → ie*

15 Das Fragewort *cuánto/-a* | El pronombre interrogativo *cuánto/-a*

	Maskulinum	Femininum
Singular	¿Cuánto dinero tienes?	¿Cuánta coca-cola hay?
Plural	¿Cuántos primos tienes?	¿Cuántas primas tienes?

Das Fragewort *cuánto* wird in Numerus und Genus an das Nomen, auf das es sich bezieht, angeglichen.

16 Das Adjektiv | El adjetivo

Maskulinum	Femininum
un barrio bonito barrios bonitos	una ciudad bonita ciudades bonitas
un barrio grande barrios grandes	una ciudad grande ciudades grandes
un libro genial libros geniales	una película genial películas geniales

Adjektive richten sich im Spanischen in Numerus und Genus nach dem Nomen, auf das sie sich beziehen. Adjektive, die nicht auf *-o* bzw. *-a* enden (z.B. *grande, joven*), haben nur eine Form für Maskulinum und Femininum. Der Plural der Adjektive wird wie der der Nomen gebildet (vgl. S. 200 G 6). Anders als im Deutschen, wo das Adjektiv vor dem Nomen steht, stehen die Adjektive im Spanischen in der Regel hinter dem Nomen.

El ambiente del hotel es **tranquilo**.
La vista del restaurante es **fantástica**.
Las terrazas del hotel son **grandes**.
Los toboganes de la piscina son **geniales**.

Das Adjektiv wird immer in Numerus und Genus angeglichen.

17 Die Begleiter *mucho/-a, poco/-a, otro/-a* | Los determinantes *mucho/-a, poco/-a, otro/-a*

Maskulinum	Femininum
mucho dinero muchos hoteles	mucha gente muchas ciudades
poco dinero pocos amigos	poca gente pocas casas
otro libro otros cedés	otra cafetería otras películas

Mucho/-a, poco/-a und *otro/-a* werden wie ein Adjektiv an das Nomen, auf das sie sich beziehen, angeglichen. Sie stehen allerdings vor den Nomen.

Tengo **otro** libro de él. Ich habe **ein anderes** Buch von ihm. / Ich habe **noch ein** Buch von ihm.

Este verano estamos en otro hotel. Diesen Sommer sind wir in **einem** anderen Hotel.
Este verano estamos en el otro hotel. Diesen Sommer sind wir in dem anderen Hotel.

UNIDAD 3

18 Die Verneinung mit *tampoco* | La negación con *tampoco*

- ¿Dónde está el bar Limón? - No sé. - Yo **tampoco**.
- No hablo francés y **tampoco** hablo italiano.

Tampoco bedeutet „auch nicht“ (vgl. engl. *either, neither*). Es kann allein stehen oder vor dem konjugierten Verb.

19 Die reflexiven Verben | Los verbos reflexivos

Infinitiv		levantar**se**
Singular	**me**	levanto
	te	levantas
	se	levanta
Plural	**nos**	levantamos
	os	levantáis
	se	levantan

ducharse — **sich** duschen
Me ducho. — Ich dusche **mich**.
Me quiero duchar. — Ich will **mich** duschen.

Anders als im Deutschen steht das Reflexivpronomen im Spanischen vor dem konjugierten Verb.

20 Die Verben *ir* und *venir* | Los verbos *ir* y *venir*

Infinitiv	ir	venir
Singular	voy vas va	vengo vienes viene
Plural	vamos vais van	venimos venís vienen

⚠ Achte darauf, dass die 2. Person Plural von *ir* keinen Akzent trägt.

¿Cuándo **vienes** a Madrid? — Wann **kommst** du nach Madrid? (Der Sprecher befindet sich in Madrid.) — *Venir* wird benutzt, wenn die Bewegung auf den Standort des Sprechers hingeht.

Voy a Madrid mañana. — Morgen **komme** *(fahre)* ich nach Madrid. (Der Sprecher befindet sich nicht in Madrid.) — *Ir* wird benutzt, wenn die Bewegung vom Sprecher weggeht.

21 Die Kontraktion *al* | La contracción *al*

a + el = al
Ana va **al** cine.

Die Präposition *a* verschmilzt mit dem bestimmten maskulinen Artikel *el* zu *al* (vgl. S. 202 G 11).

22 Das direkte Objekt bei Personen *(a)* | El complemento directo con personas *(a)*

direktes Objekt = Sache	direktes Objekt = Person
¿Ves el libro? Busco mis libros.	¿Ves **a** Ana? Busco **a** mi hermana.

Wenn das direkte Objekt eine Person ist, dann muss die Präposition *a* benutzt werden.

23 Das Futur mit *ir a* + Infinitiv | El futuro inmediato

Voy Vas Va Vamos Vais Van	a	organizar una reunión.

Das zusammengesetzte Futur wird aus einer konjugierten Form des Verbes *ir*, der Präposition *a* und einem Infinitiv gebildet.

24 Die Verben *hacer, poner, salir* | Los verbos *hacer, poner, salir*

Infinitiv	hacer	poner	salir
Singular	**hago** haces hace	**pongo** pones pone	**salgo** sales sale
Plural	hacemos hacéis hacen	ponemos ponéis ponen	salimos salís salen

Es gibt eine Reihe von Verben, die nur in der 1. Person Singular unregelmäßig sind.

25 *Estar* + *gerundio* | *Estar* + gerundio

Verben auf -**ar**	Verben auf -**er**	Verben auf -**ir**
habl**ando**	com**iendo**	escrib**iendo**

Das *gerundio* wird aus dem Stamm des Verbs und den Endungen *-ando* und *-iendo* gebildet.

leer → le**y**endo
creer → cre**y**endo
ir → **y**endo

Einige Verben verändern ihre Schreibweise.

decir → d**i**ciendo	repetir → rep**i**tiendo	
venir → v**i**niendo	preferir → pref**i**riendo	
sentir → s**i**ntiendo	poder → p**u**diendo	
pedir → p**i**diendo	dormir → d**u**rmiendo	

Einige Verben haben eine unregelmäßige Form des *gerundio*.

Estoy Estás Está Estamos Estáis Están	habl**ando**. com**iendo**. escrib**iendo**.

Die Verlaufsform wird mit einer konjugierten Form des Verbs *estar* und dem *gerundio* gebildet und entspricht dem englischen present progressive: *I am speaking. / You are writing. / He is eating.* / etc. Im Deutschen verwendet man das Adverb „gerade": Ich spreche **gerade**. / Du schreibst **gerade**. / Er isst **gerade**.

26 Das indirekte Objektpronomen | El pronombre de complemento indirecto

Ana	**me** **te** **le** **nos** **os** **les**	da el libro.

⚠ **Le** escribe. Sie schreibt **ihm/ihr/Ihnen**.
⚠ **Les** escribe. Sie schreibt **ihnen/Ihnen**.

27 Verben vom Typ *gustar* | Verbos del tipo *gustar*

(A mí) (A ti) (A él/ella/usted)	Me Te Le	gusta	la música. hacer deporte (y leer).	*gusta* + best. Art. + Nomen im Singular *gusta* + Infinitiv(e)
(A nosotros/-as) (A vosotros/-as) (A ellos/-as/ustedes)	Nos Os Les	gustan	las películas. el fútbol y el tenis.	*gustan* + best. Art. + Nomen im Plural *gustan* + best. Art. + Nomina

A mí me gusta bailar.
A Juan no le gusta bailar.

Wenn das Objektpronomen besonders betont werden soll, wird es verdoppelt.

⚠ Me **gusta** ir al cine. Ich gehe **gerne** ins Kino.
⚠ **Quiero** ir al cine. Ich **will** ins Kino gehen.

	☺	☹
– ¿Os gusta escuchar la radio?	– A mí sí. – A mí también. – Me gusta (mucho/bastante).	– A mí no. – A mí tampoco. – No me gusta (mucho/nada).

No les **importa** trabajar mucho.
A mi padre le **molesta** la música.
Me gusta mucho viajar. = Me **encanta**.
Me gustan mucho las películas. = Me **encantan**.

Die Verben *molestar, importar* und *encantar* werden genauso verwendet wie *gustar*.
Allerdings wird *encantar* nie für Fragen verwendet und es wird nie verneint.

28 Das Verb *dar* | El verbo *dar*

Infinitiv	dar
Singular	**doy** das da
Plural	damos dais dan

29 Das Verb *decir* | El verbo *decir*

Infinitiv	decir
Singular	**digo** dices dice
Plural	decimos decís dicen

Lerntipp Das Verb *decir* kannst du dir so merken: *decir, digo, e → i*

30 Die Fragepronomen *cuál* und *qué* | Los pronombres interrogativos *cuál* y *qué*

- Me gustan esas camisetas.	- ¿**Cuál** (quieres)?	- La amarilla.	Welches ... ?
- Prefiero las camisetas allí.	- ¿**Cuáles** (prefieres)?	- Las negras.	Welche ... ?
	- ¿**Qué** camiseta te gusta?	- La amarilla.	Welches ... ?
	- ¿**Qué** camisetas prefieres?	- Las negras.	Welche ... ?

Für das Fragewort „welche/r/-s" gibt es im Spanischen zwei verschiedene Fragepronomen: *cuál/cuáles* steht allein (oder mit einem Verb), *qué* steht immer mit einem Nomen.

31 Die Demonstrativbegleiter und -pronomen | Los determinantes y pronombres demostrativos

		Maskulinum	Femininum
aquí:	Singular	este vestido	esta blusa
	Plural	estos pantalones	estas camisetas
ahí/allí:	Singular	ese vestido	esa blusa
	Plural	esos pantalones	esas camisetas

Este (vestido) es muy caro. ... **das** (Kleid) **hier** (= beim Sprecher)
Mira, **ese** (vestido) es barato. ... **das** (Kleid) **dort (drüben)** (= etwas weiter weg vom Sprecher)

Durch *este* und *ese* wird im Spanischen genauer als im Deutschen unterschieden, wie weit entfernt sich eine Sache (oder Person) vom Sprecher befindet (vgl. engl. *this/that* und *these/those*).

32 Das Relativpronomen *que* | El pronombre relativo *que*

La blusa **que** está encima de la cama no me gusta.
¿Por qué no te pruebas los zapatos **que** llevo yo?

Das Relativpronomen *que* ist unveränderlich. Es kann im Relativsatz Subjekt (wer?/was?) oder direktes Objekt (wen?/was?) sein.

33 Das Verb *parecer* | El verbo *parecer*

¿Qué	te le os les	parece	la película? esta blusa?
		parecen	las películas de acción? estos vaqueros?

Me Le Nos Les	parece	interesante. bonita.
	parecen	fantásticas. demasiado ajustados.

34 Der Gebrauch von *ser* und *estar* | El uso de *ser* y *estar*

ser + Adjektiv	*estar* + Adjektiv
I Aussehen Pablo **es** alto y delgado. La Sra. Ruiz **es** elegante y joven. La terraza **es** grande y moderna. El coche **es** nuevo y rojo. **I** Charakter oder Eigenschaft El profe de inglés **es** muy inteligente y simpático. La clase de alemán **es** interesante. El centro de Madrid **es** bastante ruidoso. La Sra. Ruiz **es** tranquila y seria. **Es** un problema serio.	**I** (vorübergehender) Zustand Laura **está** nerviosa porque tiene una reunión. Miguel **está** contento con la fiesta. El vaso **está** vacío. Hoy Pablo **está** triste.
Siempre **es** alegre. **Es** muy nervioso. Es su carácter. **Es** muy guapo. **Es** muy serio. El curso **es** siempre ruidoso.	Hoy, Pablo **está** alegre. **Está** muy nervioso porque tiene un examen mañana. ¡Ana, hoy **estás** muy guapa! **Estás** muy serio hoy. Después del examen el curso **está** muy ruidoso.

Das Verb *estar* wird verwendet, um einen vorübergehenden Zustand zu beschreiben. Steht das Verb *ser*, wird die grundsätzliche Eigenschaft der Person/Sache beschrieben.

UNIDAD 5

35 Der reale Bedingungssatz der Gegenwart | La frase condicional en presente

Si te interesa el arte, tienes que ir al Prado.
Si tengo tiempo mañana, voy a ir a la Plaza Mayor.

Im si-Satz steht im realen Bedingungssatz immer das Präsens.

36 Das direkte Objektpronomen | El pronombre de complemento directo

Ana	me	conoce.	
	te		
	lo		(= a Pablo)
	la		(= a Teresa)
	nos		
	os		
	los		(= a Teresa y a Pablo)
	las		(= a Teresa y a Nuria)

Die Formen der direkten Objektpronomen unterscheiden sich nur in der 3. Person Singular *(lo* und *la)* und Plural *(los* und *las)* von denen der indirekten Objektpronomen (*le* und *les*, vgl. S.205, G 26).

37 Gruppenverben *e* → *i* | Grupos de verbos *e* → *i*

Infinitiv	**repetir**
Singular	repito repites repite
Plural	repetimos repetís repiten

38 Der Komparativ des Adjektivs | El comparativo del adjetivo

El piso es	**más** **menos**	grande ruidoso caro	**que**	el piso que tengo ahora.
	tan		**como**	

Das Adjektiv wird immer in Numerus und Genus an das Bezugswort angeglichen.

unregelmäßige Komparativformen:
bueno/-a → mejor: Este libro es mejor que el otro. (vgl. *engl.* good → better)
malo/-a → peor: Este libro es peor que el otro. (vgl. *engl.* bad → worse)

39 Der Superlativ des Adjektivs | El superlativo del adjetivo

El manchego	es	**el** queso	**más** **menos**	caro	del supermercado.
Estas habitaciones	son	**las** habitaciones		ruidosas	del piso.

⚠ Das Adjektiv wird immer an das Bezugswort in Numerus und Genus angeglichen.

unregelmäßige Superlativformen:
bueno/-a → mejor: la mejor película / los mejores grupos de flamenco
malo/-a → peor: la peor película / los peores libros

40 Der absolute Superlativ | El superlativo absoluto

caro/-a: car**ísimo**/-a
interesante: interesant**ísimo**/-a
difícil: dificil**ísimo**/-a
⚠ simpático/-a: simpati**quísimo**/-a

Die Endung *-ísimo* wird an den letzten Konsonanten des Adjektivs gehängt und in Numerus und Genus an das Bezugswort angeglichen: *-ísimo, -ísima, -ísimos, -ísimas.*

Este cedé es buen**ísimo**. ... hervorragend
La casa es car**ísima**. ... sündhaft teuer

Im Deutschen werden die Formen auf *-ísimo/-a* mit sehr, extrem, unglaublich usw. oder anderen Adjektiven wiedergegeben.

41 Der neutrale Artikel *lo* | El artículo neutro *lo*

Lo malo de la clase es aprender el vocabulario nuevo. **Das Schlechte** am Unterricht ist ...
Lo más interesante de la fiesta es la música. **Das Interessanteste** an der Party ist ...
Sólo quiero **lo mejor** para mi familia. Ich will nur **das Beste** für ...

Der neutrale Artikel *lo* steht entweder vor einem Adjektiv oder einem Superlativ. Im Spanischen wird immer die männliche Form des Adjektivs bzw. des Superlativs im Singular verwendet. Das Adjektiv wird also **nicht** in Numerus und Genus an ein Bezugswort angeglichen.

42 Der Begleiter *tanto/-a* | El determinante *tanto/-a*

	Maskulinum	Femininum
Singular	tanto trabajo	tanta gente
Plural	tant**os** coches	tant**as** tiendas

Tengo **tanto** trabajo que no puedo ir a la fiesta. — Ich habe **so viel** Arbeit, dass ich ...
En esta calle no hay **tantas** tiendas. — ... gibt es nicht **so viele** Geschäfte.

UNIDAD 6

43 Die Präpositionen *desde, desde hace* und *hace* | Las preposiciones *desde, desde hace* y *hace*

Hace	500 años	los españoles conquistaron México.	Vor ... (vgl. *engl.* ago)
Desde hace	500 años	hay gente que habla español en México.	Seit (Zeitspanne) ... (vgl. *engl.* for)
Desde	1521	hay gente que habla español en México.	Seit (Zeitpunkt) ... (vgl. *engl.* since)

44 Das *pretérito indefinido* | El pretérito indefinido

Infinitiv	**fundar**	**perder**	**recibir**
Singular	fund-**é** fund-**aste** fund-**ó**	perd-**í** perd-**iste** perd-**ió**	recib-**í** recib-**iste** recib-**ió**
Plural	fund-**amos** fund-**asteis** fund-**aron**	perd-**imos** perd-**isteis** perd-**ieron**	recib-**imos** recib-**isteis** recib-**ieron**

Achte auf die Schreibweise:

Infinitiv	**llegar**	**tocar**	**empezar**	**leer**	**ver**
Singular	lleg**u**-é lleg-aste lleg-ó	to**qu**-é toc-aste toc-ó	empe**c**-é empez-aste empez-ó	le-í le-íste le-**y**ó	v-i v-iste v-**io**
Plural	lleg-amos lleg-asteis lleg-aron	toc-amos toc-asteis toc-aron	empez-amos empez-asteis empez-aron	le-ímos le-ísteis le-**y**eron	v-imos v-isteis v-ieron
	ebenso: jugar, navegar, pagar, encargarse	*ebenso:* buscar, marcar, significar, sacar, explicar, practicar, planificar, implicarse	*ebenso:* organizar, cruzar, independizarse, utilizar, rechazar	*ebenso:* creer	

A

45 Unregelmäßige Verben im *pretérito indefinido* | Los verbos irregulares en el pretérito indefinido

Infinitiv	**dormir**	**pedir**
Singular	dorm-í dorm-iste durm-ió	ped-í ped-iste pid-ió
Plural	dorm-imos dorm-isteis durm-ieron	ped-imos ped-isteis pid-ieron
	ebenso: morir	*ebenso:* seguir, sentir

Infinitiv	**ir/ser**	**hacer**	**estar**	**tener**	**poder**	**dar**	**decir**	**(ex)poner**	**querer**
Singular	fui fuiste fue	hice hiciste hizo	estuve estuviste estuvo	tuve tuviste tuvo	pude pudiste pudo	di diste dio	dije dijiste dijo	(ex)puse (ex)pusiste (ex)puso	quise quisiste quiso
Plural	fuimos fuisteis fueron	hicimos hicisteis hicieron	estuvimos estuvisteis estuvieron	tuvimos tuvisteis tuvieron	pudimos pudisteis pudieron	dimos disteis dieron	dijimos dijisteis dijeron	(ex)pusimos (ex)pusisteis (ex)pusieron	quisimos quisisteis quisieron

Infinitiv	**venir**	**saber**	**traer**
Singular	vine viniste vino	supe supiste supo	traje trajiste trajo
Plural	vinimos vinisteis vinieron	supimos supisteis supieron	trajimos trajisteis trajeron

46 Konjunktionen | Conjunciones

El ambiente es bastante turístico **sin embargo** vale la pena ir.	... trotzdem ...
Lo pasamos muy bien **aunque** fue un día bastante agotador.	... obwohl ...
Cuando llegamos a casa, nos dormimos en seguida.	Als ...
Cuando vuelvo a casa, visito a mis abuelos.	Immer wenn ...
Subimos a una balsa **donde** empieza el río.	... wo ...

Ya que **Como**	hace buen tiempo, hoy hacemos rafting.	
Hoy hacemos rafting	**ya que** **porque**	hace buen tiempo.

UNIDAD 7

47 Das Relativpronomen *lo que* | El pronombre relativo *lo que*

Lo que quiero es trabajar con gente.	**Was** ich möchte, ist mit Leuten arbeiten.
A sus padres no les gusta **lo que** quiere estudiar.	Seinen/Ihren Eltern gefällt nicht, **was** er/sie studieren möchte.

Lo que ist unveränderlich und bezieht sich auf ganze Satzinhalte oder Aussagen, nie auf Gegenstände oder Personen. Dann steht das Relativpronomen *que*.

48 Die Stellung der Pronomen im Satz | La posición de los pronombres en la frase

¿**Te** quieres quejar?	= ¿Quieres quejar**te**?
Se está duchando.	= Está duchándo**se**.
¿**Me** puedes escribir?	= ¿Puedes escribir**me**?
¿**Nos** puedes llamar mañana?	= ¿Puedes llamar**nos** mañana?
Le estoy escribiendo.	= Estoy escribiéndo**le**.
La está buscando.	= Está buscándo**la**.

In einem Satz mit einem Modalverb oder *gerundio* können Reflexivpronomen und Objektpronomen auch angehängt werden.
⚠ Wird das Pronomen an das *gerundio* angehängt, so bekommt die drittletzte Silbe immer einen Akzent (vgl. Akzentregeln S. 177).

49 Die doppelte Verneinung | La negación doble

Algunos alumnos **no** saben **nada** de mates.
El profesor está contento porque **no** falta **nadie**.
Carmen **no** saca **nunca** malas notas.

Nada es tan importante como encontrar trabajo.
Nadie conoce el vocabulario nuevo.
Nunca estudia mucho para los exámenes.

50 Indefinite Begleiter und Pronomen | Los determinantes y pronombres indefinidos

Siempre hay **algún** problema en el instituto.	... **(irgend)ein** Problem ...
Me gustaría trabajar en **alguna** empresa internacional.	... in **(irgend)einem** internationalen Unternehmen.
Este año tengo **algunas** asignaturas pendientes.	... **einige / ein paar** noch nicht bestandene Fächer.
En **algunos** años va a ser el jefe de esta empresa.	In **einigen / ein paar** Jahren ...

No tiene **ningún** problema en matemáticas.	... **(überhaupt)** kein Problem...
No tengo **ninguna** asignatura pendiente.	... **(überhaupt)** kein ...

⚠ *Ningún/-una* hat keine Pluralform!

Alguno de vosotros ya tiene un trabajo, ¿verdad?
Algunos ya saben lo que quieren hacer en el futuro.
Ninguno de vosotros sacó una buena nota en el último examen.
Ninguna de ellas tuvo un 5 en el último boletín.

51 Der Gebrauch von *saber* und *poder* | El uso de los verbos *saber* y *poder*

Sabe bailar muy bien, pero hoy no **puede** porque tiene que estudiar para un examen.
Sé tocar la guitarra, pero hoy no **puedo** tocarla porque está en casa de mis abuelos.

Saber drückt aus, dass jemand eine Fähigkeit besitzt. *Poder* drückt hingegen aus, dass man etwas aus bestimmten Gründen gerade (nicht) tun kann.

52 Personalpronomen mit Präposition | Pronombres personales con preposición

de, en, para, por, sin, sobre	**mí**	con	**conmigo**
	ti		**contigo**
	él/ella/usted		él/ella/usted
	nosotros/-as		nosotros/-as
	vosotros/-as		vosotros/-as
	ellos/-as/ustedes		ellos/-as/ustedes

Con verschmilzt mit den Personalpronomen *mí* und *ti* zu *conmigo* bzw. *contigo*.

53 Der bejahte Imperativ | El imperativo afirmativo

	tomar	comer	escribir
Singular (tú)	tom-a	com-e	escrib-e
Plural (vosotros)	tom-**ad**	com-**ed**	escrib-**id**

Im Singular entspricht der Imperativ der 3. Person Singular des Verbs (z. B. *contar* → *cuenta* → *¡cuenta!*).
Im Plural wird das Endungs-*r* des Infinitivs mit einem *-d* ersetzt (z. B. *contar* → *contad*).

Unregelmäßige Imperativformen:

decir → di
hacer → haz
ir(se) → ve(te)
salir → sal
tener → ten
venir → ven
poner → pon
ser → sé

Imperativ Singular mit Pronomen
Ya es tarde. ¡Levántate!
¡Cómprale el coche!
Queda una galleta. ¡Tómala!

Reflexive Pronomen und Objektpronomen werden an alle Verbformen des bejahten Imperativs angehängt. Sie können **nicht** vor dem bejahten Imperativ stehen. Achte beim Imperativ der 2. Person Singular auf den Akzent!

Imperativ Plural mit Pronomen
Ya es tarde. ¡Levanta**os**!
¡Comprad**le** el coche!
Quedan algunas galletas. ¡Tomad**las**!

Levantad + **os** → Levantad**os**

Wird an den bejahten Imperativ der 2. Person Plural das Pronomen *os* angehängt, so entfällt das *-d* des Imperativs: *levantad* + *os* → *levantados*.

54 Unpersönliche Konstruktionen mit *se* und *uno* | Las estructuras impersonales con *se* y *uno*

En la biblioteca **se estudia** sin hablar. — In der Bibliothek **wird** ohne zu sprechen **gelernt**. / In der Bibliothek **lernt man** ohne zu sprechen.

Se venden pisos en el centro. — Es **werden** Wohnungen im Zentrum **verkauft**. / **Man verkauft** Wohnungen im Zentrum.

En el hotel **se habla** inglés. — Im Hotel **wird** Englisch **gesprochen**. / Im Hotel **spricht man** Englisch.

No **se pagan** las prácticas. — Das Praktikum **wird** nicht **bezahlt**. / **Man bekommt** das Praktikum nicht **bezahlt**.

Uno va un año y medio al instituto y después **uno** hace prácticas. — **Man** geht ... dann macht **man** ...

En Alemania **uno** se levanta más temprano que en España. — ... steht **man** früher auf ...

Bei reflexiven Verben muss *uno* verwendet werden, da das *se* durch das Reflexivpronomen *se* bereits „besetzt" ist.

55 Der Gebrauch von *por* und *para* | El uso de *por* y *para*

por	para
I (unbestimmte) Ortsangabe Va **por** el parque. (durch) Mira **por** la ventana. (durch) Pasa **por** la agencia. (vorbei) ¿Hay un hotel **por** aquí cerca? (irgendwo hier)	**I** Richtung Paco va **para** Alemania. (= Paco va a Alemania.)
I Zeitraum **Por** la mañana/tarde/noche compra el periódico.	**I** Termin (für wann?) Busca un trabajo **para** los meses de verano.
I Ursache, Beweggrund Llamo **por** su hijo. (wegen) Madrid es famoso **por** la Plaza Mayor. (wegen/für) Sólo compro el libro **por** ti. (deinetwegen)	**I** Zweck (wozu?) Trabaja **para** ganar dinero. (um ... zu) **I** Bestimmung (für wen / für was?) Compro un libro **para** ti. (für dich)
I nach bestimmten Verben (Austausch) Compro la bici **por** muy poco dinero. ¿Cuántos euros pagas **por** el curso? Cambia el libro **por** otro. Trabaja **por** 10 euro la hora.	
I Mittel (wodurch? womit?) Manda un mensaje **por** móvil.	
I feststehende Ausdrücke **Gracias por** la carta. **Por ejemplo**, no sabe cantar bien. Sólo gana un 50 **por ciento** (= %).	

56 Der Begleiter *todo/-a* | El determinante *todo/-a*

Singular		Plural	
todo el trabajo	die **ganze** Arbeit	**todos los** días	**alle** Tage (= jeden Tag)
toda la tarde	den **ganzen** Nachmittag	**todas las** facturas	**alle** Rechnungen

57 Die verkürzten Adjektivformen | Los adjetivos apocopados

Madrid es una **gran** ciudad.	grande → gran
Es un **buen** amigo.	bueno → buen
Hace **mal** tiempo en Galicia.	malo → mal

Grande wird sowohl vor maskulinen wie femininen Nomen zu *gran* verkürzt. *Bueno* und *malo* werden nur vor maskulinen Nomen verkürzt.

UNIDAD 8

58 Das *pretérito imperfecto* | El pretérito imperfecto

Infinitiv	hablar	comer	vivir	ser	ir	ver
Singular	habl-aba	com-ía	viv-ía	era	iba	veía
	habl-abas	com-ías	viv-ías	eras	ibas	veías
	habl-aba	com-ía	viv-ía	era	iba	veía
Plural	habl-ábamos	com-íamos	viv-íamos	éramos	íbamos	veíamos
	habl-abais	com-íais	viv-íais	erais	ibais	veíais
	habl-aban	com-ían	viv-ían	eran	iban	veían

Nur *ser, ir* und *ver* haben unregelmäßige Formen im *pretérito imperfecto*.

Antes los peregrinos iban a pie.
En aquel entonces los peregrinos dormían al lado del camino.
Siempre hacían el camino por motivos religiosos.

Signalwörter für das *pretérito imperfecto* können *antes, en aquel entonces* und *siempre* sein.

59 Der Gebrauch des *pretérito indefinido* und des *pretérito imperfecto* | El uso del pretérito indefinido y del pretérito imperfecto

Pretérito indefinido: ¿Qué pasó?	Pretérito imperfecto: ¿Cómo era la situación?
I einmalige Handlungen mit klarem Anfang oder Ende De repente **sonó** el móvil de Pablo. **I Handlungsketten** Pablo lo **buscó** en su mochila, **preguntó** a su hermana, **miró** en su chaqueta y allí lo **encontró**. **Contestó** la llamada.	**I Beschreibungen/Zustände/Situationen** **Era** una noche tranquila. **Hacía** calor pero **llovía**. Pablo **estaba** en casa. **Quería** acostarse temprano porque **estaba** muy cansado. **I sich wiederholende Ereignisse/Gewohnheiten** Como todas las noches, **preparaba** la cena y sus hermanas **veían** su programa favorito en la tele. **I Beschreibungen/Zustände/Situationen** ¿Pero dónde **estaba** el móvil?

Im Deutschen wird bei der Übersetzung des *pretérito indefinido* und des *pretérito imperfecto* kein Unterschied gemacht, aber im Spanischen ist klar geregelt, wann welche der beiden Vergangenheitszeiten verwendet wird.

60 Die Adverbien auf *-mente* | Los adverbios en *-mente*

Habló **tranquilamente** de su situación en el trabajo.

última + mente → últimamente
tranquila + mente → tranquilamente
seria + mente → seriamente
normal + mente → normalmente

Die Endung *-mente* wird an die feminine Form des Adjektivs angehängt.

61 Das *pretérito indefinido* und das *pretérito imperfecto* im Satz | El pretérito indefinido y el pretérito imperfecto en la frase

Pablo **esperaba** la cena, cuando **sonó** el móvil.
Cuando Pablo **esperaba** la cena, de repente **sonó** el móvil.
Mientras Pablo **esperaba** la cena, **sonó** el móvil.

Die noch nicht abgeschlossene Handlung steht im *pretérito imperfecto,* die neu einsetzende Handlung steht im *pretérito indefinido.* Nach *mientras* steht meistens das *pretérito imperfecto* (vgl. das engl. *past progressive*: **While** Pablo was waiting for the dinner, the mobile rang.).

Cuando **llegó** a casa, **empezó** a llover.

Aufeinanderfolgende abgeschlossene Handlungen (= Handlungsketten, s. o.) stehen im *pretérito indefinido.*

Mientras Pablo **cenaba**, **hablaba** por móvil.

Parallel verlaufende Tätigkeiten stehen im *pretérito imperfecto.* Ihr Anfang, ihr Ende und ihre Dauer sind dabei unwichtig.

Pablo no **sabía** que Miguel era de México. Lo **supo** en la fiesta.
wusste — erfuhr

Miguel **conoció** a Pablo en una fiesta, pero Miguel ya **conocía** a sus amigos.
lernte ... kennen — kannte

Saber und *conocer* haben eine unterschiedliche Bedeutung im *pretérito indefinido* und *pretérito imperfecto.*

62 Die indirekte Rede und Frage im Präsens | El estilo indirecto en el presente

	direkte Rede	indirekte Rede
Aussagesatz	*Ana:* Quiero ver un documental.	Ana **dice que** quiere ver un documental.
	Veinte millones de niños están en peligro.	En el periódico **escriben que** veinte millones de niños están en peligro.
Frage	*Ana:* ¿Tenéis ganas de ir conmigo?	*Pablo:* Ana quiere saber **si** tenemos ganas de ir con ella.
	Pablo: ¿**Dónde** es el evento?	Pablo pregunta **dónde** es el evento.
	Miguel: ¿**A qué** hora empieza el documental?	Miguel no sabe **a qué** hora empieza el documental.

63 Das *pretérito perfecto* | El pretérito perfecto

haber	Partizip
he	
has	desayun**ado** (-ar)
ha	com**ido** (-er)
hemos	sal**ido** (-ir)
habéis	
han	

64 Die Verwendung des *pretérito perfecto* | El uso del pretérito perfecto

Hoy **he visto** a mi padre.
Todavía no **ha hecho** sus deberes.
Siempre te **ha gustado** esta chica, ¿verdad?
Pepe no **ha trabajado** en su vida.

Die Handlung findet in einem Zeitraum statt, der für den Sprecher noch nicht abgeschlossen ist, z. B. *hoy, hasta ahora, todavía (no), esta tarde/mañana/semana, este mes/año, en mi vida, siempre, alguna vez, nunca* etc.

Me **he duchado.**	Ich **habe** mich **geduscht.**
No **han cenado** todavía.	Sie **haben** noch nicht **gegessen.**

⚠ Das Hilfsverb und das Partizip bilden im Spanischen eine Einheit. Pronomen, Verneinung etc. stehen immer vor dem Hilfsverb.

65 Unregelmäßige Partizipien | Participios irregulares

Infinitiv	Partizip	Infinitiv	Partizip	Infinitiv	Partizip	Infinitiv	Partizip	Infinitiv	Partizip
abrir	**abierto**	describir	**descrito**	hacer	**hecho**	poner	**puesto**	ver	**visto**
decir	**dicho**	escribir	**escrito**	morir	**muerto**	romper	**roto**	volver	**vuelto**

66 Zwei Objektpronomen im Satz | El complemento indirecto y directo en la frase

¿**Nos** mandas las fotos? ¿**Nos** las mandas? Schickst du sie **uns**?

Im Spanischen steht das indirekte vor dem direkten Objektpronomen, d. h. die Person steht vor der Sache. Im Deutschen ist es genau umgekehrt, dort steht die Sache vor der Person.

Le / **Les** | doy el libro. → **Se** / **Se** | lo doy.

Vor den direkten Objektpronomen *lo/s* und *la/s* werden die indirekten Objektpronomen *le/s* zu *se*.

Me		
Te		
Se	lo/s	dan.
Nos	la/s	
Os		
Se		

¡Mánda**me**las! Beide Objektpronomen werden immer an den Imperativ angehängt.

¿Puedes mandár**nos**las? = ¿**Nos** las puedes mandar?
Está diciéndo**se**lo. = **Se** lo está diciendo.

Bei Infinitivkonstruktionen und dem *gerundio* gibt es wie immer zwei Möglichkeiten. Wenn die Pronomen angehängt werden, steht auf der drittletzten Silbe ein Akzent.

A

67 *Llevar, seguir* und *ir* + *gerundio* | *Llevar, seguir* y *ir* + gerundio

llevar	+ Zeitraum + *gerundio*	Algunos jóvenes **llevan** un año **buscando** trabajo.	etwas schon seit einiger Zeit tun
seguir ir	+ *gerundio*	**Sigo escribiendo** mi currículo. **Vais aprendiendo** lo que necesitáis para la vida laboral.	etwas weiterhin (immer noch) tun etwas allmählich (nach und nach) tun

68 Der Infinitiv nach Präpositionen | El infinitivo detrás de preposiciones

Después de comer escucha siempre un poco de música.
Antes de salir siempre come un bocadillo.
Al comer sonó el teléfono. = **Cuando** comía ...
Por no descansar se durmió durante la reunión. = **Como** no descansó ...
Vio la tele **hasta** dormirse. = Vio la tele **hasta que** se durmió.

69 Die Verdoppelung des Objekts | La reduplicación del pronombre de complemento

direktes Objekt	direktes Objektpronomen	
El último kilómetro **Los últimos kilómetros**	**lo** **los**	hicieron a pie.
Esta semana **Estas semanas**	**la** **las**	he pasado muy bien.

indirektes Objekt	indirektes Objektpronomen	
A su familia **A todos**	**le** **les**	manda todos los días un sms. ha gustado mucho tu presentación.

Direkte und indirekte Objekte können auch am Satzanfang stehen. Ist dies der Fall, dann muss vor dem Verb das entsprechende Objektpronomen nochmals hinzugefügt werden.

UNIDAD 10

70 Der verneinte Imperativ | El imperativo negativo

	tú	**vosotros/-as**
-ar	no tom-**es**	no tom-**éis**
-er	no com-**as**	no com-**áis**
-ir	no escrib-**as**	no escrib-**áis**

Für den verneinten Imperativ werden im Spanischen die Formen des *subjuntivo* verwendet (vgl. G 71).

71 Der *subjuntivo* | El subjuntivo

Infinitiv	**tomar**	**comer**	**vivir**
Singular	tom-**e** tom-**es** tom-**e**	com-**a** com-**as** com-**a**	viv-**a** viv-**as** viv-**a**
Plural	tom-**emos** tom-**éis** tom-**en**	com-**amos** com-**áis** com-**an**	viv-**amos** viv-**áis** viv-**an**

Verben mit Stammvokalwechsel:

Infinitiv	1. Person Singular	subjuntivo
querer	quiero	quiera ...
poder	puedo	pueda ...
pedir	pido	pida ...

Verben mit unregelmäßiger 1. Person Singular:

Infinitiv	1. Person Singular	subjuntivo
tener	**tengo**	**tenga ...**
poner	**pongo**	**ponga ...**
decir	**digo**	**diga ...**
hacer	**hago**	**haga ...**
venir	**vengo**	**venga ...**
traer	**traigo**	**traiga ...**
conocer	conozco	conozca ...

Die Formen des *subjuntivo* leiten sich aus der 1. Person Singular Präsens ab.

Verben mit unregelmäßigen Formen des *subjuntivo*:

Infinitiv	**ser**	**estar**	**saber**	**ir**	**haber**	**dar**
Singular	sea	esté	sepa	vaya	haya	dé
	seas	estés	sepas	vayas	hayas	des
	sea	esté	sepa	vaya	haya	dé
Plural	seamos	estemos	sepamos	vayamos	hayamos	demos
	seáis	estéis	sepáis	vayáis	hayáis	deis
	sean	estén	sepan	vayan	hayan	den

Me alegra que Estoy triste / contento/-a de que Me gusta que Me encanta que Me molesta que Tengo miedo de que Me interesa que Me importa que	vengas.
Quiero que Espero que Prefiero que Pido que Necesito que Recomiendo que	vengan mañana.
No creo que No pienso que	vengan mañana.

Wenn man Gefühle, (z.B. Freude, Ärger, Angst) oder Willen (z.B. Wunsch, Verlangen, Empfehlung) ausdrücken will, steht der *subjuntivo*.

Nach verneinten Verben des Denkens und Sagens steht der *subjuntivo*.

⚠ Creo que llega tarde. Pienso que es mejor así.

Enrique espera viajar pronto a la playa.

⚠ Wenn im Haupt- und im Nebensatz das gleiche Subjekt steht, benutzt man den Infinitiv.

72 Der *subjuntivo* nach unpersönlichen Ausdrücken | El subjuntivo con expresiones impersonales

Es	**importante** **fantástico** **normal** **bueno/malo** **mejor** **necesario** **fácil/difícil**	**que** lo sepa.
	Puede ser **Está bien**	

Nach unpersönlichen Ausdrücken nach diesem Muster steht der *subjuntivo*.

73 Der *subjuntivo* nach Konjunktionen und in Wunschsätzen | El subjuntivo detrás de conjunciones y en frases que expresan deseo

Te explico el ejercico **para que** lo comprendas.	... damit ...
No puede salir de casa **sin que** su hija se dé cuenta.	... ohne dass ...
Antes de que / Después de que te vayas a Perú, te voy a llamar.	Bevor/Nachdem ...
Puedo ir a la fiesta **a no ser que** tenga que trabajar.	... es sei denn, dass ...
Ojalá (que) apruebe el examen.	Hoffentlich ...

Te doy mi dirección para que me **mandes** las fotos.	Necesito la dirección de Ana para **mandar**le las fotos.
Antes de que **te vayas**, quiero hablar contigo.	Antes de **irme** quiero hablar contigo.

⚠ In Sätzen mit unterschiedlichen Subjekten in Haupt- und Nebensatz: *para que, sin que, antes de que* und *después de que* + ***subjuntivo***.
Bei gleichem Subjekt in Haupt- und Nebensatz: *para, sin, antes de* und *después de* + **Infinitiv**.

74 Der *subjuntivo* im Relativsatz | El subjuntivo en la frase relativa

Busca a una chica **que** sabe hablar alemán.	... die Deutsch spricht. (= ich kenne sie → Indikativ)
Busca una chica **que** sepa hablar alemán.	... die Deutsch spricht. (= sprechen soll → *subjuntivo*)

Necesito tres chicos **que** tengan coche.
Quiero pasar un mes en un lugar **donde** pueda hacer un curso de español.

Wenn der Relativsatz ein gewünschtes, gesuchtes oder unbekanntes Merkmal bezeichnet, steht der *subjuntivo*, d.h. vor allem nach Verben wie *querer, buscar, necesitar.*

75 Konjunktionen mit Indikativ und *subjuntivo* | Conjunciones con indicativo y subjuntivo

Indikativ	subjuntivo
Cuando estoy en Madrid, le llamo. Immer wenn ...	**Cuando** esté en Madrid, le voy a llamar. Wenn/Sobald ... (= Zukunft)
No salí **hasta que** llegó Andrés. bis (= Vergangenheit)	No salgo **hasta que** llegue Andrés. bis ... (= Zukunft)
Mientras estoy en España, no trabajo. Während ...	**Mientras** esté en España, no trabajo. Solange ...
Siempre que está en España, me llama. Immer wenn (= jedes Mal) ...	**Siempre que** esté en España, me llama. Vorausgesetzt, dass ...
Aunque tengo tiempo, no voy a ir. Obwohl ...	**Aunque** tenga tiempo, no voy a ir. Selbst wenn ...

76 Das Konditional | El condicional

Infinitiv	**trabajar**	**volver**	**abrir**
Singular	trabaj**aría** trabaj**arías** trabaj**aría**	volv**ería** volv**erías** volv**ería**	abr**iría** abr**irías** abr**iría**
Plural	trabaj**aríamos** trabaj**aríais** trabaj**arían**	volv**eríamos** volv**eríais** volv**erían**	abr**iríamos** abr**iríais** abr**irían**

Die Endungen des Konditional werden an den Infinitiv angehängt. Die Endungen der Verben auf *-ar, -er* und *-ir* sind gleich.

unregelmäßige Konditionalformen:

hacer	**haría ...**	saber	**sabría ...**
decir	**diría ...**	salir	**saldría ...**
querer	**querría ...**	tener	**tendría ...**
poder	**podría ...**	venir	**vendría ...**
poner	**pondría ...**	haber	**habría ...**

Me **gustaría** emigrar a Europa.
Entonces **podría** mandarle dinero a mi familia.
En México todo **sería** diferente.
¿**Podrías** ayudarme?

Mit dem Konditional kann man vor allem eine Möglichkeit oder eine höfliche Bitte ausdrücken.

77 Der *imperfecto de subjuntivo* | El imperfecto de subjuntivo

Infinitiv	**tomar**	**comer**	**vivir**
pretérito indefinido 3. Person Plural	tomaron	comieron	vivieron
imperfecto de subjuntivo	tomar**a**	comier**a**	vivier**a**
	tomar**as**	comier**as**	vivier**as**
	tomar**a**	comier**a**	vivier**a**
	tomár**amos**	comiér**amos**	viviér**amos**
	tomar**ais**	comier**ais**	vivier**ais**
	tomar**an**	comier**an**	vivier**an**

Der *imperfecto de subjuntivo* leitet sich von der 3. Person Plural des *pretérito indefinido* ab.

Unregelmäßige Verben

Infinitiv	*pretérito indefinido* 3. Pers. Pl.	*imperfecto de subjuntivo*
querer	quisieron	quisiera ...
tener	tuvieron	tuviera ...
estar	estuvieron	estuviera ...
ser/ir	fueron	fuera ...
poder	pudieron	pudiera ...
poner	pusieron	pusiera ...
saber	supieron	supiera ...
decir	dijeron	dijera ...
...	...	...

Die 3. Person Plural des *pretérito indefinido* bildet auch für alle unregelmäßigen Verben die Ausgangsform des *imperfecto de subjuntivo*.

No creía que Buenos Aires fuera una ciudad tan moderna.
Me pidió que lo llamarais.
Tenía miedo de que lloviera.
No pensaba que fuera tan difícil.
Le recomendaron que lo hiciera.
Era importante que lo hicieran.

Wenn ein Ausdruck, der den *subjuntivo* auslöst, im *pretérito imperfecto* oder *pretérito indefinido* steht, wird entsprechend der *imperfecto* de *subjuntivo* verwendet.

78 Der irreale Bedingungssatz der Gegenwart | La frase condicional irreal en presente

Bedingungssatz	Hauptsatz
imperfecto de subjuntivo:	Konditional:
Si **tuviera** tiempo,	**iría** a Buenos Aires.
Wenn ich Zeit **hätte**,	**würde** ich nach Buenos Aires **fahren**.

Im *si*-Satz steht immer der *imperfecto de subjuntivo* und im Hauptsatz immer das Konditional.

79 Das Relativpronomen *cuyo/-a* | El pronombre relativo *cuyo/-a*

Es el grupo **cuyo/cuya** cantante canta muy bien.
Es el grupo **cuyas** canciones no entendemos nunca.
Es el grupo **cuyos** carteles son muy modernos.

80 Das Passiv | La voz pasiva

En 1521 los españoles **conquistaron** México.
En 1521 México **fue conquistado por** los españoles.

En 1978 una gran mayoría de los españoles **aprobó** la Constitución.
En 1978 la Constitución **fue aprobada por** una gran mayoría de los españoles.

Das Passiv wird aus *ser* + Partizip gebildet. Das Partizip wird im Passiv wie ein Adjektiv in Genus und Numerus angeglichen.

81 Konstruktionen mit *gerundio* | Construcciones con gerundio

Caminamos por el campo. Vimos paisajes impresionantes.
→ **Caminando** por el campo, vimos paisajes impresionantes.

Das *gerundio* kann verwendet werden um Sätze (mit gleichem Subjekt) zu verknüpfen, deren Handlung gleichzeitig erfolgt(e).

Cuando salió de casa, se puso su abrigo.
→ **Saliendo** de casa, se puso su abrigo.

Nach diesem Prinzip können mit dem *gerundio* auch Nebensätze verkürzt werden.

82 Das Futur | El futuro

Infinitiv	viajar	ver	vivir
Singular	viajaré viajar**ás** viajará	veré verás verá	viviré vivirás vivirá
Plural	viajar**emos** viajaréis viajarán	veremos veréis verán	viviremos viviréis vivirán

Die Endungen für das Futur werden an den Infinitiv angehängt und sind für alle Verbgruppen gleich.

unregelmäßige Futurformen:

decir	**diré ...**	poder	**podré ...**	salir	**saldré ...**
haber	**habré ...**	poner	**pondré ...**	tener	**tendré ...**
hacer	**haré ...**	querer	**querré ...**	venir	**vendré ...**
		saber	**sabré ...**		

Die unregelmäßigen Verben im Futur sind die gleichen Verben wie im Konditional (vgl. S. 219 G 76).

¡Ya lo **verás**! En el futuro **viviremos** mejor. — Du wirst schon sehen! In der Zukunft werden wir besser leben.
¿**Podrá** España superar la crisis? — Wird Spanien (wohl) die Krise überwinden können?

Das Futur wird vor allem für Vermutungen und Hypothesen verwendet.

83 Das *pluscuamperfecto* | El pluscuamperfecto

Había Habías Había Habíamos Habíais Habían	llegado. comido. vivido.

Das Plusquamperfekt wird aus dem *imperfecto* von *haber* und dem Partizip Perfekt gebildet.

Antes **había vivido** en Barcelona.
Cuando Javi llegó, Teresa ya **se había ido**.

Das Plusquamperfekt drückt eine Handlung aus, die vor einer anderen passiert ist.

84 Die indirekte Rede in der Vergangenheit | El estilo indirecto en el pasado

direkte Rede	indirekte Rede	
Javi:	Javi dijo / decía / había dicho que	
«Llamo a Juan.»	**llamaba** a Juan.	*presente → pretérito imperfecto*
«Antes siempre lo llamaba.»	antes siempre lo llamaba.	*pretérito imperfecto = pretérito imperfecto*
«Lo he llamado.»	lo **había llamado**.	*pretérito perfecto → pluscuamperfecto*
«Lo llamé.»	lo **había llamado**.	*pretérito indefinido → pluscuamperfecto*
«Lo había llamado.»	lo había llamado.	*pluscuamperfecto = pluscuamperfecto*
«Lo llamaré.»	lo **llamaría**.	*futuro → condicional*
«Lo llamaría.»	lo llamaría.	*condicional = condicional*
«¡Llama a Juan!»	Javi me dijo que **llamara** a Juan.	*imperativo → imperfecto de subjuntivo*

85 Die Possessivpronomen | Los pronombres posesivos

(el/los)	mío/s	(la/las)	mía/s
	tuyo/s		tuya/s
	suyo/s		suya/s
	nuestro/s		nuestra/s
	vuestro/s		vuestra/s
	suyo/s		suya/s

Mira, ellos son amigos **míos**.
Es una idea **tuya**, ¿verdad?
Es un problema **suyo**.

Esta casa es **nuestra**.
Las fotos son **vuestras**, ¿verdad?
En la fiesta hay muchos amigos **suyos**.

86 Der *pluscuamperfecto de subjuntivo* | El pluscuamperfecto de subjuntivo

hubiera
hubieras
hubiera
hubiéramos
hubierais
hubieran

llegado
comido
vivido

Der *pluscuamperfecto* des *subjuntivo* wird aus dem *subjuntivo imperfecto* von *haber* und dem Partizip gebildet.

87 Das Konditional II | El condicional compuesto

habría
habrías
habría
habríamos
habríais
habrían

llegado
comido
vivido

Das Konditional II wird aus dem Konditional (Präsens) von *haber* und dem Partizip gebildet.

88 Der irreale Bedingungssatz der Vergangenheit | La frase condicional irreal en pasado

Bedingungssatz	Hauptsatz
Si **hubiera tenido** tiempo, *pluscuamperfecto de subjuntivo* Wenn ich Zeit **gehabt hätte**,	**habría ido** a Buenos Aires. *condicional compuesto* **wäre** ich nach Buenos Aires **gefahren**.
Si **hubieras leído** el libro, *pluscuamperfecto de subjuntivo* Wenn du das Buch **gelesen hättest**,	**sabrías** que es interesante. *condicional* **wüsstest** du, dass es interessant ist.

A

LISTA CRONOLÓGICA

Symbole und Abkürzungen

abc Bei Verben in blauer Schrift musst du auf unregelmäßige Formen achten.
▶ bezeichnet verwandte spanische Wörter.
= bezeichnet Wörter und Wendungen mit gleicher Bedeutung.
≠ bezeichnet Wörter und Wendungen mit gegensätzlicher Bedeutung.
E Englisch
F Französisch
⚠ bezeichnet eine sprachliche Besonderheit.

adj. Adjektiv
adv. Adverb
alg. *alguien* (jemand/en/-m)
a/c *alguna cosa, algo* (etwas)
f. *femenino* (feminin, weiblich)
fam. *familiar* (umgangssprachlich)
m. *masculino* (maskulin, männlich)
mex. *mexicano* (mexikanisch)
pl. *plural* (Plural)
sing. *singular* (Singular)
subj. *subjuntivo*
sust. *sustantivo* (Nomen, Substantiv)

UNIDAD 1 ¡HOLA Y BIENVENIDOS!

¡Vamos!

la unidad	die Lektion	E unit F l'unité *f.*
¡Hola y bienvenidos!	Hallo und willkommen!	
¡Hola!	Hallo!	
y	und	
¡Vamos!	*hier:* Los geht's!	
soy	ich bin	Soy Pablo.
tú	du	
¿Cómo te llamas?	Wie heißt du?	
¿cómo?	wie?	F comment?
Me llamo [...].	Ich heiße [...].	Me llamo Sara.
Soy de [...].	Ich komme aus [...].	Soy de España.
de	aus, von	F de
México	Mexiko	
¿De dónde eres?	Woher kommst du?	
¿de dónde?	woher?	
España	Spanien	E Spain F Espagne
¿Estudias?	*hier:* Gehst du zur Schule?	
aquí	hier	¿Estudias aquí?
en	in, an, auf	Estudio en México.
sí	ja	
Estudio.	*hier:* Ich gehe zur Schule.	

el instituto = insti *(fam.)*	die Schule	
oye	hör mal, *hier:* sag mal	Oye, ¿cómo te llamas?
¿Hablas alemán?	Sprichst du Deutsch?	
¿Hablas [...]?	Sprichst du [...]?	
el alemán	Deutsch *(Sprache)*	F l'allemand *m.*
¿no?	*hier:* oder?, nicht?	Tú eres de México, ¿no?
pues	*hier:* also	Pues sí, soy de México.
no	nein	E no F non
pero	aber	Soy de México, pero estudio aquí.
Hablo (un poco de) [...].	Ich spreche (ein bisschen) [...].	Hablo un poco de inglés.
un poco (de)	ein bisschen	– ¿Hablas español? – Un poco. F un peu (de)
el inglés	Englisch *(Sprache)*	E English F l'anglais *m.*
¡Adiós!	Auf Wiedersehen!	
¡Hasta luego!	Bis dann!	
el español	Spanisch *(Sprache)*	F l'espagnol *m.*
el turco	Türkisch *(Sprache)*	E Turkish F le turc
el ruso	Russisch *(Sprache)*	E Russian F le russe
el polaco	Polnisch *(Sprache)*	E Polish F le polonais
el italiano	Italienisch *(Sprache)*	E Italian F l'italien *m.*
el francés	Französisch *(Sprache)*	F le français

1 PASO 1

el paso	der Schritt	F le pas
el/la	der/die/das (*best. Art. Sg.*)	F le/la
los/las	die (*best. Art. Pl.*)	F les
el/la amigo/-a	der/die Freund/in	La amiga de Ana es de México. F l'ami/e
charlar	sich unterhalten	= hablar
con	mit	Marta charla con una amiga.
un/a	ein/e (*unbest. Art.*)	F un/e
la plaza	der Platz	Los amigos charlan en la plaza. F la place
el/la chico/-a	der Junge /das Mädchen	Los chicos no hablan español.
¿Qué tal?	Wie geht's?	
muy	sehr	– ¿Qué tal? – Muy bien, ¿y tú?
bien	gut	≠ mal F bien
¡Mira!	Sieh mal!	

A

él	er; *hier:* das	Él es Juan, un amigo. **F** il

yo - ich	**nosotros/-as** - wir
tú - du	**vosotros/-as** - ihr
él/ella - er/sie	**ellos/-as** - sie
usted - Sie *(höfliche Anrede Singular)*	**ustedes** - Sie *(höfliche Anrede Plural)*

ser	sein	
Mucho gusto.	Freut mich (sehr)!	- Hola, soy Juan. - Mucho gusto.
también	auch	¿Estudias en Madrid? ¡Yo también!
estudiar	lernen, studieren; *hier:* zur Schule gehen	**E** to study **F** étudier
o	oder	**E** or **F** ou
ya	schon	¿Estudias o ya trabajas?
trabajar	arbeiten	**F** travailler
no	nicht (*Verneinung*)	Yo no soy de aquí.
¿dónde?	wo?	¿Dónde trabajas?
juntos	zusammen	Los chicos estudian juntos.
ser de	kommen aus	Tú no eres de aquí, ¿verdad?
¿verdad?	nicht wahr?	= ¿no?
Ciudad de México	Mexiko-Stadt	
la ciudad	die Stadt	**E** city
¿Cómo estás?	Wie geht es dir?	
¿Cómo te va?	Wie geht es dir?	
regular	normal	- ¿Qué tal? - Regular.
tirando	*hier:* Es geht so.	- ¿Cómo te va? - Pues, tirando.
mal	schlecht	≠ bien **F** mal
hablar	sprechen, reden	Marta habla con Juan.
escuchar	(zu)hören	Marco escucha música rock. **F** écouter
la música	die Musik	**E** music **F** la musique
el pop	die Pop-Musik	**E/F** (le) pop
el rock	die Rock-Musik	**E/F** (le) rock
el hip hop	der Hip-Hop	**E** hip hop **F** le hip-hop
tocar + *Instrument*	ein Instrument spielen	Olivia toca la guitarra.
la flauta	die Flöte	**E** flute **F** la flûte
la guitarra	die Gitarre	**E** guitar **F** la guitare
el piano	das Klavier	**E/F** (le) piano
bailar	tanzen	Oye, ¿bailas salsa?

la salsa	Salsa *(Musik, Tanz)*	
el merengue	Merengue *(Musik, Tanz)*	
el flamenco	Flamenco *(Musik, Tanz)*	Elena baila muy bien flamenco.

1 PASO 2

¿quién?	wer?	¿Quién es Elena? F qui?
allí	dort (drüben)	Elena es la chica allí.
la hermana	die Schwester	Ella es la hermana de Gustavo.
¿Cómo se llama?	Wie heißt er/sie?	
Se llama [...].	Er/sie heißt [...].	Se llama María.
ahora	jetzt	Ahora vivo en Madrid.
vivir (en)	leben, wohnen	F vivre
el hotel	das Hotel	¿Cómo se llama el hotel?
comer	essen	¿Comemos en la cafetería?
No sé.	Ich weiß nicht.	
la cafetería	die Cafeteria	
¿qué?	was?, welche/n/-s?	– ¿Qué estudias? – Alemán.
escribir (a/c a alg.)	schreiben	F écrire
el texto	der Text	Pablo escribe un texto.
para	für	Juan trabaja para Elena.
la clase de alemán	der Deutschunterricht	En la clase de alemán aprendemos alemán.
la clase	der Unterricht	
aprender	lernen	Silvia aprende español en México. F apprendre
el restaurante	das Restaurant	María come en un restaurante.
la discoteca	die Diskothek	Ana baila con Fran en la discoteca.
el bar	die Bar, die Kneipe	¿Tomamos algo en un bar?
el violín	die Geige	E violin F le violon
el aeropuerto	der Flughafen	E airport F l'aéroport *m.*
comprender	verstehen	F comprendre
la palabra	das Wort	No comprendo la palabra.
la actividad	die Aktivität	E activity F l'activité *f.*
beber	trinken	– ¿Qué bebes? – Un zumo de naranja.
leer	lesen	F lire
el libro	das Buch	F le livre
el bocadillo	das belegte Brötchen	

A

el árabe	Arabisch *(Sprache)*	**E** Arabic **F** l'arabe *m.*
el periódico	die Zeitung	¿Qué periódico lees?
Cuba	Kuba	
la coca-cola	die Cola	
el zumo de naranja	der Orangensaft	
el zumo	der Saft	
la naranja	die Orange	
la carta	der Brief	Escribo una carta para Marta.
la pizza	die Pizza	
el chino	Chinesisch *(Sprache)*	**E** Chinese **F** le chinois
el e-mail	die E-Mail	Lola escribe un e-mail a Juan.
Argentina	Argentinien	

1 PASO 3

bueno	*hier:* also	Bueno, ¿qué tomamos?
entonces	dann	– Vivo en Berlín. – ¿Entonces hablas alemán?
tomar algo	etwas zu sich nehmen / trinken	¿Tomamos algo juntos?
tomar	nehmen	Yo tomo un bocadillo y un café.
algo	etwas	
el jamón	der Schinken	**F** le jambon
el queso	der Käse	
el café con leche	der Milchkaffee	– ¿Qué tomas? – Un café con leche.
el café	der Kaffee	
la leche	die Milch	**F** le lait
para + *Infinitiv*	(um) zu	Bueno, una pizza ... ¿Y para beber?
nada	nichts	– ¿Tomas algo? – No, nada.
gracias	danke	– ¿Tomas algo? – No, gracias.
¿quiénes?	wer? *(bei mehreren Personen)*	¿Quiénes son los chicos allí?
el hermano ▶ la hermana	der Bruder	
el gaucho	der Gaucho, Viehhirte	En Argentina hay gauchos.
el centro	das Zentrum, die Innenstadt	¿Vives en el centro de Madrid?
la región	die Region	= la zona
la zona	die Zone, das Gebiet	Es una zona tranquila.

PARA COMUNICARSE

I sich begrüßen/verabschieden
¡Hola!
¡Adiós! / ¡Hasta luego!

I nach dem Befinden fragen
¿Qué tal? / ¿Cómo estás? / ¿Cómo te va?
Muy bien. / Bien. / Regular. / Tirando. / Mal.

I sich vorstellen
Soy ___. /
Me llamo ___.

I die Herkunft erfragen und angeben
¿De dónde eres?
Soy de ___.

I angeben, welche Sprachen du sprichst
Hablo ___ y un poco de ___.

UNIDAD 2 LA FAMILIA Y LOS AMIGOS

¡Vamos!

la familia	die Familie	E family F la famille
Tengo [...] años.	Ich bin [...] Jahre alt.	Tengo diecisiete años.
el año	das Jahr	F l'an *m.*, l'année *f.*
mi/s	mein/e	Mi hermano estudia en Barcelona.
los padres	die Eltern	Yo vivo con mis padres.
el/la alumno/-a	der/die Schüler/in	Los alumnos comen en el instituto.
el bachillerato	das Abitur	Javi es alumno de bachillerato. F le baccalauréat
la afición	das Hobby	La afición de Clara es el fútbol.
la batería	das Schlagzeug	Carlos toca la batería.
cantar	singen	Elena canta muy bien. F chanter
el nombre	der Vorname, Name	Mi nombre es Marco.
el apellido	der Nachname	El apellido de Marco es Sánchez Cuenca.
la dirección	die Adresse	Mi dirección es: Calle Mayor 31.
la calle	die Straße	Vivo en la calle Cervantes.
el teléfono	das Telefon	Mi teléfono es 003491 ...
el móvil	das Handy	¿Dónde está mi móvil? E/F (le) mobile
este es [...]	das ist [...]	Mira, este es mi amigo Juan.
Tiene [...] años.	Er/sie ist [...] Jahre alt.	Tiene veintiún años.
su/s	sein/e, ihr/e, Ihr/e	Su padre trabaja en Cuba.
la madre	die Mutter	Kike vive con su madre en Madrid.
el fútbol	der Fußball *(Sportart)*	E/F (le) football
la película de acción	der Actionfilm	Mi afición son las películas de acción.
la película	der Film	

A

esta es [...]	das ist [...]	Mira, esta es mi hermana.
el padre	der Vater	¿Dónde trabaja tu padre?
el/la compañero/-a	der/die Freund/in, Kollege/-in; *hier:* Partner/in	
el/la estudiante ▶ estudiar	der/die Student/in	Carmen es estudiante. E student F l'étudiant/e
Gestión Comercial y Marketing	Kaufmännisches Management und Marketing	
chatear	chatten	E chat
nadar	schwimmen	La afición de Carla es nadar. F nager
el/la compañero/-a de piso	der/die Mitbewohner/in	Mi compañera de piso se llama Alicia.
el piso	die Wohnung	Vivo en un piso con mi madre.
Empresariales	Betriebswirtschaft	
la universidad	die Universität	¿Estudias en la universidad?
cocinar	kochen	¿Cocinamos algo juntos?
la arroba	das @-Zeichen	
el punto	der Punkt	
el guión	der Bindestrich	fede-ma@terra.es
el guión bajo	der Unterstrich	fede_ma@terra.es
montar a caballo	reiten	Elena monta a caballo.
el caballo	das Pferd	F le cheval
esquiar	skifahren	La afición de Luis es esquiar.
pintar	malen	Juan pinta muy bien. E to paint
tomar fotos	fotografieren	Javi toma fotos de sus amigos.
la foto	das Foto	
navegar en internet	im Internet surfen	Mónica navega en internet.
el internet	das Internet	
el voleibol	der Volleyball *(Sportart)*	
el tenis	das Tennis *(Sportart)*	
el baloncesto	der Basketball *(Sportart)*	

2 PASO 1

el momento	der Moment	– Hola, ¿está Javi? – Sí, un momento.
la vida ▶ vivir	das Leben	¿Qué hay de tu vida? F la vie
estar	sich befinden, sein	– ¿Dónde estás? – Estoy en el instituto.

a	nach, zu; *hier:* an	María escribe una carta a sus hermanos.

mi/s – mein/e
tu/s – dein/e
su/s – sein/e, ihr/e, Ihr/e

nuestro/-a/s – unser/e
vuestro/-a/s – euer/eure
su/s – ihr/e, Ihr/e

el/la primo/-a	der/die Cousin/e	Jesús tiene tres primos en México.
el asunto	die Angelegenheit; *hier:* der Betreff	
por aquí	hier (in der Gegend)	Yo vivo por aquí.
todo bien	alles gut, alles in Ordnung	– ¿Todo bien? – Sí.
todo *adv.*	alles	≠ nada **F** tout
lejos	weit (weg)	México está lejos. ≠ cerca
la casa	das Haus; *hier:* das Zuhause	Mi casa no está lejos.
hay *(Infinitiv:* haber*)*	es gibt	¿Hay café?

⚠ **Hay und estar** — En mi calle **hay** un instituto. En mi calle **está** el Instituto López.

la estación de metro	der U-Bahnhof	¿Hay una estación de metro por aquí? **F** la station de métro
la estación	der Bahnhof, die Station	**E/F** (la) station
el metro	die U-Bahn	**F** le métro
cerca	nah	Yo vivo cerca de la estación. ≠ lejos
de momento	im Moment	De momento vivo en Madrid.
la biblioteca	die Bibliothek	En el instituto hay una biblioteca.
siempre	immer	Siempre charlo con mis amigos.
un montón de	eine Menge	En la biblioteca hay un montón de libros.
el/la compañero/-a de curso	der/die Mitschüler/in	Alicia y Javi son compañeros de curso.
el curso	der Jahrgang, die Klasse	Somos 90 alumnos en el curso.
mucho *adv.*	viel	Ellos comen mucho. **E** much
el comedor ▶ comer	die Mensa	Los alumnos comen en el comedor.
del	de + el *(Kontraktion)*	Javi está en el comedor del instituto.
América Latina *f.*	Lateinamerika	Colombia está en América Latina.
a veces	manchmal	A veces como en el comedor.
Colombia	Kolumbien	
después de	nach	Después de clases charlo con mis amigos.
por supuesto	natürlich; na klar	– ¿Comemos juntos? – ¡Por supuesto!
la fiesta	die Party	¿Hay una fiesta? ¡Qué genial! **F** la fête

¡Qué vida!	Was für ein Leben!	
¡Qué + *sustantivo*!	Was für ein [...]!	¡Qué foto!
el examen	die Prüfung	**E** exam **F** l'examen *m.*
cambiando de tema	*hier:* Themawechsel	Cambiando de tema ... ¿qué comemos?
el/la novio/-a	der/die feste Freund/in; der Bräutigam / die Braut	Oye, ¿es Javi tu novio?
¡Qué genial!	Wie schön!	
¡Qué + *adjetivo*!	Wie [...]!	
genial	genial, toll, super	Las fiestas de María siempre son geniales.
¡Dime!	Erzähl!, Sag!	Dime, ¿cómo se llama tu hermana?
el plan	der Plan	Mis planes para el verano: nadar y bailar.
el verano	der Sommer	En verano nado mucho.
tal vez	vielleicht	¿Qué comemos? ¿Tal vez una pizza?
el beso	der Kuss	
se llaman	(sie) heißen	Mis sobrinas se llaman Sabrina y Marta.

2 PASO 2

sonar (o → ue)	klingeln	Suena un móvil. **F** sonner
la Puerta del Sol	*Ort im Zentrum von Madrid*	
cerca (de)	in der Nähe (von)	Mi casa está cerca de la Puerta del Sol.
fatal	*hier:* sehr schlecht	– ¿Qué tal en el instituto? – Fatal. ≠ genial
tener (e → ie; yo tengo)	haben	Oye, ¿tienes novio? – Sí, tengo.
otra vez	(schon) wieder, nochmal	– Tengo problemas con mi novia. – ¿Otra vez?
el problema	das Problem	Javi tiene problemas en el instituto.
querer (e → ie)	wollen	¿Qué quieres comer?
jugar (u → ue)	spielen	**F** jouer
jugar al fútbol	Fußball spielen	¡Vamos, jugamos al fútbol!
jugar a + *Artikel* **[...]**	[...] spielen	¿Queréis jugar al voleibol?
jolines	verdammt	– Alicia ya tiene novio. – ¡Jolines!
sólo	nur	Juan sólo piensa en Alicia.
pensar (en) (e → ie)	denken (an)	Alicia no piensa mucho en él. **F** penser (à)
la cosa *f.*	die Sache	**F** la chose
ya no	nicht mehr	Ya no puedo más.
aguantar	aushalten	Ya no aguanto más.
más	mehr	¿Quieres más café?

poder (o → ue)	können	¿Puedes tomar una foto de nosotros?
vale	okay, in Ordnung	– ¿Bailamos? – Vale.
lo mismo	das gleiche, dasselbe	Siempre es lo mismo.
al final	am Ende, letztendlich	Al final siempre es lo mismo.
el final	das Ende	
volver (o → ue)	zurückkehren	Jesús quiere volver a México.
volver con	wieder mit jdm. zusammenkommen	Juan quiere volver con Alicia.
seguro que (no)	bestimmt (nicht)	Seguro que Sara no tiene novio.
seguro *adv.*	sicher, bestimmt	
hoy	heute	Hoy tengo un examen.
por la noche	am Abend	¿Tienes tiempo hoy por la noche?
la noche	die Nacht, der Abend	
tener tiempo	Zeit haben	Hoy no tengo tiempo.
el tiempo	die Zeit	**E** time **F** le temps
quedar	*hier:* sich (mit jdm.) verabreden	¿Dónde quedamos?
la luna	der Mond	**F** la lune
el limón	die Zitrone	**E** lemon
mayor	alt, älter	Javi tiene un hermano mayor.
¿Cuántos años tiene?	Wie alt ist er/sie?	¿Cuántos años tiene tu hermano?
¿cuánto/-a?	wie viel/e?	– ¿Cuántos limones quieres? – Sólo uno.
¡Qué va!	Ach was!	– ¿Tienes problemas con Ana? – No, ¡qué va!
estupendo *adv.*	super	– Hoy hay una fiesta. – ¡Estupendo!
primero	zuerst	Quiero cenar primero.
tener que + *Infinitiv*	müssen	Tengo que estudiar para el examen. **E** to have to
a casa	nach Hause	Tengo que volver a casa.
cenar	Abendbrot essen	Siempre ceno con mis padres.
después	danach	
hasta	bis	Hasta luego.

A

la boda	die Hochzeit	Hoy es la boda del hermano de Juan.
el hijo	der Sohn	Él y la novia tienen un hijo.

La familia

los padres:	el padre – der Vater	la madre – die Mutter
los hijos:	el hijo – der Sohn	la hija – die Tochter
los abuelos:	el abuelo – der Großvater	la abuela – die Großmutter
los nietos:	el nieto – der Enkel	la nieta – die Enkelin
los tíos:	el tío – der Onkel	la tía – die Tante
los sobrinos:	el sobrino – der Neffe	la sobrina – die Nichte
los primos:	el primo – der Cousin	la prima – die Cousine
los padrastros:	el padrastro – der Stiefvater	la madrastra – die Stiefmutter

tener **lugar**	stattfinden	La fiesta tiene lugar en el bar Sol.
mucho/-a	viel	Ana tiene muchos amigos. ≠ poco/-a
la gente *(nur Singular)*	die Leute	En la fiesta hay un montón de gente.
sobre todo	vor allem	La gente come mucho, sobre todo Juan.
como	wie	Javi no es como Juan: él baila mucho. F comme
la comida ▶ comer ▶ el comedor	das Essen	En la fiesta hay mucha comida.
en total	insgesamt	En total Juan baila con tres chicas.
el plato	das Gericht; der Teller	F le plat
el grupo de música	die Band	Un grupo de música toca y la gente baila.
el grupo	die Gruppe	E group F le groupe
la novia	*hier:* die Braut	En la boda, Juan baila con la novia.
guapo/-a	hübsch	Mira ese chico, ¡qué guapo! = bonito/-a ≠ feo/-a
tarde	spät	Juan vuelve a casa tarde. F tard
tener **ganas (de)**	Lust haben (zu)	Juan no tiene ganas de volver a casa.
poco/-a	wenig	Javi tiene poca suerte con las chicas. ≠ mucho/-a F peu
por suerte	zum Glück	Por suerte Alicia no está en la fiesta.
la suerte	das Glück	– Tengo un examen. – ¡Suerte!
pronto	bald	¡Hasta pronto!
otro/-a	ein/e andere/r/-s, ein/e weitere/r/-s	Juan baila con Elena y con otra chica. F autre
disponer **(de)** (yo dispongo)	verfügen (über)	El hotel dispone de 85 habitaciones.
el ambiente	das Ambiente	El ambiente en la fiesta es genial.
elegante	elegant	El «Presidente» es un hotel muy elegante.
la habitación	das Zimmer	La habitación de Juana no es muy grande.

confortable	komfortabel	Las habitaciones son muy confortables.
tranquilo/-a	ruhig	Javi es un chico tranquilo. ≠ ruidoso/-a
moderno/-a	modern	Sólo escucho música moderna. ≠ antiguo/-a
la terraza	die Terrasse	Sara vive en una casa con terraza.
grande	groß	La casa de Silvia es grande. ≠ pequeño/-a **F** grand/e
la vista	die Aussicht	¡La vista es fantástica!
fantástico/-a	fantastisch	Alicia es una chica fantástica, piensa Juan.
la piscina	das Schwimmbecken	Sara y María quedan en la piscina. **F** la piscine
pequeño/-a	klein	María tiene un hermano pequeño. ≠ grande
el/la niño/-a	das Kind	Los niños grandes juegan al fútbol.
el tobogán	die Rutsche	Los niños pequeños juegan en el tobogán.
el pueblo	das Dorf	En el pueblo no vive mucha gente.
el barrio	das Stadtviertel	En Sevilla hay muchos barrios bonitos.
bastante	ziemlich	Olivia toca la guitarra bastante bien.
demasiado *adv.*	zu	La vida en el pueblo es demasiado tranquila para Juan.
antiguo/-a	alt, altertümlich	Toledo es una ciudad antigua. ≠ moderno/-a
bonito/-a	schön	Madrid es una ciudad muy bonita. ≠ feo/-a
feo/-a	hässlich	Hay muchas ciudades feas. ≠ bonito/-a, guapo/-a
interesante	interessant	Toledo es una ciudad muy interesante.
aburrido/-a	langweilig	A veces, la vida en el pueblo es aburrida.
ruidoso/-a	laut	Las ciudades a veces son muy ruidosas.

PARA COMUNICARSE

jemanden vorstellen
Este/Esta es ___.
das Alter angeben
Tengo ___ años.

die Adresse, E-Mail-Adresse und Telefonnummer angeben
Vivo en ___.
Mi e-mail es ___.
Mi teléfono es ___.

Hobbys benennen
Mis aficiones son ___.

Familienmitglieder benennen

¡Vamos!

el día a día	der Alltag	A veces, el día a día es aburrido.
el día	der Tag	– ¿Qué día es hoy? – Lunes.
¿Qué hora es?	Wie spät ist es?	– ¿Qué hora es? – Son las siete y diez.
la hora	die Stunde, Zeit	Es hora de comer. F l'heure *f.*
Es la / Son las [...].	Es ist [...] Uhr.	
Es la / Son las [...] menos cuarto.	Es ist Viertel vor [...].	

¿Qué hora es?

Es la una (en punto)

Son las dos (en punto).

Son las tres y veinte.

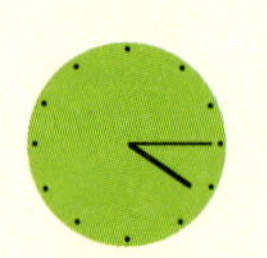
Son las cuatro y cuarto.

Son las cinco y media.

Son las siete menos veinticinco.

¿A qué hora [...]?	Um wieviel Uhr [...]?	¿A qué hora quedamos?
empezar (e → ie)	anfangen, beginnen	Tengo que empezar a estudiar ahora.
a ver	mal sehen	– ¿A qué hora quedamos? – A ver, ¿a la una?
el minuto	die Minute	¿Tienes un minuto?
a la/s [...]	um [...]	¿Quedamos a las ocho?
de [...] a [...]	von [...] bis [...]	Kike trabaja de lunes a jueves.
el lunes	der Montag	El lunes tengo una entrevista. F le lundi

Los días de la semana **Die Wochentage**

(el) lunes – (der) Montag
(el) martes – (der) Dienstag
(el) miércoles – (der) Mittwoch
(el) jueves – (der) Donnerstag
(el) viernes – (der) Freitag
(el) sábado – (der) Samstag
(el) domingo – (der) Sonntag

el lunes/martes/... – am Montag/Dienstag/...
Tengo un examen el lunes.

los lunes/martes/... – (immer) montags/dienstags/...
Los sábados jugamos al voleibol.

de [...] a [...] horas	von [...] bis [...] Uhr	Kike trabaja de 7 a 13 horas.
el festivo	der Feiertag	En España hay muchos festivos.
necesitar	brauchen; *hier:* müssen	Necesito el número de teléfono de Andrés.
fotocopiar	fotokopieren	María quiere fotocopiar un documento.
abrir	öffnen	La cafetería abre a las diez de la mañana. ≠ cerrar
mañana	morgen	Mañana tengo un examen.
desde la/s [...] hasta la/s [...]	von [...] bis [...]	Kike trabaja desde las siete hasta la una.

desde	von, ab	Hoy tengo tiempo desde las ocho.

Die Tageszeiten

de la mañana – morgens, vormittags
de la tarde – nachmittags, abends
de la noche – abends, nachts

la mañana	der Morgen	La entrevista es a las diez de la mañana.
¿cuándo?	wann?	– ¿Cuándo vuelves a casa? – El lunes. F quand?
la entrevista	das Interview; *hier:* das Vorstellungsgespräch	– ¿Cuándo es la entrevista? – A las diez.
las prácticas	das Praktikum	Las prácticas de Ana empiezan el lunes.
el concierto	das Konzert	¿A qué hora empieza el concierto?
El [...] de [...]. *(fecha)*	Am [...] *[Monatsname]. (Datum)*	El once de marzo.
el enero	der Januar	En enero tenemos muchos exámenes.

Los meses **Die Monate**

enero – Januar	abril – April	julio – Juli	octubre – Oktober
febrero – Februar	mayo – Mai	agosto – August	noviembre – November
marzo – März	junio – Juni	septiembre – September	diciembre – Dezember

cerrar (e ⟶ ie)	schließen	La biblioteca cierra a las 19 horas. ≠ abrir
tampoco	auch nicht	– No quiero estudiar ahora. – Yo tampoco.
el banco	die Bank	El banco abre a las nueve y media. E bank
Correos *sg.*	die Post *(Amt)*	– ¿Sabes cuándo cierra Correos? – No.

3 PASO 1

cotidiano/-a	alltäglich	A veces, la vida cotidiana es aburrida.
próximo/-a	nächste/-r	La fiesta es el próximo mes. = siguiente
el mes	der Monat	F le mois
la empresa ▸ las Empresariales	das Unternehmen, der Betrieb	La jefa de la empresa se llama Elena. F l'entreprise *f.*
la informática	die Informatik	María estudia informática.
levantarse	aufstehen	Juan se levanta tarde. ≠ acostarse F se lever
temprano	früh	María tiene que levantarse temprano. ≠ tarde
ducharse	duschen	Después de desayunar, Juan se ducha.
desayunar	frühstücken	María no tiene tiempo para desayunar.
la galleta	der Keks	Juan desayuna galletas y café.
tener **prisa**	es eilig haben, in Eile sein	María tiene mucha prisa.
la prisa	die Eile	Marco siempre desayuna con prisa.

A

casi	fast	María casi siempre llega tarde.
correr	rennen	Juan no tiene ganas de correr. **F** courir
coger (yo cojo)	nehmen; *hier:* erwischen	Ana tiene que correr para coger el autobús.
el autobús	der Bus	En el autobús hay mucha gente.
llegar	ankommen	El autobús llega en un minuto.
tarde ▶ la tarde	*hier:* zu spät	Juan llega tarde al trabajo. ≠ temprano
la oficina	das Büro	La jefa está en su oficina.
el/la jefe/-a	der/die Chef/in	La jefa de la empresa se llama Elena.
enfadarse (con alg.)	sich (über jdn.) ärgern	Juan llega tarde y Elena se enfada.
el trabajo ▶ trabajar	die Arbeit	Juan tiene un montón de trabajo. **F** le travail
quejarse (de)	sich beschweren (über)	Fran se queja de su trabajo.
contestar	beantworten	María contesta una llamada telefónica.
la llamada telefónica	der Telefonanruf	
la carta comercial	der Geschäftsbrief	Lisa escribe muchas cartas comerciales.
mandar	(ver-)schicken	¿Me mandas una postal de Cuba?
la factura	die Rechnung	Lisa manda facturas a sus clientes. **F** la facture
el/la cliente	der/die Kunde/-in	**E** client **F** le/la client/e
ganar	verdienen	María trabaja mucho y gana muy bien. **F** gagner
el dinero	das Geld	Juan no tiene mucho dinero.
el/la compañero/-a de trabajo	der/die Arbeitskollege/-in	Mar charla con su compañera de trabajo.
simpático/-a	sympatisch	Los compañeros son simpáticos.
llevarse (bien) (con alg.)	sich (mit jdm) (gut) verstehen	María se lleva muy bien con Juan.
al mediodía	mittags	Al mediodía todos comen juntos.
el mediodía	der Mittag	
la ensalada	der Salat	María come una pizza y una ensalada.
la esquina	die Ecke	El restaurante está en la esquina.
por la tarde	am Nachmittag	Por la tarde, María y Juan toman un café.
la tarde	der Nachmittag	María trabaja hasta las cinco de la tarde.
pasar (por) ▶ el paso	vorbeigehen (bei)	A las 5, María pasa por la casa de Juan. **F** passer (chez)
un rato	eine Weile	María y Juan charlan un rato.
quedarse	bleiben	¿Quieres quedarte un rato? Tengo pizza.
en casa	zu Hause	Los domingos María se queda en casa.
preparar	vorbereiten	Sara tiene que preparar un examen. **E** to prepare **F** préparer

siguiente	nächste/-r	= próximo/-a
ver **la tele**	fernsehen	Por la noche, María ve la tele.
ver **(a/c / a alg.)** ▶ la vista	sehen	María tiene ganas de ver a Juan. F voir
la tele (fam.) = televisión	das Fernsehen	
acostarse (o → ue)	ins Bett gehen	María se acuesta tarde. ≠ levantarse
menos mal que	zum Glück, immerhin	¡Menos mal que ya es fin de semana! = por suerte
el fin de semana	das Wochenende	El fin de semana, Juan quiere ver a María.

3 PASO 2

todavía	(immer) noch	Ya es tarde. Mar está todavía en la oficina.
porque	weil	Elena se enfada porque Juan llega tarde. F parce que
la presentación	die Präsentation	Juan tiene que preparar una presentación.
¿adónde?	wohin?	– ¿Adónde vamos? – Al cine.
ir	gehen	– Y tú, ¿adónde vas? – A la piscina.
al	a + el *(Kontraktion)*	Juan casi siempre llega tarde al trabajo.
el cine	das Kino	Juan quiere ir al cine con María. E cinema F le cinéma
por favor	bitte	– ¿Qué tomas? – Un café, por favor.
preferir (e → ie)	vorziehen	María prefiere ir a un concierto. E to prefer F préférer
otra cosa	etwas anderes	Carmen quiere ver una película de acción, pero Kike quiere ver otra cosa. ≠ lo mismo
¿por qué?	warum?	¿Por qué llegas tarde? F pourquoi?
recoger (yo recojo)	abholen	Juan recoge a María a las ocho.
¡Qué pena!	Schade!	– Ya no hay entradas. – ¡Qué pena!
la oreja	das Ohr	F l'oreille *f.*
el club	der Club	Sara y María van al club para bailar.
¡Qué pasada!	cool!, abgefahren!, super!	
comprar	kaufen	¿Cuándo compras las entradas?
la entrada	*hier:* die Eintrittskarte	
llamar	anrufen, rufen	Sara llama a María.
venir (e → ie) (yo vengo)	kommen	– ¿De dónde vienes? – Del concierto. F venir
antes	vorher	Yo quiero cenar antes. ≠ después
bueno/-a	gut	¡Buena idea! F bon/ne
la idea	die Idee	¡Tengo una idea!
la entrada	der Eingang, Eintritt	¿Quedamos en la entrada del club? E entrance F l'entrée *f.*

A

de acuerdo	einverstanden, okay	– ¿Vamos al cine? – De acuerdo. = vale F d'accord
las Islas Baleares	die Balearen	
la isla	die Insel	Mallorca es una isla. E island F l'île *f.*
(ir) en coche	mit dem Auto (fahren)	Juan y María van en coche al concierto.
el coche	das Auto	El coche es del padre de Juan.
(ir) a pie	zu Fuß (gehen)	Juan y María vuelven a casa a pie. F (aller) à pied
el pie	der Fuß	F le pied

3 PASO 3

salir (yo salgo)	los-/weggehen, aussteigen, hinausgehen, herauskommen	Elena sale tarde del trabajo. ≠ entrar
el taxi	das Taxi	¿Tomamos un taxi?
de repente	plötzlich	Ana va por la calle y de repente ve a Juan.
el atasco	der Stau	Siempre hay atasco en el centro.
¡Qué mala pata!	Was für ein Pech!	≠ ¡Qué suerte!
malo/-a	schlecht	¡Qué malo eres! ≠ bueno/-a
llegar a tiempo	pünktlich ankommen	Juan y María llegan a tiempo al concierto.
hacer a/c (yo hago)	machen	¿Vamos al cine o hacemos otra cosa?
el/la taxista	der/die Taxifahrer/in	
no es para tanto	Halb so schlimm!	– ¡Qué mala pata! – Oye, no es para tanto.
ganar	gewinnen	Quiero ganar mucho dinero. F gagner
puntual ▶ el punto	pünktlich	Juan llega puntual al trabajo. E punctual
entrar (en) ▶ la entrada	eintreten, hereinkommen	Elena entra en la oficina de Juan. ≠ salir E to enter F entrer
vacío/-a	leer	La oficina está vacía.
el/la señor/a	der Herr / die Frau	¿Sabe usted dónde está la señora Ruiz?
perdona	entschuldige	Perdona el retraso.
el retraso	die Verspätung	Juan llega con retraso a la reunión.
la reunión	die Besprechung, Versammlung	F la réunion
importante	wichtig	La reunión es muy importante para Elena. E important F important/e
poner (yo pongo)	legen, stellen	¿Te pongo algo para beber? E to put
el escritorio ▶ escribir	der Schreibtisch	Juan pone sus cosas en el escritorio.
ir a + *Infinitv*	etw. tun werden	Hoy voy a cenar con mis padres.
¡Qué suerte!	Was für ein Glück!	≠ ¡Qué mala pata!
corto/-a	kurz	La reunión es bastante corta, ¡qué suerte! F court/e
organizar	organisieren	María tiene que organizar una reunión.

reservar	reservieren	Juan reserva una mesa en un restaurante.
la sala	der Saal	María reserva una sala para la reunión.
preguntar	fragen	¿Tienes novio?, pregunta Juan a María. ≠ contestar
el cartel	das Plakat, *hier:* das Schild	María pone los carteles en la mesa.
el/la participante	der/die Teilnehmer/in	¿Cuántos participantes hay en la reunión? **E** participant **F** le/la participant/e
el documento	das Dokument	**E/F** (le) document
el ordenador portátil	der Laptop	Sara quiere comprar un ordenador portátil.
el ordenador	der Computer	**F** l'ordinateur *m.*
el vaso	das Glas	– ¿Quieres un vaso de agua? – Sí, gracias.
la bebida ▶ beber	das Getränk	María compra bebidas para la reunión.
la mesa	der Tisch	Puedes poner los vasos en la mesa.
la semana	die Woche	La semana tiene siete días. **F** la semaine
el correo	die Post	Jesús manda una carta por correo.
muchas veces	oft	Muchas veces hay comida en las reuniones.

PARA COMUNICARSE

Uhrzeit, Datum, Wochentage, Zeitdauer angeben
Es la / Son las ___ y/menos cuarto/veinte/media.
Hoy es el 21 de enero de 2011.
Hoy tengo clases desde las ___ hasta las ___.

einen Tagesablauf schildern
Por la mañana, me ducho, desayuno y voy al insti. Al mediodía como en el comedor. Por la tarde charlo con mis amigos. Por la noche veo la tele y me acuesto temprano.

Pläne machen und sich verabreden
¿Qué hacemos hoy? ¿Vamos al cine / ___?
¿Tenéis ganas de ___?
¿Dónde quedamos?
¿A qué hora quedamos?
¿Cómo vamos?
De acuerdo.

einen Grund erfragen und angeben
– ¿Por qué no vas al cine con nosotros?
– Porque tengo que estudiar.

UNIDAD 4 ¿TE GUSTA?

¡Vamos!

gustar	gefallen, mögen	María le gusta a Juan.
a mí	mir *(betont)*	A mí no me gusta el cine.
me	mir	Me gustan las películas de acción.

(A mí,)	**me**	
(A ti,)	**te**	
(A él/ella,)	**le**	gusta el libro.
(A nosotros/-as,)	**nos**	
(A vosotros/-as,)	**os**	
(A ellos/-as,)	**les**	

A

la comedia (romántica)	die (Liebes-) Komödie	Alicia quiere ver una comedia en el cine. **E** comedy **F** la comédie
el deporte	der Sport, die Sportart	A Jesús le gusta el deporte.
la persona	der Mensch, die Person	Hay 25 personas en la reunión.
activo/-a ▸ la actividad	aktiv	Carla es una chica muy activa. **E** active **F** actif/-ve
ir **al instituto**	zur Schule gehen	Javi no trabaja. Todavía va al instituto.
los deberes *pl.*	die Hausaufgaben	Por la tarde, Javi hace los deberes. **F** les devoirs *m. pl.*
por ejemplo	zum Beispiel	Sara lee mucho, por ejemplo novelas. **E** for example **F** par exemple
la novela	der Roman	A Carla no le gustan las novelas. **E** novel
ir **de compras** ▸ comprar	einkaufen gehen	Juan va de compras los sábados. **E** to go shopping
eso	das	– ¿Qué es eso? – Una factura.
no me gusta nada	ich mag es überhaupt nicht	Ir de compras no me gusta nada.
el tiempo libre	die Freizeit	¿Qué haces en tu tiempo libre? **F** le temps libre
el/la joven (*pl.:* los jóvenes)	der/die Jugendliche	Muchos jóvenes hablan inglés. **F** le/la jeune
el cedé	die CD	Kike quiere comprar un cedé de rock.
la radio	das Radio	Elena escucha la radio por la mañana.
viajar	reisen	Sara quiere viajar a México.
el trabajo eventual	die Gelegenheitsarbeit	Y tú, ¿haces un trabajo eventual?
la música clásica	die klassische Musik	¿Te gusta la música clásica?
la música electrónica	die elektronische Musik	Javi escucha música electrónica.
el documental	der Dokumentarfilm	Sara ve un documental en la tele.
el ciclismo	der Radsport	**E** cycling **F** le cyclisme
la excursión	der Ausflug	¿Hacemos una excursión el sábado? **E** excursion **F** l'excursion *f.*

4 PASO 1

la opinión	die Meinung	Te voy a decir mi opinión. **E/F** (l')opinion *(f.)*
la discusión	die Diskussion	Juan tiene una discusión con su jefe.
preparar	*hier:* Essen zubereiten	María prepara la cena.
la cena ▸ cenar	das Abendessen	La cena está muy rica.
la cocina ▸ cocinar	die Küche	María está cocinando en la cocina. **F** la cuisine
la mamá	die Mama	= la madre
la chuleta	das Kotelett	Hay chuleta de cerdo para cenar.

el cerdo	das Schwein, Schweinefleisch	
la patata	die Kartoffel	E potato
el ajo	der Knoblauch	A Juan no le gusta la comida con ajo.
rico/-a	lecker	¡Qué rica la comida!
encantar	begeistern, sehr mögen	A Juan le encanta la música electrónica.
decir (e → i) (yo digo)	sagen	La cena está muy rica, dice Juan. F dire
estar **de acuerdo (con a/c / alg.)**	einverstanden sein (mit)	María está de acuerdo con Juan.
la hamburguesa	der Hamburger	A Javi le gustan las hamburguesas.
anda	los!	Anda, ya puedes empezar a comer.
poner **la mesa**	den Tisch decken	Javi pone la mesa.
dar (yo doy)	geben	Juan le da un beso a María.
el hambre *f.*	der Hunger	⚠ ¡Tengo mucha hambre!
¡A cenar! ▶ la cena	Es gibt Abendessen!	Chicos, ¡a cenar!
¡Ya veo!	Ich sehe schon! *(ironisch)*	– Estoy estudiando. – ¡Ya veo!
¿Y qué?	Na und?	– Tú siempre trabajas. – ¿Y qué?
importar ▶ importante	*hier:* etw. ausmachen	– No hay nada en la tele ... – No importa. Podemos leer algo.
molestar	stören	– ¿Te molesta la música? – No, está bien.
por eso	deswegen	No quiero ir a pie, por eso voy en autobús.
tan	so	Ese grupo de música no es tan bueno.
creer	glauben	– ¿No me crees? – No, no te creo. F croire
es que	*hier:* es ist so, dass; nämlich	Yo voy mucho a los clubs. Es que me encanta bailar.
ojalá	hoffentlich	– ¡Hoy vamos a ganar! – ¡Ojalá!
el perro	der Hund	Javi está jugando con su perro.
el gato	die Katze	A Sara no le gustan más los gatos.

PASO 2

ponerse **+** *adj.* (me pongo)	werden	Alicia ve a Juan y se pone nerviosa.
nervioso/-a	nervös, aufgeregt	Luis es un chico un poco nervioso.
ponerse **a/c**	*hier:* sich etw. anziehen	A ver ... ¿qué me pongo? ¿Una blusa?
los vaqueros *pl.*	die Jeans	Juan se pone sus vaqueros azules.
la camiseta	das T-Shirt	
no tener **(ni) idea**	keine Ahnung haben	– ¿Qué hacemos ahora? – No tengo ni idea.
vamos a ver	*hier:* mal sehen	Vamos a ver ... ¿Qué películas hay?

A

la ropa	die Kleidung	

La ropa

la camisa

la camiseta

la blusa

el jersey

los pantalones

los vaqueros

la falda

el vestido

el chándal

el traje

el abrigo

los zapatos

las zapatillas de deporte

la gorra

el armario	der Schrank	La ropa está en el armario.
¿Qué te parece?	Wie findest du das?, Was meinst du?	
parecer (yo parezco)	scheinen; *hier:* finden, meinen	¿Qué te parece este vestido?
este	dieser, diese, dieses	

este/esta/estos/estas – dieser/diese/dieses **(hier)**
ese/esa/esos/esas – der/die/das **(da)**
aquel/lo/aquella/aquellos/aquellas – jene/r/-s **(dort)**

el vestido	das Kleid	María se pone un vestido rojo.
verde	grün	F vert/e
el color	die Farbe	Este color te va muy bien. E colour F la couleur
los pantalones *pl.*	die Hose	¡Estos pantalones son bonitos!
gris	grau	F gris/e
el corte	der Schnitt	El corte de tu vestido es muy bonito.
quedar	*hier:* sitzen, passen, stehen *(Kleidung)*	La blusa es bonita, pero no me queda bien.
ajustado/-a	eng	Estos pantalones me quedan ajustados.
la falda	der Rock	¿Prefieres los pantalones o las faldas?
blanco/-a	weiß	F blanc/blanche
la blusa	die Bluse	E blouse
ahí	da, dort	¿Por qué no te pones esa falda de ahí?
¿cuál/es?	welche/r/-s?	– Oye, ¿ves ese chico guapo? – ¿Cuál?
que	der, die, das *(Relativpronomen)*	¿Ves a ese chico que lleva un abrigo negro?
encima (de)	auf, über	María pone su ropa encima de la cama.
la cama	das Bett	Me voy a la cama.
¡vaya!	*hier:* wow!	¡Vaya, qué guapa estás!
lila	lila	Mira este abrigo lila. ¿Te gusta?
mirar(se)	(sich) betrachten/ansehen	María se mira en el espejo.
el espejo	der Spiegel	

no [...] ni [...]	weder [...] noch [...]	No me gustan los perros ni los gatos.
deportivo/-a ▶ el deporte	sportlich	Kike es un chico deportivo.
está bien	(er/sie/es) ist gut / in Ordnung	– ¿Qué te parece esta blusa? – Está bien.
el zapato	der Schuh	
rojo/-a	rot	F rouge
marrón	braun	Me gustan los zapatos marrones.
además	außerdem	La gorra es bonita y además va bien con el abrigo.
ir **bien**	*hier:* gut zusammen passen	El vestido va bien con los zapatos grises.
¿Qué más?	Was noch?	¿Qué más falta?
faltar	fehlen	Me falta una gorra. ¿Tú sabes dónde está?
la chaqueta	die Jacke	E jacket
el abrigo	der Mantel	
negro/-a	schwarz	F noir/e
probarse (o → ue)	anprobieren	María se prueba un montón de ropa.
llevar	tragen *(Kleidung, Brille, Bart, etc.)*	Carla lleva gafas.
nuevo/-a	neu	Sara tiene un ordenador portátil nuevo. ≠ antiguo/-a F nouveau/nouvelle
estar **de moda**	in Mode sein	Esos zapatos ya no están de moda.
la moda	die Mode	
la talla	die Größe	¿Qué talla tienes? F la taille
perfecto *adv.*	perfekt	El vestido le queda perfecto a María.
amarillo/-a	gelb	
azul	blau	
rosa	rosa	⚠ el vestido rosa
naranja	orange	⚠ un jersey naranja
la tienda de ropa	das Kleidungsgeschäft	Juan trabaja en una tienda de ropa.
la tienda	das Geschäft	En la calle Princesa hay muchas tiendas.
el precio	der Preis	E price F le prix

4 PASO 3

la sonrisa ▶ reírse	das Lächeln	Alicia mira a Javi con una sonrisa. F sourire
el recreo	die Schulpause	En el recreo, Javi charla con Alicia.
¿Qué pasa?	Was ist los?, Was gibt's?	Hola chicos, ¿qué pasa?
alegre	fröhlich	Alicia parece estar alegre. ≠ triste
guiñar un ojo (a alg.)	jdm. zuzwinkern	Ella le guiña un ojo a él.
el ojo	das Auge	Alicia tiene los ojos verdes.

saber (yo sé)	wissen	– ¿Sabes algo de Juan? – Sí, está en casa. **F** savoir
tener razón	Recht haben	– Tienes que estudiar más. – Sí, tienes razón. **F** avoir raison
de verdad	wirklich	– Tengo una prima en China. – ¿De verdad?
la verdad	die Wahrheit	**F** la vérité
contento/-a	zufrieden, froh	De verdad estoy muy contento.
¿Y eso?	Wie kommt das?	– Estoy muy triste. – ¿Y eso?
el/la profe *fam.* = **profesor/a**	der/die Lehrer/in	Tenemos una profe nueva.
divertido/-a	lustig, amüsant	Él es muy divertido. ≠ serio/-a
reírse ▶ la sonrisa	lachen	Alicia y Javi se **ríen** mucho juntos. **F** rire
creo que	ich glaube, dass	Creo que Juan y María son novios.
alto/-a	groß	Juan es alto y delgado.
delgado/-a	dünn, schlank	La profesora nueva es muy alta.
el pelo	das Haar	Marco tiene el pelo castaño.
rubio/-a	blond	María es rubia.
bajo/-a	*hier:* klein	Javi es más bajo que su hermana.
gordo/-a	dick	El padre de Sara es un poco gordo.
la barba	der Bart	El profesor lleva barba. **F** la barbe
castaño/-a	*hier:* braun	= marrón
las gafas *pl.*	die Brille	La profe lleva gafas.
inteligente	intelligent	Con sus gafas, Juan parece inteligente.
fenomenal	großartig, phänomenal	Javi es un chico fenomenal. = genial
serio/-a	ernst	Elena se ríe poco. Es bastante seria. ≠ divertido/-a **E** serious **F** sérieux/-se
estricto/-a	streng	La nueva profe es bastante estricta. **E** strict **F** strict/e
joven ▶ el/la joven	jung	Mis amigos son todos bastante jóvenes.
pelirrojo/-a	rothaarig	Elena es pelirroja.
triste	traurig	Ana está triste porque Juan ya tiene novia. ≠ alegre **F** triste
el aspecto físico	das Aussehen	Para mí, el aspecto físico es importante.
el carácter	der Charakter	Juan tiene muy buen carácter.

PARA COMUNICARSE

sagen, was dir gefällt oder nicht gefällt
A mí me gusta/n (mucho) ___.
Me encanta/n ___.
Pero no me gusta/n (nada) ___.

über Kleidung und Farben sprechen
Para ir al bar esta noche, me pongo una camisa verde, una chaqueta marrón, pantalones negros y zapatos azules.

Charakter und Aussehen von Personen beschreiben
Mi primo es un chico simpático. Es tranquilo e inteligente.
Es alto y delgado. Tiene el pelo castaño y los ojos verdes. A veces lleva gafas.

¡Vamos!

si	wenn, falls	Podemos ir al cine si quieres. **F** si
¡cuidado!	Vorsicht!	¡Cuidado! Aquí hay carteristas. = ¡Ojo!
la mochila	der Rucksack	Sara pone sus libros en su mochila.
el/la carterista	der/die Taschendieb/in	En Madrid hay muchos carteristas.
buscar	suchen	Carla está buscando piso.
encontrar (o → ue)	finden	No encuentro mi móvil. ¿Dónde está?
último/-a	letzte/r/-s; *hier:* neueste/r/-s	¿Tienes el último cedé de «Maná»?
en oferta	im Angebot	Esta semana los cedés están en oferta.
la oferta	das Angebot	Esa oferta no está mal. **E** offer **F** l'offre *f.*
el estadio	das Stadion	El domingo, Kike y Javi van al estadio.
¡Ojo! ▶ el ojo	Achtung!	¡Ojo! Hay carteristas en el metro. = ¡Cuidado!
caro/-a	teuer	Las entradas son muy caras.
el parque	der Park	Por la tarde Juan y María van al parque.
pasar	*hier:* (Zeit) verbringen	Juan y María pasan mucho tiempo juntos.
el lugar	der Ort	
perfecto/-a	perfekt	Mi piso es el lugar perfecto para descansar.
descansar	sich erholen, ausspannen	Juan quiere descansar del trabajo.
el/la artista	der/die Künstler/in	Penélope Cruz es una artista de cine. **E** artist **F** l'artiste *m./f.*
interesar ▶ interesante	interessieren	¿Te interesa el arte? **F** intéresser
el arte	die Kunst	Si te gusta el arte puedes ir al museo. **E/F** (l')art *(m.)*
el museo	das Museum	¿A qué hora abre el museo?
el cuadro	das Bild	En este museo hay más de 800 cuadros.
el/la pintor/a ▶ pintar	der/die Maler/in	Picasso es un pintor español famoso. **E** painter **F** le peintre
español/a	spanisch	Hay muchas ciudades españolas bonitas.
¡Vale la pena!	Es lohnt sich!	Vale la pena ir al Museo del Prado.
la postal	die Postkarte	Jesús escribe una postal a su madre.
el recuerdo	das Andenken	Juan se compra un recuerdo de Madrid.
claro que [...]	natürlich/klar [...]	Claro que conozco a María.
claro	natürlich, klar, sicher	– ¿Conoces a Juan? – Claro.
disfrutar (de)	genießen	María disfruta del verano en Madrid.
salir (de noche)	ausgehen	Los sábados María y Sara salen a bailar.

A

famoso/-a	berühmt	Almodóvar es muy famoso en España. **E** famous
alternativo/-a	alternativ	Malasaña es un barrio alternativo.
bajo/-a	niedrig	Aquí los precios son muy bajos. ≠ alto/-a **F** bas/se
antes de + *Infinitiv*	vor, bevor	Antes de salir, toman algo en casa. ≠ después de

5 PASO 1

el piso compartido	die WG (Wohngemeinschaft)	Carmen vive en un piso compartido.
marcar	wählen *(Telefon)*	María marca el número de Sara.
el número	*hier:* die Telefonnummer	**F** le numéro de téléphone
¡Dígame! ▶ decir	*hier:* Hallo? *(am Telefon)*	
¿De parte de quién?	*hier:* Wer ist dran?, Wer spricht da?	– Hola. ¿Está Sara? – Sí, ¿de parte de quién?
ponerse (al teléfono)	ans Telefon gehen	Sara se pone al teléfono.
llamar (por teléfono) ▶ la llamada telefónica	anrufen, telefonieren	María llama a Sara por teléfono.
por	für, wegen	Llamo por el piso. ¿Está libre todavía?
libre	frei	Hoy Juan tiene el día libre. **F** libre
el plano	der Stadtplan	¿Ves la calle Mayor en el plano?
me – mich **te** – dich **lo/la** – ihn/sie/es	**nos** – uns **os** – euch **los/las** – sie	¿Vas a llamar a Laura y a Ana? → ¿Las vas a llamar?
conocer (yo conozco)	kennen, kennen lernen	Oye, ¿tú conoces a Juan? **F** connaître
apuntar	aufschreiben, notieren	– ¿Te apunto mi número? – Sí, por favor.
listo/-a	fertig; *hier:* bereit	– ¿Vamos? – No, todavía no estoy listo.
la línea	die Linie	Tienes que tomar la línea nueve.
en dirección a	in Richtung	Tomas el metro en dirección a Moncloa. **F** en direction de
la dirección	die Richtung, Adresse	¿En qué dirección tenemos que ir? **E/F** (la) direction
bajarse	*hier:* aussteigen	¿Dónde me tengo que bajar?
la iglesia	die Kirche	Los domingos voy a la iglesia. **F** l'église *f.*
(todo) recto	(immer) geradeaus	Tienes que ir todo recto.
girar	abbiegen	En la esquina tienes que girar a la derecha.

tercero/-a ▶ tres	dritte	Jesús es el tercer hijo de sus padres.

Los números ordinales **Die Ordnungszahlen**

primero/-a – erste/r/-s	sexto/-a – sechste/r/-s
segundo/-a – zweite/r/-s	séptimo/-a – siebte/r/-s
tercero/-a – dritte/r/-s	octavo/-a – achte/r/-s
cuarto/-a – vierte/r/-s	noveno/-a – neunte/r/-s
quinto/-a – fünfte/r/-s	décimo/-a – zehnte/r/-s

⚠ Vivo en el **primer/tercer** piso.

a la derecha (de)	rechts (von)	Mi casa está a la derecha del cine.
el supermercado	der Supermarkt	Carlos tiene que ir al supermercado.
seguir (e → i) (yo sigo) ▶ siguiente	*hier:* weitergehen	Tienes que seguir todo recto hasta el semáforo.
el semáforo	die Ampel	Hay un semáforo en mi calle.
a la izquierda (de)	links (von)	≠ a la derecha (de)
cruzar	überqueren, kreuzen	Tenemos que cruzar la calle. E to cross
enfrente (de)	gegenüber (von)	La estación está enfrente del museo.
al lado de	neben	Su casa está al lado del supermercado.
la panadería	die Bäckerei	¿Pasamos por la panadería?
repetir (e → i)	wiederholen	¿Lo puedes repetir, por favor? E to repeat F répéter
exacto *adv.*	genau	E exactly; F exactement
la planta	das Stockwerk	Marco vive en la tercera planta.
la puerta	die Tür	¿Puedes cerrar la puerta, por favor?
a lo mejor	vielleicht	= tal vez
venga *fam.*	los; *hier:* okay	– Te veo a las ocho. – Venga, hasta luego.
la centralita	die Telefonzentrale	

5 PASO 2

delante (de)	vor	Kike y Marta quedan delante del cine. ≠ detrás (de) F devant
el anuncio	die Anzeige	Carla lee los anuncios porque busca piso.
tocar	klingeln, klopfen	Pedro toca el timbre y sube.
el timbre	die Klingel	
subir	hochgehen	Ana entra en la casa y sube al cuarto piso.
mostrar (o → ue)	zeigen	El chico le muestra el piso. F montrer
¡vaya + *sustantivo!*	Was für ein/-e [...]!	¡Vaya fiesta! = ¡Qué + *sustantivo*!
más + *adj.* **+ que**	*Komparativ* (mehr [...] als)	El vestido es más caro que la falda.
claro/-a	hell	La habitación es muy clara, porque tiene dos ventanas.
la ventana	das Fenster	¿Puedes abrir la ventana, por favor?

A

para mí / para ti	für mich / für dich	Para mí el dinero no es tan importante.
la luz	das Licht	En mi habitación entra mucha luz.
menos + *adj.* + **que**	*Komparativ* (weniger [...] als)	La falda es menos cara que el vestido.
lo único	das Einzige	Lo único que no me gusta es el corte.
lo	das *(neutraler Artikel)*	**Lo bueno** de Andalucía es que hace sol.
que	*hier:* dass	¿Ya sabes que Elena va a ir a México?
tan + *adj.* + **como**	so [...] wie	Esta blusa es tan cara como esa de ahí.
barato/-a	billig	Ana busca un piso bonito y barato. ≠ caro/-a
detrás (de)	hinter	El gato está detrás de la lavadora. ≠ delante (de)
el lavaplatos	der Geschirrspüler	
el lujo	der Luxus	Tienes un lavaplatos, ¡qué lujo!
la lavadora	die Waschmaschine	
el baño	das Badezimmer	
mejor (que)	besser (als)	El Barca es mejor que el Real Madrid. F meilleur/e
con mucho gusto ▶ gustar	sehr gerne	– ¿Quieres zumo? – Con mucho gusto.
peor (que)	schlechter (als)	Mi ordenador es peor que el de Sara.
debajo (de) ▶ bajo/-a ▶ bajarse	unter	El perro está debajo de la cama. ≠ encima (de)
entre	zwischen	Mi casa está entre el cine y el cole. F entre
ideal	ideal	Para Juan, María es la chica ideal.

5 PASO 3

tocar	*hier:* an der Reihe sein	Hoy le toca a Carlos ir al supermercado.
hay que + *Infinitiv*	man muss	Hay que estudiar para sacar buenas notas.
poner **bote**	*Geld in die gemeinsame Haushaltskasse zahlen*	Los compañeros de piso ponen bote.
la lista de la compra	die Einkaufsliste	¿Dónde está la lista de la compra?
la lista	die Liste	
la barra de pan	die Stange Brot	Carlos compra una barra de pan.
el pan	das Brot	F le pain
el litro	der Liter	Ana compra un litro de leche. F le litre
el medio kilo (de)	das halbe Kilo [...]	Medio kilo de manzanas, por favor.
medio/-a	halb	¡Nos vemos en una media hora!
el tomate	die Tomate	En Cataluña se come pan con tomate.
el plátano	die Banane	Los plátanos son de América Latina.

la manzana	der Apfel	¿Prefieres las manzanas verdes o rojas?
el gramo	das Gramm	200 gramos de chorizo, por favor.
el jamón serrano	der Serrano-Schinken	No me gusta mucho el jamón serrano.
el chorizo	die Paprikawurst	Prefiero el chorizo.
la lata	die Dose	Carlos compra una lata de atún.
el atún	der Thunfisch	**E** tuna
el paquete	das Paket	Compra tres paquetes de mantequilla. **F** le paquet
la mantequilla	die Butter	
la botella	die Flasche	Carlos compra diez botellas de agua mineral. **E** bottle **F** la bouteille
el agua mineral *f.*	das Mineralwasser	
el agua *f.*	das Wasser	En verano hay poca agua en España.
el maíz	der Mais	En América Latina se come mucho maíz.
el papel higiénico	das Toilettenpapier	**F** le papier hygiénique
el aceite de oliva	das Olivenöl	El aceite de oliva de España es muy rica.
el aceite	das Öl	Necesito aceite para cocinar.
el queso manchego	der Manchego-Käse	
el/la más + *adj.*	der/die/das + *Superlativ*	Juan es el chico más guapo en la fiesta.
el/la mejor	der/die/das Beste *(Superlativ)*	¡El queso manchego es el mejor!
tanto/-a	so viel/e	Javi no tiene tantos amigos como Juan.
el folleto	der (Werbe-) Prospekt	En las tiendas hay folletos con ofertas.
carísimo ▶ caro	sehr teuer	¡Estos zapatos son carísimos!
adj. + **ísimo**	sehr + *Adj.*	¡Esa chica es guapísima!
el kilo	das Kilo	¿Me pone un kilo de tomates, por favor?
costar (o → ue)	kosten	¿Cuánto cuesta un kilo de manzanas? **E** to cost **F** coûter
el euro	der Euro	
el mercado ▶ el supermercado	der Markt	A veces las cosas son más baratas en el mercado.
¿A cuánto están [...]?	Wie viel kosten [...]?	¿A cuánto están los tomates?
un euro con cincuenta	ein Euro fünfzig *(Preis)*	El kilo está a dos euros con cincuenta.
el céntimo	der Cent	– ¿Me puedes dar 50 centimos? – Claro.
el/la peor	der/die/das schlechteste *(Superlativ)*	Éste es el peor momento de mi vida.

PARA COMUNICARSE

telefonieren
¡Dígame!/¿Sí?
¿Está ___?
¿De parte de quién?
De ___.
Ahora se pone.

eine Einkaufsliste erstellen
- 1 barra de pan
- 2 litros de leche
- 1½ kilo de tomates
- 250 gramos de chorizo
- 3 latas de atún
- 6 botellas de agua mineral
- 1 paquete de mantequilla

eine Wohnung / ein Zimmer beschreiben
Mi casa/piso tiene tres habitaciones, una cocina y un baño.
En mi habitación hay una cama, un escritorio y un ordenador.

den Preis angeben
¿Cuánto cuesta? /
¿A cuánto está/n ___?
___ euros con ___ céntimos. /
Está/n a ___.

den Weg beschreiben
Coges / Tomas la calle ___.
Vas / Sigues todo recto hasta ___.
Giras en / Coges / Tomas la primera/segunda calle a la derecha/izquierda.
Ahí está/hay ___.
En la esquina está/hay ___.

etwas vergleichen
Mi habitación es más grande que la habitación de mi hermano.
Mi ordenador es tan moderno como el ordenador de Jorge.
Mi barrio es menos ruidoso que el barrio de mi amiga.

UNIDAD 6 ¡BIENVENIDOS A MÉXICO!

¡Vamos!

bienvenido/-a ▶ bien ▶ venir	Willkommen!	¡Bienvenidos, chicos! F bienvenu/e
hace + *Zeitangabe* ▶ hacer	vor	Hace un mes Jesús visitó a su familia.
el hombre	der Mann; *hier:* der Mensch	En 1969, el primer hombre llegó a la luna. F l'homme *m.*
el territorio	das Territorium, Gebiet	E territory F le territoire
mexicano/-a	mexikanisch	¿Te gusta la comida mexicana?
el/la maya	der/die Maya	Los mayas viven en México y en Guatemala.
dominar	dominieren	Los aztecas dominaron un territorio grande. E to dominate F dominer
la península	die Halbinsel	España es una península.
el alrededor	die Umgebung	Alrededor de Ciudad de México hay volcanes.
el/la azteca	der Azteke / die Aztekin	
fundar	gründen	Pablo quiere fundar una empresa. E to found F fonder
la capital	die Hauptstadt	Madrid es la capital de España. E capital F la capitale
el imperio	das Imperium, Reich	Los aztecas fundaron un imperio. E/F (le) empire
en [...]	*hier:* im Jahr [...]	Frida Kahlo nació en 1907 en Coyoacán.
el/la español/a	der/die Spanier/in	Los españoles llegaron a México en 1517.
la tropa	die Truppe	E troup F la troupe

conquistar	erobern	Los españoles conquistaron México. **E** to conquer **F** conquérir
independizarse (de)	sich unabhängig machen, Unabhängigkeit erlangen	México se independizó de España.
nacer	geboren werden; entstehen	– ¿En qué año naciste? – En 1993.
la Revolución Mexicana	die Mexikanische Revolution	La Revolución Mexicana empezó en 1910.
la revolución	die Revolution	**E** revolution **F** la révolution
luchar (por)	kämpfen (für)	Mucha gente lucha por una vida mejor.
el derecho	das Recht	¿Conoces tus derechos?
el/la pobre	der/die Arme	**F** le/la pauvre
fue *(indefinido 3. Pers. Sg. von* **ser** *und* **ir***)*	war	Frida Kahlo fue una buena pintora.
trágico/-a	tragisch	La vida de Frida Kahlo fue trágica.
hubo *(indefinido 3. Pers. Sg. von* **haber***)*	es gab	En el terremoto de 1985 hubo muchos muertos.
el terremoto	das Erdbeben	En México hay muchos terremotos.
el/la muerto/-a	der/die Tote	**F** le/la mort/e
firmar	unterschreiben	Hay que firmar las cartas.
desde hace	seit *(Zeitraum)*	Sara vive en España desde hace un año.
la zona de libre comercio	die Freihandelszone	
el comercio	der Handel	**E/F** (le) commerce
Estados Unidos = EE.UU.	die USA	**E** United States **F** les États-Unis
Canadá	Kanada	
perder	verlieren	El Real Madrid perdió contra el Barça. ≠ ganar **F** perdre
las elecciones	die Wahlen	En muchos países no hay elecciones libres. **E** elections; **F** l'élection *f.*
por primera vez	zum ersten Mal	No conozco a esa chica. La veo por primera vez.
la vez *(pl.:* **las veces***)*	das Mal	La última vez que Alicia vio a Juan fue hace un mes.
desde	seit *(Zeitpunkt)*	Jesús vive en España desde el año 2009.
gobernar	regieren	¿Quién está gobernando México ahora?
más de	mehr als	Jesús tiene más de 500 libros.
el jardín	der Garten	Mucha gente quiere tener un jardín. **F** le jardin

6 PASO 1

A

las vacaciones *pl.*	die Ferien	En las vacaciones, Laura viaja mucho. **F** les vacances *f.pl.*
ayer	gestern	Ayer me acosté tarde. ≠ mañana **F** hier

favorito/-a	Lieblings-, liebste/r/-s	Mi comida favorita es chili con carne. E favourite
recibir	empfangen	Ayer Juan recibió una carta de Alicia. E to receive F recevoir
¡Qué jaleo!	Was für ein Durcheinander!	Ayer me visitaron mis primos. ¡Qué jaleo!
el viaje ▶ viajar	die Reise; *hier:* die Fahrt	El viaje de España a México es caro.
el pollo	das Hühnchen(fleisch)	En América Latina se come mucho pollo.
el mole	mexikanische Sauce mit Schokolade	Pollo con mole es un plato mexicano.
el nopal	der Feigenkaktus	
haber	geben	Ayer hubo tacos con pollo para cenar.
el taco	der Taco *(gefüllte Maistortilla)*	
el pescado	der Fisch	Los viernes, Pedro come pescado.
pasado/-a ▶ pasar	vergangene/n/-s, letzte/n/-s	La semana pasada fuimos a Madrid. ≠ próximo/-a; siguiente
visitar	besuchen	Jaime quiere visitar a sus amigos. E to visit F visiter
ex	Ex-	Alicia es la ex novia de Juan.
reconocer (yo reconozco) ▶ conocer	wiedererkennen; anerkennen	El perro de Ana siempre reconoce a Laura. E to recognize F reconnaître
sobre	über	¿Sabes algo sobre México?
el agua fresca *f.*	*mexikanisches Erfrischungsgetränk*	¿Tomamos un agua fresca en el bar?
la iguana	der Leguan	En México puedes ver iguanas.
pasarlo bien	Spaß haben	¡Lo pasamos muy bien en la fiesta!
súper *(fam.)*	super	Miguel está supercontento de estar en México.
contar (o → ue)	erzählen, zählen	¿Me cuentas algo de tu viaje a México? F conter
el/la vecino/-a	der/die Nachbar/in	Es una suerte tener vecinos simpáticos. F le/la voisin/e
muerto/-a	tot	F mort/e
destruido/-a	zerstört	Hubo muchas casas destruidas. E destroyed F détruit/e
¡Qué horror!	Wie schrecklich/furchtbar!	Hubo un terremoto, ¡qué horror!
la fiesta de espuma	die Schaumparty	El viernes fui a una fiesta de espuma.
la espuma	der Schaum	
viejo/-a	alt	Mi abuelo ya está viejo: tiene 90 años. = antiguo/-a ≠ joven F vieux/vieille
la madrugada	das Morgengrauen	Bailamos hasta la madrugada.
¡Lo pasamos bomba!	Wir hatten so viel Spaß!	= ¡Lo pasamos súper bien!

el sofá	das Sofa	Siempre como en el sofá frente a la tele.
frente (a) ▶ enfrente (de)	vor	Paso mucho tiempo frente al ordenador. = delante (de) ≠ detrás (de) **E** in front of

6 PASO 2

cuando	als, (immer) wenn	Cuando Ana volvió a casa se acostó. **F** quand
el blog	der Blog	Miguel escribe un blog en internet.
el/la chamaco/-a *(mex.)*	der Junge / das Mädchen	= el/la chico/-a
el/la pariente	der/die Verwandte, Angehörige	María visita a sus parientes en Yucatán.
chilango/-a *(mex.)*	aus Mexiko-Stadt	Miguel es chilango.
el canal	der Kanal	Fuimos en barco por el canal.
donde	wo	Conozco un bar donde hay buena música.
navegar	fahren	**E** to navigate
el barco	das Boot	En el canal navegan muchos barcos.
de muchos colores	bunt	A mí me gusta la ropa de muchos colores.
llamarse	heißen	– ¿Cómo te llamas? – Eva, ¿y tú?
la trajinera	trajinera *(kleines Boot)*	Las trajineras son barcos pequeños.
vender	verkaufen	En la calle hay gente que vende tortillas. ≠ comprar **F** vendre
la tortilla	die Tortilla *(in Mexiko: Fladen aus Mais- oder Weizenmehl)*	
el mariachi	der Mariachi *(Musiker)*	Los mariachis tocan la guitarra.
turístico/-a	touristisch	Cancún es un lugar bastante turístico.
sin embargo	trotzdem	El tenis es agotador. Sin embargo me gusta.
el volcán	der Vulkan	El Popocatépetl es un volcán famoso. **E** volcano **F** le volcan
e	*Anstatt* y *vor Wörtern, die mit* i *oder* hi *beginnen.*	Pedro quiere hacer rafting e ir a Yucatán.
chido *(mex.)*	super, cool	– Voy a ir a Costa Rica. – ¡Qué chido! = genial
arriba	oben	Los chicos subieron el volcán hasta arriba.
el cráter	der Krater	Los volcanes tienen un cráter.
dormir(se) (o → ue)	(ein-)schlafen	Alicia siempre ve la tele para dormirse. **F** dormir
en seguida	sofort	– Ana, ¿vienes? – ¡Sí, voy en seguida!
agotador/a	anstrengend	Hacer mucho deporte es agotador.
el rafting	das Rafting	¡Me encanta el rafting!
el río	der Fluss	Los chicos van al río para hacer rafting.
el guía	der Führer	**E/F** (le/la) guide

A

las instrucciones *pl.*	die Anleitung	Un guía da instrucciones y ayuda.
subir a una balsa	in ein Schlauchboot einsteigen	Vamos, ¡subimos a la balsa!
la balsa	das Floß, *hier:* das Schlauchboot	
aunque	obwohl	Aunque tuve miedo, hice rafting ayer.
tener **miedo (a)**	Angst haben	Carlos tiene miedo a los perros.
el miedo	die Angst	Los perros me dan miedo.
la situación	die Situation	No me gusta esta situación.
bajar ▶ debajo	hinunterfahren/-gehen	Los chicos bajan el río en balsa. ≠ subir
la cascada	der Wasserfall	La cascada más alta está en Venezuela.
alto/-a	hoch	¡Ese volcán es muy alto! ≠ bajo/-a
¡Qué aventura!	Was für ein Abenteuer!	Hice un viaje a México. ¡Qué aventura!
la aventura	das Abenteuer	Hacer rafting es una aventura. E adventure F l'aventure *f.*
P.D.	P.S.	

6 PASO 3

el [...] de [...] de [...]	am/der *[Tag. Monat. Jahr] (Datum)*	Volví de México el 21 de julio de 2010.
el/la alemán/-ana	der/die Deutsche	Eva es alemana, pero vive en México. F l'Allemand/e
el/la mexicano/-a	der/die Mexikaner/in	Miguel y su familia son mexicanos.
a los [...] años	im Alter von [...] Jahren	Eva llegó a México a los seis años.
la poliomielitis	die Polio, Kinderlähmung	
quedar	sein, bleiben, werden	Eva quedó minusválida por un accidente.
la pierna	das Bein	
sufrir	(er-)leiden	Eva sufrió un accidente de coche. E to suffer F souffrir
el accidente	der Unfall	E/F (l')accident *m.*
minusválido/-a	körperbehindert	
como	da, weil	Como Eva es alemana, habla alemán. = ya que F comme
feliz	glücklich	María le hace feliz a Juan. ≠ triste
regalar	schenken	Le voy a regalar un cedé a mi prima.
la pintura ▶ pintar	die Farbe, Malerei	Kike compra pintura para pintar la casa.
el pincel	der Pinsel	Si quieres pintar necesitas un pincel.
así	so	Siempre llevo una gorra. Me gusta así.
el autorretrato	das Selbstportrait	Un autorretrato es un cuadro que muestra al pintor.

llevar	*hier:* (in sich) tragen, übermitteln	Este libro lleva un mensaje importante.
el mensaje	die Botschaft	Alicia le manda un mensaje a Juan. E/F (le) message
el dolor	der Schmerz	Yo no aguanto mucho el dolor. F la douleur
enamorarse (de)	sich verlieben (in)	Adrián vio a Eva y se enamoró de ella.
casarse (con alg.)	(jdn.) heiraten	Mis padres se casaron a los veinte años.
nunca	nie	Mis abuelos nunca se casaron. ≠ siempre
divorciarse	sich scheiden lassen	Los padres de Sara se divorciaron. E to get divorced F divorcer
ya que	da, weil	= como
la relación	die Beziehung, das Verhältnis	Alicia tuvo una relación con Sergio. E relationship F la relation
la exposición	die Ausstellung	En Madrid hay muchas exposiciones. E/F (l')exposition *f.*
Nueva York	New York	Nueva York es una ciudad muy grande.
París	Paris	París es la ciudad del amor.
exponer (yo expongo)	ausstellen	Sara expone sus cuadros en el insti.
morir (o → ue) ▶ (el/la) muerto/-a ▶ muerto/-a	sterben	Pablo Picasso murió en 1973. ≠ nacer F mourir
el amor	die Liebe	Su novio es el amor de su vida. F l'amour *m.*
un día	eines Tages	¡Un día, te voy a visitar en México!
el mural	das Wandgemälde	México es famoso por sus murales.
actuar	(schau-) spielen	Penélope Cruz actúa muy bien. E to act
Londres	London	En Londres se habla inglés.

PARA COMUNICARSE

I über Vergangenes reden
(pretérito indefinido)
Ayer fui al cine.

I Jahreszahlen angeben
En (el año) 1998 hice un viaje a México.

I eine Biographie verfassen
Frida Kahlo nació el 6 de julio de 1907 en Ciudad de México. A los 18 años tuvo un accidente de autobús y quedó minusválida. A los 20 años se casó con Diego Rivera. Expuso sus cuadros en Nueva York, París y Ciudad de México. Murió el 13 de julio de 1954.

UNIDAD 7 ¿A QUÉ TE QUIERES DEDICAR?

¡Vamos!

dedicarse (a)	sich (beruflich) beschäftigen (mit)	– ¿A qué te dedicas? – Soy ingeniera.
el/la ingeniero/-a	der/die Ingenieur/in	Los ingenieros ganan bien.
matemáticas	Mathematik	Tengo problemas en matemáticas.

física y química	Physik und Chemie	Soy bueno en física y química.
tener **una asignatura pendiente**	ein Fach noch bestehen müssen	Tengo pendientes matemáticas e inglés.
la asignatura	das Schulfach	¿Cuántas asignaturas tienes?
me gustaría	ich würde gerne	Me gustaría vivir en Nueva York.
significar	bedeuten	¿Qué significa esta palabra? **F** signifier
sacar una buena/mala nota	eine gute/schlechte Note bekommen	Para sacar buenas notas hay que estudiar.
la nota	die Note	¿Qué nota sacaste en inglés? **F** la note
creativo/-a	kreativ	¿Eres una persona creativa? **E** creative **F** créatif/-ve
el/la fotógrafo/-a	der/die Fotograf/in	Mi tía es fotógrafa.
el/la diseñador/a de páginas web	der/die Webdesigner/in	Me gustaría ser diseñador de páginas web.
estar **seguro/-a**	sicher sein	– ¿Hay metro a esta hora? – Sí, estoy segura.
seguro/-a	sicher	¡Cuidado! Esta región no es segura.
el/la mecánico/-a	der/die Mechaniker/in	Un mecánico se ensucia mucho las manos.
la mano	die Hand	**F** la main
ensuciar(se)	(sich) schmutzig machen	No me importa si me ensucio en el trabajo.
el contacto	der Kontakt	Juan ya no quiere tener contacto con Ana.
el/la músico/-a	der/die Musiker/in	¿De verdad, eres músico? ¡Qué chido!
difícil	schwierig	La situación es muy difícil para Ana. **E** difficult **F** difficile
el sueño	der Traum	El sueño de Kike es ser futbolista.
formal	formell, förmlich	Elena se pone ropa formal para el trabajo. **E** formal **F** formel/le
lo que	(das) was	Lo que te quiero decir es que me gustas mucho.
el/la informático/-a ▸ la informática	der/die Informatiker/in	Un informático trabaja con ordenadores.
el futuro	die Zukunft	En el futuro voy a estudiar más. **E/F** (le) future
la hora extra	die Überstunde	Elena hace muchas horas extra.
el/la azafato/-a	der/die Flugbegleiter/in	Los azafatos viajan mucho al extranjero.
el extranjero	das Ausland	**F** l'étranger *m.*
la profesión	der Beruf	¿Cuál es tu profesión? – Soy médica. **E/F** (la) profession
el idioma	die Sprache	Javi habla dos idiomas: español e inglés.
el/la veterinario/-a	der/die Tierarzt/-ärztin	**E** veterinarian **F** le/la vétérinaire
el/la médico/-a	der/die Arzt/Ärztin	**F** le/la médecin

el/la futbolista ▶ el fútbol	der/die Fußballspieler/in	Fernando Torres es un futbolista famoso.
el/la piloto	der/die Pilot/in	E pilot F le/la pilote
el/la actor/actriz ▶ actuar	der/die Schauspieler/in	Paz Vega es una actriz española. E actor/actress F l'acteur/l'actrice
el/la arquitecto/-a	der/die Architekt/in	José quiere ser arquitecto.
el/la cantante ▶ cantar	der/die Sänger/in	– ¿Cómo se llama la cantante de Chambao? – Es María del Mar.
el/la peluquero/-a	der/die Friseur/in	¿Conoces a un buen peluquero?
la mitad	die Hälfte	La mitad de dos es uno.
la mayoría	die Mehrheit	La mayoría de los médicos gana bien. E majority F la majorité

7 PASO 1

profesional	Berufs-, beruflich	A Elena le encanta la vida profesional. E professional F professionnel/le
ESO (Educación Secundaria Obligatoria)	die Mittelstufe	

algún/alguno, alguna – (irgend)ein/er, (irgend)eine
algunos, algunas – einige
ningún/ninguno, ninguna – kein (einziger), keine (einzige)

la formación profesional	die Berufsausbildung	¿Vas a hacer una formación profesional? F la formation professionnelle
Comercio Internacional	internationaler Handel	
internacional	international	Trabajo en una empresa internacional.
el problema es que	das Problem ist, dass	El problema es que tú no me escuchas.
saber (yo sé)	*hier:* können	¿Sabes nadar? F savoir
¿Qué tal + *sust.*?	Wie war/ist/geht es [...]?	¿Qué tal el examen? – Difícil.
sacar un [...]	eine [Note] bekommen	¡Saqué un 9 en matemáticas, qué genial!
explicar	erklären	¿Me explicas este ejercicio, por favor? E to explain F expliquer
la culpa	die Schuld	¡No fue mi culpa!
no [...] nada	nichts [...]	Juan no quiere saber nada de Alicia.
ayudar	helfen	¿Me puedes ayudar con los deberes? F aider
en serio ▶ serio/-a	wirklich / im Ernst	¿Quieres casarte conmigo? ¿En serio? E seriously
conmigo	mit mir	¿Quieres ir al cine conmigo?
contigo	mit dir	Me gusta estar contigo.
el/la cocinero/-a ▶ cocinar ▶ la cocina	der Koch / die Köchin	¿Te gusta ver a los cocineros en la tele? E to cook

A

invitar (a alg.) (a hacer a/c)	(jdn.) (zu etw.) einladen	Adrián invita a Eva a comer. E to invite F inviter
no [...] nadie	niemand [...]	Eva no le dice a nadie que Adrián la invitó.
nadie	niemand	A veces pienso que nadie me conoce.
Farmacia	Pharmazie *(Studienfach)*	E pharmacy F la pharmacie
no [...] nunca	nie [...]	No escucho nunca música clásica.
el boletín	das Zeugnis	¿Cuándo recibimos los boletines?
geografía e historia	Erdkunde und Geschichte	E geography, history F la géographie, l'histoire *f.*
el grado superior	*hier:* die höhere Berufsausbildung	
el grado medio	*hier:* die mittlere Berufsausbildung	
Educación Primaria Obligatoria	die Grundschulbildung	
practicar	üben	Ahora estás practicando español. E to practise F pratiquer

7 PASO 2

presentar ▶ la presentación	(etwas/jdn.) präsentieren/ vorstellen	Javi presenta María a sus padres. E to present F présenter
el programa (de radio)	die (Radio-) Sendung	En este programa ponen buena música. E/F (le) programme
la visita ▶ visitar	der Besuch	Eva tiene visita de Alemania.
Alemania ▶ (el/la) alemán/-ana	Deutschland	Tú estudias en Alemania. F l'Allemagne *f.*
el país	das Land	México es un país bonito. F le pays
gracias por	danke für	¡Gracias por venir!
la invitación ▶ invitar (a alg.) (a hacer a/c)	die Einladung	Te mando una invitación para mi fiesta. E/F (la) invitation
la mujer	die Frau	Te presento a mi mujer: Rosa. ≠ el hombre
perdonar	verzeihen	Perdona, ¿sabes qué hora es? F pardonner
durar	dauern	Un viaje a México dura muchas horas. F durer
uno	man	Para vivir, uno tiene que trabajar. E one
se + *3. Person Sg. oder Pl.*	man	Para hacer rafting se necesita una balsa.
combinar	kombinieren	¡No puedes combinar esta falda con esa blusa! E to combine F combiner
a la semana	pro / in der Woche	Yo hago deporte una vez a la semana.

al día – pro/am Tag   a la semana – pro / in der Woche   al mes – pro/im Monat   al año – pro/im Jahr

el centro de formación profesional	das Ausbildungszentrum	
el sistema	das System	E system F le système
acostumbrarse (a)	sich gewöhnen (an)	Eva ya se acostumbró a la vida en México.
poco a poco	nach und nach	Aprendemos español poco a poco. F peu à peu
pagar	bezahlen	Elena paga su café y sale del bar.
el contrato	der Vertrag	Usted tiene que firmar el contrato aquí. E contract F le contrat
mismo/-a	gleiche/r/-s, selbe/r/-s	A Ana y a Eva les gusta la misma música. F même
Europa	Europa	Alemania y España están en Europa.
la diferencia	der Unterschied	Hay muchas diferencias entre tú y yo. E difference F la différence
pasado mañana	übermorgen	¿Qué vas a hacer pasado mañana?
¡Pasadlo bien!	Macht's gut!, Viel Spaß!	– Ahora salimos. – ¡Pasadlo bien!
subir el volumen	lauter machen	¡Vaya música! ¿Puedes subir el volumen? ≠ bajar el volumen
la canción ▶ cantar ▶ el/la cantante	das Lied	¡Me encanta esta canción! F la chanson
aprobar **(una asignatura / un examen)** (o → ue)	(ein Fach / eine Prüfung) bestehen	¿Y qué tal el examen, aprobaste?

7 PASO 3

el/la agente de viajes	der/die Reiseverkehrskauf-mann/-frau *(Beruf)*	¿Te gustaría ser agente de viajes?
el/la técnico/-a superior en agencia de viajes	der/die Reiseverkehrskauf-mann/-frau *(Titel)*	
la agencia de viajes	das Reisebüro	Dolores trabaja en una agencia de viajes.
durante ▶ durar	während	Durante la cena, vimos la tele. E during
en realidad	eigentlich, in Wahrheit	En realidad, no me gustan los perros.
la realidad	die Wirklichkeit, Realität	E reality F la réalité
el/la empleado/-a	der/die Angestellte	E employee F l'employé/e
el mal humor	die schlechte Laune	Hoy Elena está de mal humor. ≠ buen humor

⚠ Pablo es un chico bueno/malo. = Pablo es un buen/mal chico.

⚠ México es un país grande. → „physisch" groß
Frida Kahlo fue una gran pintora. → großartig

darse **cuenta (de a/c)**	bemerken	Juan no se da cuenta de que él le gusta a Elena.

A

en el fondo	im Grunde, eigentlich	Y en el fondo Elena le gusta a Juan.
el/la colega	der/die Kollege/-in	Mis colegas son muy simpáticos.
anónimo/-a	anonym	En Madrid el ambiente es bastante anónimo.
irse	weggehen	Ya son las siete; tengo que irme. ≠ llegar
el sol	die Sonne	En verano hace mucho sol en España.
típico/-a	typisch	Los tacos son un plato típico de México.
todo/-a	alle/-s	Me llevo bien con todos mis colegas. ≠ ninguno/-a
la tarea	die Aufgabe	En su trabajo José tiene muchas tareas.
la ventaja	der Vorteil	Hablar idiomas es una gran ventaja. E advantage F l'avantage *m.*
planificar ▸ el plan	planen	Javi tiene que planificar su futuro. F planifier
Bolivia	Bolivien	Bolivia es un país de América Latina.
la pareja	das Paar, der/die Partnerin	Juan y María son una pareja.
el carnaval	der Karneval	El carnaval de Oruro es muy famoso.
el vuelo	der Flug	El vuelo de México a España es caro. F le vol
en vez de	anstatt	En América Latina se dice «ustedes» en vez de «vosotros».
el estrés	der Stress	Elena tiene mucho estrés en el trabajo.
cambiar (por)	tauschen (gegen)	Lisa quiere cambiar su trabajo por otro.
la playa	der Strand	A Javi le gusta estar en la playa. F la plage
cultural	kulturell	España tiene muchas fiestas culturales. E cultural; F culturel/le
la tradición	die Tradition	E/F (la) tradition
esperar	(er-) warten	Te voy a esperar en la estación.

PARA COMUNICARSE

Wünsche äußern
Me gustaría ser ___.
Quiero ___.
Lo que quiero es ___.

über den Beruf sprechen
Voy tres veces a la semana a la empresa.
Trabajo en una agencia de viajes/___.
Para mí, es el trabajo ideal.
Hago muchas horas extra.

über Schule sprechen, Pläne machen
Soy bueno en matemáticas/___, pero no en inglés/___.
Tengo una asignatura pendiente.
En el último examen/boletín tuve un 5/___ en francés/___.
Voy a hacer una formación profesional / el bachillerato.
Quiero estudiar Farmacia/___.

jemanden zu etwas auffordern
Dame ese libro, por favor.
¡Levántate! Ya son las diez.

¡Vamos!

la lengua	die Sprache	El francés es una lengua muy bonita. = el idioma E language F la langue
el gallego	Galicisch *(Sprache)*	En Orense se habla gallego y español.
el catalán	Katalanisch *(Sprache)*	Casi 8 millones de personas hablan catalán.
el vasco	Baskisch *(Sprache)*	– ¿De verdad, hablas vasco? – Sí, un poco.
el siglo	das Jahrhundert	Este cuadro es del siglo XVI. F le siècle
el/la griego/-a	der/die Grieche/-in	
el/la musulmán/-ana	der/die Muslim/a	
el/la vikingo/-a	der/die Wikinger/in	
el personaje ▶ la persona	die Figur	¿Qué personajes de la literatura conoces? F le personnage
crear ▶ creativo/-a	erschaffen, erfinden	¿Quién creó el personaje de Asterix? E to create F créer
el/la escritor/a ▶ escribir	der/die Schriftsteller/in	Cervantes fue un famoso escritor español.
la especialidad	die Spezialität	El mole es una especialidad mexicana.
conocido/-a ▶ conocer	bekannt	Paz Vega es una actriz bastante conocida.
la tapa	die Tapa *(kleines spanisches Gericht)*	¿Qué tapas te gustan?
el/la director/a	der/die Regisseur/in	Un director de cine hace películas. E director
el camino	der Weg	F le chemin
recorrer ▶ correr	ablaufen, erkunden, bereisen	A Sara le gustaría recorrer Costa Rica.
el norte	der Norden	Galicia está en el norte de España.

el norte (der Norden)

el oeste (der Westen)  el este (der Osten)

el sur (der Süden)

¡Felicitaciones! ▶ feliz	Glückwünsche!	¡Felicitaciones por aprobar el examen! F Félicitations!
la paciencia	die Geduld	¡Ten paciencia! E/F (la) patience
grave	schlimm	Javi tuvo un accidente grave con la bici. F grave
el/la experto/-a	der/die Experte/-in	Elena es una experta en informática.
el tema	das Thema	Me interesa el tema de este libro.
Galicia *f.*	Galicien	En Galicia se habla español y gallego.

A

el rumbo (a)	der Kurs (auf)	El barco va rumbo a Cuba. = en dirección a
el/la peregrino/-a	der/die Pilger/in	Los peregrinos caminan mucho. **E** pilgrim
hoy en día	heutzutage	Hoy en día Mallorca es muy turística. ≠ en aquel entonces
llenarse (de)	sich füllen (mit)	A las 8 el instituto se llena de alumnos.
la parte	der Teil	Galicia es una parte bonita de España. **E/F** (la) part
el mundo	die Welt	Sara quiere recorrer el mundo en bici. **F** le monde
verdadero/-a ▶ la verdad	wirklich, echt	Gracias por todo. Eres un verdadero amigo.
caminar	wandern, gehen	A mucha gente le parece aburrido caminar.
el motivo	das Motiv, der Grund	Mucha gente visita Santiago por motivos religiosos.
religioso/-a	religiös	¿Eres una persona religiosa?
la naturaleza	die Natur	A mí me encanta la naturaleza.
deber ▶ los deberes	müssen	¡Debemos estudiar más para el examen! = tener que **F** devoir
el kilómetro	der Kilometer	Ayer caminé veinte kilómetros.
en bici	mit dem Fahrrad	Javi siempre va en bici al instituto.
la bicicleta = bici *fam.*	das Fahrrad	Javi tiene una bicicleta súper moderna. **E** bicycle **F** la bicyclette
existir	existieren, geben	No existían ordenadores hace 50 años.
la posibilidad	die Möglichkeit	**E** possibility **F** la possibilité
en aquel entonces	damals	En aquel entonces no había móviles. ≠ hoy en día
aquel/la, aquellos/-as	jene/r/-s	En aquellos años la gente trabajaba mucho.
solo/-a	allein, einsam; *hier:* einzige/r/-s	Yo tengo un solo amigo en mi pueblo.
el albergue	die Herberge	Cuando viajo, duermo en albergues baratos.
completo/-a	voll, komplett	Todos los hoteles están completos.
la bulla	der Lärm, Krach	En las ciudades grandes hay mucha bulla.
la Edad Media	das Mittelalter	¿Qué sabes de la Edad Media?
nunca más	nie (mehr) wieder	¡No quiero verte nunca más!
la comunidad autónoma	die Autonome Region	España tiene 17 comunidades autónomas.
la lengua oficial	die Amtssprache	¿Cuáles son las lenguas oficiales de Bolivia?

llover (o → ue)	regnen	Cuando llueve, Javi toma el autobús.
nevar (e → ie)	schneien	¡Está nevando desde hace tres días!
hacer sol	Sonne scheinen	En verano hace mucho sol en Andalucía.
hacer frío	kalt sein	Pero en invierno hace bastante frío.
el frío	die Kälte	A Olivia le gusta el frío. Le encanta esquiar.
hacer calor	heiß sein	En Cuba hace mucho calor en verano.
el calor	die Hitze	¡Qué calor! F la chaleur
hacer viento	Wind wehen	¡Ponte tu gorra! Hace mucho viento.
el viento	der Wind	F le vent
hacer [...] grados (bajo cero)	[...] Grad (unter Null) sein	Hace diez grados bajo cero. ¡Qué frío!
hacer buen tiempo	gutes Wetter sein	Como hace buen tiempo, voy al parque.
el tiempo	das Wetter	F le temps
hacer mal tiempo	schlechtes Wetter sein	
la tormenta	der Sturm, das Gewitter	Cuando hay tormentas es mejor no salir.
nublado/-a	bewölkt	Mira, ¡qué nublado está hoy!
el semestre	das Semester	Max estudia un semestre en España.
la beca (Erasmus)	das (Erasmus-) Stipendium	Max recibe una beca.
estudiantil ▶ el/la estudiante ▶ estudiar	studentisch	A Max le encanta la vida estudiantil.
parecerse (a alg. / a a/c)	(jdm./etw.) ähneln	Juan se parece mucho a su hermano.
el portugués	Portugiesisch *(Sprache)*	El portugués se parece un poco al español.
todas las semanas	jede Woche	Voy al curso de español todas las semanas.
entender (e → ie)	verstehen	– ¿Entiendes árabe? – Sí, pero sólo un poco.
la llegada ▶ llegar	die Ankunft	Después de su llegada, Max tuvo que buscar un piso.
desgraciadamente	leider, unglücklicherweise	Desgraciadamente, los pisos son muy caros. ≠ por suerte; afortunadamente
la calefacción	die Heizung	Es importante tener calefacción en invierno
el invierno	der Winter	En invierno a veces nieva. ≠ el verano
normalmente	normalerweise	En invierno normalmente hace frío.
recomendar (e → ie)	empfehlen, raten	Te recomiendo viajar por España. E to recommend F recommander
la primavera	der Frühling	La primavera en Sevilla es muy bonita.
dejar	lassen	Ayer, Javi dejó su paraguas en casa.
el paraguas ▶ el agua	der Regenschirm	Cuando llueve es bueno tener paraguas.
generalmente	allgemein	Generalmente hace frío en invierno. E generally F généralement

el/la gallego/-a	der/die Galicier/in	
realmente ▶ la realidad	wirklich, echt	A Max realmente le gusta Alicia. E really
acompañar ▶ el/la compañero/-a	begleiten	¿Te puedo acompañar a casa? E to accompany F accompagner
a todas partes	überall (hin)	Mis padres me llevaron a todas partes.
llevar	mitnehmen, bringen	¿Me puedes llevar al aeropuerto?
afortunadamente	zum Glück, glücklicherweise	Afortunadamente está haciendo sol. = por suerte E fortunately
contar **con** (o → ue)	auf jdn./etw. zählen	Siempre puedes contar conmigo. E to count on F compter sur
hasta	*hier:* sogar	Elena hasta visitó a Juan en Mallorca.
el mar	das Meer	A Javi le gustan la playa y el mar.
fresco/-a	frisch	¿Está fresco este pescado? E fresh F frais/fraîche
echar de menos	vermissen	Andrea echa de menos a Sergio.
el pulpo cocido	gekochte Krake *(galicisches Gericht)*	
el/la recepcionista	der/die Rezeptionist/in	

8 PASO 3

el árbol	der Baum	En el bosque hay muchos árboles.
la nube	die Wolke	Hoy no hay ninguna nube en el cielo.
el cielo	der Himmel	¡Mira, qué azul está el cielo! F le ciel
el cerro	der Hügel	Subir cerros es muy agotador.
el bosque	der Wald	Sara camina mucho por los bosques.
el césped	die Wiese, der Rasen	¿Nos quedamos un rato aquí en el césped?
el lago	der See	Me gusta nadar en los lagos. F le lac
el cumpleaños	der Geburtstag	¡Feliz cumpleaños, Elena!
loco/-a	verrückt	¿Quieres caminar a Madrid? ¿Estás loco?
suficiente	genug, ausreichend	Tenemos suficiente comida? E sufficient F suffisant/e
tomar una decisión	eine Entscheidung treffen	Tenemos que tomar una decisión.
la decisión ▶ decidir	die Entscheidung	E decision F la décision
clásico/-a	klassisch	≠ moderno/-a E classic F classique
el paisaje	die Landschaft	España tiene paisajes muy bonitos. F le paysage
impresionante	beindruckend	¡Mira este paisaje tan impresionante! E impressive F impressionnant/e
la salamandra	der Salamander	
la meta	das Ziel	La meta de José es ser piloto.

sencillo/-a	einfach, leicht	Aprender un idioma no es sencillo. ≠ difícil
cansado/-a	müde, erschöpft	– ¿Estás cansado? – Sí, mucho.
mientras	während	Mientras dormíamos empezó a llover.
fuerte	stark	José es un chico fuerte. **F** fort/e
empapado/-a	klatschnass	Alicia y Max llegan a la casa empapados.
doler (o → ue) ▶ el dolor	schmerzen	Hoy me duele mucho la cabeza.
decidir ▶ la decisión	entscheiden	Max decidió no volver a Alemania. **E** to decide **F** décider
sentir (e → ie)	fühlen	– ¿Cómo te sientes? – No muy bien ... **F** sentir
abajo	unten	≠ arriba
adelante	vorne, im Vordergrund	¡Vamos adelante!
atrás	hinten, im Hintergrund	Adelante hay un lago y atrás un bosque.
la catedral	die Kathedrale	Una catedral se parece a un a iglesia.

PARA COMUNICARSE

über Vergangenes reden
(pretérito imperfecto)
Cuando era un niño, iba todos los domingos a un parque que era muy bonito.

über das Wetter reden
Llueve. / Nieva. / Hace sol. / Hace frío. / Hace calor. / Hace viento. / Hace 15 grados. / Hace buen/mal tiempo. / Hay tormentas. / Está nublado.

über die Landschaft reden
El paisaje de ___ es muy bonito: hay cerros, bosques y lagos.

UNIDAD 9 COMPROMISO SOCIAL

¡Vamos!

el compromiso	das Engagement	
social	sozial	Hay muchos problemas sociales en el mundo.
acabar de + *Infinitiv*	gerade etw. getan haben	– ¿Tienes hambre? – No, acabo de cenar.
Médicos Sin Fronteras (= MSF)	Ärzte ohne Grenzen	
sin	ohne	Javi nunca sale de la casa sin su móvil. ≠ con **F** sans
la frontera	die Grenze	España tiene frontera con Portugal. **F** la frontière
poner	*hier:* zeigen	¿Qué películas ponen hoy en el cine?
el evento	das Ereignis; *hier:* die Veranstaltung	**E** event
si	ob	Todavía no sé si puedo ir al cine mañana. **F** si
el/la humorista	der/die Komiker/in	

A

posible	möglich	– Trabajo 75 horas por semana. – ¡No es posible! **E/F** possible
terminar	(be-) enden	¿A qué hora termina el concierto? ≠ empezar **F** terminer
pasar	passieren, geschehen	¿Por qué estás triste? ¿Qué ha pasado?
el yogur	der Joghurt	Como muchísimo yogur.
la paloma	die Taube	Mi abuela siempre les da pan a las palomas.
imaginarse	sich vorstellen; *hier:* sich einbilden	¡Imagínate: hoy he visto a Pedro Almodóvar! **E** to imagine **F** s'imaginer
alguna vez	(schon) (ein-) mal	¿Has estado alguna vez en Madrid?
no [...] ni [...]	*hier:* nicht (ein/e einzige/r/-s)	No hay ni una nube en el cielo.
desde que	seit, seitdem	Desde que Juan está con María está feliz.
impresionar ▸ impresionante	beeindrucken	Me impresiona mucho el trabajo de MSF. **E** to impress **F** impressionner
el/la enfermero/-a	der/die Krankenpfleger/in	– Mi tío es enfermero. – ¡Mi prima también! **F** l'infirmier/-ière
implicarse (en a/c)	sich (für etwas) engagieren; sich in etwas einmischen	Silvia se implica en un grupo social. **F** s'impliquer dans
tanto *adv.*	so sehr	México le gusta tanto a Silvia. **F** tant
el donativo	die Spende	Con un donativo uno puede ayudar un poco. **E** donation **F** le don
benéfico/-a	Benefiz-, wohltätig	A veces, MSF organiza eventos benéficos.
gratuito/-a	gratis, umsonst	– ¿Cuánto es la entrada? – Nada, es gratuita. **F** gratuit/e
infantil	Kinder-	¡Hay que luchar contra el trabajo infantil!
¡Ya sé!	Ich weiß!	– Ayer me llamó tu hermana. – Sí, ya sé.
primero	erstens	Primero, no tengo dinero para ir al cine.
segundo	zweitens	Segundo, no me gusta esa música.
dar **un concierto**	ein Konzert geben	Vamos a dar un concierto el sábado.
el/la voluntario/-a	der/die Freiwillige/r	Silvia trabaja como voluntaria para MSF. **E** volunteer **F** le/la volontaire
la manifestación	die Demonstration	Hoy hay una manifestación contra el racismo. **F** la manifestation
enfermo/-a	krank	Un enfermero trabaja con gente enferma.
donar ▸ el donativo	spenden	Puedes ayudar mucho con donar sangre. **E** to donate **F** donner
la sangre	das Blut	La sangre es roja. **F** le sang
el/la enfermo/-a	der/die Kranke	Los enfermos a veces necesitan ayuda.
el/la discapacitado/-a	der/die Behinderte	= el/la minusválido/-a

el/la autor/a	der/die Autor/in	Sara es autora de libros infantiles.
el/la jefe/-a de personal	der/die Personalleiter/in	El jefe de personal recibe muchos currículos.
llevar + *(Zeitangabe)* + *gerundio*	seit + *(Zeitangabe)* + etw. tun	Silvia lleva dos meses trabajando.
el consejo	der Rat (-schlag)	¿Me puedes dar un consejo?
Ud. = usted	Sie	¿Qué piensa Ud. del consumismo?
fijarse (en a/c)	auf etw. achten	El jefe de personal se fija en las notas.
el currículo = CV	der Lebenslauf	Por favor, mándenos su currículo.
seguir + *gerundio*	weiterhin *(etw. tun)*	Silvia sigue trabajando como voluntaria.
el/la candidato/-a	der/die Bewerber/in, der/die Kandidat/in	¿Cuántos candidatos han mandado su CV?
aplicado/-a	fleißig	Elena trabaja mucho; es muy aplicada.
la capacidad	die Fähigkeit, Kapazität	Los niños tienen mucha capacidad para aprender. **F** la capacité
quizás	vielleicht	= tal vez
notar	feststellen, bemerken	= darse cuenta **E** to notice **F** noter
fácil *(adv.* **fácilmente***)*	leicht, einfach	Aprender árabe no es fácil. ≠ difícil **F** facile
cada vez más	immer mehr	Hablar idiomas es cada vez más importante.
varios/-as	mehrere, verschiedene	Juana manda su currículo a varias empresas.
la razón	der Grund	**E** reason **F** la raison
En primer lugar, [...]	Erstens [...], Zum einen [...]	= primero
demostrar (o → ue)	zeigen, beweisen	Cada día Juan demuestra que es aplicado. **E** to demonstrate **F** démontrer
la responsabilidad	die Verantwortung	**E** responsibility **F** la responsabilité
En segundo lugar, [...]	Zweitens [...], Zum anderen [...]	= segundo, además
la cualidad	die Eigenschaft, Qualität	Elena tiene muchas cualidades. **E** quality **F** la qualité
el equipo	das Team, die Gruppe	¿Cuál es tu equipo de fútbol favorito? **F** l'équipe *f.*
etcétera	etc.	
sí mismo/-a/s	sich selbst	En el espejo, uno puede ver a sí mismo.
la carrera	die Karriere	Kike quiere hacer carrera como futbolista.
cumplir	erfüllen	A veces es difícil cumplir las expectativas.
la expectativa	die Erwartung	**E** expectation **F** l'expectative *f.*
en cambio	stattdessen, dagegen	Marco es bajo. Juana, en cambio, es alta.

A

pasar + *(Zeitangabe)* + *gerundio*	seine Zeit mit etwas verbringen	Kike pasa su tiempo libre jugando al fútbol.
salir **de fiesta**	ausgehen, Feiern gehen	Los sábados, María siempre sale de fiesta.
el consumismo	der Konsumismus, Konsumwahn	¿Cuál es tu opinión sobre el consumismo?
el consumo	der Konsum	El consumo es económicamente importante.
la importancia ▶ importante	die Wichtigkeit, Bedeutung	**E/F** (l')importance *f.*
económico/-a	ökonomisch, wirtschaftlich	**E** economic **F** économique
¿No le parece?	Meinen Sie nicht?	
en mi opinión	meiner Meinung nach	En mi opinión trabajas demasiado. **E** in my opinion
la sociedad	die Gesellschaft	**E** society **F** la société
resolver (o → ue)	lösen	Tenemos que resolver este problema. **E** to solve

9 PASO 3

el turismo ▶ turístico/-a	der Tourismus	En España hay muchísimo turismo. **E** tourism **F** le tourisme
boliviano/-a	bolivianisch	Oruro es una ciudad boliviana.
la conversación	das Gespräch, die Unterhaltung	María tiene una conversación con Juan. **E/F** (la) conversation
agradable	angenehm	Alicia es una chica muy agradable. **F** agréable
volar (o → ue) ▶ el vuelo	fliegen	Eva vuela a España para visitar a Juan. **F** voler
la pasión (por)	die Leidenschaft	Kike tiene una gran pasión por el fútbol. **E/F** (la) passion
sorprender ▶ la sorpresa	überraschen	¡Ahora me has sorprendido! **E** to surprise **F** surprendre
el producto	das Produkt	**E** product
la parada	die Haltestelle	¿En qué parada me tengo que bajar del autobús?
pedir **(a/c)** (e → i)	(um etwas) bitten	Javi le pidió cinco euros a Sergio.
al + *verbo*	beim/als + Verb	Al llegar a México, Silvia estaba cansada.
la sorpresa ▶ sorprender	die Überraschung	¿Tú estás aquí? ¡Qué sorpresa! **E/F** (la) surprise
la institución	die Institution, Einrichtung	Marta trabaja en una institución social.
saludar	(be-) grüßen	Cuándo Marta vió a Eva, le saludó. **F** saluer
el avión	das Flugzeug	¿Has viajado alguna vez en avión?
El mundo es un pañuelo.	Die Welt ist ein Dorf.	

el pañuelo	das Taschentuch	Perdona, ¿tienes un pañuelo para mi?
adjunto	angehängt, im Anhang	Adjunto le mando mi currículo.
el intercambio (escolar) ▶ cambiar	der (Schüler-) Austausch	¿Vas a hacer un intercambio escolar?

PARA COMUNICARSE

I wiedergeben, was eine andere Person sagt
Él/ella dice que ___.
Él/ella pregunta / quiere saber si/qué/ dónde/cuándo ___.

I über Vergangenes reden
(pretérito perfecto)
Hoy / Esta mañana / Esta semana / Todavía no / ___ he donado sangre.

I argumentieren und diskutieren
Estoy seguro/-a que ___.
En mi opinión ___.
Pienso que ___.
Me parece que ___.
En primer lugar, ___.
En segundo lugar ___.
Además ___.
En cambio ___.
(No) Tienes razón.
(No) Estoy de acuerdo.
Es verdad, pero ___.

I sich in formellen Gesprächssituationen äußern
¿Qué piensa usted de ___?
¿Es usted ___?

UNIDAD 10 EL MEDIO AMBIENTE

¡Vamos!

el medio ambiente	die Umwelt	
la Unión Europea = UE	die Europäische Union = EU	¿Cuántos países están en la UE?
usar	benutzen	¿Puedo usar tu móvil por favor? **E** to use
la energía renovable	erneuerbare Energie	**E** renewable energy **F** l'énergie renouvelable *f.*
¡Ya era hora!	Es wurde auch Zeit!	Ayer encontré trabajo. ¡Ya era hora!
por ciento (%)	Prozent	**E** per cent **F** pour cent
el 1,3 % («el uno coma tres por ciento»)	1,3 % („eins Komma drei Prozent")	

⚠ **El** diez por ciento de los españoles ... — 10 Prozent der Spanier ...
Un diez por ciento de los españoles ... — (Etwa) 10 Prozent der Spanier ...

la comida ecológica	das Bio-Lebensmittel	
ecológico/-a	ökologisch	¿Sabías que existe ropa ecológica? **E** ecological **F** écologique
la cifra	die Zahl, die Ziffer	**F** le chiffre
crecer (yo crezco)	wachsen	Mi hermana pequeña ha crecido mucho.
más y más	immer mehr	Hay más y más gente que recicla la basura. = cada vez más
la bombilla fluorescente	die Energiesparlampe	¿Tienes bombillas fluorescentes en casa?
gastar	ausgeben; *hier:* verbrauchen	Alicia gasta mucho dinero en ropa.
[...] veces menos	[...] Mal weniger	¡Yo gasto mil veces menos agua que tú!

A

la electricidad	der Strom, die Elektrizität	**E** electricity **F** l'électricité *f.*
normal ▶ normalmente	normal	Juan es un nombre muy normal en España. = regular
bañarse ▶ el baño	baden	Normalmente no me baño. Prefiero ducharme. **F** se baigner
la bañera	die Badewanne	
por lo menos	mindestens; wenigstens	Juego al fútbol por lo menos seis veces al mes.
¡No te preocupes!	Mach dir keine Sorgen!	Vamos a resolver el problema, ¡no te preocupes!
preocuparse	sich sorgen	Juan se preocupa por María. La nota triste.
meter(se)	(sich) hineinlegen/-stellen	Esta noche me voy a meter en la bañera.
a menudo	oft	Kike va muy a menudo al cine.
reciclar	recyceln	¡Hay que reciclar la basura!
la basura	der Müll	La basura en la calle se ve muy fea.
a la cabeza	an der Spitze	= en el primer lugar
¿ En qué lugar [...]?	An welcher Stelle [...]?	
la bolsa de plástico	die Plastiktüte	Las bolsas de plástico se pueden reciclar.
tardar ▶ la tarde, tarde	dauern; *hier:* brauchen	Ana tarda una hora en llegar a la oficina. **F** tarder
descomponerse	(sich) zersetzen, verwesen, zerfallen	Las bolsas de plástico no se descomponen tan fácilmente. **E** to decompose
¡No me digas!	Sag bloß!, Was du nicht sagst!	

10 PASO 1

la tierra	die Erde	Sólo hay una tierra. **F** la terre
poner	*hier:* anschalten	Alicia se acuesta en el sofá y pone la tele.
discutir (con alg.) ▶ la discusión	diskutieren, streiten	Mi hermano y yo discutimos todos los días. **F** discuter
meterse (en a/c)	sich (in etw.) einmischen	¡No te metas en mis cosas!
llenar	füllen	María llena la lavadora con su ropa.
la ecología ▶ ecológico/-a	die Ökologie	**E** ecology **F** l'écologie *f.*
¿ Qué tal si [...]?	Wie wäre es, wenn [...]?	¿Qué tal si hacemos una excursión mañana?
separar	trennen	Para reciclar basura hay que separarla primero. **E** to separate **F** séparer
la basura orgánica	der Bio-Müll	La basura orgánica se descompone rápidamente.
pésimo/-a	sehr schlecht	La música aquí está pésima; no baila nadie.
convenir (e → ie)	nützlich/angebracht sein; passen	Me conviene que mi piso es tan grande.

sea como sea	wie dem auch sei; jedenfalls	Sea como sea, ahora tienes que estudiar.
pelearse (con alg.)	sich streiten	Olivia se pelea mucho con su hermana.
tomar el pelo (a alg.) *fam.*	(jdn.) auf den Arm nehmen	Esto no me lo creo. ¿Me estás tomando el pelo?
la plantación	die Plantage	En muchas plantaciones se utilizan pesticidas. **E/F** (la) plantation

10 PASO 2

utilizar	benutzen	¡No utilices mi móvil! = usar **F** utiliser
el pesticida *m.*	das Pestizid, das Schädlingsbekämpfungsmittel	En las plantaciones ecológicas no se utilizan pesticidas. **E/F** (le) pesticide
el parásito	der Parasit	Los parásitos mueren por los pesticidas. **E/F** (le) parasite
la mala hierba	das Unkraut	En casi todos los jardines hay malas hierbas.
sano/-a	gesund	Hacer deporte es sano. **F** sain/e
común y corriente	gebräuchlich, häufig	Ana es un nombre común y corriente en España. = normal
enfermarse ▶ el/la enfermo/-a ▶ el/la enfermero/-a ▶ enfermo/-a	erkranken, krank werden	No estoy bien. Creo que me he enfermado.
al principio	am Anfang, anfangs	Al principio, aprender un idioma no es fácil. ≠ al final
el principio	der Anfang	≠ el final
envejecer (yo envejezco) ▶ viejo/-a	altern	La sociedad alemana ha envejecido mucho.
la alergia	die Allergie	– ¿Tienes alguna alergia? – No, ninguna.
la piel	die Haut	
los pulmones	die Lunge	Si te duelen tus pulmones, ¡vete al médico!
esperar	hoffen	Juan espera que Alicia venga a su fiesta. **F** espérer
cambiar(se) (de)	wechseln; sich umziehen	Espero que me pueda cambiar de trabajo.
la demanda	die Nachfrage	Ahora hay una gran demanda de coches. **E** demand **F** la demande
alegrar ▶ alegre	freuen	Me alegra mucho que estés feliz.

10 PASO 3

¡Buenos días!	Guten Tag!, Guten Morgen!	
la emisora	der Sender	Esta emisora tiene muy buena música.
el comercio justo	Fairer Handel	El comercio justo rechaza el trabajo infantil.

A

justo/-a	gerecht	El comercio normal a menudo no es justo. F juste
el/la secretario/-a general	der/die Generalsekretär/in	E secretary general
la organización ▶ organizar	die Organisation	
la pregunta ▶ preguntar	die Frage	Perdona, tengo una pregunta ...
el/la productor/a ▶ el producto	der/die Erzeuger/in, der/die Produzent/in	El comercio justo apoya a los productores. E producer F le/la producteur/-trice
digno/-a	würdig	Muchos pobres no tiene una vida digna. F digne
encargarse (de a/c)	sich um etwas kümmern, etwas übernehmen	No te perocupes, yo me encargo de eso.
justamente	gerade, eben, genau	¡Justamente eso quería decir yo! E just F justement
el propósito	die Absicht	El propósito del comercio justo es ayudar.
el aspecto	der Aspekt	Esto es un aspecto muy importante.
rechazar	ablehnen, abweisen	E to reject
el trabajo infantil	die Kinderarbeit	¡Claro que rechazo el trabajo infantil!
el té	der Tee	¿Tomas tu té con leche?
el azúcar	der Zucker	Tomo mi té con azúcar.
la calidad	die Qualität	Estos productos son de buena calidad.
antes que nada	zunächst; insbesondere	Antes que nada, el comercio justo ayuda a mucha gente.
prohibido/-a	verboten	Está prohibido entrar aquí. E prohibited F prohibé/e
fomentar	fördern, unterstützen	Hay que fomentar la agricultura ecológica.
la agricultura (ecológica)	die (ökologische) Landwirtschaft	E/F (l')agriculture *f.*
apoyar	unterstützen	Hay que apoyar a los productores pequeños.
la pobreza	die Armut	La pobreza es un gran problema en el mundo. E poverty F la pauvreté
seguir (con)	weitermachen	¡Seguimos luchando por nuestros derechos!
continuar	fortfahren, weitermachen	≠ terminar E to continue F continuer

PARA COMUNICARSE

jemanden auffordern, etwas nicht zu tun
¡No pelees tanto!

über Umweltschutz reden
Cómo ser ecológico/-a: hay que reciclar la basura, usar bombillas fluorescentes y gastar poca agua.

Gefühle, Willen und Meinung (verneint) äußern
Me gusta que en mi casa haya muchos productos de «Comercio Justo».
Espero que pronto se recicle la basura en todo el mundo.
No creo que en todas las casas hayan bombillas fluorescentes.

¡Vamos!

la economía ▶ económico/-a	die Wirtschaft	E economy F l'économie *f.*
la emigración	die Auswanderung	E emigration F l'émigration *f.*
europeo/-a	europäisch	España es un país europeo.
en busca de	auf der Suche nach	Me fui a España en busca de un futuro mejor.
el/la habitante	der/die Einwohner/in	Madrid tiene más habitantes que Toledo. E inhabitant F l'habitant/e
mejorar ▶ mejor	verbessern	En Perú, Silvia pudo mejorar su español.
la pesca ▶ el pescado	die Fischerei	La pesca tiene mucha tradición en España.
contar **con**	aufweisen, haben	Cataluña cuenta con mucha industria. = tener
la industria	die Industrie	En Alemania hay mucha industria.
las exportaciones	die Exportgüter/-waren	
el País Vasco	das Baskenland	En el País Vasco se habla vasco y español.
la población	die Bevölkerung	México cuenta con una población muy grande. E/F (la) population
la industria pesada	die Schwerindustrie	En el País Vasco hay industria pesada.
gracias a	dank	Gracias al turismo, hay mucho trabajo.
el crecimiento económico	das Wirtschaftswachstum	
enorme	enorm, riesig	Ciudad de México es una ciudad enorme.
rico/-a	reich	Mi tía es rica: tiene tres casas. F riche
Cataluña *f.*	Katalonien	Barcelona es la capital de Cataluña.
el destino	das (Reise-) Ziel	Nuestro destino para las vacaciones es Ibiza. E/F (la) destination
el/la turista ▶ el turismo	der/die Tourist/in	En verano llegan muchos turistas.
extranjero/-a ▶ el extranjero	ausländisch	Se venden cada vez más productos extranjeros. F étranger/ère
seguido/-a por	gefolgt von	Mallorca es la más grande de las Islas Baleares, seguida por Menorca.
las Islas Canarias	die Kanarischen Inseln	
las finanzas *pl.*	die Finanzen; Finanz-	Londres es un centro de finanzas.
textil *adj.*	Textil-	La industria textil produce ropa.
farmacéutico/-a *adj.*	Pharma-, pharmazeutisch	F pharmaceutique
automovilístico/-a *adj.*	Automobil-	
Andalucía *f.*	Andalusien	En Andalucía hace mucho calor.
poblado/-a	bevölkert, besiedelt	China es el país más poblado del mundo. E populated
encontrarse (o → ue)	sich befinden	El río Pescados se encuentra en México.

A

el invernadero ▶ el invierno	das Gewächshaus	
cultivar	kultivieren, anbauen	En España se cultivan muchas verduras.
la diversidad	die Vielfalt	E diversity F la diversité
la fruta	die Frucht	E/F (le) fruit
la verdura	das Gemüse	A Javi no le gustan las verduras.
la sandía	die Wassermelone	La sandía es una fruta de verano.
la aceituna	die Olive	España es famosa pos sus aceitunas.
la agricultura intensiva	die intensive Landwirtschaft	La agricultura intensiva causa problemas.
causar	verursachen	E to cause F causer
consumir ▶ el consumismo ▶ el consumo	verbrauchen, konsumieren	La agricultura intensiva consume mucha agua. E to consume F consommer
estar **en peligro (de)**	Gefahr laufen (zu)	Juan está en peligro de perder su trabajo.
convertirse **(en)** (e → ie)	sich verwandeln	Javi se está convirtiendo en un chico grande.
el desierto	die Wüste	El Sahara es un desierto enorme. E desert F le désert
la tasa de paro	die Arbeitslosenquote	Hoy en día la tasa de paro está bastante alta.
el paro	die Arbeitslosigkeit	El paro es un problema grave.
nacional	national	¿Cuál es el deporte nacional de España?
el sector económico	der Wirtschaftssektor	E economic sector F le secteur économique
la construcción	das Baugewerbe	Trabajar en la construcción es muy agotador. E/F (la) construction
(el sector de) servicios	der Dienstleistungssektor	El sector de servicios aporta un [...] % del PIB.
aportar	beisteuern, beitragen; *hier:* ausmachen	Todos los alumnos aportan sus ideas.

Mengenangaben

un tercio = 1/3	un cuarto = 1/4	la mitad = 1/2
dos tercios = 2/3	tres cuartos = 3/4	

el PIB (producto interno bruto)	das BIP (Bruttoinlandsprodukt)	

11 PASO 1

dinámico/-a	dynamisch	China tiene una economía dinámica.
la fábrica	die Fabrik	Clara trabaja en una fábrica.
producir ▶ el producto ▶ el/la productor/a	produzieren, herstellen	La industria automovilística produce coches. E to produce F produire
el turrón	der Turrón *(span. Süßware)*	
familiar ▶ la familia	familiär, Familien-	Juan lleva a María a una fiesta familiar.

el departamento	die Abteilung	En una empresa hay varios departamentos. **E** department **F** le département
las relaciones públicas	die Öffentlichkeitsarbeit	**E** public relations
la contabilidad ▶ contar	die Buchhaltung	**F** la comptabilité
la producción	die Produktion	**E/F** (la) production
la distribución	der Vertrieb	**E/F** (la) distribution
el/la gerente general	der/die Geschäftsführer/in	
el/la fundador/a ▶ fundar	der/die Gründer/in	Elena es la fundadora de su empresa. **E** founder **F** le/la fondateur/-trice
adquirir (i → ie)	erlangen, erwerben	Ana adquirió experiencia en sus prácticas. **E** to acquire **F** acquérir
la experiencia	die Erfahrung	Hacer prácticas es una buena experiencia. **E** experience **F** l'expérience *f.*
para que + *subj.*	damit	María lleva Juan a su casa para que conozca a su familia. **F** pour que
reaccionar (a a/c)	reagieren	Ana vio el coche y reaccionó rápidamente. **E** to react **F** réagir
rápido/-a	schnell	Los gatos son muy rápidos. **F** rapide
la materia prima	der Grundstoff, das Rohmaterial	
la almendra	die Mandel	**E** almond **F** l'amande *f.*
la miel	der Honig	**F** le miel
la nuez	die Walnuss	
la avellana	die Haselnuss	
intentar (a/c)	versuchen	Alicia intenta hablar con Juan, pero él no la quiere ver. **F** tenter
la cantidad	die Menge, die Anzahl	**E** quantity **F** la quantité
necesario/-a	notwendig	Es necesario estudiar para los exámenes. **E** necessary **F** nécessaire
importar	importieren	Alemania importa muchas frutas de España. ≠ exportar **E** to import **F** importer
a no ser que + *subj.*	es sei denn, dass	Ana va a esquiar a no ser que se enferme antes.
en caso de que + *subj.*	falls; im Falle, dass	En caso de que veas a Sara, dile que la estoy esperando. = si **E** in case
exportar ▶ las exportaciones	exportieren	España exporta muchas frutas y verduras. **E** to export **F** exporter
ojalá que + *subj.*	hoffentlich	¡Ojalá que Alicia no me vea!, piensa Juan.
el éxito	der Erfolg	El grupo Maná tiene mucho éxito en España.
sin que + *subj.*	ohne dass	Pablo sale de casa sin que su madre se dé cuenta. **F** sans que
despedir (**a alg.**) (e → i)	verabschieden; *hier:* entlassen	Elena despide a su padre en la estación.

ahorrar	sparen	Eva ha ahorrado dinero para viajar a Bolivia. ≠ gastar
el gasto ▶ gastar	die Ausgabe, die Kosten	Las empresas quieren ahorrar gastos.
antes de que + *subj.*	bevor	Quiero llegar a casa antes de que llueva.

11 PASO 2

el/la peruano/-a	der/die Peruaner/in	
tener **a/c (muy) claro**	etw. (sehr) gut wissen	Jesús tiene muy claro lo que es la pobreza. = saber
la solidaridad	die Solidarität	Hace falta más solidaridad en el mundo.
cuidar (a/de) ▶ ¡cuidado!	betreuen, aufpassen auf	Los enfermeros cuidan a los enfermos.
acabar (a/c)	beenden	María va a acabar sus estudios en este año. = terminar ≠ empezar
los estudios *pl.* ▶ estudiar ▶ el/la estudiante ▶ estudiantil	das (Hochschul-) Studium	E studies
Derecho	Recht, Jura *(Studium)*	Jaime quiere estudiar Derecho.
el Perú	Peru	
devolver (o → ue)	zurückgeben	¡Devuélveme las llaves del coche!
el/la teleoperador/a	der/die Telefonist/in, der/die Callcenter-Agent/in,	Un teleoperador habla con sus clientes por teléfono.
el medicamento ▶ el/la médico/-a	das Medikament	Eva está enferma; tiene que tomar medicamentos.
estar **en paro**	arbeitslos sein	Juan ya no está en paro, encontró trabajo.
el/la inmigrante	der/die Immigrant/in	EE.UU. es un país de inmigrantes.
unos/-as	die einen, manche	De mis amigos, unos estudian, otros trabajan.
el negocio	das Geschäft	El negocio de Elena va bastante bien.
los ahorros ▶ ahorrar	die Ersparnisse	José no trabaja; vive de sus ahorros.
dejarse la piel + *gerundio fam.*	sich aufreiben, sich abmühen	Juan se deja la piel trabajando en la construcción.
hacer **falta**	nötig sein, fehlen	Para ser gerente general hace falta tener experiencia.
salir **adelante**	vorankommen, weiterkommen	¡Quiero salir adelante en la vida!
la ayuda	die Hilfe	Siempre puedes contar con mi ayuda.
convalidar	anerkennen, anrechnen	¿Ya te convalidaron tu máster de México?
el hospital	das Krankenhaus	Si estás muy mal, ¡vete al hospital! E hospital F l'hôpital *m.*
por fin	endlich	¡Por fin llegas!
positivo/-a	positiv	Ana es muy positiva.
recordar (o → ue) ▶ el recuerdo	sich erinnern	¿Recuerdas el día que fuimos a Toledo?

llorar	weinen	Los niños pequeños lloran mucho.
el/la anciano/-a	der/die Greis/in	Mi abuelo ya es un anciano.
permitir	erlauben	Sus padres no le permiten ir a los bares. **E** to permit **F** permettre
soñar (con) (o → ue)	träumen (von)	Kike sueña con ser futbolista.
el máster	der Master *(Studienabschluss)*	Javi quiere estudiar y hacer un máster.
la gerencia general	das Management und Betriebswirtschaft *(Studiengang)*	
algún día	eines Tages, irgendwann	Me gustaría viajar a Bolivia algún día.
el proyecto	das Projekt	Silvia tiene muchos proyectos en su trabajo.
sacar de la ruina	aus dem Ruin ziehen/befreien	¡Vamos a sacar esta empresa de la ruina!

11 PASO 3

en nombre de	im Namen von	Les saludo en nombre de la empresa.
el Instituto de Turismo	das Fremdenverkehrsamt	
el/la representante	der/die Repräsentant/in, der/die Vertreter/in	Silvia es la representante de su empresa.
la campaña	die Kampagne	Me gustan los carteles de esta campaña.
sonreír	lächeln	Alicia sonríe a Juan. **F** sourire
desarrollar	entwickeln	Ana desarrolla un plan para un proyecto.
la colaboración	die Zusammenarbeit	¡Tenemos que mejorar nuestra colaboración! **E/F** (la) collaboration
el detalle	das Detail	Hay aquí un detalle que no entiendo.
dirigirse (a alg.)	sich (an jdn.) richten	Este libro se dirige a estudiantes.
asociar (a/c con a/c)	verbinden, assoziieren	Yo asocio Andalucía con tapas y playas. **E** associate **F** associer
en concreto	konkret, genau gesagt	– Tenemos que hablar. – ¿De qué en concreto?
ofrecer (a/c a alg.) (yo ofrezco) ▶ la oferta	(an-) bieten	¿Te puedo ofrecer algo de beber? **E** to offer **F** offrir
diferente	verschieden	Me gustan diferentes tipos de música. **E** different **F** différent/e
el tipo	die Art, die Sorte	Este tipo de música no me gusta.
el interés ▶ interesante ▶ interesar	das Interesse	Juan no tiene ningún interés en libros.
entusiasmar	begeistern	El cantante entusiasma a la gente.
el campo	das Land *(im Gegensatz zur Stadt)*	María y Juan pasan unos días en el campo. ≠ la ciudad **F** la campagne
el coche descapotable	das Cabriolet	**F** la décapotable

A

el sentimiento ▶ sentir	das Gefühl	La alegría es un sentimiento bonito. **E/F** (le) sentiment
siempre que + *subj.*	vorausgesetzt, dass	¿Vamos al parque? – Sí, siempre que no llueva.
la alegría ▶ alegrar ▶ alegre	die Freude	¡Qué alegría verte!
la atención	die Aufmerksamkeit	¡Muchas gracias por su atención! **E/F** (l') attention *f.*
reunirse ▶ la reunión	sich versammeln	Elena se reúne con sus colegas para comer. **F** se réunir
cuando + *subj.*	wenn, sobald	Cuando tenga coche voy a ir a Francia.
el dato	die Zahl, der Wert	
hasta que + *subj.*	bis *(Ereignis in der Zukunft)*	Voy a buscar piso hasta que encuentre algo.
mientras + *subj.*	solange	Mientras estés enfermo, no debes nadar.
aunque + *subj.*	selbst wenn	Vamos a salir de fiesta hoy, aunque nieve.

PARA COMUNICARSE

I Statistiken, Tabellen und Grafiken auswerten
España recibe un 6,5 % del total mundial de turistas.
Sin embargo, en primer lugar está Francia, que recibe un 9 %.
En España, el sector de servicios aporta un 67,2 % del BIP.
En segundo lugar está el sector de industria y construcción, que aporta casi un tercio del BIP.

I die wirtschaftliche Situation einer Region beschreiben
En Cataluña hay mucha industria: se producen coches, ropa, medicamentos y muchos otros productos.
Además, es un centro de finanzas y de moda. También hay mucho turismo.

I ein Unternehmen / einen Betrieb vorstellen
En la empresa «Molina S.L.» trabajan unas 250 personas en los departamentos de Producción, Distribución, Relaciones Públicas y Contabilidad.
Es una empresa internacional. Más de la mitad de los empleados trabaja en el extranjero.
«Molina S.L.» compra las materias primas para sus productos en Europa. Sus productos se exportan a todo el mundo.

I eine Präsentation halten
Señoras y señores, les saludo en nombre de [...].
Me alegro poder presentarles [...].
Ahora le doy la palabra a [...].
Muchas gracias por su atención.

UNIDAD 12 AMÉRICA LATINA

¡Vamos!

América del Norte	Nordamerika	
geográficamente	geographisch	
formar	bilden	**E** to form **F** former
el origen	die Herkunft	Eva es de origen alemán. **E** origin **F** l'origine *f.*

el náhuatl	Nahuatl *(Sprache)*	El náhuatl es la lengua de los aztecas.
indígena	indigen	El quechua es una lengua indígena.
hablado/-a	gesprochen	El español es la lengua más hablada de Belice.
el chocolate	die Schokolade	En México se come chocolate con chile.
el cacahuate *(mex.)*	die Erdnuss	En España se dice «cacahu**e**te».
el millón	die Million	España tiene 46 millones de habitantes.
a pesar de	trotz	Javi quiere ir a la playa a pesar del frío.
protegido/-a	geschützt	En México hay zonas de bosque protegidas.
el país andino	das Andenland	Perú es un país andino.
la Cordillera de los Andes	die Anden-Gebirgskette	
la altura ▶ alto/-a	die Höhe	Bogotá está a una altura de 2640 metros. **E/F** (l')altitude *f.*
el metro	der Meter	
el/la descendiente	der/die Nachfahre/-in	Juan es descendiente de mayas y españoles.
el/la inca	der/die Inka	Mucha gente asocia Perú con los incas.
el quechua	Quechua *(Sprache)*	El quechua se habla por ejemplo en Perú.
el aimara	Aimara *(Sprache)*	En Bolivia se habla español, quechua y aimara.
incluso	sogar	Me gusta todo tipo de música, incluso el hip hop.
celebrar	feiern	¿Cómo vas a celebrar tu cumpleaños? **E** to celebrate **F** célébrer
América Central	Zentralamerika	Panamá es un país de América Central.
formado/-a (por)	gebildet (von/aus)	La Unión Europea está formada por 27 países.
Belice	Belize	Belice está al sur de México.
maya *adj.*	Maya-	Tikal era una ciudad maya.
el clima	das Klima	El norte de España tiene muy buen clima.
tropical	tropisch	Los plátanos son frutas tropicales.
el Cono Sur	der Südkegel *(südlicher Teil Südamerikas)*	Argentina, Chile y Uruguay forman el Cono Sur.
el/la italiano/-a	der/die Italiener/in	**E** Italian **F** l'Italien/ne
el bienestar	der Wohlstand	≠ la pobreza **F** le bien-être
el/la latino/-a	der/die Latino/-a	Más de 40 millones de latinos viven en EE.UU.
pobre ▶ el/la pobre ▶ la pobreza	arm	Juan viene de una familia pobre. ≠ rico/-a **F** pauvre
el Caribe	die Karibik	El Caribe tiene muchas playas bonitas.

A

africano/-a	afrikanisch	¿Cuántos países africanos conoces?
no sólo [...] sino también	nicht nur [...], sondern auch	En Perú no sólo se habla español, sino también quechua.
sino	sondern	Adrián no es mecánico sino ingeniero.
la lengua criolla	die Kreolsprache	En el Caribe se hablan lenguas criollas.
el holandés	Niederländisch *(Sprache)*	
especialmente	besonders, vor allem	Me gusta el Caribe, especialmente las playas.
la influencia	der Einfluss	Sara tiene mucha influencia sobre sus primas. **E/F** (l')influence *f.*
la exportación ▶ las exportaciones ▶ exportar	der Export	La exportación tiene una gran importancia para la economía de un país.

12 PASO 1

el continente	der Kontinent	
americano/-a	amerikanisch	
destacar	hervorheben; herausragen	Messi es un futbolista que destaca.
California	Kalifornien	**E** California
Nuevo México	New Mexico	Antes, Nuevo México era parte de México.
el/la cubano/-a	der/die Kubaner/in	**E** Cuban **F** le/la Cubain/e
el/la puertorriqueño/-a	der/die Puerto-Ricaner/in	
Nueva Jersey	New Jersey	
el/la estadounidense ▶ los Estados Unidos (EE.UU.)	der/die US-Amerikaner/in	
llamar	nennen	– ¿Cómo vas a llamar a tu hijo? – Raúl.
el/la chicano/-a	der/die Chicano/-a	Los chicanos viven en EE.UU.
el caso ▶ en caso de que	der Fall	Este es un caso muy difícil ... **E** case **F** le cas
emigrar ▶ la emigración	auswandern, emigrieren	Mucha gente emigra a Europa. **E** to emigrate **F** émigrer
poner **en contacto**	in Verbindung setzen, Kontakt herstellen	Ponte en contacto con Carlos.
chicano/-a *adj.*	Chicano-	
la imagen ▶ imaginarse	das Bild, die Vorstellung	¿Qué imagen tienes de Perú? **E/F** (l')image *f.*
dejar de + *Infinitiv*	aufhören zu + *Infinitiv*	¡Por favor, deja de molestarme! ≠ empezar a
el Día de los Muertos	der Tag der Toten *(Feiertag in Mexiko)*	
la Independencia ▶ independizarse (de)	die Unabhängigkeit	El México se celebra la Independencia **E** independence **F** l'indépendance *f.*

auténtico/-a	authentisch, echt	El mole es un auténtico plato mexicano.
alguien	jemand	– ¿Conocías a alguien en la fiesta? – No, a nadie. ≠ nadie
traer (yo traigo)	(mit-) bringen	Por favor, trae bebidas cuando vengas a casa.
el dulce	die Süßigkeit	En México se comen dulces con chile.
el chile	der Chili	
el/la único/-a ▶ lo único	der/die Einzige	Laura es la única hija de su familia.
el tamal	der Tamal *(gefüllte Maisteig-Tasche)*	
sí	schon	A mí sí me gustaría vivir en Madrid.
la oportunidad	die Möglichkeit, die Gelegenheit	¡Visita México si tienes la oportunidad! E opportunity F l'opportunité *f.*
Medicina	Medizin *(Studienfach)*	– ¿Estudias Medicina? – Sí, ¿y tú?
como	als *(bei Berufen)*	De momento Kike trabaja como camarero.
atender (e → ie) ▶ la atención	bedienen	La camarera atiende a los clientes. E to attend
el/la hispanohablante	der/die Spanischsprecher/in	
nunca más	nie mehr	Laura no quiere ver a Raúl nunca más.

12 PASO 2

la columna	die Kolumne	Sara escribe una columna para un periódico.
la estancia	der Aufenthalt	A Silvia le gustó su estancia en México.
sorprendido/-a ▶ sorprender ▶ la sorpresa	überrascht	Juan estaba sorprendido de ver a Alicia. E surprised F surpris/e
el lado	die Seite	Con Juan a su lado, Eva se siente segura.
la villa miseria	das Elendsviertel	En las villas miserias vive la gente más pobre.
es decir	das heißt	Juan es chicano, es decir, vive en EE.UU. pero es descendiente de una familia mexicana.
imposible	unmöglich	¡Nada es imposible! ≠ posible E/F impossible
la arquitectura	die Architektur	
llamar la atención que + *subj.*	auffallen, dass	Me llama la atención que aquí no haya gente.
italiano/-a	italienisch	
el/la porteño/-a	Person aus Buenos Aires	Eva es de Buenos Aires, es decir, es porteña.
la pasta	die Nudeln	La pasta es una comida típica italiana.
la pizzería	die Pizzeria	En las pizzerías se preparan pizzas.

A

argentino/-a	argentinisch	La carne de Argentina es muy famosa.
la carne de vacuno	das Rindfleisch	
la carne	das Fleisch	A Javi le gusta todo tipo de carne.
el/la argentino/-a	der/die Argentinier/in	Diego Maradona es argentino.
el asado	die Grillparty	Vamos a hacer un asado el sábado.
la costumbre ▶ acostumbrarse	die Gewohnheit; *hier:* der Brauch	El asado es una costumbre argentina. **E** custom **F** la coutume
el recipiente ▶ recibir	das Gefäß	
la calabaza	der Kürbis	
la bombilla	*hier:* der Strohhalm	¿Quieres una bombilla para tu zumo?
probar	probieren	¿Quieres probar de mi comida?
el mate	der Mate (-tee)	En el Cono Sur se bebe mucho mate.
la infusión	der Kräutertee	Jesús le prepara una infusión a Eva porque ella no se siente bien. **F** l'infusion *f.*
la hierba	das Kraut	**E** herb **F** l'herbe *f.*
aromático/-a	aromatisch	La comida italiana es muy aromática.
¡Es todo/-a un/a [...]!	Er/Sie/Es ist ein/e richtige/r/-s [...]!	¡Pablo es todo un músico!
el ritual	das Ritual	En Bolivia existen muchos rituales indígenas.
el pasaje	die Fahrkarte, das (Flug-) Ticket	Eva ya tiene pasaje a México para junio.
¿A que no [...]?	*hier:* Rate/t mal, [...]	¿A que no sabes a quién vi ayer?
aceptar	akzeptieren, annehmen	Sara ya no acepta dinero de su madre. ≠ rechazar **E** to accept **F** accepter
el/la político/-a	der/die Politiker/in	
el tango	der Tango *Musik, Tanz*	El tango es un fenómeno argentino.
el/la revolucionario/-a ▶ la revolución	der/die Revolutionär/in	Pancho Villa fue un revolucionario.
el/la dibujante	der/die Zeichner/in	Quino es un dibujante argentino.

12 PASO 3

la Plaza de Mayo	*Platz in Buenos Aires*	
la Casa Rosada	*Präsidentenpalast in Buenos Aires*	
la guía turística	der Reiseführer *Buch*	Ana se compró una guía turística sobre Cuba. **E/F** (le) guide
el/la niño/-a de la calle	das Straßenkind	
la impresión ▶ impresionante ▶ impresionar	der Eindruck	Tengo la impresión de que no me escuchas. **E/F** (l')impression *(f.)*
arrastrar	ziehen, schleppen	¿Me ayudas a arrastrar este carro?

el carro	der Wagen, der Karren	
el cartón	der Pappkarton	
abandonado/-a	verlassen *Adj.*	Los gatos abandonados viven en la calle. **E** abandoned **F** abandonné/e
el techo	das Dach	El gato subió al techo de la casa.
roto/-a	kaputt	¡Jolines, el coche está roto!
cuyo/-a	dessen/deren	Tengo una amiga cuyo padre es cubano.
abandonar	verlassen, aussetzen	¡Es muy feo abandonar un gato o un perro! **E** to abandon **F** abandonner
el olor	der Geruch	A mí no me gusta el olor a ajo.
desagradable	unangenehm	El olor a ajo me parece muy desagradable. ≠ agradable **F** désagréable
la mezcla	die Mischung	El «spanglish» es una mezcla de español e inglés.
la humedad	die Feuchtigkeit	Los plátanos necesitan humedad para crecer. **E** humidity **F** l'humidité *f.*
conversar ▶ la conversación	sich unterhalten	En la fiesta, la gente baila y conversa. = hablar **E** to converse **F** converser
hacer **travesuras**	Unfug machen	Los niños hacen muchas travesuras.
el/la mayor	der/die Älteste	De los tres hermanos, Jesús es el mayor.
taparse	sich bedecken, zudecken	Se tapó los ojos para no ver el accidente.
sucio/-a ▶ ensuciar(se)	schmutzig	Tienes las manos sucias.
protegerse (de)	sich schützen (vor)	En verano hay que protegerse del sol. **E** to protect **F** se protéger
de [...] años	[...] Jahre alt	Jesús tiene un primo de tres años.
tener **frío**	frieren	Si tienes frío, ¡ponte un abrigo!
romper el silencio	die Stille brechen	Nadie sabe qué decir. Alicia rompe el silencio.
romper ▶ roto/-a	kaputt machen	Javi rompió un cedé de Alicia.
el silencio	die Stille, die Ruhe	¡Silencio, por favor! **E/F** (le) silence
echar	ein-, weg-, ausgießen	Esta leche está mala, hay que echarla.
el pegamento	der Klebstoff	
drogarse	Drogen nehmen, sich betäuben	Ignacio se droga para olvidarse del frío.
olvidarse	vergessen	Sara se olvidó del cumpleaños de su prima. ≠ recordar; acordarse
afuera	draußen	¡Ponte el abrigo, afuera hace frío!
suceder	geschehen	¿Sabes qué sucedió en Madrid ayer? = pasar
la característica	die Charakteristik, das Merkmal	Elena tiene muchas características de una jefa.

el/la presidente	der/die Präsident/in	Si yo fuera presidenta, todo sería mejor.
el cáncer	der Krebs *(Krankheit)*	**E/F** (le) cancer

PARA COMUNICARSE

I Vermutungen äußern
Yo podría vivir en otro país y aprender otra lengua.

I Bedingungen formulieren
Si hiciera un viaje a América Latina, iría a Chile.

UNIDAD SUPLEMENTARIA ESPAÑA Y EUROPA

1. España en el siglo XX

la Guerra Civil Española	der Spanische Bürgerkrieg	
la guerra	der Krieg	Muchas personas murieron en la guerra. **F** la guerre
el golpe de Estado	der Putsch	Franco inició un golpe de Estado.
iniciar ▶ la iniciativa	einleiten	≠ terminar ≠ poner fin a **E** to initiate **F** initier
el general	der General	**E** general **F** le général
el/la militar ▶ el militarismo	der Militär *(höherer Offizier)*	Muchos militares apoyaron a Franco.
la fuerza	die (Streit-) Kraft	
la brigada	die Brigade, die Truppe	= la tropa **E/F** (la) brigade
el ejército	die Armee	Hay pocos países que no tienen ejército.
imponer	durchsetzen, verhängen	Pinochet impuso una dictadura en Chile. **E** to impose **F** imposer
la dictadura	die Diktatur	La dictadura de Franco duró 36 años. ≠ la democracia
el periodo	die Periode, die Phase, die Zeit	La dictadura fue un periodo difícil.
la represión	die Unterdrückung	La política de Franco era una política de represión. **E** repression **F** la répression
la censura	die Zensur *Kontrolle*	Muchos autores sufrieron por la censura.
el poder	die Macht	**E** power **F** le pouvoir
centrado/-a	zentriert, konzentriert	El poder está centrado en el presidente.
ir más allá de	über etw. hinausgehen	Sus capacidades van más allá de lo normal.
el catolicismo	der Katholizismus	**E** Catholicism **F** le catholicisme
el militarismo	der Militarismus	**E** militarism **F** le militarisme
aislado/-a	isoliert	España estuvo aislada del mundo. **E** isolated **F** isolé/e
Francia	Frankreich	En Francia se habla francés. **E/F** (la) France
la transición	der Übergang	En 1975, se inició la transición a la democracia.

la democracia	die Demokratie	España es una democracia.
la muerte ▶ morir ▶ muerto/-a ▶ el/la muerto/-a	der Tod	La muerte pone fin a la vida. F la mort
coronar	krönen	Anita fue coronada reina de carnaval.
el rey / la reina	der/die König/in	Muchas niñas sueñan con ser reina. F le roi / la reine
la constitución	die Verfassung	E/F (la) constitution
aprobar (o → ue)	zustimmen, genehmigen	La censura no aprobaba muchos libros. ≠ rechazar E to approve F approuver
el voto	die Wählerstimme	E vote E le vote
el/la Presidente del Gobierno	der/die Regierungspräsident/in	
el gobierno	die Regierung	En una democracia, la gente elige al gobierno. E government F le gouvernement
definitivo/-a	endgültig	Voy a Perú. Esta es mi decisión definitiva.
participar ▶ el/la participante	teilnehmen	Ana participa en una manifestación. E to participate F participer
la creación ▶ crear	die Gestaltung, die Erschaffung	La creación de una constitución es difícil. E creation F la création
la política ▶ el/la político/-a	die Politik	
común	gemeinsam	Jesús y Eva tienen mucho en común. E common F commun/e
resultar	sich erweisen als	Me resultó difícil el examen de mates.
la introducción	die Einführung	¿Qué piensas de la introducción del euro? E/F (l')introduction *f.*
la eurozona	die Eurozone	El euro es la moneda oficial de la eurozona.
introducir (yo introduzco)	einführen	En 2002 se introdujo el euro. E to introduce F introduire
la moneda (oficial)	die Währung	La moneda oficial de España es el euro.
sustituir (yo sustituyo)	ersetzen	En España, el euro sustituyó a la peseta. E to substitute F substituer
la peseta	die Pesete *(ehemalige spanische Währung)*	
enfrentarse a (a/c / alg.)	sich mit jdm./etw. auseinandersetzen, sich jdm./etw. stellen	Hay que enfrentarse a los problemas.
el reto	die Herausforderung	Irse a trabajar al extranjero es un reto.
capaz (*pl.* capaces) ▶ la capacidad	fähig	Nadie es capaz de aprender español en un mes. E/F capable
acabar con a/c	etw. ein Ende setzen	¡Vamos a acabar con el trabajo infantil! = poner fin a ≠ iniciar
el terrorismo ▶ terrorista	der Terrorismus	El gobierno lucha contra el terrorismo de la ETA. E terrorism F le terrorisme
la ETA	die ETA *(baskische Terrororganisation)*	

A

superar	überwinden	Vamos a superar todos los problemas.
la crisis económica	die Wirtschaftskrise	La crisis económica empezó en 2007.
la escasez	der Mangel	Mucha gente sufre por la escasez de agua.
el agua potable *f.*	das Trinkwasser	F l'eau potable *f.*
la ONU (Organización de las Naciones Unidas)	die UNO (United Nations Organization)	

2. Emigrantes españoles en Europa

la temporada	die Saison	Me gustaría pasar una temporada en Ibiza.
como si	als ob	¡No hagas como si no me entendieras!
amar ▸ el amor	lieben	Juan ama a María. F aimer
la patria	das Vaterland	Durante la guerra, mucha gente dejó su patria.
el ritmo	der Rhythmus	A Silvia le gusta el ritmo del merengue.
Inglaterra ▸ el inglés	England	En Inglaterra se habla inglés. F l'Angleterre *f.*
mío/-a	mein/e	– ¿De quién es este cedé? – Es mío.

mío/-a/s – mein/e	**nuestro/-a/s** – unser/e
tuyo/-a/s – dein/e	**vuestro/-a/s** – euer/eure
suyo/-a/s – sein/e	**suyo/-a/s** – ihr/e

el billete	das Ticket	Eva compra un billete de tren. = el pasaje
la bola de queso	der Käselaib	
prometer	versprechen	Eva le promete a Jesús que va a volver pronto. E to promise F promettre
el/la cardiólogo/-a	der/die Kardiologe/-in, der/die Herzspezialist/in	
oscurecer	dunkel werden	En invierno oscurece bastante temprano.
el/la sueco/-a	der/die Schwede/-in	F le/la Suédois/e
el hockey sobre hielo	Eishockey	El hockey sobre hielo es mi deporte favorito.
patinar	eislaufen	En invierno se puede patinar en los lagos.

3. Mortadelo y Filemón – una historia de éxito en Europa

la serie	die Serie	– ¿Cuál es tu serie favorita? – Los Simpsons.
el cómic	der Comic	A muchos niños les gusta leer cómics.
humorístico/-a	humorvoll	«Mafalda» es un cómic humorístico. ≠ serio/-a F humoristique
publicar	veröffentlichen	Cada escritor sueña con publicar un libro. E to publish F publier

el/la protagonista	der/die Protagonist/in, der/die Hauptfigur	La protagonista de «Mafalda» es una niña.
ambos/-as	beide	Juan y Javi son primos, y ambos son guapos. = los/las dos
el/la agente	der/die Agent/in	James Bond es un agente muy famoso.
la parodia	die Parodie	«Mortadelo y Filemón» es toda una parodia.
el/la ayudante ▶ ayudar	der/die Gehilfe/-in, der/die Assistent/in	El ayudante de Elena fotocopia los documentos.
incluir (yo incluyo)	einschließen, umfassen	El precio del hotel incluye la comida. **E** to include **F** inclure
paródico/-a	parodistisch	**E** parodic **F** parodique
la misión	die Mission	**E/F** (la) mission
torpe	ungeschickt	Javi es torpe: siempre mete la pata.
meter la pata	ins Fettnäpfchen treten	
llevarse los golpes	*hier:* etw. ausbaden; Ärger abkriegen	Filemón siempre se lleva los golpes.
el golpe	der Schlag	El carterista me dio un golpe y se fue corriendo.
la consecuencia	die Konsequenz, Folge	El accidente tuvo graves consecuencias.
perseguir (yo persigo)	verfolgen	Yo perseguí al carterista por todo el barrio.
la intención ▶ intentar	die Absicht	¿Qué intención tienes con este plan? **E/F** (l')intention *f.*
vengarse	sich rächen	**F** se venger
escaparse	entwischen	El carterista se escapó con todo mi dinero. **E** to escape **F** s'échapper
disfrazado/-a	verkleidet	El día de carnaval, mucha gente está disfrazado.
el animal	das Tier	Me gustan los animales, sobre todo los gatos. **E/F** (l')animal *m.*
el fenómeno ▶ fenomenal	das Phänomen, die Erscheinung	El consumismo es un fenómeno moderno. **E** phenomenon **F** le phénomène
el danés	Dänisch *(Sprache)*	**F** le danois
el noruego	Norwegisch *(Sprache)*	**F** le norvégien
el checo	Tschechisch *(Sprache)*	**E** Czech
a lo largo de	im Laufe des/der; während des/der	A lo largo del día han pasado muchas cosas.
la Turquía ▶ el turco	die Türkei	**F** la Turquie
el Brasil	Brasilien	En Brasil se habla portugués.
a excepción de	außer, abgesehen von	A excepción de Mar, todos están en clase.
la fama ▶ famoso/-a	der Ruhm, die Berühmtheit	Almodóvar tiene mucha fama en España. **E** fame

A

el best seller	der Bestseller	Un best seller es un libro que se vende mucho.
provocar	verursachen, provozieren	Los pesticidas provocan la muerte de los parásitos. **E** to provoke **F** provoquer
largo/-a	lang	El Camino de Santiago es largo. ≠ corto/-a
la cola	die Warteschlange	Te estoy esperando en la cola.
ansioso/-a	erpicht, begierig	Eva está ansiosa por ver a su familia. **E** anxious **F** anxieux/-se
obtener (yo obtengo)	erhalten, bekommen	Es difícil obtener autógrafos. **E** to obtain **F** obtenir
autógrafo	das Autogramm	Vi a Almodóvar y le pedí un autógrafo. **E** autograph **F** l'autographe *m.*
el maestro	der Meister	Almodóvar es un maestro del cine español.

Die Zahl hinter dem Pfeil zeigt die Fundstelle an.
Verben, die unregelmäßig sind oder bei denen auf Besonderheiten zu achten ist, sind blau gedruckt.

A

a nach, zu, an → 2/P1
¿A cuánto están [...]? Wie viel kosten [...]? → 5/P3
a excepción de außer, abgesehen von → 13/3
a la cabeza an der Spitze → 10/V
a la derecha (de) rechts (von) → 5/P1
a la izquierda (de) links (von) → 5/P1
a la/s [...] um [...] Uhr → 3/V
a lo largo de im Laufe des/der; während des/der → 13/3
a lo mejor vielleicht → 5/P1
a los [...] años im Alter von [...] Jahren → 6/P3
a menudo oft → 10/V
a no ser que + *subj.* es sei denn, dass → 11/P1
a pesar de trotz → 12/V
a todas partes überall (hin) → 8/P2
abajo unten → 8/P3
abandonar verlassen, aussetzen → 12/P3
el **abrigo** der Mantel → 4/P2
el **abril** der April → 3/V
abrir öffnen → 3/V
la **abuela** die Großmutter → 2/P3
el **abuelo** der Großvater → 2/P3
aburrido/-a langweilig → 2/P3
acabar (a/c) beenden → 11/P2; **~ con a/c** etw. ein Ende setzen → 13/1; **~ de** + *Infinitiv* gerade etw. getan haben → 9/V
el **accidente** der Unfall → 6/P3
el **aceite** das Öl → 5/P3; **el ~ de oliva** das Olivenöl → 5/P3
la **aceituna** die Olive → 11/V
aceptar akzeptieren, annehmen → 12/P2
acompañar begleiten → 8/P2
acostarse (o → ue) ins Bett gehen → 3/P1
acostumbrarse (a) sich gewöhnen (an) → 7/P2
la **actividad** die Aktivität → 1/P2
activo/-a aktiv → 4/V
el/la **actor/actriz** der/die Schauspieler/in → 7/V
actuar (schau-) spielen → 6/P3
adelante vorne, im Vordergrund → 8/P3
además außerdem → 4/P2
¡Adiós! Auf Wiedersehen! → 1/V
adj. + **ísimo** sehr + *Adj.* → 5/P3
adjunto angehängt, im Anhang → 9/P3
¿adónde? wohin? → 3/P2
adquirir (i → ie) erlangen, erwerben → 11/P1
el **aeropuerto** der Flughafen → 1/P2
la **afición** das Hobby → 2/V
afortunadamente zum Glück, glücklicherweise → 8/P2
africano/-a afrikanisch → 12/V
afuera draußen → 12/P3
la **agencia de viajes** das Reisebüro → 7/P3
el/la **agente** der/die Agent/in → 13/3; **el/la ~ de viajes** der/die Reiseverkehrskaufmann/-frau → 7/P3
el **agosto** der August → 3/V
agotador/a anstrengend → 6/P2
agradable angenehm → 9/P3
la **agricultura (ecológica)** die (ökologische) Landwirtschaft → 10/P3; **la ~ intensiva** die intensive Landwirtschaft → 11/V
el **agua** *f.* das Wasser → 5/P3; **el ~ mineral** *f.* das Mineralwasser → 5/P3; **el ~ potable** *f.* das Trinkwasser → 13/1
aguantar aushalten → 2/P2
ahí da, dort → 4/P2
ahora jetzt → 1/P2
ahorrar sparen → 11/P1
los **ahorros** die Ersparnisse → 11/P2
el **aimara** Aimara *(Sprache)* → 12/V
aislado/-a isoliert → 13/1
el **ajo** der Knoblauch → 4/P1
ajustado/-a eng → 4/P2
al a + el *(Kontraktion)* → 3/P2
al final am Ende, letztendlich → 2/P2
al lado de neben → 5/P1
al principio am Anfang, anfangs → 10/P2
el **albergue** die Herberge → 8/P1
alegrar freuen → 10/P2
alegre fröhlich → 4/P3
la **alegría** die Freude → 11/P3
el **alemán** Deutsch *(Sprache)* → 1/V
el/la **alemán/-ana** der/die Deutsche → 6/P3
Alemania Deutschland → 7/P2
la **alergia** die Allergie → 10/P2
algo etwas → 1/P3
alguien jemand → 12/P1
algún/alguno, alguna (irgend-)ein/er, (irgend-)eine → 7/P1
algunos/-as einige → 7/P1
algún día eines Tages, irgendwann → 11/P2
alguna vez (schon) (ein-) mal → 9/P1
allí dort (drüben) → 1/P2
la **almendra** die Mandel → 11/P1
el **alrededor** die Umgebung → 6/V
alternativo/-a alternativ → 5/V
alto/-a groß → 4/P3; hoch → 6/P2
la **altura** die Höhe → 12/V
el/la **alumno/-a** der/die Schüler/in → 2/V
amar lieben → 13/2
amarillo/-a gelb → 4/P2
el **ambiente** das Ambiente → 2/P3
ambos/-as beide → 13/3
América Central *f.* Zentralamerika → 12/V; **~ del Norte** *f.* Nordamerika → 12/V; **~ Latina** *f.* Lateinamerika → 2/P1

A

americano/-a amerikanisch → 12/P1
el/la **amigo/-a** der/die Freund/in → 1/P1
el **amor** die Liebe → 6/P3
el/la **anciano/-a** der/die Greis/in → 11/P2
anda los! → 4/P1
Andalucía *f.* Andalusien → 11/V
el **animal** das Tier → 13/3
el **año** das Jahr → 2/V
anónimo/-a anonym → 7/P3
ansioso/-a erpicht, begierig → 13/3
antes vorher → 3/P2; **~ de** + *Infinitiv* vor, bevor → 5/V; **~ de que** + *subj.* bevor → 11/P1; **~ que nada** zunächst; insbesondere → 10/P3
antiguo/-a alt, altertümlich → 2/P3
el **anuncio** die Anzeige → 5/P2
el **apellido** der Nachname → 2/V
aplicado/-a fleißig → 9/P2
aportar beisteuern, beitragen; ausmachen → 11/V
apoyar unterstützen → 10/P3
aprender lernen → 1/P2
aprobar **(una asignatura / un examen)** (o → ue) (ein Fach / eine Prüfung) bestehen → 7/P2
apuntar aufschreiben, notieren → 5/P1
aquel/la, aquellos/-as jene/r/-s (dort) → 8/P1
en aquel entonces damals → 8/P1
aquí hier → 1/V
el **árabe** Arabisch *(Sprache)* → 1/P2
el **árbol** der Baum → 8/P3
Argentina Argentinien → 1/P2
argentino/-a argentinisch → 12/P2
el/la **argentino/-a** der/die Argentinier/in → 12/P2
el **armario** der Schrank → 4/P2
aromático/-a aromatisch → 12/P2
el/la **arquitecto/-a** der/die Architekt/in → 7/V
la **arquitectura** die Architektur → 12/P2
arrastrar ziehen, schleppen → 12/P3
arriba oben → 6/P2
la **arroba** das @-Zeichen → 2/V
el **arte** die Kunst → 5/V
el/la **artista** der/die Künstler/in → 5/V
el **asado** die Grillparty → 12/P2
así so → 6/P3
la **asignatura** das Schulfach → 7/V
asociar (a/c con a/c) verbinden, assoziieren → 11/P3
el **aspecto** der Aspekt → 10/P3; **el ~ físico** das Aussehen → 4/P3
el **asunto** die Angelegenheit; der Betreff → 2/P1
el **atasco** der Stau → 3/P3
la **atención** die Aufmerksamkeit → 11/P3
atender (e → ie) bedienen → 12/P1
atrás hinten, im Hintergrund → 8/P3
el **atún** der Thunfisch → 5/P3
aunque obwohl → 6/P2; ~ + *subj.* selbst wenn → 11/P3
auténtico/-a authentisch, echt → 12/P1
el **autobús** der Bus → 3/P1
el **autógrafo** das Autogramm → 13/3
automovilístico/-a *adj.* Automobil- → 11/V
el/la **autor/a** der/die Autor/in → 9/P2
el **autorretrato** das Selbstportrait → 6/P3
la **avellana** die Haselnuss → 11/P1
la **aventura** das Abenteuer → 6/P2
el **avión** das Flugzeug → 9/P3
ayer gestern → 6/P1
la **ayuda** die Hilfe → 11/P2
el/la **ayudante** der/die Assistent/in → 13/3
ayudar helfen → 7/P1
el/la **azafato/-a** der/die Flugbegleiter/in → 7/V
el/la **azteca** der Azteke /die Aztekin → 6/V
el **azúcar** der Zucker → 10/P3
azul blau → 4/P2

B

el **bachillerato** das Abitur → 2/V
bailar tanzen → 1/P1
bajar hinuntergehen; hinunterfahren → 6/P2
bajarse aussteigen → 5/P1
bajo/-a klein → 4/P3; niedrig → 5/V
el **baloncesto** der Basketball *(Sportart)* → 2/V
la **balsa** das Floß, das Schlauchboot → 6/P2
bañarse baden → 10/V
el **banco** die Bank → 3/V
la **bañera** die Badewanne → 10/V
el **baño** das Badezimmer → 5/P2
el **bar** die Bar, die Kneipe → 1/P2
barato/-a billig → 5/P2
la **barba** der Bart → 4/P3
el **barco** das Boot → 6/P2
la **barra de pan** die Stange Brot → 5/P3
el **barrio** das Stadtviertel → 2/P3
bastante ziemlich → 2/P3
la **basura** der Müll → 10/V; **la ~ orgánica** der Bio-Müll → 10/P1
la **batería** das Schlagzeug → 2/V
beber trinken → 1/P2
la **bebida** das Getränk → 3/P3
la **beca** das Stipendium → 8/P2
Belice Belize → 12/V
benéfico/-a Benefiz-, wohltätig → 9/P1
el **beso** der Kuss → 2/P1
el **best seller** der Bestseller → 13/3
la **biblioteca** die Bibliothek → 2/P1
la **bicicleta** = **bici** *(fam.)* das Fahrrad → 8/P1; **en bici** mit dem Fahrrad → 8/P1
bien gut → 1/P1
el **bienestar** der Wohlstand → 12/V
bienvenido/-a Willkommen! → 6/V
el **billete** das Ticket → 13/2
blanco/-a weiß → 4/P2
el **blog** der Blog → 6/P2
la **blusa** die Bluse → 4/P2

el **bocadillo** das belegte Brötchen → 1/P2

la **boda** die Hochzeit → 2/P3

el **boletín** das Zeugnis → 7/P1

Bolivia Bolivien → 7/P3

boliviano/-a bolivianisch → 9/P3

la **bolsa de plástico** die Plastiktüte → 10/V

la **bombilla** die Glühbirne → 12/P2; **la ~ fluorescente** die Energiesparlampe → 10/V

bonito/-a schön → 2/P3

el **bosque** der Wald → 8/P3

la **botella** die Flasche → 5/P3

el **Brasil** Brasilien → 13/3

la **brigada** die Brigade, die Truppe → 13/1

bueno also → 1/P3

bueno/-a *adj.* gut → 3/P2; **¡Buenos días!** Guten Tag!, Guten Morgen! → 10/P3

la **bulla** der Lärm, der Krach → 8/P1

buscar suchen → 5/V

en busca de auf der Suche nach → 11/V

C

el **caballo** das Pferd → 2/V

el **cacahuate** *(mex.)* die Erdnuss → 12/V

cada vez más immer mehr → 9/P2

el **café** der Kaffee → 1/P3; **el ~ con leche** der Milchkaffee → 1/P3

la **cafetería** die Cafeteria → 1/P2

la **calabaza** der Kürbis → 12/P2

la **calefacción** die Heizung → 8/P2

la **calidad** die Qualität → 10/P3

California Kalifornien → 12/P1

la **calle** die Straße → 2/V

el **calor** die Hitze → 8/P2

la **cama** das Bett → 4/P2

cambiar (por) tauschen (gegen) → 7/P3

cambiar(se) (de) wechseln; sich umziehen → 10/P2

en cambio stattdessen, dagegen → 9/P2

caminar wandern, gehen → 8/P1

el **camino** der Weg → 8/V

la **camisa** das Hemd → 4/P2

la **camiseta** das T-Shirt → 4/P2

la **campaña** die Kampagne → 11/P3

el **campo** das Land → 11/P3

Canadá Kanada → 6/V

el **canal** der Kanal → 6/P2

el **cáncer** der Krebs *(Krankheit)* → 12/P3

la **canción** das Lied → 7/P2

el/la **candidato/-a** der/die Bewerber/in, der/die Kandidat/in → 9/P2

cansado/-a müde, erschöpft → 8/P3

el/la **cantante** der/die Sänger/in → 7/V

cantar singen → 2/V

la **cantidad** die Menge, die Anzahl → 11/P1

la **capacidad** die Fähigkeit, die Kapazität → 9/P2

capaz (*pl.* capaces) fähig → 13/1

la **capital** die Hauptstadt → 6/V

el **carácter** der Charakter → 4/P3

la **característica** die Charakteristik, das Merkmal → 12/P3

el/la **cardiólogo/-a** der/die Kardiologe/-in → 13/2

el **Caribe** die Karibik → 12/V

carísimo sehr teuer → 5/P3

el **carnaval** der Karneval → 7/P3

la **carne** das Fleisch → 12/P2; **la ~ de vacuno** das Rindfleisch → 12/P2

caro/-a teuer → 5/V

la **carrera** die Karriere → 9/P2

el **carro** der Karren → 12/P3

la **carta** der Brief → 1/P2

la **carta comercial** der Geschäftsbrief → 3/P1

el **cartel** das Plakat, das Schild → 3/P3

el/la **carterista** der/die Taschendieb/in → 5/V

el **cartón** der Pappkarton → 12/P3

la **casa** das Haus; das Zuhause → 2/P1; **a ~** nach Hause → 2/P2; **en ~** zu Hause → 3/P1

casarse (con alg.) (jdn.) heiraten → 6/P3

la **cascada** der Wasserfall → 6/P2

casi fast → 3/P1

el **caso** der Fall → 12/P1

castaño/-a braun → 4/P3

el **catalán** Katalanisch *(Sprache)* → 8/V

Cataluña *f.* Katalonien → 11/V

la **catedral** die Kathedrale → 8/P3

el **catolicismo** der Katholizismus → 13/1

causar verursachen → 11/V

el **cedé** die CD → 4/V

celebrar feiern → 12/V

la **cena** das Abendessen → 4/P1

cenar Abendbrot essen → 2/P2

la **censura** die Zensur *(Kontrolle)* → 13/1

el **céntimo** der Cent → 5/P3

centrado/-a zentriert, konzentriert → 13/1

la **centralita** die Telefonzentrale → 5/P1

el **centro** das Zentrum, die Innenstadt → 1/P3

el **centro de formación profesional** das Ausbildungszentrum → 7/P2

cerca (de) nah, in der Nähe (von) → 2/P2

el **cerdo** das Schwein → 4/P1

cerrar (e → ie) schließen → 3/V

el **cerro** der Hügel → 8/P3

el **césped** die Wiese, der Rasen → 8/P3

el/la **chamaco/-a** (*mex.*) der Junge / das Mädchen → 6/P2

el **chándal** der Trainingsanzug → 4/P2

la **chaqueta** die Jacke → 4/P2

charlar plaudern, sich unterhalten → 1/P1

chatear chatten → 2/V

el **checo** Tschechisch *(Sprache)* → 13/3

el/la **chicano/-a** der/die Chicano/-a → 12/P1

chicano/-a *adj.* Chicano- → 12/P1

el/la **chico/-a** der Junge / das Mädchen → 1/P1

chido (*mex.*) super, cool → 6/P2

A

chilango/-a (*mex.*) aus Mexiko-Stadt → 6/P2
el **chile** der Chili → 12/P1
el **chino** Chinesisch *(Sprache)* → 1/P2
el **chocolate** die Schokolade → 12/V
el **chorizo** die Paprikawurst → 5/P3
la **chuleta** das Kotelett → 4/P1
el **ciclismo** der Radsport → 4/V
el **cielo** der Himmel → 8/P3
la **cifra** die Zahl, die Ziffer → 10/V
el **cine** das Kino → 3/P2
la **ciudad** die Stadt → 1/P1
Ciudad de México Mexiko-Stadt → 1/P1
claro natürlich, klar, sicher → 5/V
claro/-a hell → 5/P2
la **clase** der Unterricht → 1/P2; **la ~ de alemán** der Deutschunterricht → 1/P2
clásico/-a klassisch → 8/P3
el/la **cliente** der/die Kunde/-in → 3/P1
el **clima** das Klima → 12/V
el **club** der Club → 3/P2
el **coche** das Auto → 3/P2; **el ~ descapotable** das Cabriolet → 11/P3
la **cocina** die Küche → 4/P1
cocinar kochen → 2/V
el/la **cocinero/-a** der Koch / die Köchin → 7/P1
coger nehmen; erwischen → 3/P1
la **cola** die Warteschlange → 13/3
la **colaboración** die Zusammenarbeit → 11/P3
el/la **colega** der/die Kollege/-in → 7/P3
Colombia Kolumbien → 2/P1
el **color** die Farbe → 4/P2
la **columna** die Kolumne → 12/P2
combinar kombinieren → 7/P2
la **comedia (romántica)** die (Liebes-) Komödie → 4/V
el **comedor** die Mensa → 2/P1
comer essen → 1/P2
el **comercio** der Handel → 6/V; **el ~ justo** Fairer Handel → 10/P3
el **cómic** der Comic → 13/3
la **comida** das Essen → 2/P3; **la ~ ecológica** das Bio-Lebensmittel → 10/V
como da, weil → 6/P3; wie → 2/P3
como si als ob → 13/2
¿cómo? wie? → 1/V; **¿Cómo estás?** Wie geht es dir? → 1/P1; **¿~ te llamas?** Wie heißt du? → 1/V; **¿~ te va?** Wie geht es dir? → 1/P1
el/la **compañero/-a** der/die Freund/in, der/die Kollege/-in; der/die Partner/in → 2/V; **el/la ~ de curso** der/die Mitschüler/in → 2/P1; **el/la ~ de piso** der/die Mitbewohner/in → 2/V; **el/la ~ de trabajo** der/die Arbeitskollege/-in → 3/P1
completo/-a voll, komplett → 8/P1
comprar kaufen → 3/P2
comprender verstehen → 1/P2
el **compromiso** das Engagement → 9/V
común gemeinsam → 13/1; **~ y corriente** gebräuchlich, häufig → 10/P2
la **comunidad autónoma** die Autonome Region → 8/P1
con mit → 1/P1
con mucho gusto sehr gerne → 5/P2
el **concierto** das Konzert → 3/V
confortable komfortabel → 2/P3
conmigo mit mir → 7/P1
el **Cono Sur** der Südkegel *(südlicher Teil Südamerikas)* → 12/V
conocer kennen, kennen lernen → 5/P1
conocido/-a bekannt → 8/V
conquistar erobern → 6/V
la **consecuencia** die Konsequenz, Folge → 13/3
el **consejo** der Rat (-schlag) → 9/P2
la **constitución** die Verfassung → 13/1
la **construcción** das Baugewerbe → 11/V
consumir verbrauchen, konsumieren → 11/V
el **consumismo** der Konsumwahn → 9/P2
el **consumo** der Konsum → 9/P2
la **contabilidad** die Buchhaltung → 11/P1
el **contacto** der Kontakt → 7/V
contar (o → ue) erzählen, zählen → 6/P1
contar **con** aufweisen, haben → 11/V; auf jdn./etw. zählen → 8/P2
contento/-a zufrieden, froh → 4/P3
contestar beantworten → 3/P1
contigo mit dir → 7/P1
el **continente** der Kontinent → 12/P1
continuar fortfahren, weitermachen → 10/P3
el **contrato** der Vertrag → 7/P2
convalidar anerkennen, anrechnen → 11/P2
convenir (e → ie) nützlich/angebracht sein; passen → 10/P1
la **conversación** das Gespräch, die Unterhaltung → 9/P3
conversar sich unterhalten → 12/P3
convertirse **(en)** (e → ie) sich verwandeln → 11/V
la **Cordillera de los Andes** die Anden → 12/V
coronar krönen → 13/1
el **correo** die Post → 3/P3
Correos *sg.* die Post *(Amt)* → 3/V
correr rennen → 3/P1
el **corte** der Schnitt → 4/P2
corto/-a kurz → 3/P3
la **cosa** die Sache → 2/P2
costar (o → ue) kosten → 5/P3
la **costumbre** die Gewohnheit; der Brauch → 12/P2
cotidiano/-a alltäglich → 3/P1
el **cráter** der Krater → 6/P2
la **creación** die Gestaltung, die Erschaffung → 13/1
crear erschaffen, erfinden → 8/V
creativo/-a kreativ → 7/V

crecer wachsen → 10/V
el **crecimiento económico** das Wirtschaftswachstum → 11/V
creer glauben → 4/P1
la **crisis económica** die Wirtschaftskrise → 13/1
cruzar überqueren, kreuzen → 5/P1
el **cuadro** das Bild → 5/V
¿cuál/es? welche/r/-s? → 4/P2
la **cualidad** die Eigenschaft, die Qualität → 9/P2
cuando als, (immer) wenn → 6/P2; **cuando** + *subj.* wenn, sobald → 11/P3
¿cuándo? wann? → 3/V
¿cuánto/-a/s? wie viel/e? → 2/P2; **¿Cuántos años tiene?** Wie alt ist er/sie? → 2/P2
Cuba Kuba → 1/P2
el/la **cubano/-a** der/die Kubaner/in → 12/P1
¡cuidado! Vorsicht! → 5/V
cuidar (a/de) betreuen, aufpassen (auf) → 11/P2
la **culpa** die Schuld → 7/P1
cultivar kultivieren, anbauen → 11/V
cultural kulturell → 7/P3
el **cumpleaños** der Geburtstag → 8/P3
cumplir erfüllen → 9/P2
el **currículo = CV** der Lebenslauf → 9/P2
el **curso** der Jahrgang, die Klasse → 2/P1
cuyo/-a dessen/deren → 12/P3

D

el **danés** Dänisch *(Sprache)* → 13/3
dar geben → 1/P1
darse cuenta (de a/c) bemerken → 7/P3
el **dato** die Zahl, der Wert → 11/P3
de aus, von → 1/V
del de + el *(Kontraktion)* → 2/P1
de [...] a [...] (horas) von [...] bis [...] (Uhr) → 3/V
de acuerdo einverstanden, okay → 3/P2
de muchos colores bunt → 6/P2
¿De parte de quién? Wer ist dran?, Wer spricht da? → 5/P1
de repente plötzlich → 3/P3
debajo (de) unter → 5/P2
deber müssen → 8/P1
los **deberes** *pl.* die Hausaufgaben → 4/V
decidir entscheiden → 8/P3
decir (e → i) sagen → 4/P1; **es ~** das heißt → 12/P2; **¡No me digas!** Sag bloß!, Was du nicht sagst! → 10/V
la **decisión** die Entscheidung → 8/P3
dedicarse (a) sich (beruflich) beschäftigen (mit) → 7/V
definitivo/-a endgültig → 13/1
dejar lassen → 8/P2; **~ de** + *Infinitiv* aufhören zu + *Infinitiv* → 12/P1
delante (de) vor → 5/P2
delgado/-a dünn, schlank → 4/P3
la **demanda** die Nachfrage → 10/P2
demasiado *adv.* zu → 2/P3
la **democracia** die Demokratie → 13/1
demostrar (o → ue) zeigen, beweisen → 9/P2
el **departamento** die Abteilung → 11/P1
el **deporte** der Sport → 4/V
deportivo/-a sportlich → 4/P2
el **derecho** das Recht → 6/V; **Derecho** Recht, Jura *(Studium)* → 11/P2
desagradable unangenehm → 12/P3
desarrollar entwickeln → 11/P3
desayunar frühstücken → 3/P1
descansar sich erholen, ausspannen → 5/V
el/la **descendiente** der/die Nachfahre/-in → 12/V
descomponerse (sich) zersetzen, zerfallen → 10/V
desde von, ab; seit *(Zeitpunkt)* → 3/V; **~ hace** seit *(Zeitraum)* → 6/V; **~ la/s [...] hasta la/s [...]** von [...] bis [...] (Uhr) → 3/V; **~ que** seit, seitdem → 9/P1
desgraciadamente leider, unglücklicherweise → 8/P2
el **desierto** die Wüste → 11/V
despedir (a alg.) (e → i) verabschieden; entlassen → 11/P1
después danach → 2/P2; **~ de** nach → 2/P1
destacar hervorheben; herausragen → 12/P1
el **destino** das (Reise-) Ziel → 11/V
destruido/-a zerstört → 6/P1
el **detalle** das Detail → 11/P3
detrás (de) hinter → 5/P2
devolver (o → ue) zurückgeben → 11/P2
el **día** der Tag → 3/V; **el ~ a ~** der Alltag → 3/V
el/la **dibujante** der/die Zeichner/in → 12/P2
el **diciembre** der Dezember → 3/V
la **dictadura** die Diktatur → 13/1
la **diferencia** der Unterschied → 7/P2
diferente verschieden → 11/P3
difícil schwierig → 7/V
¡Dígame! Hallo? *(am Telefon)* → 5/P1
digno/-a würdig → 10/P3
¡Dime! Erzähl!, Sag! → 2/P1
dinámico/-a dynamisch → 11/P1
el **dinero** das Geld → 3/P1
la **dirección** die Richtung, die Adresse → 2/V; **en ~ a** in Richtung → 5/P1
el/la **director/a** der/die Regisseur/in → 8/V
dirigirse (a alg.) sich (an jdn.) richten → 11/P3
el/la **discapacitado/-a** der/die Behinderte → 9/P1
la **discoteca** die Diskothek → 1/P2
la **discusión** die Diskussion → 4/P1
discutir (con alg.) diskutieren, streiten → 10/P1

A

el/la **diseñador/a de páginas web** der/die Webdesigner/in → 7/V
disfrazado/-a verkleidet → 13/3
disfrutar (de) genießen → 5/V
disponer (de) (yo dispongo) verfügen (über) → 2/P3
la **distribución** der Vertrieb → 11/P1
la **diversidad** die Vielfalt → 11/V
divertido/-a lustig, amüsant → 4/P3
divorciarse sich scheiden lassen → 6/P3
el **documental** der Dokumentarfilm → 4/V
el **documento** das Dokument → 3/P3
doler (o → ue) schmerzen → 8/P3
el **dolor** der Schmerz → 6/P3
dominar dominieren → 6/V
el **domingo** der Sonntag → 3/V
donar spenden → 9/P1
el **donativo** die Spende → 9/P1
donde wo → 6/P2
¿dónde? wo? → 1/P1; **¿de ~?** woher? → 1/V
dormir(se) (o → ue) (ein-)schlafen → 6/P2
drogarse Drogen nehmen, sich betäuben → 12/P3
ducharse duschen → 3/P1
el **dulce** die Süßigkeit → 12/P1
durante während → 7/P3
durar dauern → 7/P2

E

echar ein-, weg-, ausgießen → 12/P3
echar de menos vermissen → 8/P2
la **ecología** die Ökologie → 10/P1
ecológico/-a ökologisch → 10/V
la **economía** die Wirtschaft → 11/V
económico/-a ökonomisch, wirtschaftlich → 9/P2
la **Edad Media** das Mittelalter → 8/P1
Educación Primaria Obligatoria die Grundschulbildung → 7/P1
el **ejército** die Armee → 13/1
las **elecciones** die Wahlen → 6/V
la **electricidad** der Strom, die Elektrizität → 10/V
elegante elegant → 2/P3
el **e-mail** die E-Mail → 1/P2
la **emigración** die Auswanderung → 11/V
emigrar auswandern, emigrieren → 12/P1
la **emisora** der Sender → 10/P3
empapado/-a klatschnass → 8/P3
empezar (e → ie) anfangen, beginnen → 3/V
el/la **empleado/-a** der/die Angestellte → 7/P3
la **empresa** das Unternehmen, der Betrieb → 3/P1
Empresariales Betriebswirtschaft → 2/V
en in, an, auf → 1/V
en caso de que + *subj.* falls; im Falle, dass → 11/P1
en concreto konkret, genau gesagt → 11/P3
en el fondo im Grunde, eigentlich → 7/P3
en seguida sofort → 6/P2
en total insgesamt → 2/P3
enamorarse (de) sich verlieben (in) → 6/P3
encantar begeistern, sehr mögen → 4/P1
encargarse (de a/c) sich um etwas kümmern, etwas übernehmen → 10/P3
encima (de) auf, über → 4/P2
encontrar (o → ue) finden → 5/V; **encontrarse** (o → ue) sich befinden → 11/V
la **energía renovable** erneuerbare Energie → 10/V
el **enero** der Januar → 3/V
enfadarse (con alg.) sich (über jdn.) ärgern → 3/P1
enfermarse erkranken, krank werden → 10/P2
el/la **enfermero/-a** der/die Krankenpfleger/in → 9/P1
el/la **enfermo/-a** der/die Kranke → 9/P1
estar enfermo/-a *adj.* krank sein → 9/P1
enfrentarse a a/c /alg. sich mit jdm./etw. auseinandersetzen, sich jdn./etw. stellen → 13/1
enfrente (de) gegenüber (von) → 5/P1
enorme enorm, riesig → 11/V
la **ensalada** der Salat → 3/P1
ensuciar(se) (sich) schmutzig machen → 7/V
entender (e → ie) verstehen → 8/P2
entonces dann → 1/P3
la **entrada** der Eingang, der Eintritt; die Eintrittskarte → 3/P2
entrar (en) eintreten, hereinkommen → 3/P3
entre zwischen → 5/P2
la **entrevista** das Interview; das Vorstellungsgespräch → 3/V
entusiasmar begeistern → 11/P3
envejecer altern → 10/P2
el **equipo** das Team, die Gruppe → 9/P2
Es la / Son las [...]. Es ist [...] Uhr. → 3/V; **~ [...] y media.** Es ist halb [...]. → 3/V; **~ [...] y/menos cuarto.** Es ist Viertel nach/vor [...]. → 3/V
ese, esa, esos, esas jener, jene, jenes (da) → 4/P2
es que es ist so, dass; nämlich → 4/P1
escaparse entwischen → 13/3
la **escasez** der Mangel → 13/1
escribir (a/c a alg.) schreiben → 1/P2
el/la **escritor/a** der/die Schriftsteller/in → 8/V
el **escritorio** der Schreibtisch → 3/P3
escuchar (zu)hören → 1/P1
eso das → 4/V
ESO (Educación Secundaria Obligatoria) die Mittelstufe → 7/P1
España Spanien → 1/V
el **español** Spanisch *(Sprache)* → 1/V

español/a *adj.* spanisch → 5/V
el/la **español/a** der/die Spanier/in → 6/V
la **especialidad** die Spezialität → 8/V
especialmente besonders, vor allem → 12/V
el **espejo** der Spiegel → 4/P2
esperar (er-) warten → 7/P3; hoffen → 10/P2
la **espuma** der Schaum → 6/P1
esquiar skifahren → 2/V
la **esquina** die Ecke → 3/P1
la **estación** der Bahnhof, die Station → 2/P1; **la ~ de metro** der U-Bahnhof → 2/P1
el **estadio** das Stadion → 5/V
los **Estados Unidos** = **EE.UU.** die USA → 6/V
el/la **estadounidense** der/die US-Amerikaner/in → 12/P1
la **estancia** der Aufenthalt → 12/P2
estar sich befinden, sein → 2/P1; **~ de acuerdo (con a/c /alg.)** einverstanden sein → 4/P1; **~ de moda** in Mode sein → 4/P2; **~ en paro** arbeitslos sein → 11/P2; **~ en peligro (de)** Gefahr laufen (zu) → 11/V; **~ seguro/-a** sicher sein → 7/V; **está bien** (es) ist gut /in Ordnung → 4/P2
el **este** der Osten → 8/V
este, esta, estos, estas dieser, diese, dieses → 4/P2
este/-a es [...] das ist [...] *(jdn. vorstellen)* → 2/V
el **estrés** der Stress → 7/P3
estricto/-a streng → 4/P3
el/la **estudiante** der/die Student/in → 2/V
estudiantil studentisch → 8/P2
estudiar lernen, studieren; zur Schule gehen → 1/P1
los **estudios** *pl.* das (Hochschul-) Studium → 11/P2
estupendo *adv.* super → 2/P2
etcétera etc. → 9/P2
el **euro** der Euro → 5/P3; **un ~ con cincuenta** ein Euro fünfzig *(Preis)* → 5/P3
Europa Europa → 7/P2
europeo/-a europäisch → 11/V
la **eurozona** die Eurozone → 13/1
el **evento** das Ereignis; die Veranstaltung → 9/V
exacto *adv.* genau → 5/P1
el **examen** die Prüfung → 2/P1
la **excursión** der Ausflug → 4/V
existir existieren, geben → 8/P1
el **éxito** der Erfolg → 11/P1
la **expectativa** die Erwartung → 9/P2
la **experiencia** die Erfahrung → 11/P1
el/la **experto/-a** der/die Experte/-in → 8/V
explicar erklären → 7/P1
exponer ausstellen → 6/P3
la **exportación** der Export → 12/V; **las exportaciones** die Exportgüter /-waren → 11/V
exportar exportieren → 11/P1
la **exposición** die Ausstellung → 6/P3
el **extranjero** das Ausland → 7/V
extranjero/-a ausländisch → 11/V

F

la **fábrica** die Fabrik → 11/P1
fácil leicht, einfach → 9/P2
la **factura** die Rechnung → 3/P1
la **falda** der Rock → 4/P2
faltar fehlen → 4/P2
la **fama** der Ruhm, die Berühmtheit → 13/3
la **familia** die Familie → 2/V
familiar familiär, Familien- → 11/P1
famoso/-a berühmt → 5/V
fantástico/-a fantastisch → 2/P3
farmacéutico/-a Pharma-, pharmazeutisch → 11/V
Farmacia Pharmazie *(Studienfach)* → 7/P1
fatal sehr schlecht → 2/P2
favorito/-a Lieblings-, liebste/r/-s → 6/P1
el **febrero** der Februar → 3/V
¡Felicitaciones! Glückwünsche! → 8/V
feliz glücklich → 6/P3
fenomenal großartig, phänomenal → 4/P3
el **fenómeno** das Phänomen, die Erscheinung → 13/3
feo/-a hässlich → 2/P3
el **festivo** der Feiertag → 3/V
la **fiesta** die Party → 2/P1; **la ~ de espuma** die Schaumparty → 6/P1
fijarse (en a/c) (auf etw.) achten → 9/P2
el **fin de semana** das Wochenende → 3/P1
el **final** das Ende → 2/P2
las **finanzas** *pl.* die Finanzen → 11/V
firmar unterschreiben → 6/V
física y química Physik und Chemie → 7/V
el **flamenco** Flamenco → 1/P1
la **flauta** die Flöte → 1/P1
el **folleto** der (Werbe-) Prospekt → 5/P3
fomentar fördern, unterstützen → 10/P3
la **formación profesional** die Berufsausbildung → 7/P1
formal formell, förmlich → 7/V
formar bilden → 12/V; **formado/-a (por)** gebildet (von/aus) → 12/V
la **foto** das Foto → 2/V
fotocopiar fotokopieren → 3/V
el/la **fotógrafo/-a** der/die Fotograf/in → 7/V
el **francés** Französisch *(Sprache)* → 1/V
Francia Frankreich → 13/1
frente (a) vor → 6/P1
fresco/-a frisch → 8/P2
el **frío** die Kälte → 8/P2
la **frontera** die Grenze → 9/V
la **fruta** die Frucht → 11/V
fuerte stark → 8/P3
la **fuerza** die (Streit-) Kraft → 13/1
el/la **fundador/a** der/die Gründer/in → 11/P1
fundar gründen → 6/V
el **fútbol** der Fußball *(Sportart)* → 2/V
el/la **futbolista** der/die Fußballspieler/in → 7/V
el **futuro** die Zukunft → 7/V

A

G

las **gafas** *pl.* die Brille → 4/P3
Galicia *f.* Galicien → 8/V
el **gallego** Galicisch *(Sprache)* → 8/V
el/la **gallego/-a** der/die Galicier/in → 8/P2
la **galleta** der Keks → 3/P1
ganar verdienen → 3/P1; gewinnen → 3/P3
gastar ausgeben; verbrauchen → 10/V
el **gasto** die Ausgabe, die Kosten → 11/P1
el **gato** die Katze → 4/P1
el **gaucho** der Gaucho, der Viehhirte → 1/P3
el **general** der General → 13/1
generalmente allgemein → 8/P2
genial genial, toll, super → 2/P1; **¡Qué ~!** Wie schön! → 2/P1
la **gente** die Leute → 2/P3
geografía e historia Erdkunde und Geschichte → 7/P1
geográficamente geographisch → 12/V
la **gerencia general** das Management und Betriebswirtschaft *(Studiengang)* → 11/P2
el/la **gerente general** der/die Geschäftsführer/in → 11/P1
Gestión Comercial y Marketing Kaufmännisches Management und Marketing → 2/V
girar abbiegen → 5/P1
gobernar regieren → 6/V
el **gobierno** die Regierung → 13/1
el **golpe** der Schlag → 13/3; **el ~ de Estado** der Putsch → 13/1
gordo/-a dick → 4/P3
la **gorra** die Mütze → 4/P2
gracias danke → 1/P3; **~ a** dank → 11/V; **~ por** danke für → 7/P2
el **grado medio** die mittlere Berufsausbildung → 7/P1; **el ~ superior** die höhere Berufsausbildung → 7/P1
el **gramo** das Gramm → 5/P3
grande groß → 2/P3
gratuito/-a gratis, umsonst → 9/P1
grave schlimm → 8/V
el/la **griego/-a** der/die Grieche/-in → 8/V
gris grau → 4/P2
el **grupo** die Gruppe → 2/P3; **el ~ de música** die Band → 2/P3
guapo/-a hübsch → 2/P3
la **guerra** der Krieg → 13/1; **la Guerra Civil Española** der Spanische Bürgerkrieg → 13/1
el **guía** der Führer → 6/P2; **la ~ turística** der Reiseführer *(Buch)* → 12/P3
guiñar un ojo (a alg.) jdm. zuzwinkern → 4/P3
el **guión** der Bindestrich → 2/V; **el ~ bajo** der Unterstrich → 2/V
la **guitarra** die Gitarre → 1/P1
gustar gefallen, mögen → 4/V; **me gustaría** ich würde gerne → 7/V

H

haber geben → 6/P1
la **habitación** das Zimmer → 2/P3
el/la **habitante** der/die Einwohner/in → 11/V
hablado/-a gesprochen → 12/V
hablar sprechen, reden → 1/P1
hace + *Zeitangabe* vor → 6/V
hacer **a/c (yo hago)** machen → 3/P3; **Hace [...] grados (bajo cero).** Es ist [...] Grad (unter Null). → 8/P2; **~ buen/mal tiempo.** Das Wetter ist gut/schlecht. → 8/P2; **~ calor/frío.** Es ist heiß/kalt. → 8/P2; **~ sol.** Die Sonne scheint. → 8/P2; **~ viento.** Es ist windig. → 8/P2; hacer **falta** nötig sein, fehlen → 11/P2; **~ travesuras** Unfug machen → 12/P3
el **hambre** *f.* der Hunger → 4/P1
la **hamburguesa** der Hamburger → 4/P1
hasta bis *(Zeitpunkt)*; sogar → 2/P2
¡Hasta luego! Bis dann! → 1/V
hasta que + *subj.* bis → 11/P3
hay es gibt → 2/P1; **~ que** + *Infinitiv* man muss → 5/P3
la **hermana** die Schwester → 1/P2
el **hermano** der Bruder → 1/P3
la **hierba** das Kraut → 12/P2
el **hijo** der Sohn → 2/P3
el **hip hop** der Hip-Hop → 1/P1
el/la **hispanohablante** der/die Spanischsprachige → 12/P1
el **hockey sobre hielo** Eishockey → 13/2
¡Hola! Hallo! → 1/V
el **holandés** Niederländisch *(Sprache)* → 12/V
el **hombre** der Mann; der Mensch → 6/V
la **hora** die Stunde, die Zeit → 3/V; **¿Qué ~ es?** Wie spät ist es? → 3/V; **¿A qué ~ ?** Um wieviel Uhr? → 3/V; **la ~ extra** die Überstunde → 7/V
el **hospital** das Krankenhaus → 11/P2
el **hotel** das Hotel → 1/P2
hoy heute → 2/P2; **~ en día** heutzutage → 8/P1
la **humedad** die Feuchtigkeit → 12/P3
el/la **humorista** der/die Komiker/in → 9/V
humorístico/-a humorvoll → 13/3

I

la **idea** die Idee → 3/P2
ideal ideal → 5/P2
el **idioma** die Sprache → 7/V
la **iglesia** die Kirche → 5/P1
la **iguana** der Leguan → 6/P1
la **imagen** das Bild, die Vorstellung → 12/P1
imaginarse sich vorstellen; sich einbilden → 9/P1
el **imperio** das Imperium, das Reich → 6/V
implicarse (en a/c) sich (für etwas) engagieren; sich in etwas einmischen → 9/P1
imponer durchsetzen, verhängen → 13/1
la **importancia** die Wichtigkeit, die Bedeutung → 9/P2
importante wichtig → 3/P3
importar etw. ausmachen; importieren → 4/P1

imposible unmöglich → 12/P2
la **impresión** der Eindruck → 12/P3
impresionante beindruckend → 8/P3
impresionar beeindrucken → 9/P1
el/la **inca** der/die Inka → 12/V
incluir einschließen, umfassen → 13/3
incluso sogar → 12/V
la **Independencia** die Unabhängigkeit → 12/P1
independizarse (de) sich unabhängig machen, Unabhängigkeit erlangen → 6/V
indígena indigen → 12/V
la **industria** die Industrie → 11/V
la **industria pesada** die Schwerindustrie → 11/V
infantil Kinder- → 9/P1
la **influencia** der Einfluss → 12/V
la **informática** die Informatik → 3/P1
el/la **informático/-a** der/die Informatiker/in → 7/V
la **infusión** der Kräutertee → 12/P2
el/la **ingeniero/-a** der/die Ingenieur/in → 7/V
Inglaterra England → 13/2
el **inglés** Englisch *(Sprache)* → 1/V
iniciar einleiten → 13/1
el/la **inmigrante** der/die Immigrant/in → 11/P2
la **institución** die Institution, die Einrichtung → 9/P3
el **instituto** = **insti** (*fam.*) die Schule → 1/V
el **Instituto de Turismo** das Fremdenverkehrsamt → 11/P3
las **instrucciones** *pl.* die Anleitung → 6/P2
inteligente intelligent → 4/P3
la **intención** die Absicht → 13/3
intentar (a/c) versuchen → 11/P1
el **intercambio (escolar)** der (Schüler-) Austausch → 9/P3
el **interés** das Interesse → 11/P3
interesante interessant → 2/P3
interesar interessieren → 5/V
internacional international → 7/P1
el **internet** das Internet → 2/V
la **introducción** die Einführung → 13/1
introducir einführen → 13/1
el **invernadero** das Gewächshaus → 11/V
el **invierno** der Winter → 8/P2
la **invitación** die Einladung → 7/P2
invitar (a alg.) (a hacer a/c) (jdn.) (zu etw.) einladen → 7/P1
ir gehen → 3/P2; **~ a** + *Infinitiv* etw. tun werden → 3/P3; **~ a pie** zu Fuß gehen → 3/P2; **~ bien** gut zusammenpassen → 4/P2; **~ de compras** einkaufen gehen → 4/V; **~ en coche** mit dem Auto fahren → 3/P2; **~ más allá de** über etw. hinausgehen → 13/1
irse weggehen → 7/P3
la **isla** die Insel → 3/P2; **las Islas Baleares** die Balearen → 3/P2; **las ~ Canarias** die Kanarischen Inseln → 11/V
el **italiano** Italienisch *(Sprache)* → 1/V
el/la **italiano/-a** der/die Italiener/in → 12/V
italiano/-a italienisch → 12/P2

J

el **jamón** der Schinken → 1/P3; **el ~ serrano** der Serrano-Schinken → 5/P3
el **jardín** der Garten → 6/V
el/la **jefe/-a** der/die Chef/in → 3/P1; **el/la ~ de personal** der/die Personalleiter/in → 9/P2
el **jersey** der Pullover → 4/P2
jolines verdammt → 2/P2
joven jung → 4/P3
el/la **joven** (*pl.*: los jóvenes) der/die Jugendliche → 4/V
el **jueves** der Donnerstag → 3/V
jugar (u → ue) spielen → 2/P2; **~ a** + *Artikel* **[...]** [...] spielen → 2/P2; **~ al fútbol** Fußball spielen → 2/P2
el **julio** der Juli → 3/V
el **junio** der Juni → 3/V
juntos zusammen → 1/P1
justamente gerade, eben, genau → 10/P3
justo/-a gerecht → 10/P3

K

el **kilo** das Kilo → 5/P3
el **kilómetro** der Kilometer → 8/P1

L

el **lado** die Seite → 12/P2
el **lago** der See → 8/P3
largo/-a lang → 13/3
la **lata** die Dose → 5/P3
el/la **latino/-a** der/die Latino/-a → 12/V
la **lavadora** die Waschmaschine → 5/P2
el **lavaplatos** der Geschirrspüler → 5/P2
la **leche** die Milch → 1/P3
leer lesen → 1/P2
lejos weit (weg) → 2/P1
la **lengua** die Sprache → 8/V; **la ~ criolla** die Kreolsprache → 12/V; **la ~ oficial** die Amtssprache → 8/P1
levantarse aufstehen → 3/P1
libre frei → 5/P1
el **libro** das Buch → 1/P2
lila lila → 4/P2
el **limón** die Zitrone → 2/P2
la **línea** die Linie → 5/P1
la **lista** die Liste → 5/P3; **la ~ de la compra** die Einkaufsliste → 5/P3
listo/-a fertig; bereit → 5/P1
el **litro** der Liter → 5/P3
la **llamada telefónica** der Telefonanruf → 3/P1
llamar rufen → 3/P2; anrufen, telefonieren → 5/P1; nennen → 12/P1
llama la atención que + *subj.* es fällt auf, dass → 12/P2
llamarse heißen → 6/P2
la **llegada** die Ankunft → 8/P2
llegar (a tiempo) (pünktlich) ankommen → 3/P1
llenar füllen → 10/P1; **llenarse (de)** sich füllen (mit) → 8/P1

A

llevar mitnehmen, bringen → 8/P2; tragen *(Kleidung, etc.)* → 4/P2; in sich tragen *(Botschaft)* → 6/P3; ~ + *[Zeitangabe]* + *gerundio* seit + *[Zeitangabe]* + etw. tun → 9/P2
llevarse (bien) (con alg.) sich (mit jdm.) (gut) verstehen → 3/P1
llorar weinen → 11/P2
llover (o → ue) regnen → 8/P2
lo mismo das gleiche, dasselbe → 2/P2
lo que (das) was → 7/V
loco/-a verrückt → 8/P3
Londres London → 6/P3
luchar (por) kämpfen (für) → 6/V
el **lugar** der Ort → 5/V; **En primer ~, [...]** Erstens [...], Zum einen [...] → 9/P2; **En segundo ~, [...]** Zweitens [...], Zum anderen [...] → 9/P2; **¿En qué ~ [...]?** An welcher Stelle [...]? → 10/V
el **lujo** der Luxus → 5/P2
la **luna** der Mond → 2/P2
el **lunes** der Montag → 3/V
la **luz** das Licht → 5/P2

M
la **madre** die Mutter → 2/V
la **madrugada** das Morgengrauen → 6/P1
el **maestro** der Meister → 13/3
el **maíz** der Mais → 5/P3
mal schlecht → 1/P1
malo/-a schlecht → 3/P3; **el mal humor** die schlechte Laune → 7/P3; **la mala hierba** das Unkraut → 10/P2
la **mamá** die Mama → 4/P1
mañana morgen → 3/V; **la ~** der Morgen → 3/V; **de la ~** morgens, vormittags → 3/V
mandar (ver-) schicken → 3/P1
la **manifestación** die Demonstration → 9/P1
la **mano** die Hand → 7/V
la **mantequilla** die Butter → 5/P3
la **manzana** der Apfel → 5/P3
el **mar** das Meer → 8/P2
marcar wählen *(Telefon)* → 5/P1
marrón braun → 4/P2
el **martes** der Dienstag → 3/V
el **marzo** der März → 3/V
el **mayo** der Mai → 3/V
más mehr → 2/P2; **~ de** mehr als → 6/V; **~ y ~** immer mehr → 10/V
el **máster** der Master *(Studienabschluss)* → 11/P2
el **mate** der Mate(-tee) → 12/P2
matemáticas Mathematik → 7/V
la **materia prima** der Grundstoff, das Rohmaterial → 11/P1
el/la **maya** der/die Maya → 6/V
maya *adj.* Maya- → 12/V
mayor alt, älter → 2/P2
el/la **mayor** der/die Älteste → 12/P3
la **mayoría** die Mehrheit → 7/V
el/la **mecánico/-a** der/die Mechaniker/in → 7/V
el **medicamento** das Medikament → 11/P2
Medicina Medizin *(Studienfach)* → 12/P1
el/la **médico/-a** der/die Arzt/Ärztin → 7/V
el **medio ambiente** die Umwelt → 10/V
medio/-a halb → 5/P3; **el medio kilo (de)** das halbe Kilo [...] → 5/P3
el **mediodía** der Mittag → 3/P1; **al ~** mittags → 3/P1
el/la **mejor** der/die/das Beste → 5/P3
mejor (que) besser (als) → 5/P2
mejorar verbessern → 11/V
menos mal que zum Glück, immerhin → 3/P1
el **mensaje** die Botschaft → 6/P3
el **mercado** der Markt → 5/P3
el **merengue** Merengue *(Musik, Tanz)* → 1/P1
el **mes** der Monat → 3/P1
la **mesa** der Tisch → 3/P3
la **meta** das Ziel → 8/P3
meter(se) (sich) hineinlegen/-stellen → 10/V; **meterse (en a/c)** sich (in etw.) einmischen → 10/P1; **meter la pata** ins Fettnäpfchen treten → 13/3
el **metro** die U-Bahn; der Meter → 2/P1
mexicano/-a mexikanisch → 6/V
el/la **mexicano/-a** der/die Mexikaner/in → 6/P3
México Mexiko → 1/V
la **mezcla** die Mischung → 12/P3
el **miedo** die Angst → 6/P2
la **miel** der Honig → 11/P1
mientras während, → 8/P3; ~ + *subj.* solange → 11/P3
el **miércoles** der Mittwoch → 3/V
el **militarismo** der Militarismus → 13/1
el **millón** die Million → 12/V
minusválido/-a körperbehindert → 6/P3
el **minuto** die Minute → 3/V
el/al **mío/-a** meiner, meine, meins → 13/2
mirar(se) (sich) betrachten/ansehen → 4/P2; **¡Mira!** Sieh mal! → 1/P1
la **misión** die Mission → 13/3
mismo/-a gleiche/r/-s, selbe/r/-s → 7/P2
la **mitad** die Hälfte → 7/V
la **mochila** der Rucksack → 5/V
la **moda** die Mode → 4/P2
moderno/-a modern → 2/P3
el **mole** mexikanische Sauce mit Schokolade → 6/P1
molestar stören → 4/P1
el **momento** der Moment → 2/P1; **de ~** im Moment → 2/P1
la **moneda (oficial)** die Währung → 13/1
montar a caballo reiten → 2/V
morir (o → ue) sterben → 6/P3
mostrar (o → ue) zeigen → 5/P2
el **motivo** das Motiv, der Grund → 8/P1
el **móvil** das Handy → 2/V
mucho/-a viel → 2/P3; **mucho** *adv.* viel → 2/P1; **Mucho gusto.** Freut mich (sehr)! → 1/P1
la **muerte** der Tod → 13/1
el/la **muerto/-a** der/die Tote → 6/V
muerto/-a tot → 6/P1

la **mujer** die Frau → 7/P2
el **mundo** die Welt → 8/P1
el **mural** das Wandgemälde → 6/P3
el **museo** das Museum → 5/V
la **música** die Musik → 1/P1; **la ~ clásica** die klassische Musik → 4/V; **la ~ electrónica** die elektronische Musik → 4/V
el/la **músico/-a** der/die Musiker/in → 7/V
el/la **musulmán/-ana** der/die Muslim/a → 8/V
muy sehr → 1/P1

N

nacer geboren werden; entstehen → 6/V
nacional national → 11/V
nada nichts → 1/P3
nadar schwimmen → 2/V
nadie niemand → 7/P1
el **náhuatl** Nahuatl *(Sprache)* → 12/V
la **naranja** die Orange → 1/P2
naranja *adj.* orange *(Farbe)* → 4/P2
la **naturaleza** die Natur → 8/P1
navegar fahren → 6/P2; **~ en internet** im Internet surfen → 2/V
necesario/-a notwendig → 11/P1
necesitar brauchen → 3/V
el **negocio** das Geschäft → 11/P2
negro/-a schwarz → 4/P2
nervioso/-a nervös, aufgeregt → 4/P2
nevar (e → ie) schneien → 8/P2
el/la **nieto/-a** der/die Enkel/in → 2/P3
ningún/ninguno, ninguna kein (einziger), keine (einzige) → 7/P1
el/la **niño/-a** das Kind → 2/P3; **el/la ~ de la calle** das Straßenkind → 12/P3
no nein; nicht *(Verneinung)* → 1/V; **~ [...] nada** nichts [...] → 7/P1; **~ [...] nadie** niemand [...] → 7/P1; **~ [...] ni [...]** weder [...] noch [...] → 4/P2; **~ [...] nunca** nie [...] → 7/P1; **~ es para tanto** halb so schlimm → 3/P3; **¿no?** oder?, nicht? → 1/V
la **noche** die Nacht, der Abend → 2/P2; **de la ~** abends, nachts → 3/V; **por la ~** am Abend → 2/P2
el **nombre** der (Vor-) Name → 2/V; **en nombre de** im Namen von → 11/P3
el **nopal** der Feigenkaktus → 6/P1
normal normal → 10/V; **normalmente** normalerweise → 8/P2
el **norte** der Norden → 8/V
el **noruego** Norwegisch *(Sprache)* → 13/3
la **nota** die Note → 7/V
notar feststellen, bemerken → 9/P2
la **novela** der Roman → 4/V
el **noviembre** der November → 3/V
el/la **novio/-a** der/die feste Freund/in; der Bräutigam / die Braut → 2/P1
la **nube** die Wolke → 8/P3
nublado/-a bewölkt → 8/P2
nuevo/-a neu → 4/P2
Nueva Jersey New Jersey → 12/P1
Nueva York New York → 6/P3
Nuevo México New Mexico → 12/P1
la **nuez** die Walnuss → 11/P1
el **número** die Telefonnummer → 5/P1
nunca nie → 6/P3; **~ más** nie (mehr) wieder → 8/P1

O

o oder → 1/P1
obtener erhalten, bekommen → 13/3
el **octubre** der Oktober → 3/V
el **oeste** der Westen → 8/V
la **oferta** das Angebot → 5/V
la **oficina** das Büro → 3/P1
ofrecer (a/c a alg.) (an-) bieten → 11/P3
ojalá hoffentlich → 4/P1; **~ que** + *subj.* hoffentlich → 11/P1
el **ojo** das Auge → 4/P3; **¡Ojo!** Achtung! → 5/V
el **olor** der Geruch → 12/P3
olvidarse vergessen → 12/P3
la **ONU (Organización de las Naciones Unidas)** die UNO (United Nations Organization) → 13/1
la **opinión** die Meinung → 4/P1; **en mi ~** meiner Meinung nach → 9/P2
la **oportunidad** die Möglichkeit, die Gelegenheit → 12/P1
el **ordenador** der Computer → 3/P3; **el ~ portátil** der Laptop → 3/P3
la **oreja** las Ohr → 3/P2
la **organización** die Organisation → 10/P3
organizar organisieren → 3/P3
el **origen** die Herkunft → 12/V
oscurecer dunkel werden → 13/2
otro/-a ein/e andere/r/-s, ein/e weitere/r/-s → 2/P3; **~ cosa** etwas anderes → 3/P2; **~ vez** (schon) wieder, nochmal → 2/P2
oye hör mal; sag mal → 1/V

P

P.D. P.S. → 6/P2
la **paciencia** die Geduld → 8/V
el **padre** der Vater → 2/V
los **padres** die Eltern → 2/V
pagar bezahlen → 7/P2
el **país** das Land → 7/P2; **el ~ andino** das Andenland → 12/V; **el País Vasco** das Baskenland → 11/V
el **paisaje** die Landschaft → 8/P3
la **palabra** das Wort → 1/P2
la **paloma** die Taube → 9/P1
el **pan** das Brot → 5/P3
la **panadería** die Bäckerei → 5/P1
los **pantalones** *pl.* die Hose → 4/P2
el **pañuelo** das Taschentuch → 9/P3
el **papel higiénico** das Toilettenpapier → 5/P3
el **paquete** das Paket → 5/P3
para für → 1/P2; **~ mí / ~ ti** für mich / für dich → 5/P2; **~** + *Infinitiv* (um) zu → 1/P3; **~ que** + *subj.* damit → 11/P1

A

la **parada** die Haltestelle → 9/P3
el **paraguas** der Regenschirm → 8/P2
el **parásito** der Parasit → 10/P2
parecer scheinen; meinen → 4/P2; **¿Qué te parece?** Wie findest du das?, Was meinst du? → 4/P2
parecerse (a alg. /a/c) (jdm./etw.) ähneln → 8/P2
la **pareja** das Paar, der/die Partnerin → 7/P3
el/la **pariente** der/die Verwandte, der/die Angehörige → 6/P2
el **paro** die Arbeitslosigkeit → 11/V
la **parodia** die Parodie → 13/3
paródico/-a parodistisch → 13/3
el **parque** der Park → 5/V
la **parte** der Teil → 8/P1
el/la **participante** der/die Teilnehmer/in → 3/P3
participar teilnehmen → 13/1
pasado/-a vergangene/n/-s, letzte/n/-s → 6/P1; **pasado mañana** übermorgen → 7/P2
el **pasaje** die Fahrkarte, das (Flug-) Ticket → 12/P2
pasar passieren, geschehen → 9/P1; (Zeit) verbringen → 5/V; **~ por** vorbeigehen bei → 3/P1; ~ + *[Zeitangabe]* + *gerundio* seine Zeit mit etwas verbringen → 9/P2; **¡Lo pasamos bomba!** Wir hatten so viel Spaß! → 6/P1; **¿Qué pasa?** Was ist los?, Was gibt's? → 4/P3
pasarlo bien Spaß haben → 6/P1
la **pasión (por)** die Leidenschaft → 9/P3
el **paso** der Schritt → 1/P1
la **pasta** die Nudeln → 12/P2
la **patata** die Kartoffel → 4/P1
patinar eislaufen → 13/2
la **patria** das Vaterland → 13/2
pedir (algo) (e → i) (um etwas) bitten → 9/P3
el **pegamento** der Klebstoff → 12/P3
pelearse (con alg.) sich streiten → 10/P1
la **película** der Film → 2/V; **la ~ de acción** der Actionfilm → 2/V
pelirrojo/-a rothaarig → 4/P3
el **pelo** das Haar → 4/P3
el/la **peluquero/-a** der/die Friseur/in → 7/V
la **península** die Halbinsel → 6/V
pensar (en) (e → ie) denken (an) → 2/P2
el/la **peor** der/die/das schlechteste → 5/P3; **ser ~ (que)** schlechter sein (als) → 5/P2
pequeño/-a klein → 2/P3
perder verlieren → 6/V
perdonar verzeihen → 7/P2; **perdona** entschuldige → 3/P3
el/la **peregrino/-a** der/die Pilger/in → 8/P1
perfecto/-a perfekt → 5/V; **perfecto** *adv.* perfekt → 4/P2
el **periódico** die Zeitung → 1/P2
el **periodo** die Periode, die Phase, die Zeit → 13/1
permitir erlauben → 11/P2
pero aber → 1/V
el **perro** der Hund → 4/P1
perseguir verfolgen → 13/3
la **persona** der Mensch, die Person → 4/V
el **personaje** die Figur → 8/V
el **Perú** Peru → 11/P2
el/la **peruano/-a** der/die Peruaner/in → 11/P2
la **pesca** die Fischerei → 11/V
el **pescado** der Fisch → 6/P1
la **peseta** die Pesete *(ehemalige spanische Währung)* → 13/1
pésimo/-a sehr schlecht → 10/P1
el **pesticida** das Pestizid, das Schädlingsbekämpfungsmittel → 10/P2
el **piano** das Klavier → 1/P1
el **PIB (producto interno bruto)** das BIP (Bruttoinlandsprodukt) → 11/V
el **pie** der Fuß → 3/P2
la **piel** die Haut → 10/P2
la **pierna** das Bein → 6/P3
el/la **piloto** der/die Pilot/in → 7/V
el **pincel** der Pinsel → 6/P3
pintar malen → 2/V
el/la **pintor/a** der/die Maler/in → 5/V
la **pintura** die Farbe, die Malerei → 6/P3
la **piscina** das Schwimmbecken → 2/P3
el **piso** die Wohnung → 2/V; **el ~ compartido** die WG (Wohngemeinschaft) → 5/P1
la **pizza** die Pizza → 1/P2
la **pizzería** die Pizzeria → 12/P2
el **plan** der Plan → 2/P1
planificar planen → 7/P3
el **plano** der Stadtplan → 5/P1
la **planta** das Stockwerk → 5/P1
la **plantación** die Plantage → 10/P2
el **plátano** die Banane → 5/P3
el **plato** das Gericht; der Teller → 2/P3
la **playa** der Strand → 7/P3
la **plaza** der Platz → 1/P1
la **población** die Bevölkerung → 11/V
poblado/-a bevölkert, besiedelt → 11/V
el/la **pobre** der/die Arme → 6/V
pobre arm → 12/V
la **pobreza** die Armut → 10/P3
poco/-a wenig → 2/P3; **un poco (de)** ein bisschen → 1/V; **~ a ~** nach und nach → 7/P2
el **poder** die Macht → 13/1
poder (o → ue) können → 2/P2
el **polaco** Polnisch *(Sprache)* → 1/V
la **poliomielitis** die Polio, die Kinderlähmung → 6/P3
la **política** die Politik → 13/1
el/la **político/-a** der/die Politiker/in → 12/P2
el **pollo** das Hühnchen(fleisch) → 6/P1
poner legen, stellen → 3/P3; zeigen *(im TV, Radio, Kino)* → 9/V; anschalten *(Gerät)* → 10/P1; **~ bote** Geld in die gemeinsame Haushaltskasse zahlen → 5/P3; **~ en contacto** in Verbindung setzen, Kontakt herstellen → 12/P1; **~ la mesa** den Tisch decken → 4/P1; **ponerse** + *adj.* wer-

den → 4/P2; ~ **a/c** sich etw. anziehen → 4/P2; ~ **(al teléfono)** ans Telefon gehen → 5/P1
el **pop** die Pop-Musik → 1/P1
por für, wegen → 5/P1; ~ **aquí** hier (in der Gegend) → 2/P1; ~ **ciento (%)** Prozent → 10/V; ~ **ejemplo** zum Beispiel → 4/V; ~ **eso** deswegen → 4/P1; ~ **favor** bitte → 3/P2; ~ **fin** endlich → 11/P2; ~ **lo menos** mindestens; wenigstens → 10/V; ~ **primera vez** zum ersten Mal → 6/V; ~ **supuesto** natürlich, na klar → 2/P1; **¿~ qué?** warum? → 3/P2
porque weil → 3/P2
el/la **porteño/-a** Person aus Buenos Aires → 12/P2
el **portugués** Portugiesisch *(Sprache)* → 8/P2
la **posibilidad** die Möglichkeit → 8/P1
posible möglich → 9/P1
positivo/-a positiv → 11/P2
la **postal** die Postkarte → 5/V
practicar üben → 7/P1
las **prácticas** das Praktikum → 3/V
el **precio** der Preis → 4/P2
preferir (e → ie) vorziehen → 3/P2
la **pregunta** die Frage → 10/P3
preguntar fragen → 3/P3
preocuparse sich sorgen → 10/V
preparar vorbereiten → 3/P1; Essen zubereiten → 4/P1
la **presentación** die Präsentation → 3/P2
presentar (etwas/jdn.) präsentieren/vorstellen → 7/P2
el/la **presidente** der/die Präsident/in → 12/P3; **el/la Presidente del Gobierno** der/die Regierungspräsident/in → 13/1
la **primavera** der Frühling → 8/P2
primero zuerst → 2/P2; ~ erstens → 9/P1
el/la **primo/-a** der/die Cousin/e → 2/P1

el **principio** der Anfang → 10/P2
la **prisa** die Eile → 3/P1
probar probieren → 12/P2
probarse (o → ue) anprobieren → 4/P2
el **problema** das Problem → 2/P2
la **producción** die Produktion → 11/P1
producir produzieren, herstellen → 11/P1
el **producto** das Produkt → 9/P3
el/la **productor/a** der/die Erzeuger/in, der/die Produzent/in → 10/P3
el/la **profe** *(fam.)* = **profesor/a** der/die Lehrer/in → 4/P3
la **profesión** der Beruf → 7/V
profesional Berufs-, beruflich → 7/P1
el **programa (de radio)** die (Radio-) Sendung → 7/P2
prohibido/-a verboten → 10/P3
prometer versprechen → 13/2
pronto bald → 2/P3
el **propósito** die Absicht → 10/P3
el/la **protagonista** der/die Protagonist/in, der/die Hauptfigur → 13/3
protegerse (de) sich schützen (vor) → 12/P3
protegido/-a geschützt → 12/V
provocar verursachen, provozieren → 13/3
próximo/-a nächste/-r → 3/P1
el **proyecto** das Projekt → 11/P2
publicar veröffentlichen → 13/3
el **pueblo** das Dorf → 2/P3
la **puerta** die Tür → 5/P1
el/la **puertorriqueño/-a** der/die Puerto-Ricaner/in → 12/P1
pues also → 1/V
los **pulmones** die Lunge → 10/P2
el **pulpo** die Krake → 8/P2
el **punto** der Punkt → 2/V
puntual pünktlich → 3/P3

Q

que der, die, das *(Relativpronomen)* → 4/P2; dass → 5/P2
¿qué? was?, welche/n/-s? → 1/P2
¡Qué + *adjetivo*! Wie [...]! → 2/P1; **¡~** + *sustantivo*! Was für ein [...]! → 2/P1; **¡~ horror!** Wie schrecklich/furchtbar! → 6/P1; **¡~ jaleo!** Was für ein Durcheinander! → 6/P1; **¡~ mala pata!** Was für ein Pech! → 3/P3; **¿~ más?** Was noch? → 4/P2; **¡~ pasada!** cool!, abgefahren!, super! → 3/P2; **¡~ pena!** Schade! → 3/P2; **¿~ tal?** Wie geht's? → 1/P1; **¿~ tal** + *sust.*? Wie war/ist/geht es [...]? → 7/P1; **¿~ tal si [...]?** Wie wäre es, wenn [...]? → 10/P1; **¡~ va!** Ach was! → 2/P2; **¿Y qué?** Na und? → 4/P1
el **quechua** Quechua *(Sprache)* → 12/V
quedar sein, bleiben, werden → 6/P3; sitzen, passen, stehen *(Kleidung)* → 4/P2; ~ **(con alg.)** sich (mit jdm.) verabreden → 2/P2; **quedarse** bleiben → 3/P1
quejarse (de) sich beschweren → 3/P1
querer (e → ie) wollen → 2/P2
el **queso** der Käse → 1/P3; **el ~ manchego** der Manchego-Käse → 5/P3
¿quién/es? wer? → 1/P2
quizás vielleicht → 9/P2

R

la **radio** das Radio → 4/V
el **rafting** das Rafting → 6/P2
rápido/-a schnell → 11/P1
la **razón** der Grund → 9/P2
reaccionar (a a/c) reagieren → 11/P1
la **realidad** die Wirklichkeit, die Realität → 7/P3; **en ~** eigentlich, in Wahrheit → 7/P3
realmente wirklich, echt → 8/P2

el/la **recepcionista** der/die Rezeptionist/in → 8/P2
rechazar ablehnen, abweisen → 10/P3
recibir empfangen → 6/P1
reciclar recyceln → 10/V
el **recipiente** das Gefäß → 12/P2
recoger abholen → 3/P2
recomendar (e → ie) empfehlen, raten → 8/P2
reconocer wiedererkennen; anerkennen → 6/P1
recordar (o → ue) sich erinnern → 11/P2
recorrer ablaufen, erkunden, bereisen → 8/V
el **recreo** die Schulpause → 4/P3
(todo) recto (immer) geradeaus → 5/P1
el **recuerdo** das Andenken → 5/V
regalar schenken → 6/P3
la **región** die Region → 1/P3
regular normal → 1/P1
reírse lachen → 4/P3
la **relación** die Beziehung, das Verhältnis → 6/P3; **las relaciones públicas** die Öffentlichkeitsarbeit → 11/P1
religioso/-a religiös → 8/P1
repetir (e → i) wiederholen → 5/P1
el/la **representante** der/die Repräsentant/in, der/die Vertreter/in → 11/P3
la **represión** die Unterdrückung → 13/1
reservar reservieren → 3/P3
resolver (o → ue) lösen → 9/P2
la **responsabilidad** die Verantwortung → 9/P2
el **restaurante** das Restaurant → 1/P2
resultar sich erweisen als → 13/1
el **reto** die Herausforderung → 13/1
el **retraso** die Verspätung → 3/P3
la **reunión** die Besprechung, die Versammlung → 3/P3
reunirse sich versammeln → 11/P3
la **revolución** die Revolution → 6/V; **la Revolución Mexicana** die Mexikanische Revolution → 6/V
el/la **revolucionario/-a** der/die Revolutionär/in → 12/P2
el **rey /la reina** der/die König/in → 13/1
rico/-a lecker; reich → 4/P1
el **río** der Fluss → 6/P2
el **ritmo** der Rhythmus → 13/2
el **ritual** das Ritual → 12/P2
el **rock** die Rock-Musik → 1/P1
rojo/-a rot → 4/P2
romper kaputt machen → 12/P3; **~ el silencio** die Stille brechen → 12/P3
la **ropa** die Kleidung → 4/P2
rosa rosa → 4/P2
roto/-a kaputt → 12/P3
rubio/-a blond → 4/P3
ruidoso/-a laut → 2/P3
el **rumbo (a)** der Kurs (auf) → 8/P1
el **ruso** Russisch *(Sprache)* → 1/V

S

el **sábado** der Samstag → 3/V
saber (yo sé) wissen → 7/P1; können → 4/P3
sacar un [...] eine [Note] bekommen → 7/P1; **~ una buena/mala nota** eine gute/schlechte Note bekommen → 7/V; **~ de la ruina** aus dem Ruin ziehen/befreien → 11/P2
la **sala** der Saal → 3/P3
la **salamandra** der Salamander → 8/P3
salir los-/weggehen, aussteigen, hinausgehen, herauskommen → 3/P3; **~ (de noche)** ausgehen → 5/V; **~ adelante** vorankommen, weiterkommen → 11/P2; **~ de fiesta** ausgehen, Feiern gehen → 9/P2
la **salsa** Salsa *(Musik, Tanz)* → 1/P1
saludar (be-) grüßen → 9/P3
la **sandía** die Wassermelone → 11/V
la **sangre** das Blut → 9/P1
sano/-a gesund → 10/P2
el/la **secretario/-a general** der/die Generalsekretär/in → 10/P3
el **sector de servicios** der Dienstleistungssektor → 11/V; **el ~ económico** der Wirtschaftssektor → 11/V
seguido/-a por gefolgt von → 11/V
seguir (e → i) weitergehen → 5/P1; **~ (con)** weitermachen → 10/P3; **~** + *gerundio* weiterhin [*etw. tun*] → 9/P2
segundo zweitens → 9/P1
seguro/-a sicher → 7/V; **seguro** *adv.* sicher, bestimmt → 2/P2; **~ que (no)** bestimmt (nicht) → 2/P2
el **semáforo** die Ampel → 5/P1
la **semana** die Woche → 3/P3; **a la ~** pro / in der Woche → 7/P2
el **semestre** das Semester → 8/P2
sencillo/-a einfach, leicht → 8/P3
el/la **señor/a** der Herr / die Frau → 3/P3
el **sentimiento** das Gefühl → 11/P3
sentir (e → ie) fühlen → 8/P3
separar trennen → 10/P1
el **septiembre** der September → 3/V
ser sein → 1/P1; **~ de** kommen aus → 1/P1; **sea como sea** wie dem auch sei; jedenfalls → 10/P1
la **serie** die Serie → 13/3
serio/-a ernst → 4/P3; **en serio** wirklich /im Ernst → 7/P1
si wenn, falls → 5/V; ob → 9/V
sí ja; schon → 1/V
sí mismo/-a/s sich selbst → 9/P2
siempre immer → 2/P1; **~ que** + *subj.* vorausgesetzt, dass → 11/P3
el **siglo** das Jahrhundert → 8/V
significar bedeuten → 7/V
siguiente nächste/-r → 3/P1
el **silencio** die Stille, die Ruhe → 12/P3
simpático/-a sympatisch → 3/P1

sin ohne → 9/V; ~ **que** + *subj.* ohne dass → 11/P1; ~ **embargo** trotzdem → 6/P2
sino sondern → 12/V
el **sistema** das System → 7/P2
la **situación** die Situation → 6/P2
sobre über → 6/P1; ~ **todo** vor allem → 2/P3
social sozial → 9/V
la **sociedad** die Gesellschaft → 9/P2
el **sofá** das Sofa → 6/P1
el **sol** die Sonne → 7/P3
la **solidaridad** die Solidarität → 11/P2
solo/-a allein, einsam; einzige/r/-s → 8/P1
sólo nur → 2/P2
no sólo [...] sino también nicht nur [...], sondern auch → 12/V
soñar (con) (o → ue) träumen (von) → 11/P2
sonar (o → ue) klingeln → 2/P2
sonreír lächeln → 11/P3
la **sonrisa** das Lächeln → 4/P3
sorprender überraschen → 9/P3
sorprendido/-a überrascht → 12/P2
la **sorpresa** die Überraschung → 9/P3
subir hochgehen → 5/P2; ~ **a a/c** in etw. einsteigen → 6/P2; ~ **el volumen** lauter machen → 7/P2
suceder geschehen → 12/P3
sucio/-a schmutzig → 12/P3
el/la **sueco/-a** der/die Schwede/-in → 13/2
el **sueño** der Traum → 7/V
la **suerte** das Glück → 2/P3; **por** ~ zum Glück → 2/P3; **¡Qué ~!** Was für ein Glück! → 3/P3
suficiente genug, ausreichend → 8/P3
sufrir (er-)leiden → 6/P3
súper *(fam.)* super → 6/P1
superar überwinden → 13/1
el **supermercado** der Supermarkt → 5/P1
el **sur** der Süden → 8/V
sustituir ersetzen → 13/1

T

el **taco** der Taco *(gefüllte Maistortilla)* → 6/P1
tal vez vielleicht → 2/P1
la **talla** die Größe → 4/P2
el **tamal** der Tamal *(gefüllte Maisteig-Tasche)* → 12/P1
también auch → 1/P1
tampoco auch nicht → 3/V
tan so → 4/P1
el **tango** der Tango → 12/P2
tanto/-a so viel/e → 5/P3; **tanto** *adv.* so sehr → 9/P1
la **tapa** die Tapa *(kleines spanisches Gericht)* → 8/V
taparse sich bedecken, zudecken → 12/P3
tardar dauern → 10/V
tarde (zu) spät → 2/P3
la **tarde** der Nachmittag → 3/P1; **por la ~** am Nachmittag → 3/P1
la **tarea** die Aufgabe → 7/P3
la **tasa de paro** die Arbeitslosenquote → 11/V
el **taxi** das Taxi → 3/P3
el/la **taxista** der/die Taxifahrer/in → 3/P3
el **té** der Tee → 10/P3
el **techo** das Dach → 12/P3
el/la **técnico/-a superior en agencia de viajes** der/die Reiseverkehrskaufmann/-frau *(Titel)* → 7/P3
la **tele** (*fam.*) = **televisión** das Fernsehen → 3/P1
el **teléfono** das Telefon → 2/V
el/la **teleoperador/-a** der/die Telefonist/in, der/die Callcenter-Agent/in, → 11/P2
el **tema** das Thema → 8/V
la **temporada** die Saison → 13/2
temprano früh → 3/P1
tener (e → ie) haben → 2/P2; ~ **a/c (muy) claro** etw. (sehr) gut wissen → 11/P2; ~ **[...] años.** [...] Jahre alt sein. → 2/V; ~ **frío** frieren → 12/P3; ~ **ganas (de)** Lust haben (zu) → 2/P3; ~ **lugar** stattfinden → 2/P3; ~ **miedo (a)** Angst haben → 6/P2; ~ **prisa** es eilig haben, in Eile sein → 3/P1; ~ **razón** Recht haben → 4/P3; ~ **tiempo** Zeit haben → 2/P2; ~ **una asignatura pendiente** ein Fach noch bestehen müssen → 7/V; **no ~ (ni) idea** keine Ahnung haben → 4/P2
tener que müssen → 2/P2
el **tenis** das Tennis *(Sportart)* → 2/V
tercero/-a dritte → 5/P1
terminar (be-) enden → 9/P1
la **terraza** die Terrasse → 2/P3
el **terremoto** das Erdbeben → 6/V
el **territorio** das Territorium, das Gebiet → 6/V
el **terrorismo** der Terrorismus → 13/1
textil *adj.* Textil- → 11/V
el **texto** der Text → 1/P2
el **tiempo** die Zeit; das Wetter → 2/P2; **el ~ libre** die Freizeit → 4/V
la **tienda** das Geschäft → 4/P2; **la ~ de ropa** das Kleidungsgeschäft → 4/P2
la **tierra** die Erde → 10/P1
el **timbre** die Klingel → 5/P2
el **tío / la tía** der Onkel / die Tante → 2/P3
típico/-a typisch → 7/P3
el **tipo** die Art, die Sorte → 11/P3
tirando Es geht so. → 1/P1
el **tobogán** die Rutsche → 2/P3
tocar klingeln, klopfen → 5/P2; ~ + *Instrument* ein Instrument spielen → 1/P1; **tocarle a alg.** an der Reihe sein → 5/P2
todavía (immer) noch → 3/P2
todo/-a alle/-s → 7/P3; **todas las semanas** jede Woche → 8/P2; **todo** *adv.* alles → 2/P1; ~ **bien** alles gut, alles in Ordnung → 2/P1
tomar nehmen → 1/P3; ~ **algo** etwas zu sich nehmen / trinken → 1/P3; ~ **el pelo (a alg.)** *fam.* (jdn.) auf den Arm nehmen → 10/P1; ~ **fotos** fotografieren → 2/V; ~ **una decisión** eine Entscheidung treffen → 8/P3
el **tomate** die Tomate → 5/P3

la **tormenta** der Sturm, das Gewitter → 8/P2
torpe ungeschickt → 13/3
la **tortilla** die Tortilla → 6/P2
trabajar arbeiten → 1/P1
el **trabajo** die Arbeit → 3/P1; **el ~ eventual** die Gelegenheitsarbeit → 4/V; **el ~ infantil** die Kinderarbeit → 10/P3
la **tradición** die Tradition → 7/P3
traer (mit-) bringen → 12/P1
trágico/-a tragisch → 6/V
el **traje** der Anzug → 4/P2
tranquilo/-a ruhig → 2/P3
la **transición** der Übergang → 13/1
triste traurig → 4/P3
la **tropa** die Truppe → 6/V
tropical tropisch → 12/V
el **turco** Türkisch *(Sprache)* → 1/V
el **turismo** der Tourismus → 9/P3
el/la **turista** der/die Tourist/in → 11/V
turístico/-a touristisch → 6/P2
la **Turquía** die Türkei → 13/3
el **turrón** der Turrón *(span. Süßware)* → 11/P1

U

usted (= Ud.) Sie *(höfliche Anrede)* → 9/P2
último/-a letzte/r/-s; neueste/r/-s → 5/V
un montón de eine Menge → 2/P1
un rato eine Weile → 3/P1
el/la **único/-a** der/die Einzige → 12/P1; **lo único** das Einzige → 5/P2
la **unidad** die Lektion → 1/V
la **Unión Europea = UE** die Europäische Union = EU → 10/V
la **universidad** die Universität → 2/V
uno man → 7/P2
unos/-as ein paar, manche → 11/P2
usar benutzen → 10/V
utilizar benutzen → 10/P2

V

las **vacaciones** *pl.* die Ferien → 6/P1
vacío/-a leer → 3/P3
vale okay, in Ordnung → 2/P2; **¡Vale la pena!** Es lohnt sich! → 5/V
¡Vamos! Los geht's! → 1/V
los **vaqueros** *pl.* die Jeans → 4/P2
varios/-as mehrere, verschiedene → 9/P2
el **vasco** Baskisch *(Sprache)* → 8/V
el **vaso** das Glas → 3/P3
¡vaya + *sustantivo*! Was für ein/-e [...]! → 5/P2; **¡Vaya!** wow! → 4/P2
el/la **vecino/-a** der/die Nachbar/in → 6/P1
vender verkaufen → 6/P2
venga *(fam.)* los; okay → 5/P1
vengarse sich rächen → 13/3
venir (e → ie) kommen → 3/P2
la **ventaja** der Vorteil → 7/P3
la **ventana** das Fenster → 5/P2
ver (a/c /a alg.) sehen → 3/P1; **~ la tele** fernsehen → 3/P1; **a ~** mal sehen → 3/V; **vamos a ~** mal sehen → 4/P2;
el **verano** der Sommer → 2/P1
la **verdad** die Wahrheit → 4/P3; **de ~** wirklich → 4/P3; **¿~?** nicht wahr? → 1/P1
verdadero/-a wirklich, echt → 8/P1
verde grün → 4/P2
la **verdura** das Gemüse → 11/V
el **vestido** das Kleid → 4/P2
el/la **veterinario/-a** der/die Tierarzt/-ärztin → 7/V
la **vez** (*pl.:* las veces) das Mal → 6/V; **a veces** manchmal → 2/P1; **en vez de** anstatt → 7/P3; **muchas veces** oft → 3/P3
viajar reisen → 4/V
el **viaje** die Reise; die Fahrt → 6/P1
la **vida** das Leben → 2/P1; **¡Qué ~!** Was für ein Leben! → 2/P1
viejo/-a alt → 6/P1
el **viento** der Wind → 8/P2
el **viernes** der Freitag → 3/V
el/la **vikingo/-a** der/die Wikinger/in → 8/V
la **villa miseria** das Elendsviertel → 12/P2
el **violín** die Geige → 1/P2
la **visita** der Besuch → 7/P2
visitar besuchen → 6/P1
la **vista** die Aussicht → 2/P3
vivir (en) leben, wohnen → 1/P2
volar (o → ue) fliegen → 9/P3
el **volcán** der Vulkan → 6/P2
el **voleibol** der Volleyball *(Sportart)* → 2/V
el/la **voluntario/-a** der/die Freiwillige/r → 9/P1
volver (o → ue) zurückkehren → 2/P2; **~ con** wieder mit jdm. zusammenkommen → 2/P2
el **voto** die Wählerstimme → 13/1
el **vuelo** der Flug → 7/P3

Y

y und → 1/V
¿Y eso? Wie kommt das? → 4/P3
ya schon → 1/P1; **¡Ya era hora!** Es wurde auch Zeit! → 10/V; **ya no** nicht mehr → 2/P2; **~ que** da, weil → 6/P3; **¡Ya sé!** Ich weiß! → 9/P1
el **yogur** der Joghurt → 9/P1

Z

el **zapato** der Schuh → 4/P2
las **zapatillas de deporte** die Sportschuhe → 4/P2
la **zona** die Zone, das Gebiet → 1/P3; **la ~ de libre comercio** die Freihandelszone → 6/V
el **zumo** der Saft → 1/P2; **el ~ de naranja** der Orangensaft → 1/P2

ALPHABETISCHE WORTLISTE

Die Zahl hinter dem Pfeil zeigt die Fundstelle an.
Verben, die unregelmäßig sind oder bei denen auf Besonderheiten zu achten ist, sind blau gedruckt.

A

@-Zeichen la arroba → 2/V
abbiegen girar → 5/P1
Abend la noche → 2/P2; **am ~** por la noche → 2/P2; **zu ~ essen** cenar → 2/P2; **Abendessen** la cena → 4/P1
Abenteuer la aventura → 6/P2
aber pero → 1/V
abgesehen von a excepción de → 13/3
abholen recoger → 3/P2
Abitur el bachillerato → 2/V
ablaufen recorrer → 8/V
ablehnen rechazar → 10/P3
Absicht el propósito → 10/P3; la intención → 13/3
Abteilung el departamento → 11/P1
abweisen rechazar → 10/P3
achten (auf etw.) fijarse (en a/c) → 9/P2
Achtung! ¡Ojo! → 5/V
Actionfilm la película de acción → 2/V
Adresse la dirección → 2/V
afrikanisch africano/-a → 12/V
Agent/in el/la agente → 13/3
ähneln parecerse (a alg. / a/c) → 8/P2
aktiv activo/-a → 4/V
Aktivität la actividad → 1/P2
akzeptieren aceptar → 12/P2
alle todos/-as → 7/P3
allein solo/-a → 8/P1
Allergie la alergia → 10/P2
alles todo *adv.* → 2/P1; **~ in Ordnung** todo bien → 2/P1
allgemein generalmente → 8/P2
Alltag el día a día → 3/V
alltäglich cotidiano/-a → 3/P1
als *(zeitlich)* cuando → 6/P2; **~ ob** como si → 13/2
also bueno, pues → 1/V
alt viejo/-a → 6/P1; **älter** mayor → 2/P2; **im Alter von [...] Jahren** a los [...] años → 6/P3
altern envejecer → 10/P2
alternativ alternativo/-a → 5/V
altertümlich antiguo/-a → 2/P3
Älteste el/la mayor → 12/P3
Ambiente el ambiente → 2/P3
amerikanisch americano/-a → 12/P1
Ampel el semáforo → 5/P1
Amtssprache la lengua oficial → 8/P1
an a → 2/P1; en → 1/V
anbauen cultivar → 11/V
anbieten ofrecer (a/c a alg.) → 11/P3
Andalusien Andalucía *f.* → 11/V
Anden-Gebirgskette la Cordillera de los Andes → 12/V
Andenken el recuerdo → 5/V
anderer/andere/anderes otro/-a → 2/P3
anerkennen convalidar → 11/P2
Anfang el principio → 10/P2; **am ~** al principio → 10/P2
anfangen empezar (e → ie) → 3/V
Angebot la oferta → 5/V, **im ~** en oferta → 5/V
angehängt, im Anhang adjunto → 9/P3
Angelegenheit el asunto → 2/P1
angenehm agradable → 9/P3
Angestellte el/la empleado/-a → 7/P3
Angst el miedo → 6/P2; **~ haben** tener miedo (a) → 6/P2
ankommen llegar → 3/P1
Ankunft la llegada → 8/P2
Anleitung las instrucciones *pl.* → 6/P2
annehmen aceptar → 12/P2
anonym anónimo/-a → 7/P3
anprobieren probarse (o → ue) → 4/P2
anrufen llamar (por teléfono) → 5/P1
anschalten poner → 10/P1
ansehen (sich) mirar(se) → 4/P2
anstatt en vez de → 7/P3
anstrengend agotador/a → 6/P2
Anzeige el anuncio → 5/P2
anziehen (sich) (etwas) ponerse a/c → 4/P2
Anzug el traje → 4/P2
Apfel la manzana → 5/P3
April el abril → 3/V
Arabisch *(Sprache)* el árabe → 1/P2
Arbeit el trabajo → 3/P1
arbeiten trabajar → 1/P1
Arbeitskollege/-in el/la compañero/-a de trabajo → 3/P1
arbeitslos sein estar en paro → 11/P2
Arbeitslosenquote la tasa de paro → 11/V
Arbeitslosigkeit el paro → 11/V
Architekt/in el/la arquitecto/-a → 7/V
Architektur la arquitectura → 12/P2
Argentinien Argentina → 1/P2
Argentinier/in el/la argentino/-a → 12/P2
argentinisch argentino/-a → 12/P2
ärgern (sich) enfadarse (con alg.) → 3/P1
arm pobre → 12/V
Arme el/la pobre → 6/V
Armee el ejército → 13/1
Armut la pobreza → 10/P3
aromatisch aromático/-a → 12/P2
Art el tipo → 11/P3
Arzt/Ärztin el/la médico/-a → 7/V
Aspekt el aspecto → 10/P3
assoziieren asociar (a/c con a/c) → 11/P3
auch también → 1/P1; **~ nicht** tampoco → 3/V
auf en → 1/V; encima (de) → 4/P2
Aufenthalt la estancia → 12/P2
auffallen, dass llamar la atención que + *subj.* → 12/P2
Aufgabe la tarea → 7/P3
aufhören etw. zu tun dejar de hacer algo → 12/P1
Aufmerksamkeit la atención → 11/P3
aufpassen auf cuidar (a/de) → 11/P2
aufschreiben apuntar → 5/P1
aufstehen levantarse → 3/P1
aufweisen contar con → 11/V
Auge el ojo → 4/P3
August el agosto → 3/V
aus de → 1/V
Ausbildungszentrum el centro de formación profesional → 7/P2
auseinandersetzen (sich) enfrentarse a a/c / alg. → 13/1
Ausflug la excursión → 4/V
Ausgabe el gasto → 11/P1
ausgeben gastar → 10/V

A

ausgehen salir (de noche / de fiesta) → 5/V
aushalten aguantar → 2/P2
Ausland el extranjero → 7/V
ausländisch extranjero/-a → 11/V
ausmachen importar → 4/P1
Aussehen el aspecto físico → 4/P3
außer a excepción de → 13/3
außerdem además → 4/P2
Aussicht la vista → 2/P3
aussteigen bajarse → 5/P1
ausstellen exponer → 6/P3
Ausstellung la exposición → 6/P3
Austausch el intercambio → 9/P3
auswandern emigrar → 12/P1
Auswanderung la emigración → 11/V
authentisch auténtico/-a → 12/P1
Auto el coche → 3/P2; **mit dem ~ fahren** ir en coche → 3/P2
Autogramm el autógrafo → 13/3
Autonome Region la comunidad autónoma → 8/P1
Autor/in el/la autor/a → 9/P2
Azteke / die Aztekin el/la azteca → 6/V

B
Bäckerei la panadería → 5/P1
baden bañarse → 10/V
Badewanne la bañera → 10/V
Badezimmer el baño → 5/P2
Bahnhof la estación → 2/P1
bald pronto → 2/P3
Balearen las Islas Baleares → 3/P2
Banane el plátano → 5/P3
Band el grupo de música → 2/P3
Bank el banco → 3/V
Bar el bar → 1/P2
Bart la barba → 4/P3
Baskenland el País Vasco → 11/V
Basketball *(Sportart)* el baloncesto → 2/V
Baskisch *(Sprache)* el vasco → 8/V
Baugewerbe la construcción → 11/V
Baum el árbol → 8/P3
beantworten contestar → 3/P1
bedeuten significar → 7/V
bedienen atender (e → ie) → 12/P1
beeindrucken impresionar → 9/P1
beenden terminar → 9/P1; acabar (a/c) → 11/P2
befinden (sich) estar → 2/P1; encontrarse (o → ue) → 11/V
begeistern encantar → 4/P1; entusiasmar → 11/P3
beginnen empezar (e → ie) → 3/V
begleiten acompañar → 8/P2
begrüßen saludar → 9/P3
Behinderte el/la discapacitado/-a → 9/P1
beide ambos/-as → 13/3
Bein la pierna → 6/P3
beindruckend impresionante → 8/P3
zum Beispiel por ejemplo → 4/V
beitragen aportar → 11/V
bekannt conocido/-a → 8/V
bekommen obtener → 13/3; **eine [Note] ~** sacar un [...] → 7/P1
Belize Belice → 12/V
bemerken darse cuenta (de a/c) → 7/P3; notar → 9/P2
Benefiz- benéfico/-a → 9/P1
benutzen usar → 10/V; utilizar → 10/P2
Beruf la profesión → 7/V
Berufs-, beruflich profesional → 7/P1
Berufsausbildung la formación profesional → 7/P1
beschäftigen (sich [beruflich] mit) dedicarse (a) → 7/V
berühmt famoso/-a → 5/V
beschweren (sich) quejarse (de) → 3/P1
besonders especialmente → 12/V
Besprechung la reunión → 3/P3
besser (als) mejor (que) → 5/P2
bestehen (ein Fach / eine Prüfung) aprobar (una asignatura / un examen) (o → ue) → 7/P2
bestimmt (nicht) seguro (que) (no) → 2/P2
Bestseller el best seller → 13/3
Besuch la visita → 7/P2
besuchen visitar → 6/P1
Betreff el asunto → 2/P1
Betrieb la empresa → 3/P1
Betriebswirtschaft Empresariales → 2/V
Bett la cama → 4/P2
bevölkert poblado/-a → 11/V
Bevölkerung la población → 11/V
bevor antes de (que) → 11/P1
beweisen demostrar (o → ue) → 9/P2
Bewerber/in el/la candidato/-a → 9/P2
bewölkt nublado/-a → 8/P2
bezahlen pagar → 7/P2
Beziehung la relación → 6/P3
Bibliothek la biblioteca → 2/P1
bieten ofrecer (a/c a alg.) → 11/P3
Bild el cuadro → 5/V; la imagen → 12/P1
bilden formar → 12/V
billig barato/-a → 5/P2
Bindestrich el guión → 2/V
Bio-Lebensmittel la comida ecológica → 10/V
Bio-Müll la basura orgánica → 10/P1
BIP (Bruttoinlandsprodukt) el PIB (producto interno bruto) → 11/V
bis hasta → 2/P2; hasta que + *subj.* → 11/P3; **Bis dann!** ¡Hasta luego! → 1/V
bisschen un poco (de) → 1/V
bitte por favor → 3/P2
bitten pedir (algo) (e → i) → 9/P3
blau azul → 4/P2
bleiben quedar(se) → 3/P1
Blog el blog → 6/P2
blond rubio/-a → 4/P3
Bluse la blusa → 4/P2
Blut la sangre → 9/P1
bolivianisch boliviano/-a → 9/P3
Bolivien Bolivia → 7/P3
Boot el barco → 6/P2
Botschaft el mensaje → 6/P3
Brasilien el Brasil → 13/3
Brauch la costumbre → 12/P2
brauchen necesitar → 3/V
braun castaño/-a → 4/P3; ~ marrón → 4/P2
Braut la novia → 2/P3
Brief la carta → 1/P2
Brigade la brigada → 13/1
Brille las gafas *pl.* → 4/P3
bringen llevar → 8/P2; traer → 12/P1
Brot el pan → 5/P3; **Brotstange** la barra de pan → 5/P3
Brötchen el bocadillo → 1/P2
Bruder el hermano → 1/P3
Buch el libro → 1/P2
Buchhaltung la contabilidad → 11/P1
bunt de muchos colores → 6/P2
Büro la oficina → 3/P1
Bus el autobús → 3/P1
Butter la mantequilla → 5/P3

C

Cabriolet el coche descapotable → 11/P3
Cafeteria la cafetería → 1/P2
CD el cedé → 4/V
Cent el céntimo → 5/P3
Charakter el carácter → 4/P3
Charakteristik la característica → 12/P3
chatten chatear → 2/V
Chef/in el/la jefe/-a → 3/P1
Chemie la química → 7/V
Chili el chile → 12/P1
Chinesisch *(Sprache)* el chino → 1/P2
Club el club → 3/P2
Comic el cómic → 13/3
Computer el ordenador → 3/P3
Cousin/e el/la primo/-a → 2/P1

D

da ya que; como → 6/P3
Dach el techo → 12/P3
dagegen en cambio → 9/P2
damals en aquel entonces → 8/P1
damit para que + *subj.* → 11/P1
danach después → 2/P2
Dänisch *(Sprache)* el danés → 13/3
danke (für) gracias (por) → 1/P3;
dank gracias a → 11/V
dann entonces → 1/P3
dass que → 5/P2
dauern durar → 7/P2; tardar → 10/V
Demokratie la democracia → 13/1
Demonstration la manifestación → 9/P1
denken (an) pensar (en) (e → ie) → 2/P2
dessen/deren cuyo/-a → 12/P3
deswegen por eso → 4/P1
Detail el detalle → 11/P3
Deutsch *(Sprache)* el alemán → 1/V
Deutsche el/la alemán/-ana → 6/P3
Deutschland Alemania → 7/P2
Deutschunterricht la clase de alemán → 1/P2
Dezember el diciembre → 3/V
dick gordo/-a → 4/P3
Dienstag el martes → 3/V
Dienstleistungssektor el sector de servicios → 11/V
diese/dieser/dieses este, esta, estos, estas → 4/P2
Diktatur la dictadura → 13/1
Diskothek la discoteca → 1/P2
Diskussion la discusión → 4/P1
diskutieren discutir (con alg.) → 10/P1
Dokument el documento → 3/P3
Dokumentarfilm el documental → 4/V
dominieren dominar → 6/V
Donnerstag el jueves → 3/V
Dorf el pueblo → 2/P3
dort ahí → 4/P2; **~ (drüben)** allí → 1/P2
Dose la lata → 5/P3
draußen afuera → 12/P3
dritte tercero/-a → 5/P1
Drogen nehmen drogarse → 12/P3
dunkel werden oscurecer → 13/2
durchsetzen imponer → 13/1
duschen ducharse → 3/P1
dynamisch dinámico/-a → 11/P1

E

eben justamente → 10/P3
echt verdadero/-a → 8/P1; auténtico/-a → 12/P1
Ecke la esquina → 3/P1
eigentlich en realidad, en el fondo → 7/P3
Eile la prisa → 3/P1; **in ~ sein** tener prisa → 3/P1
Eindruck la impresión → 12/P3
einfach sencillo/-a → 8/P3; fácil (*adv.* fácilmente) → 9/P2
Einfluss la influencia → 12/V
einführen introducir → 13/1
Einführung la introducción → 13/1
Eingang la entrada → 3/P2
einige algunos/-as → 7/P1
eingießen, ausgießen echar → 12/P3
einkaufen gehen ir de compras → 4/V
Einkaufsliste la lista de la compra → 5/P3
einladen invitar → 7/P1
Einladung la invitación → 7/P2
einleiten iniciar → 13/1
einmal alguna vez → 9/P1
einmischen (sich in etw.) meterse (en a/c) → 10/P1
einsam solo/-a → 8/P1
einschlafen dormir(se) (o → ue) → 6/P2
einschließen incluir → 13/3
eintreten entrar (en) → 3/P3
Eintrittskarte la entrada → 3/P2
einverstanden de acuerdo → 3/P2; **~ sein** estar de acuerdo (con a/c / alg.) → 4/P1
Einwohner/in el/la habitante → 11/V
Einzige el/la único/-a → 12/P1; **das Einzige** lo único → 5/P2; **einziger/einzige/einziges** solo/-a → 8/P1
Eishockey el hockey sobre hielo → 13/2
eislaufen patinar → 13/2
elegant elegante → 2/P3
Elendsviertel la villa miseria → 12/P2
Eltern los padres → 2/V
E-Mail el e-mail → 1/P2
emigrieren emigrar → 12/P1
empfangen recibir → 6/P1
empfehlen recomendar (e → ie) → 8/P2
Ende el final → 2/P2; **am ~** al final → 2/P2; **ein ~ setzen** acabar con a/c → 13/1
endgültig definitivo/-a → 13/1
endlich por fin → 11/P2
Energiesparlampe la bombilla fluorescente → 10/V
eng ajustado/-a → 4/P2
Engagement el compromiso → 9/V
engagieren (sich für etw.) implicarse (en a/c) → 9/P1
England Inglaterra → 13/2
Englisch *(Sprache)* el inglés → 1/V
Enkel/in el/la nieto/-a → 2/P3
enorm enorme → 11/V
entlassen despedir (a alg.) (e → i) → 11/P1
entscheiden decidir → 8/P3
Entscheidung la decisión → 8/P3
eine Entscheidung treffen tomar una decisión → 8/P3
entschuldige perdona → 3/P3
entwickeln desarrollar → 11/P3
entwischen escaparse → 13/3
Erasmus-Stipendium la beca Erasmus → 8/P2
Erdbeben el terremoto → 6/V
Erde la tierra → 10/P1
Erdkunde geografía → 7/P1
Ereignis el evento → 9/V

Erfahrung la experiencia → 11/P1
Erfolg el éxito → 11/P1
erfüllen cumplir → 9/P2
erhalten obtener → 13/3
erholen (sich) descansar → 5/V
erinnern (sich) recordar (o → ue) → 11/P2
erklären explicar → 7/P1
erlangen adquirir (i → ie) → 11/P1
erlauben permitir → 11/P2
erleiden sufrir → 6/P3
erneuerbare Energie la energía renovable → 10/V
ernst serio/-a → 4/P3
erobern conquistar → 6/V
erpicht ansioso/-a → 13/3
erschaffen crear → 8/V
ersetzen sustituir → 13/1
Ersparnisse los ahorros → 11/P2
Erstens [...] En primer lugar, [...] → 9/P2; Primero [...] → 9/P1
erwarten esperar → 7/P3
Erwartung la expectativa → 9/P2
erweisen (als) (sich) resultar → 13/1
erwerben adquirir (i → ie) → 11/P1
erwischen *(z. B. Bus)* coger → 3/P1
erzählen contar (o → ue) → 6/P1
essen comer → 1/P2
Essen la comida → 2/P3; **~ zubereiten** preparar la comida → 4/P1
etc. etcétera → 9/P2
etwas algo → 1/P3; **etwas anderes** otra cosa → 3/P2
Euro el euro → 5/P3; **Eurozone** la eurozona → 13/1
Europa Europa → 7/P2; **europäisch** europeo/-a → 11/V; **Europäische Union = EU** la Unión Europea = UE → 10/V
existieren existir → 8/P1
Experte/-in el/la experto/-a → 8/V
Export la exportación → 12/V; **Exportgüter/-waren** las exportaciones → 11/V
exportieren exportar → 11/P1

F

Fabrik la fábrica → 11/P1
fähig capaz (*pl.* capaces) → 13/1
Fähigkeit la capacidad → 9/P2
Fahrrad la bicicleta = bici *(fam.)* → 8/P1; **mit dem ~** en bici → 8/P1
fairer Handel el comercio justo → 10/P3
Fall el caso → 12/P1; **im Falle, dass** en caso de que + *subj.* → 11/P1
falls si → 5/V
familiär, Familien- familiar → 11/P1
Familie la familia → 2/V
fantastisch fantástico/-a → 2/P3
Farbe el color → 4/P2; la pintura → 6/P3
fast casi → 3/P1
Februar el febrero → 3/V
fehlen faltar → 4/P2
feiern celebrar → 12/V
Feiertag el festivo → 3/V
Feigenkaktus el nopal → 6/P1
Fenster la ventana → 5/P2
Ferien las vacaciones *pl.* → 6/P1
Fernsehen la tele *(fam.)* = televisión → 3/P1
fernsehen ver la tele → 3/P1
fertig listo/-a → 5/P1
feststellen notar → 9/P2
Fettnäpfchen treten (ins) meter la pata → 13/3
Feuchtigkeit la humedad → 12/P3
Figur el personaje → 8/V
Film la película → 2/V
Finanzen las finanzas *pl.* → 11/V
finden encontrar (o → ue) → 5/V
Fisch el pescado → 6/P1
Fischerei la pesca → 11/V
Flamenco el flamenco → 1/P1
Flasche la botella → 5/P3
Fleisch la carne → 12/P2
fleißig aplicado/-a → 9/P2
fliegen volar (o → ue) → 9/P3
Floß la balsa → 6/P2
Flöte la flauta → 1/P1
Flug el vuelo → 7/P3
Flugbegleiter/in el/la azafato/-a → 7/V
Flughafen el aeropuerto → 1/P2
Flugzeug el avión → 9/P3
Fluss el río → 6/P2
fördern fomentar → 10/P3
formell, förmlich formal → 7/V
fortfahren continuar → 10/P3
Foto la foto → 2/V
Fotograf/in el/la fotógrafo/-a → 7/V
fotografieren tomar fotos → 2/V
fotokopieren fotocopiar → 3/V
Frage la pregunta → 10/P3
fragen preguntar → 3/P3
Frankreich Francia → 13/1
Französisch *(Sprache)* el francés → 1/V
Frau la mujer → 7/P2; la señora → 3/P3
frei libre → 5/P1
Freihandelszone la zona de libre comercio → 6/V
Freitag el viernes → 3/V
Freiwillige/r el/la voluntario/-a → 9/P1
Freizeit el tiempo libre → 4/V
Fremdenverkehrsamt el Instituto de Turismo → 11/P3
Freude la alegría → 11/P3
freuen alegrar → 10/P2
Freund/in el/la amigo/-a → 1/P1
frieren tener frío → 12/P3
frisch fresco/-a → 8/P2
Friseur/in el/la peluquero/-a → 7/V
fröhlich alegre → 4/P3
Frucht la fruta → 11/V
früh temprano → 3/P1
Frühling la primavera → 8/P2
frühstücken desayunar → 3/P1
fühlen sentir (e → ie) → 8/P3
Führer el guía → 6/P2
füllen (sich) (mit) llenar(se) (de) → 8/P1
für para; por → 1/P2
für mich / für dich para mí / para ti → 5/P2
Fuß el pie → 3/P2
Fußball el fútbol → 2/V
Fußballspieler/in el/la futbolista → 7/V

G

Galicien Galicia *f.* → 8/V
Galicier/in el/la gallego/-a → 8/P2
Galicisch *(Sprache)* el gallego → 8/V
Garten el jardín → 6/V
Gaucho el gaucho *(arg.)* → 1/P3
geben dar → 4/P1; haber → 6/P1
gebildet (von/aus) formado/-a (por) → 12/V
geboren werden nacer → 6/V
gebräuchlich común y corriente → 10/P2
Geburtstag el cumpleaños → 8/P3
Geduld la paciencia → 8/V
Gefahr laufen (zu) estar en peligro (de) → 11/V
gefallen gustar → 4/V

Gefäß el recipiente → 12/P2
gefolgt von seguido/-a por → 11/V
Gefühl el sentimiento → 11/P3
gegenüber (von) enfrente (de) → 5/P1
gehen (zu Fuß) ir (a pie) → 3/P2
Gehilfe/-in el/la ayudante → 13/3
Geige el violín → 1/P2
gelb amarillo/-a → 4/P2
Geld el dinero → 3/P1
Gelegenheit la oportunidad → 12/P1
Gelegenheitsarbeit el trabajo eventual → 4/V
gemeinsam común → 13/1
Gemüse la verdura → 11/V
genau exacto *adv.* → 5/P1
General el general → 13/1
Generalsekretär/in el/la secretario/-a general → 10/P3
genial genial → 2/P1
genießen disfrutar (de) → 5/V
genug suficiente → 8/P3
geographisch geográficamente → 12/V
gerade justamente → 10/P3
gerade etw. getan haben acabar de + *Infinitiv* → 9/V
geradeaus recto → 5/P1
gerecht justo/-a → 10/P3
Gericht el plato → 2/P3
Geruch el olor → 12/P3
Geschäft la tienda → 4/P2; el negocio → 11/P2
Geschäftsbrief la carta comercial → 3/P1
Geschäftsführer/in el/la gerente general → 11/P1
geschehen pasar → 9/P1; suceder → 12/P3
Geschichte historia → 7/P1
Geschirrspüler el lavaplatos → 5/P2
geschützt protegido/-a → 12/V
Gesellschaft la sociedad → 9/P2
gesprochen hablado/-a → 12/V
Gestaltung la creación → 13/1
gestern ayer → 6/P1
gesund sano/-a → 10/P2
Getränk la bebida → 3/P3
Gewächshaus el invernadero → 11/V
gewinnen ganar → 3/P3
Gewitter la tormenta → 8/P2
gewöhnen (sich) acostumbrarse (a) → 7/P2
Gewohnheit la costumbre → 12/P2
Gitarre la guitarra → 1/P1
Glas el vaso → 3/P3
glauben creer → 4/P1
gleicher/gleiche/gleiches mismo/-a → 7/P2; **das gleiche** lo mismo → 2/P2
Glück la suerte → 2/P3; **zum ~** por suerte → 2/P3
glücklich feliz → 6/P3
glücklicherweise, zum Glück afortunadamente → 8/P2
Glückwünsche! ¡Felicitaciones! → 8/V
[...] Grad (unter Null) sein hacer [...] grados (bajo cero) → 8/P2
Gramm el gramo → 5/P3
gratis gratuito/-a → 9/P1
grau gris → 4/P2
Greis/in el/la anciano/-a → 11/P2
Grenze la frontera → 9/V
Grieche/-in el/la griego/-a → 8/V
groß grande → 2/P3; alto/-a → 4/P3
großartig fenomenal → 4/P3
Größe la talla → 4/P2
Großmutter la abuela → 2/P3
Großvater el abuelo → 2/P3
grün verde → 4/P2
Grund la razón → 9/P2
gründen fundar → 6/V
Gründer/in el/la fundador/a → 11/P1
Grundstoff la materia prima → 11/P1
Gruppe el grupo → 2/P3; el equipo → 9/P2
grüßen saludar → 9/P3
gut bien *(adv.)* → 1/P1; bueno/-a *(adj.)* → 3/P2
Guten Tag!, Guten Morgen! ¡Buenos días! → 10/P3
gutes Wetter hacer buen tiempo → 8/P2

H

Haar el pelo → 4/P3
haben tener (e → ie) → 2/P2
halb medio/-a → 5/P3
Halbinsel la península → 6/V
Hälfte la mitad → 7/V
Hallo! ¡Hola! → 1/V
Haltestelle la parada → 9/P3
Hamburger la hamburguesa → 4/P1
Hand la mano → 7/V
Handel el comercio → 6/V
Handy el móvil → 2/V
Haselnuss la avellana → 11/P1
hässlich feo/-a → 2/P3
häufig común y corriente → 10/P2
Hauptstadt la capital → 6/V
Haus la casa → 2/P1; **zu Hause** en casa → 3/P1
Hausaufgaben los deberes *pl.* → 4/V
Haut la piel → 10/P2
heiraten casarse (con alg.) → 6/P3
heiß sein hacer calor → 8/P2
heißen llamarse → 6/P2
Heizung la calefacción → 8/P2
helfen ayudar → 7/P1
hell claro/-a → 5/P2
Hemd la camisa → 4/P2
Herausforderung el reto → 13/1
herausragen destacar → 12/P1
Herberge el albergue → 8/P1
hereinkommen entrar (en) → 3/P3
Herkunft el origen → 12/V
Herr el señor → 3/P3
hervorheben destacar → 12/P1
heute hoy → 2/P2
heutzutage hoy en día → 8/P1
hier aquí → 1/V; **~ (in der Gegend)** por aquí → 2/P1
Hilfe la ayuda → 11/P2
Himmel el cielo → 8/P3
hinausgehen, herauskommen salir → 3/P3
hinausgehen (über etw.) ir más allá de → 13/1
hinten, im Hintergrund atrás → 8/P3
hinter detrás (de) → 5/P2
hinuntergehen/-fahren bajar → 6/P2
Hip-Hop el hip hop → 1/P1
Hitze el calor → 8/P2
Hobby la afición → 2/V
hoch alto/-a → 6/P2
hochgehen subir → 5/P2
Hochzeit la boda → 2/P3
hoffen esperar → 10/P2
hoffentlich ojalá → 4/P1; ojalá que + *subj.* → 11/P1
Höhe la altura → 12/V
Honig la miel → 11/P1
hören escuchar → 1/P1
Hose los pantalones *pl.* → 4/P2
Hotel el hotel → 1/P2
hübsch guapo/-a → 2/P3

Hügel el cerro → 8/P3
Hühnchen (-fleisch) el pollo → 6/P1
humorvoll humorístico/-a → 13/3
Hund el perro → 4/P1
Hunger el hambre *f.* → 4/P1

I

ideal ideal → 5/P2
Idee la idea → 3/P2
im Laufe des/der a lo largo de → 13/3
immer siempre → 2/P1; **~ mehr** cada vez más → 9/P2; más y más → 10/V
immerhin menos mal que → 3/P1
Immigrant/in el/la inmigrante → 11/P2
Imperium el imperio → 6/V
importieren importar → 11/P1
in en → 1/V
in der Nähe (von) cerca (de) → 2/P2
indigen indígena → 12/V
Industrie la industria → 11/V
Informatik la informática → 3/P1
Informatiker/in el/la informático/-a → 7/V
Ingenieur/in el/la ingeniero/-a → 7/V
Inka el/la inca → 12/V
ins Bett gehen acostarse (o → ue) → 3/P1
Insel la isla → 3/P2
insgesamt en total → 2/P3
Institution la institución → 9/P3
Instrument spielen tocar + *Instrument* → 1/P1
intelligent inteligente → 4/P3
intensive Landwirtschaft la agricultura intensiva → 11/V
interessant interesante → 2/P3
Interesse el interés → 11/P3
interessieren interesar → 5/V
international internacional → 7/P1
Internet el internet → 2/V; **im ~ surfen** navegar en internet → 2/V
Interview la entrevista → 3/V
irgendein/er, irgendeine algún/alguno, alguna → 7/P1
irgendwann, eines Tages algún día → 11/P2
isoliert aislado/-a → 13/1
Italiener/in el/la italiano/-a → 12/V
italienisch italiano/-a → 12/P2
Italienisch *(Sprache)* el italiano → 1/V

J

ja sí → 1/V
Jacke la chaqueta → 4/P2
Jahr el año → 2/V; **im ~ [...]** en [...] → 6/V
Jahrhundert el siglo → 8/V
Januar el enero → 3/V
Jeans los vaqueros *pl.* → 4/P2
jedenfalls sea como sea → 10/P1
jemand alguien → 12/P1
jener/jene/jenes (da) ese, esa, esos, esas → 4/P2
jener/jene/jenes (dort) aquel/la, aquellos/-as → 8/P1
jetzt ahora → 1/P2
Joghurt el yogur → 9/P1
Jugendliche el/la joven (*pl.*: los jóvenes) → 4/V
Juli el julio → 3/V
jung joven → 4/P3
Junge el chico → 1/P1; el chamaco *(mex.)* → 6/P2
Juni el junio → 3/V
Jura *(Studium)* Derecho → 11/P2

K

Kaffee el café → 1/P3
Kalifornien California → 12/P1
kalt sein hacer frío → 8/P2
Kälte el frío → 8/P2
Kampagne la campaña → 11/P3
kämpfen (für) luchar (por) → 6/V
Kanada Canadá → 6/V
Kanal el canal → 6/P2
Kanarischen Inseln las Islas Canarias → 11/V
Kandidat/in el/la candidato/-a → 9/P2
Kapazität la capacidad → 9/P2
kaputt roto/-a → 12/P3; **~ machen** romper → 12/P3
Kardiologe/-in el/la cardiólogo/-a → 13/2
Karibik el Caribe → 12/V
Karneval el carnaval → 7/P3
Karriere la carrera → 9/P2
Kartoffel la patata → 4/P1
Käse el queso → 1/P3; **Käselaib** la bola de queso → 13/2
Katalanisch *(Sprache)* el catalán → 8/V
Katalonien Cataluña *f.* → 11/V
Kathedrale la catedral → 8/P3
Katholizismus el catolicismo → 13/1
Katze el gato → 4/P1
kaufen comprar → 3/P2
Kaufmännisches Management und Marketing Gestión Comercial y Marketing → 2/V
kein (einziger), keine (einzige) ningún/ninguno, ninguna → 7/P1
keine Ahnung haben no tener (ni) idea → 4/P2
Keks la galleta → 3/P1
kennen (lernen) conocer → 5/P1
Kilo el kilo → 5/P3; **halbes ~ [...]** el medio kilo (de) → 5/P3
Kilometer el kilómetro → 8/P1
Kind el/la niño/-a → 2/P3
Kinderarbeit el trabajo infantil → 10/P3
Kinderlähmung la poliomielitis → 6/P3
Kino el cine → 3/P2
Kirche la iglesia → 5/P1
klar claro (que) → 5/V
Klasse el curso → 2/P1
klassisch clásico/-a → 8/P3
klatschnass empapado/-a → 8/P3
Klavier el piano → 1/P1
Klebstoff el pegamento → 12/P3
Kleid el vestido → 4/P2
Kleidung la ropa → 4/P2
Kleidungsgeschäft la tienda de ropa → 4/P2
klein pequeño/-a → 4/P3; bajo/-a → 2/P3
Klima el clima → 12/V
Klingel el timbre → 5/P2
klingeln sonar (o → ue) → 2/P2
klopfen tocar → 5/P2
Kneipe el bar → 1/P2
Knoblauch el ajo → 4/P1
Koch/Köchin el/la cocinero/-a → 7/P1
kochen cocinar → 2/V
Kollege/-in el/la colega → 7/P3
Kolumbien Colombia → 2/P1
Kolumne la columna → 12/P2
kombinieren combinar → 7/P2
komfortabel confortable → 2/P3
Komiker/in el/la humorista → 9/V
kommen venir (e → ie) → 3/P2
kommen aus ser de → 1/P1
Komödie la comedia → 4/V
komplett completo/-a → 8/P1
König/in el rey / la reina → 13/1
konkret en concreto → 11/P3

können poder (o → ue) → 2/P2; saber → 7/P1
Konsequenz la consecuencia → 13/3
Konsum el consumo → 9/P2
konsumieren consumir → 11/V
Konsumismus el consumismo → 9/P2
Kontakt el contacto → 7/V
Kontakt herstellen poner en contacto → 12/P1
Kontinent el continente → 12/P1
konzentriert centrado/-a → 13/1
Konzert el concierto → 3/V; **ein ~ geben** dar un concierto → 9/P1
körperbehindert minusválido/-a → 6/P3
kosten costar (o → ue) → 5/P3
Kosten el gasto → 11/P1
Kotelett la chuleta → 4/P1
Kraft la fuerza → 13/1
krank enfermo/-a → 9/P1; **~ werden** enfermarse → 10/P2
Kranke el/la enfermo/-a → 9/P1
Krankenhaus el hospital → 11/P2
Krankenpfleger/in el/la enfermero/-a → 9/P1
Krater el cráter → 6/P2
Kraut la hierba → 12/P2
Kräutertee la infusión → 12/P2
kreativ creativo/-a → 7/V
Krebs *(Krankheit)* el cáncer → 12/P3
Kreolsprache la lengua criolla → 12/V
Krieg la guerra → 13/1
krönen coronar → 13/1
Kuba Cuba → 1/P2
Kubaner/in el/la cubano/-a → 12/P1
Küche la cocina → 4/P1
kulturell cultural → 7/P3
Kunde/-in el/la cliente → 3/P1
Kunst el arte → 5/V
Künstler/in el/la artista → 5/V
Kürbis la calabaza → 12/P2
Kurs (auf) el rumbo (a) → 8/P1
kurz corto/-a → 3/P3
Kuss el beso → 2/P1

L

Lächeln la sonrisa → 4/P3
lächeln sonreír → 11/P3
lachen reírse → 4/P3
Land el país → 7/P2; **~** *(im Gegensatz zur Stadt)* el campo → 11/P3
Landschaft el paisaje → 8/P3
Landwirtschaft la agricultura → 10/P3
lang largo/-a → 13/3
langweilig aburrido/-a → 2/P3
Laptop el ordenador portátil → 3/P3
Lärm la bulla → 8/P1
lassen dejar → 8/P2
Lateinamerika América Latina *f.* → 2/P1
Latino/-a el/la latino/-a → 12/V
laut ruidoso/-a → 2/P3
lauter machen subir el volumen → 7/P2
leben (in) vivir (en) → 1/P2
Leben la vida → 2/P1
Lebenslauf el currículo = CV → 9/P2
lecker rico/-a → 4/P1
leer vacío/-a → 3/P3
legen poner → 3/P3
Leguan la iguana → 6/P1
Lehrer/in el/la profe *(fam.)* = profesor/a → 4/P3
leicht sencillo/-a → 8/P3; fácil (*adv.* fácilmente) → 9/P2
leiden sufrir → 6/P3
Leidenschaft la pasión (por) → 9/P3
leider desgraciadamente → 8/P2
Lektion la unidad → 1/V
lernen aprender → 1/P2; estudiar → 1/P1
lesen leer → 1/P2
letzter/letzte/letztes último/-a → 5/V
Leute la gente → 2/P3
Licht la luz → 5/P2
Liebe el amor → 6/P3
lieben amar → 13/2
Liebeskomödie la comedia romántica → 4/V
Lieblings-, liebste/r/-s favorito/-a → 6/P1
Lied la canción → 7/P2
lila lila → 4/P2
Linie la línea → 5/P1
links (von) a la izquierda (de) → 5/P1
Liste la lista → 5/P3
Liter el litro → 5/P3
London Londres → 6/P3
Los geht's! ¡Vamos! → 1/V; **los!** anda → 4/P1
lösen resolver (o → ue) → 9/P2
Lunge los pulmones → 10/P2
Lust haben (zu) tener ganas (de) → 2/P3
lustig divertido/-a → 4/P3
Luxus el lujo → 5/P2

M

machen hacer a/c → 3/P3
Macht el poder → 13/1
Mädchen la chica → 1/P1; la chamaca *(mex.)* → 6/P2
Mai el mayo → 3/V
Mais el maíz → 5/P3
Mal la vez (*pl.:* las veces) → 6/V; **zum ersten ~** por primera vez → 6/V
malen pintar → 2/V
Maler/in el/la pintor/a → 5/V
Malerei la pintura → 6/P3
Mama la mamá → 4/P1
man uno; se → 7/P2; **~ muss** hay que + *Infinitiv* → 5/P3
Management und Betriebswirtschaft *(Studiengang)* la gerencia general → 11/P2
manche unos/-as → 11/P2
Manchego-Käse el queso manchego → 5/P3
manchmal a veces → 2/P1
Mandel la almendra → 11/P1
Mangel la escasez → 13/1
Mann el hombre → 6/V
Mantel el abrigo → 4/P2
Markt el mercado → 5/P3
März el marzo → 3/V
Master *(Studienabschluss)* el máster → 11/P2
Mate(-tee) el mate → 12/P2
Mathematik matemáticas → 7/V
Maya el/la maya; maya *(adj.)* → 6/V
Mechaniker/in el/la mecánico/-a → 7/V
Medikament el medicamento → 11/P2
Medizin *(Studienfach)* Medicina → 12/P1
Meer el mar → 8/P2
mehr (als) más (de) → 2/P2
mehrere (verschiedene) varios/-as → 9/P2
Mehrheit la mayoría → 7/V
meinen parecer → 4/P2
Meinung la opinión → 4/P1; **meiner ~ nach** en mi opinión → 9/P2
Meister el maestro → 13/3
Menge la cantidad → 11/P1; **eine ~** un montón de → 2/P1

Mensa el comedor → 2/P1
Mensch la persona → 4/V; el hombre → 6/V
Merkmal la característica → 12/P3
Meter el metro → 12/V
Mexikaner/in el/la mexicano/-a → 6/P3
mexikanisch mexicano/-a → 6/V
Mexiko México → 1/V; **Mexiko-Stadt** Ciudad de México → 1/P1
Milch la leche → 1/P3
Milchkaffee el café con leche → 1/P3
Militär el/la militar → 13/1
Militarismus el militarismo → 13/1
Million el millón → 12/V
Mineralwasser el agua mineral *f.* → 5/P3
Minute el minuto → 3/V
Mischung la mezcla → 12/P3
Mission la misión → 13/3
mit con → 1/P1; **~ dir** contigo → 7/P1; **~ mir** conmigo → 7/P1
Mitbewohner/in el/la compañero/-a de piso → 2/V
mitbringen traer → 12/P1
Mitschüler/in el/la compañero/-a de curso → 2/P1
Mittag el mediodía → 3/P1
mittags al mediodía → 3/P1
Mittelalter la Edad Media → 8/P1
Mittelstufe ESO (Educación Secundaria Obligatoria) → 7/P1
Mittwoch el miércoles → 3/V
Mode la moda → 4/P2; **in ~ sein** estar de moda → 4/P2
modern moderno/-a → 2/P3
mögen gustar → 4/V; **sehr ~** encantar → 4/P1
möglich posible → 9/P1
Möglichkeit la posibilidad → 8/P1; la oportunidad → 12/P1
Moment el momento → 2/P1; **im ~** de momento → 2/P1
Monat el mes → 3/P1
Mond la luna → 2/P2
Montag el lunes → 3/V
morgen mañana → 3/V; **Morgen** la mañana → 3/V; **morgens, vormittags** de la mañana → 3/V
Morgengrauen la madrugada → 6/P1
Motiv el motivo → 8/P1
müde cansado/-a → 8/P3
Müll la basura → 10/V
Museum el museo → 5/V
Musik la música → 1/P1
Musiker/in el/la músico/-a → 7/V
Muslim/a el/la musulmán/-ana → 8/V
müssen tener que → 2/P2; deber → 8/P1
Mutter la madre → 2/V
Mütze la gorra → 4/P2

N

nach a *(Richtung)*; después de *(zeitlich)* → 2/P1; **~ Hause** a casa → 2/P2; **~ und ~** poco a poco → 7/P2
Nachbar/in el/la vecino/-a → 6/P1
Nachfahre/-in el/la descendiente → 12/V
Nachfrage la demanda → 10/P2
Nachmittag la tarde → 3/P1; **am ~** por la tarde → 3/P1; **nachmittags** de la tarde → 3/V
Nachname el apellido → 2/V
nächste/-r próximo/-a, siguiente → 3/P1
Nacht la noche → 2/P2
nah cerca → 2/P1
Nahuatl *(Sprache)* el náhuatl → 12/V
Name el nombre → 2/V; **im Namen von** en nombre de → 11/P3
national nacional → 11/V
Natur la naturaleza → 8/P1
natürlich por supuesto → 2/P1; claro (que) → 5/V
neben al lado de → 5/P1
nehmen tomar → 1/P3; coger → 3/P1
nein no → 1/V
nennen llamar → 12/P1
nervös nervioso/-a → 4/P2
neu nuevo/-a → 4/P2
nicht no → 1/P1; **~ mehr** ya no → 2/P2; **~ nur [...], sondern auch** no sólo [...] sino también → 12/V
nichts nada → 1/P3; no [...] nada → 7/P1
nie nunca → 6/P3; no [...] nunca → 7/P1; **~ (mehr) wieder** nunca más → 8/P1
Niederländisch *(Sprache)* el holandés → 12/V
niedrig bajo/-a → 5/V
niemand nadie; no [...] nadie → 7/P1
noch todavía → 3/P2
nochmal otra vez → 2/P2
Nordamerika América del Norte → 12/V
Norden el norte → 8/V
normal regular → 1/P1; normal → 10/V
normalerweise normalmente → 8/P2
Norwegisch *(Sprache)* el noruego → 13/3
Note la nota → 7/V
notieren apuntar → 5/P1
nötig sein hacer falta → 11/P2
notwendig necesario/-a → 11/P1
November el noviembre → 3/V
Nudeln la pasta → 12/P2
nur sólo → 2/P2
nützlich sein convenir (e → ie) → 10/P1

O

ob si → 9/V
oben arriba → 6/P2
obwohl aunque → 6/P2
oder o → 1/P1
oder? ¿no? → 1/V
Öffentlichkeitsarbeit las relaciones públicas → 11/P1
öffnen abrir → 3/V
oft muchas veces → 3/P3; a menudo → 10/V
ohne (dass) sin → 9/V; sin que + *subj.* → 11/P1
Ohr la oreja → 3/P2
okay vale → 2/P2; venga *(fam.)* → 5/P1
Ökologie la ecología → 10/P1
ökologisch ecológico/-a → 10/V
ökonomisch económico/-a → 9/P2
Oktober el octubre → 3/V
Öl el aceite → 5/P3
Olive la aceituna → 11/V
Olivenöl el aceite de oliva → 5/P3
Onkel el tío → 2/P3
Orange la naranja → 1/P2
orange naranja → 4/P2
Orangensaft el zumo de naranja → 1/P2
Organisation la organización → 10/P3
organisieren organizar → 3/P3
Ort el lugar → 5/V
Osten el este → 8/V

P

P.S. P.D. → 6/P2
Paar la pareja → 7/P3
Paket el paquete → 5/P3
Pappkarton el cartón → 12/P3
Parasit el parásito → 10/P2
Paris París → 6/P3
Park el parque → 5/V
Parodie la parodia → 13/3
parodistisch paródico/-a → 13/3
Party la fiesta → 2/P1
passen *(Kleidung)* quedar → 4/P2
passieren pasar → 9/P1
perfekt perfecto *(adv.)* *(adj.)* → 4/P2; perfecto/-a *(adj.)* → 5/V
Periode el periodo → 13/1
Person la persona → 4/V
Personalleiter/in el/la jefe/-a de personal → 9/P2
Peru el Perú → 11/P2
Peruaner/in el/la peruano/-a → 11/P2
Pestizid el pesticida *m.* → 10/P2
Pferd el caballo → 2/V
Phänomen el fenómeno → 13/3
Pharma-, pharmazeutisch farmacéutico/-a *adj.* → 11/V
Pharmazie *(Studienfach)* Farmacia → 7/P1
Physik física → 7/V
Pilger/in el/la peregrino/-a → 8/P1
Pilot/in el/la piloto → 7/V
Pinsel el pincel → 6/P3
Pizza la pizza → 1/P2
Pizzeria la pizzería → 12/P2
Plakat el cartel → 3/P3
Plan el plan → 2/P1
planen planificar → 7/P3
Plantage la plantación → 10/P2
Plastiktüte la bolsa de plástico → 10/V
Platz la plaza → 1/P1
plötzlich de repente → 3/P3
Politik la política → 13/1
Politiker/in el/la político/-a → 12/P2
Polnisch *(Sprache)* el polaco → 1/V
Pop-Musik el pop → 1/P1
Portugiesisch *(Sprache)* el portugués → 8/P2
positiv positivo/-a → 11/P2
Post el correo → 3/P3; ~ *(Amt)* Correos *sg.* → 3/V
Postkarte la postal → 5/V
Praktikum las prácticas → 3/V
Präsentation la presentación → 3/P2
präsentieren presentar → 7/P2
Präsident/in el/la presidente → 12/P3
Preis el precio → 4/P2
probieren probar → 12/P2
Problem el problema → 2/P2
Produkt el producto → 9/P3
Produktion la producción → 11/P1
Produzent/in el/la productor/a → 10/P3
produzieren producir → 11/P1
Projekt el proyecto → 11/P2
Prospekt el folleto → 5/P3
Protagonist/in el/la protagonista → 13/3
provozieren provocar → 13/3
Prozent por ciento (%) → 10/V
Prüfung el examen → 2/P1
Puerto-Ricaner/in el/la puertorriqueño/-a → 12/P1
Pullover el jersey → 4/P2
Punkt el punto → 2/V
pünktlich puntual → 3/P3; **~ ankommen** llegar a tiempo → 3/P3
Putsch el golpe de Estado → 13/1

Q

Qualität la calidad → 10/P3
Quechua *(Sprache)* el quechua → 12/V

R

rächen (sich) vengarse → 13/3
Radio la radio → 4/V
Radiosendung el programa de radio → 7/P2
Radsport el ciclismo → 4/V
Rafting el rafting → 6/P2
Rat(-schlag) el consejo → 9/P2
reagieren (auf etw.) reaccionar (a a/c) → 11/P1
Realität la realidad → 7/P3
Rechnung la factura → 3/P1
Recht el derecho → 6/V
Recht haben tener razón → 4/P3
rechts (von) a la derecha (de) → 5/P1
recyceln reciclar → 10/V
Regenschirm el paraguas → 8/P2
regieren gobernar → 6/V
Regierung el gobierno → 13/1
Regierungspräsident/in el/la Presidente del Gobierno → 13/1
Region la región → 1/P3
Regisseur/in el/la director/a → 8/V
regnen llover (o → ue) → 8/P2
Reich el imperio → 6/V
reich rico/-a → 11/V
Reise el viaje → 6/P1
Reisebüro la agencia de viajes → 7/P3
Reiseführer *(Buch)* la guía turística → 12/P3
reisen viajar → 4/V
Reiseverkehrskaufmann/-frau *(Beruf)* el/la agente de viajes → 7/P3
Reiseverkehrskaufmann/-frau *(Titel)* el/la técnico/-a superior en agencia de viajes → 7/P3
reiten montar a caballo → 2/V
religiös religioso/-a → 8/P1
rennen correr → 3/P1
Repräsentant/in el/la representante → 11/P3
reservieren reservar → 3/P3
Restaurant el restaurante → 1/P2
Revolution la revolución → 6/V
Revolutionär/in el/la revolucionario/-a → 12/P2
Rezeptionist/in el/la recepcionista → 8/P2
Rhythmus el ritmo → 13/2
richten (sich) (an jdn.) dirigirse (a alg.) → 11/P3
Richtung la dirección → 5/P1; **in ~** en dirección a → 5/P1
Rindfleisch la carne de vacuno → 12/P2
Ritual el ritual → 12/P2
Rock la falda → 4/P2
Rock-Musik el rock → 1/P1
Rohmaterial la materia prima → 11/P1
Roman la novela → 4/V
rosa rosa → 4/P2
rot rojo/-a → 4/P2
rothaarig pelirrojo/-a → 4/P3
Rucksack la mochila → 5/V
rufen llamar → 3/P2
ruhig tranquilo/-a → 2/P3
Ruhm la fama → 13/3
Russisch *(Sprache)* el ruso → 1/V
Rutsche el tobogán → 2/P3

S

Saal la sala → 3/P3
Sache la cosa → 2/P2
Saft el zumo → 1/P2
sagen decir (e → i) → 4/P1; **Sag!** ¡Dime! → 2/P1
Saison la temporada → 13/2
Salamander la salamandra → 8/P3
Salat la ensalada → 3/P1
Samstag el sábado → 3/V
Sänger/in el/la cantante → 7/V
Schade! ¡Qué pena! → 3/P2
Schaum la espuma → 6/P1
schauspielen actuar → 6/P3
Schauspieler/in el/la actor/actriz → 7/V
scheiden lassen (sich) divorciarse → 6/P3
scheinen parecer → 4/P2
schenken regalar → 6/P3
schicken mandar → 3/P1
Schinken el jamón → 1/P3
schlafen dormir(se) (o → ue) → 6/P2
Schlag el golpe → 13/3
Schlagzeug la batería → 2/V
schlank delgado/-a → 4/P3
schlecht mal *(adv.)* → 1/P1; malo/-a *(adj.)* → 3/P3; **sehr ~** fatal → 2/P2; pésimo/-a → 10/P1
schlechter (als) peor (que) → 5/P2
schlechte Laune el mal humor → 7/P3
schlechtes Wetter sein hacer mal tiempo → 8/P2
schließen cerrar (e → ie) → 3/V
schlimm grave → 8/V
Schmerz el dolor → 6/P3
schmerzen doler (o → ue) → 8/P3
schmutzig sucio/-a → 12/P3; **(sich) ~ machen** ensuciar(se) → 7/V
schneien nevar (e → ie) → 8/P2
schnell rápido/-a → 11/P1
Schnitt el corte → 4/P2
Schokolade el chocolate → 12/V
schon ya → 1/P1; **~ wieder** otra vez → 2/P2
schön bonito/-a → 2/P3
Schrank el armario → 4/P2
schreiben escribir → 1/P2
Schreibtisch el escritorio → 3/P3
Schriftsteller/in el/la escritor/a → 8/V
Schritt el paso → 1/P1
Schuh el zapato → 4/P2
Schuld la culpa → 7/P1
Schule el instituto = insti *(fam.)* → 1/V; **zur ~ gehen** ir al instituto → 4/V
Schüler/in el/la alumno/-a → 2/V
Schüleraustausch el intercambio escolar → 9/P3
Schulfach la asignatura → 7/V
Schulpause el recreo → 4/P3
schützen (sich) (vor) protegerse (de) → 12/P3
schwarz negro/-a → 4/P2
Schwede/-in el/la sueco/-a → 13/2
Schwein, Schweinefleisch el cerdo → 4/P1
Schwerindustrie la industria pesada → 11/V
Schwester la hermana → 1/P2
schwierig difícil → 7/V
Schwimmbecken la piscina → 2/P3
schwimmen nadar → 2/V
See el lago → 8/P3
sehen ver → 3/P1; **mal ~** a ver → 3/V
sehr muy → 1/P1
sehr gerne con mucho gusto → 5/P2
sein ser → 1/P1
seit desde (que) *(Zeitpunkt)*; desde hace *(Zeitraum)* → 6/V
Seite el lado → 12/P2
selbst (sich) sí mismo/-a → 9/P2
selbst wenn aunque + *subj.* → 11/P3
Selbstportrait el autorretrato → 6/P3
Semester el semestre → 8/P2
Sender la emisora → 10/P3
Sendung el programa → 7/P2
September el septiembre → 3/V
Serie la serie → 13/3
Serrano-Schinken el jamón serrano → 5/P3
sicher seguro/-a → 7/V; **~ sein** estar seguro/-a → 7/V
Sie *(höfliche Anrede)* usted/es
singen cantar → 2/V
Situation la situación → 6/P2
skifahren esquiar → 2/V
so tan → 4/P1; así → 6/P3
so [...] wie *(Komparativ)* tan [...] + como → 5/P2
so sehr tanto *adv.* → 9/P1
so viel/e tanto/-a → 5/P3
Sofa el sofá → 6/P1
sofort en seguida → 6/P2
sogar hasta → 8/P2; incluso → 12/V
Sohn el hijo → 2/P3
solange mientras + *subj.* → 11/P3
Solidarität la solidaridad → 11/P2
Sommer el verano → 2/P1
sondern sino → 12/V
Sonne el sol → 7/P3; **die ~ scheint** hace sol → 8/P2
Sonntag el domingo → 3/V
sorgen (sich) preocuparse → 10/V
Sorte el tipo → 11/P3
sozial social → 9/V
Spanien España → 1/V
Spanier/in el/la español/a → 6/V
spanisch español/a → 5/V
Spanisch *(Sprache)* el español → 1/V
Spanische Bürgerkrieg la Guerra Civil Española → 13/1
Spanischsprachige el/la hispanohablante → 12/P1
sparen ahorrar → 11/P1
Spaß haben pasarlo bien → 6/P1; **Viel ~!** ¡Pasadlo bien! → 7/P2
spät tarde → 2/P3
Spende el donativo → 9/P1
spenden donar → 9/P1
Spezialität la especialidad → 8/V
Spiegel el espejo → 4/P2
spielen jugar a (u → ue) → 2/P2
an der Spitze a la cabeza → 10/V
Sport el deporte → 4/V
sportlich deportivo/-a → 4/P2
Sportschuhe las zapatillas de deporte → 4/P2
Sprache el idioma → 7/V; la lengua → 8/V
sprechen hablar → 1/P1
Stadion el estadio → 5/V
Stadt la ciudad → 1/P1
Stadtplan el plano → 5/P1
Stadtviertel el barrio → 2/P3
stark fuerte → 8/P3
Station la estación → 2/P1
stattfinden tener lugar → 2/P3
Stau el atasco → 3/P3
stellen poner → 3/P3
sterben morir (o → ue) → 6/P3
Stille el silencio → 12/P3
Stipendium la beca → 8/P2
Stockwerk la planta → 5/P1
stören molestar → 4/P1
Strand la playa → 7/P3
Straße la calle → 2/V

Straßenkind el/la niño/-a de la calle → 12/P3
streiten (sich) pelearse (con alg.) → 10/P1
streng estricto/-a → 4/P3
Stress el estrés → 7/P3
Strohhalm la bombilla → 12/P2
Strom la electricidad → 10/V
Student/in el/la estudiante → 2/V
studentisch estudiantil → 8/P2
studieren estudiar → 1/P1
Studium los estudios *pl.* → 11/P2
Stunde la hora → 3/V
suchen buscar → 5/V; **auf der Suche nach** en busca de → 11/V
Süden el sur → 8/V
super estupendo *adv.* → 2/P2; ~ chido *(mex.)* → 6/P2; ~ súper *(fam.)* → 6/P1; **Super!** ¡Qué pasada! → 3/P2
Supermarkt el supermercado → 5/P1
Süßigkeit el dulce → 12/P1
sympatisch simpático/-a → 3/P1
System el sistema → 7/P2

T
Tag el día → 3/V; **eines Tages** un día → 6/P3
Tante el tía → 2/P3
tanzen bailar → 1/P1
Taschendieb/in el/la carterista → 5/V
Taschentuch el pañuelo → 9/P3
Taube la paloma → 9/P1
tauschen (gegen) cambiar (por) → 7/P3
Taxi el taxi → 3/P3
Taxifahrer/in el/la taxista → 3/P3
Team el equipo → 9/P2
Tee el té → 10/P3
Teil la parte → 8/P1
teilnehmen participar → 13/1
Teilnehmer/in el/la participante → 3/P3
Telefon el teléfono → 2/V; **ans ~ gehen** ponerse (al teléfono) → 5/P1; **Telefonanruf** la llamada telefónica → 3/P1
telefonieren llamar (por teléfono) → 5/P1
Telefonist/in el/la teleoperador/-a → 11/P2
Telefonnummer el número (de teléfono) → 5/P1
Telefonzentrale la centralita → 5/P1
Teller el plato → 2/P3
Tennis el tenis → 2/V
Terrasse la terraza → 2/P3
Territorium el territorio → 6/V
Terrorismus el terrorismo → 13/1
teuer caro/-a → 5/V; **sehr teuer** carísimo → 5/P3
Text el texto → 1/P2
Textil- textil *adj.* → 11/V
Thema el tema → 8/V
Thunfisch el atún → 5/P3
Ticket el billete → 13/2; el pasaje → 12/P2
Tier el animal → 13/3
Tierarzt/-ärztin el/la veterinario/-a → 7/V
Tisch la mesa → 3/P3; **den ~ decken** poner la mesa → 4/P1
Tod la muerte → 13/1
Toilettenpapier el papel higiénico → 5/P3
toll genial → 2/P1
Tomate el tomate → 5/P3
tot muerto/-a → 6/P1
Tote el/la muerto/-a → 6/V
Tourismus el turismo → 9/P3
Tourist/in el/la turista → 11/V
touristisch turístico/-a → 6/P2
Tradition la tradición → 7/P3
tragen llevar → 6/P3
tragisch trágico/-a → 6/V
Trainingsanzug el chándal → 4/P2
Traum el sueño → 7/V
träumen (von) soñar (con) (o → ue) → 11/P2
traurig triste → 4/P3
trennen separar → 10/P1
trinken beber → 1/P2; **etwas ~ gehen** tomar algo → 1/P3
Trinkwasser el agua potable *f.* → 13/1
tropisch tropical → 12/V
trotz a pesar de → 12/V
trotzdem sin embargo → 6/P2
Truppe la tropa → 6/V
Tschechisch *(Sprache)* el checo → 13/3
T-Shirt la camiseta → 4/P2
Tür la puerta → 5/P1
Türkei la Turquía → 13/3
Türkisch *(Sprache)* el turco → 1/V
typisch típico/-a → 7/P3

U
U-Bahn el metro → 2/P1
U-Bahnhof la estación de metro → 2/P1
üben practicar → 7/P1
über encima (de) → 4/P2; sobre → 6/P1
überall (hin) a todas partes → 8/P2
Übergang la transición → 13/1
übermorgen pasado mañana → 7/P2
übernehmen (etwas) encargarse (de a/c) → 10/P3
überqueren cruzar → 5/P1
überraschen sorprender → 9/P3; **überrascht** sorprendido/-a → 12/P2
Überraschung la sorpresa → 9/P3
Überstunde la hora extra → 7/V
überwinden superar → 13/1
um [...] *(Uhrzeit)* a la/s [...] → 3/V
Um wieviel Uhr [...]? ¿A qué hora [...]? → 3/V
um zu para + *Infinitiv* → 1/P3
Umgebung el alrededor → 6/V
umsonst gratuito/-a → 9/P1
Umwelt el medio ambiente → 10/V
Unabhängigkeit la Independencia → 12/P1
Unabhängigkeit erlangen independizarse (de) → 6/V
unangenehm desagradable → 12/P3
und y → 1/V
Unfall el accidente → 6/P3
Unfug machen hacer travesuras → 12/P3
ungeschickt torpe → 13/3
unglücklicherweise desgraciadamente → 8/P2
Universität la universidad → 2/V
Unkraut la mala hierba → 10/P2
unmöglich imposible → 12/P2
UNO (United Nations Organization) la ONU (Organización de las Naciones Unidas) → 13/1
unten abajo → 8/P3
unter debajo (de) → 5/P2
Unterdrückung la represión → 13/1
unterhalten (sich) charlar → 1/P1; conversar → 12/P3
Unterhaltung la conversación → 9/P3
Unternehmen la empresa → 3/P1

Unterricht la clase → 1/P2
Unterschied la diferencia → 7/P2
unterschreiben firmar → 6/V
Unterstrich el guión bajo → 2/V
unterstützen apoyar → 10/P3
USA Estados Unidos = EE.UU. → 6/V
US-Amerikaner/in el/la estadounidense → 12/P1

V

Vater el padre → 2/V
Vaterland la patria → 13/2
verabreden (sich) (mit jdm.) quedar (con alg.) → 2/P2
verabschieden despedir (a alg.) (e → i) → 11/P1
Veranstaltung el evento → 9/V
Verantwortung la responsabilidad → 9/P2
verbessern mejorar → 11/V
verbinden asociar → 11/P3
verboten prohibido/-a → 10/P3
verbrauchen gastar → 10/V; consumir → 11/V
verdammt jolines → 2/P2
verdienen ganar → 3/P1
Verfassung la constitución → 13/1
verfolgen perseguir → 13/3
verfügen (über) disponer (de) → 2/P3
vergangener/vergangene/vergangenes pasado/-a → 6/P1
vergessen olvidarse de → 12/P3
verkaufen vender → 6/P2
verkleidet disfrazado/-a → 13/3
verlassen abandonar → 12/P3
verlassen *(adj.)* abandonado/-a → 12/P3
verlieben (sich) enamorarse (de) → 6/P3
verlieren perder → 6/V
Verlobte/r el/la novio/-a → 2/P1
vermissen echar de menos → 8/P2
veröffentlichen publicar → 13/3
verrückt sein estar loco/-a → 8/P3
versammeln (sich) reunirse → 11/P3
verschicken mandar → 3/P1
verschieden diferente → 11/P3
Verspätung el retraso → 3/P3
versprechen prometer → 13/2
verstehen comprender → 1/P2; entender (e → ie) → 8/P2
verstehen (sich) (mit jdm.) (gut) llevarse (bien) (con alg.) → 3/P1
versuchen intentar (a/c) → 11/P1
Vertrag el contrato → 7/P2
Vertrieb la distribución → 11/P1
verursachen causar → 11/V; provocar → 13/3
verwandeln (sich) convertirse (en) (e → ie) → 11/V
Verwandte el/la pariente → 6/P2
verzeihen perdonar → 7/P2
viel mucho/-a → 2/P3; mucho *adv.* → 2/P1
Vielfalt la diversidad → 11/V
vielleicht tal vez → 2/P1; a lo mejor → 5/P1; quizás → 9/P2
voll completo/-a → 8/P1
Volleyball *(Sportart)* el voleibol → 2/V
von de → 1/V; ~ *(Zeitpunkt)* desde → 3/V; ~ **[...] bis [...]** de [...] a [...]; desde la/s [...] hasta la/s [...] → 3/V; ~ **[...] bis [...] Uhr** de [...] a [...] horas → 3/V
vor *(räumlich)* delante (de) → 5/P2; frente (a) → 6/P1
vor *(zeitlich)* hace + *Zeitangabe* → 6/V
vor allem sobre todo → 2/P3
vorankommen salir adelante → 11/P2
vorausgesetzt, dass siempre que + *subj.* → 11/P3
vorbeigehen (bei) pasar (por) → 3/P1
vorbereiten preparar → 3/P1
vorher antes → 3/P2
Vorname el nombre → 2/V
vorne adelante → 8/P3
Vorsicht! ¡cuidado! → 5/V
vorstellen presentar → 7/P2; **(sich) (etwas)** ~ imaginarse (a/c) → 9/P1
Vorteil la ventaja → 7/P3
vorziehen preferir (e → ie) → 3/P2
Vulkan el volcán → 6/P2

W

wachsen crecer → 10/V
Wagen el carro → 12/P3
Wahlen las elecciones → 6/V
wählen *(Telefon)* marcar → 5/P1
Wählerstimme el voto → 13/1
während durante → 7/P3; mientras → 8/P3
Wahrheit la verdad → 4/P3
Währung la moneda (oficial) → 13/1
Wald el bosque → 8/P3
Walnuss la nuez → 11/P1
wandern caminar → 8/P1
Wandgemälde el mural → 6/P3
wann? ¿cuándo? → 3/V
warten esperar → 7/P3
Warteschlange la cola → 13/3
warum? ¿por qué? → 3/P2
was? ¿qué? → 1/P2; **(das)** ~ lo que → 7/V
Waschmaschine la lavadora → 5/P2
Wasser el agua *f.* → 5/P3
Wasserfall la cascada → 6/P2
Wassermelone la sandía → 11/V
Webdesigner/in el/la diseñador/a de páginas web → 7/V
wechseln cambiar (de) → 10/P2
weder [...] noch [...] no [...] ni [...] → 4/P2
Weg el camino → 8/V
wegen por → 5/P1
weggehen, losgehen salir → 3/P3; irse → 7/P3
weil porque → 3/P2
Weile un rato → 3/P1
weinen llorar → 11/P2
weiß blanco/-a → 4/P2
weit (weg) lejos → 2/P1
weitergehen seguir (e → i) → 5/P1
weiterhin [*etw. tun*] seguir + *gerundio* → 9/P2
weitermachen continuar, seguir (con) → 10/P3
welcher/welche/welches? ¿qué? → 1/P2
welche/r/-s? ¿cuál/es? → 4/P2
Welt el mundo → 8/P1
wenig poco/-a → 2/P3
wenigstens por lo menos → 10/V
wenn cuando → 6/P2; si *(= falls)* → 5/V
wer? ¿quién/es? → 1/P2
werden ponerse + *adj.* → 4/P2
Wert el dato → 11/P3
Westen el oeste → 8/V
Wetter el tiempo → 8/P2
wichtig importante → 3/P3
Wichtigkeit la importancia → 9/P2
wie como → 2/P3
wie viel/e? ¿cuánto/-a? → 2/P2
wie? ¿cómo? → 1/V

wieder zusammenkommen (mit jdm.) volver con → 2/P2
wiedererkennen reconocer → 6/P1
wiederholen repetir (e → i) → 5/P1
Wiedersehen! ¡Adiós! → 1/V
Wiese el césped → 8/P3
Wikinger/in el/la vikingo/-a → 8/V
Willkommen! bienvenido/-a → 6/V
Wind el viento → 8/P2; **Es ist windig.** Hace viento. → 8/P2
Winter el invierno → 8/P2
wirklich de verdad → 4/P3; en serio → 7/P1; realmente → 8/P2
Wirklichkeit la realidad → 7/P3
Wirtschaft la economía → 11/V
wirtschaftlich económico/-a → 9/P2
Wirtschaftskrise la crisis económica → 13/1
Wirtschaftssektor el sector económico → 11/V
Wirtschaftswachstum el crecimiento económico → 11/V
wissen saber → 4/P3; **etw. (sehr) gut ~** tener a/c (muy) claro → 11/P2
wo donde → 6/P2; **~?** ¿dónde? → 1/P1
Woche la semana → 3/P3; **jede ~** todas las semanas → 8/P2; **pro ~** a la semana → 7/P2
Wochenende el fin de semana → 3/P1
woher? ¿de dónde? → 1/V
wohin? ¿adónde? → 3/P2
Wohlstand el bienestar → 12/V
wohltätig benéfico/-a → 9/P1
wohnen vivir (en) → 1/P2
Wohngemeinschaft (WG) el piso compartido → 5/P1
Wohnung el piso → 2/V
Wolke la nube → 8/P3
wollen querer (e → ie) → 2/P2
Wort la palabra → 1/P2
wow! ¡vaya! → 4/P2
würdig digno/-a → 10/P3
Wüste el desierto → 11/V

Z

Zahl el dato → 11/P3
zählen contar (o → ue) → 6/P1; **(auf jdn./etw.) ~** contar con → 8/P2
Zeichner/in el/la dibujante → 12/P2
zeigen mostrar (o → ue) → 5/P2; demostrar (o → ue) → 9/P2; poner *(z.B. im TV)* → 9/V
Zeit el tiempo → 2/P2; la hora → 3/V; **~ haben** tener tiempo → 2/P2; **~ verbringen** pasar → 5/V
Zeitung el periódico → 1/P2
Zensur *(Kontrolle)* la censura → 13/1
Zentralamerika América Central → 12/V
zentriert centrado/-a → 13/1
Zentrum el centro → 1/P3
zersetzen (sich) descomponerse → 10/V
zerstört destruido/-a → 6/P1
Zeugnis el boletín → 7/P1
ziehen arrastrar → 12/P3
Ziel la meta → 8/P3; el destino → 11/V
ziemlich bastante → 2/P3
Ziffer la cifra → 10/V
Zimmer la habitación → 2/P3
Zitrone el limón → 2/P2
Zone la zona → 1/P3
zu (viel) demasiado *adv.* → 2/P3
Zucker el azúcar → 10/P3
zudecken (sich) tapar(se) → 12/P3
zuerst primero → 2/P2
zufrieden contento/-a → 4/P3
Zuhause la casa → 2/P1
zuhören escuchar → 1/P1
Zukunft el futuro → 7/V
zumindest menos mal que → 3/P1
zunächst antes que nada → 10/P3
zurückgeben devolver (o → ue) → 11/P2
zurückkehren volver (o → ue) → 2/P2
zusammen juntos → 1/P1
zusammenpassen *(z.B. bei Kleidung)* ir bien → 4/P2
Zusammenarbeit la colaboración → 11/P3
zustimmen, genehmigen aprobar (o → ue) → 13/1
zuzwinkern guiñar un ojo (a alg.) → 4/P3
Zweitens [...] En segundo lugar, [...] → 9/P2; Segundo [...] → 9/P1
zwischen entre → 5/P2

México

Tijuana
Mexicali
Ciudad Juárez
Estados Unidos
Hermosillo
Chihuahua
Golfo de California
Sierra Madre Occidental
Sierra Madre Oriental
Río Bravo del Norte
3150 m
Monterrey
Matamoros
Torreón
Culiacán
Golfo de México
4054 m
Mazatlán
Tampico
San Luis Potosí
Aguascalientes
León
Guadalajara
Bahía de Campeche
Mérida
Río Los Pescados
Colima 4339 m
Morelia
Ciudad de México
Popocatépetl 5452 m
Yucatán
Veracruz
Puebla
5700 m
Océano Pacífico
3703 m
Chilpancingo
Acapulco
Istmo de Tehuantepec
Villahermosa
Belice
Mar Caribe
Guatemala
Honduras
El Salvador

Bolivia
Brasil
Paraguay
Cataratas del Iguazú
Salta
Tucumán
Río Salado
Corrientes
Santiago del Estero
Paraná
Río Uruguay
Océano Pacífico
Andes
Santa Fe
Córdoba
San Juan
Pampa
Aconcagua 6958
Rosario
Mendoza
Uruguay
Buenos Aires
La Plata
Chile
Río Salado
Cordillera de los Andes
Bahía Blanca
Mar del Plata
Río Negro
Bariloche
Patagonia
Península Valdés
Océano Atlántico
Comodoro Rivadavia
Glaciar Perito Moreno
Islas Malvinas
Río Gallegos
Tierra del Fuego
Argentina
Ushuaia
Cabo de Hornos

Abbildungen

© 123RF: S. 106 (1.), S. 162 (2. v. oben rechts u. Mitte oben) - © 2008, Random House Mondadori, S.A. y Asociación del Sello de Productos de Comercio Justo: S. 142 - © AGUAS FONT VELLA Y LANJARÓN, S.A.: S. 71 (2. v. oben links) - © Almedra y Miel S.A., ellobo.com: S. 147 - © Asociación del Sello de Productos de Comercio Justo: S. 141 - © Ayuntamiento de Málaga/Área de Juventud: S. 33 (Mitte) - © Centro Panafricano y Centro de Estudios Panafricanos, Antumi: S. 116 (unten) - © colourbox: S. 37 (oben rechts), S. 47 (unten), S. 169 (unten) - © Comstock/RF: S. 70 (unten Mitte) - © Corbis/RF: S. 10 (links); /Gomez: S. 10 (Mitte); /Jacobson: S. 25 - © Cornelsen, Arnold: S. 145; Bazán: S. 8-9, S. 11, S. 13, S. 15, S. 20-21, S. 24, S. 26, S. 33 (oben u. unten), S. 35, S. 41, S. 48 (Mitte), S. 49 (oben links, Mitte, unten rechts), S. 51, S. 67 (links), S. 70 (oben), S. 74, S. 92-93, S. 95, S. 98, S. 101, S. 117, S. 137; Delgado: S. 32 (unten rechts); Fritsche: S. 60 (Mitte rechts); Loncá: S. 170 (unten links); Miller: S. 155 (oben rechts); Nusser: S. 78, S. 82 (unten), S. 155 (oben links, unten links u. unten rechts), S. 156 links; Petter: S. 34 - © Creative Commons/GNU/Hidra92: S. 158 - © Dan DeLuca: S. 163 - © Das Fotoarchiv/RF/Arslan: S. 12 - © E.M. Promoción de Madrid, S.A., 2008, Carlos Cazurro: S. 60 (Mitte links) - © easyFotostock/Carlos S. Pereyra: S. 162 (2. v. Mitte unten); /Moodboard/LBRF: S. 168 (unten); /Stockbroker: S. 73 - © Ediciones Otro Mundo S.L.: S. 132 - © Eduardo Torre Cantalapiedra: S. 174 (unten) - © Escuela Internacional de Lenguas Rías Bajas: S. 47 (oben) - © European Central Bank (ECB): S. 170 (unten rechts) - © Fotolia.com/godfer: S. 17; /Moremi: S. 71 (oben rechts); /niceshot: S. 18; /RobertoC: S. 107 (8.); /volff: S. 70 (unten links); /yellowj: S. 70 (unten rechts) - © Francisco Martins: S. 115 (unten) - © Fundación Ecuador Volunteer, www.ecuadorvolunteer.org: S. 128; S. 129 - © Getty Images/RF/Danahar: S. 60-61 (Hintergrund) - © IDAE: S. 138 - © imagenenaccion.org, Angél Moreno: S. 135 (unten) - © Instituto Costarricense de Turismo, 2004: S. 140 - © Instituto de Turismo de España, Turespaña: S. 102, S. 151 - © iStockphoto: S. 32 (links u. unten Mitte), S. 33 Mitte rechts, S. 68, S. 76 (unten links), S. 82 (Mitte), S. 87 (1., 2., 3. u. 4.), S. 107 (6.), S. 108, S. 110, S. 113 (oben u. unten), S. 133 (unten), S. 159, S. 162 (links), S. 168 (oben), S. 172 (oben) - © Karen Fergason: S. 125 (links u. unten rechts) - © Kubanisches Fremdenverkehrsamt, Frankfurt a. M.: S. 157 (unten) - © Latino Rock Café/CEPADEC: S. 119 - © Médicos Sin Fronteras: S. 117 (oben links) - © México Consejo de Promoción Turística: S. 87 (5.) - © NaturaSí España SL: S. 134 - © panthermedia.net/Harbach: S. 162 (oben rechts); /Kupke: S. 60 (unten rechts) - © Patronato Provincial de Turismo de Granada: S. 106 (4.) - © PULEVA FOOD, S.L.: S. 71 (1. v. oben links) - © Redcicla.com: S. 135 (oben links) - © Shotshop.com: S. 112; /Klein: S. 37 (unten rechts); /DC_2: S. 122 - © shutterstock: S. 22, S. 29, S. 103, S. 104, S. 168 (Mitte) - © TransFair: S. 139; /Didier Gentilhomme: S. 156 (unten rechts) - © Turismo de Santiago de Compostela: S. 106 (2.) - © Turismo Valencia Convention Bureau: S. 154 (oben) - © Wikimedia Commons/GNU/Roblespepe: S. 76 (oben links) - © www.photaki.com/RF/Blanes: S. 49 (unten links). © action press/Olycom: S. 55 (C); /Startraks: S. 55 (F); /Visual Agentur: S. 55 (G) - © age footstock: S. 111, S. 115 (oben); /Ayala: S. 59 - © akg-images: S. 109; /Banco de México Diego Rivera y Frida Kahlo Museums Trust/VG-Bildkunst, Bonn 2010: S. 76 (oben rechts); /Lessing: S. 76 (unten rechts) - © Avenue Images: S. 67 (rechts) - © Collection Christophel: S. 48 (unten links) - © Ediciones B, S.A. 1998, Francisco Ibáñez: Mortadelo y Filemón, Olé! N° 142, Los Verdes: S. 174 (oben) - © Ediciones de la Flor S.R.L. 1991, Joaquín S. Lavado (Quino): 10 años con Mafalda: S. 169 (Mitte) - © Editorial Planeta/Fondo F. Català-Roca/Archivo Fotográfico AHCO-AC/Compañia: S. 49 (Buch) - © F1 Online: S. 14, S. 172 (Mitte u. unten) -© Getty Image/Redferns: S. 55 (E); AFP: S. 162 (2.); Real Madrid: S. 60 (unten links) -© laif/Heeb: S. 161 - © Leila Méndez Rami: S. 149 - © mauritius images/age fotostock: S. 32 (rechts), S. 48 (Mitte unten), S. 61 (Mitte rechts u. unten links), S. 135 (oben rechts), S. 144 (Mitte), S. 144-145, S. 154 (unten), S. 156 (oben rechts), S. 157 (oben); /bw media photoagentur: S. 37 (rechts); /imagebroker/Leuzinger: S. 143; /imagebroker/Siepmann: S. 82 (oben); /imagebroker/White Star/Gumm: S. 43; /The Copyright Group: S. 45; /Wenzel/Fischer: S. 125 (oben rechts) - © Mike Bonales: S. 116 (oben) - © Sipa/Agencia EFE/Naranjo: S. 55 (D); /Alfred: S. 133 (oben); /Boisière: S. 55 (A); /Chamussy: S. 144 (links); /Desrus: S. 77 (Mitte); /Desrus/Banco de México Diego Rivera y Frida Kahlo Museums Trust/VG-Bildkunst, Bonn 2010: S. 85; /E.R.L./Sucession Picasso/VG-Bildkunst, Bonn 2010: S. 106 (3.); /Exelsior: S. 77 (oben rechts); /Lilo: S. 86 (links), S. 107 (7.); /Marcel Thomas Images: S. 55 (B); /Marcocchi: S. 86 (rechts); /Nunez: S. 77 (unten rechts) - © StockFood/Westermann: S. 165 - © Thomas Schulz: S. 10 (rechts) - © ullstein: S. 162 (1. u. 5.), S. 77 (unten links); /AISA: S. 107 (5.); /dpa: S. 162 (3.); / Granger Collection: S. 77 (oben links); /Imagno: S. 170 (oben); /Keystone: S. 170 (2. v. unten links); /O.d.P./Oficina de Pr: S. 170 (2. v. oben); /phalanx Fotoagentur: S. 171; /Team 2: S. 162 (6.); /TopFoto: S. 164; /united archives: S. 162 (4.) - © Visum/Goettlicher: S. 19 - © White Star/Gumm: S. 115 (Mitte) - © www.andaluciaimagen.com/Gómez: S. 61 (Mitte links).

Texte

S. 50: © Informe jovenes españoles, 2005 - S. 73: © MUY Interesante no. 266, julio de 2003, G y J España Ediciones S.L. - S. 103: © Injuve: Oficina virtual, programa de emancipación joven - S. 112: © www.galego.org - S. 128-129: © Fundación Ecuador Volunteer, www.ecuadorvolunteer.org - S. 132: © Banco Santander, S. A. - S. 136: © Fundación Grupo Eroski, 2002 - S. 143: © Emilio Márquez, www.emiliomarquez.com - S. 144: © INE 2009 - S. 145 unten: © Organización Mundial del Turismo (OMT), www.world-tourist.org - S. 149: © El País Semanal N° 1.709, 28 de junio de 2009, Carlos E. Cué, Ediciones El País S.L. - S. 159: © BBC MMIX/BBC Mundo.com, 2006/12/08 - S. 163: © El País Internacional, Yo, Rafael Martínez, 16/05/2007 - S. 168: © Caminar N° 49, Mayo 2008/Caminar N° 61, Julio-Agosto 2009, PRAMES S.A.